芥子園 画传导读

【兰竹梅菊卷】

杨联国　柴玲　孙建军　王东　崔星　编著

福建美术出版社　编

海峡出版发行集团
THE STRAITS PUBLISHING & DISTRIBUTING GROUP ｜ 福建美术出版社
FUJIAN FINE ARTS PUBLISHING HOUSE

图书在版编目（CIP）数据

芥子园画传导读．兰竹梅菊卷 / 杨联国等编著；福
建美术出版社编．-- 福州：福建美术出版社，2018.5
（2021.10 重印）
ISBN 978-7-5393-3769-2

Ⅰ．①芥… Ⅱ．①杨… ②福… Ⅲ．①花卉画－国画
技法 Ⅳ．① J212

中国版本图书馆 CIP 数据核字（2018）第 012257 号

《芥子园画传导读》编委会

主　编：郭　武
副主编：毛忠昕　陈　艳　吴　骏
编　委：（按姓氏笔画排序）

王　东　毛忠昕　孙建军　李晓鹏　杨联国

吴　骏　宋卫哲　陈　艳　赵学东　柴　玲

郭　武　唐仲娟　崔　星

出 版 人：郭　武
责任编辑：吴　骏
装帧设计：李晓鹏
出版发行：海峡出版发行集团
　　　　　福 建 美 术 出 版 社
社　　址：福州市东水路 76 号 16 层
邮　　编：350001
网　　址：http://www.fjmscbs.com
服务热线：0591-87620820（发行部）　87533718（总编办）
经　　销：福建新华发行（集团）有限责任公司
印　　刷：雅昌文化（集团）有限公司
开　　本：889 毫米×1194 毫米　1/16
印　　张：24.75
版　　次：2018 年 5 月第 1 版
印　　次：2021 年 10 月第 3 次印刷
书　　号：ISBN 978-7-5393-3769-2
定　　价：168.00 元

◎ 凡例

一、本书依据市传『康熙原本』及『巢勋临本』体例而编。

二、原版文字中，除个别明显疏漏加以改正，其他皆保留原貌，并增加注释、今文意译及导读。

三、因技术条件限制，传本的技法演示部分没能很好地体现中国画的笔墨韵味，现根据原编辑者意图重新临摹，最大限度还原笔墨韵味，并增加了画法步骤、视频演示及技法讲解。

四、传本中有大量古代优秀绘画作品，但因技术条件限制，无法还原原作精髓。本书依据传本的编选原则，尽量搜集与传本相同或相近作品，供读者参考，对其中真伪有争议者，本书不做评判。

教学视频　　　　技法示范

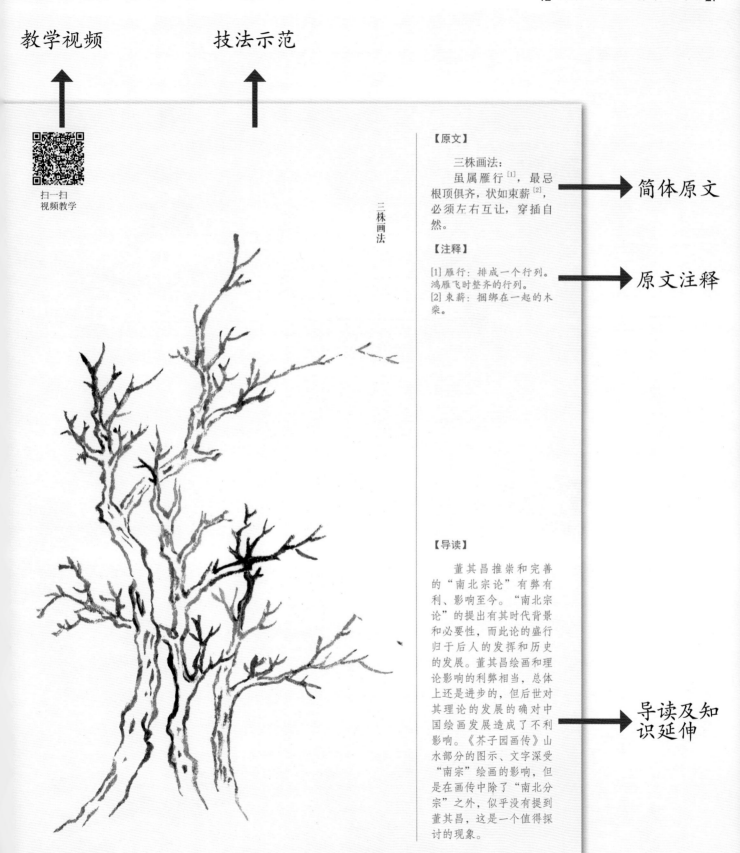

三株画法

【原文】

　　三株画法：
　　虽属雁行[1]，最忌根顶俱齐，状如束薪[2]，必须左右互让，穿插自然。

→ 简体原文

【注释】

[1] 雁行：排成一个行列。鸿雁飞时整齐的行列。
[2] 束薪：捆绑在一起的木柴。

→ 原文注释

【导读】

　　董其昌推崇和完善的"南北宗论"有弊有利、影响至今。"南北宗论"的提出有其时代背景和必要性，而此论的盛行归于后人的发挥和历史的发展。董其昌绘画和理论影响的利弊相当，总体上还是进步的，但后世对其理论的发展的确对中国绘画发展造成了不利影响。《芥子园画传》山水部分的图示、文字深受"南宗"绘画的影响，但是在画传中除了"南北分宗"之外，似乎没有提到董其昌，这是一个值得探讨的现象。

→ 导读及知识延伸

106

原作、仿作局部放大参考

作者像 ←

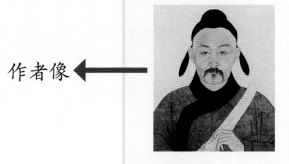

【作者简介】

　　董其昌(1555～1636)，明代书画家。字玄宰，号思白、香光居士，华亭（今上海松江）人，万历十七年（1589）进士，授翰林院编修，官至南京礼部尚书，卒后谥"文敏"。董其昌擅画山水，师法董源、巨然、黄公望、倪瓒，笔致清秀中和，恬静疏旷；用墨明洁隽朗，温敦淡荡；青绿设色，古朴典雅。以佛家禅宗喻画，倡"南北宗论"，为"华亭画派"杰出代表，兼有"颜骨赵姿"之美。其画及画论对明末清初画坛影响甚大。书法出入晋唐，自成一格，能诗文。

作者简介 ←

【作品解读】

　　此图为近景画，坡石错落，勾勒圆浑。坡上疏林，用笔虽简而各蕴姿态。中景水面空旷，一山耸峙，在平远的构图上颇见险势。整幅画简洁朴拙，萧散空灵。

作品解读 ←

作品图例 ←

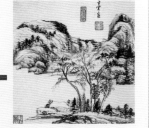

仿古山水图　董其昌
纸本
纵 23.8 厘米　横 23.8 厘米

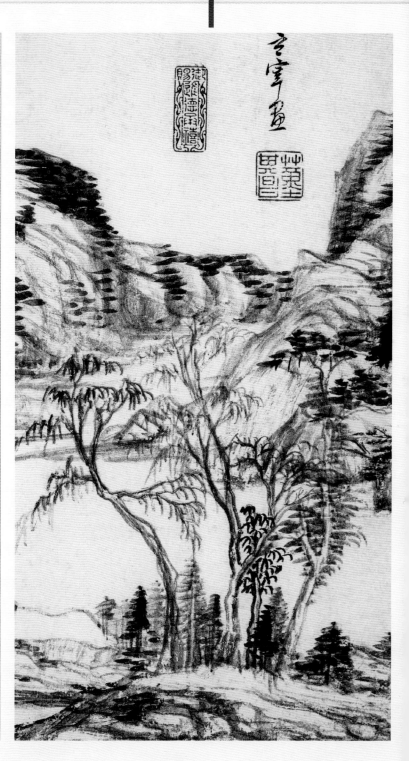

杨联国

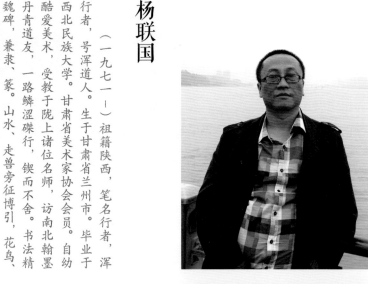

（一九七一—）祖籍陕西，笔名行者，浑行者，号浑道人。生于甘肃省兰州市。毕业于西北民族大学。甘肃省美术家协会会员。自幼酷爱美术，受教于陇上诸位名师，访南北翰墨丹青道友，一路鳞涩磔行，锲而不舍。书法精魏碑，兼隶、篆。山水、走兽旁征博引，花鸟、虫草追求化境，题材丰富，不拘一格。传统底蕴深厚，又善今人技法，以古人境界书当代笔墨。

个人展览：

二〇〇八年兰州市博物馆举办『心源呓语——行者国画展』

二〇一二年于甘肃省艺术馆举办『龙渊沁色——杨联国国画展』

著作：

《扇面金鱼画法》天津杨柳青出版社

《草虫》《水族鳞介》湖北美术出版社

《金鱼画稿》天津杨柳青出版社

《草虫画谱》天津杨柳青出版社

柴玲

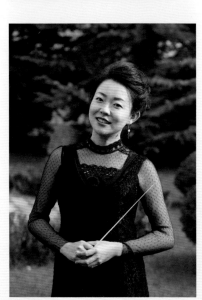

（一九七八—）甘肃省兰州市人，一级教师，任职于水车园小学，曾获兰州市教学新秀、兰州市骨干教师、城关区优秀教师等荣誉。甘肃省知名青年艺术教育家。在近二十年的教学生涯中，辛勤耕耘，大胆实践，教学相长，形成了较高的美学综合素养。自幼酷爱艺术，文学功底扎实，教学之余，多年坚持中国画美术理论方面的研究，试图探索搭建一座中国画美术乐之间的艺术美学之桥，试图将其融入毕生热爱的教育事业，让每个孩子在课堂中真正『快乐』起来。

孙建军

（一九八〇—）内蒙古赤峰人。兰州职业技术学院宣传部副部长，讲师。西北民族大学硕士，研究方向为少数民族文化、艺术。在《边疆史地研究》《北方民族大学学报》《西北民族大学学报》等发表论文多篇，著有《牧歌流韵·契丹女真卷》一书。

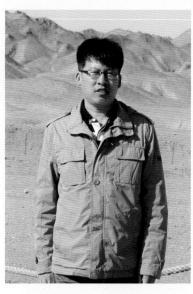

王　东

（一九八〇—）河南漯河市人，敦煌学博士，敦煌研究院副研究馆员，西北民族大学硕士生导师。文史底蕴深厚，治学严谨，主攻民族历史，亦涉猎艺术、文学，多才多艺，文章著作硕果颇丰，为敦煌学界认可的知名青年学者。

项目：
主持国家社科基金青年项目（13CZS003）
教育部人文社科青年项目（12YJCZH194）
承担甘肃省文联重点项目《丝绸之路上的美术长廊》
省文物局规划项目一项

参与项目：
教育部重大课题攻关项目（12JZD009）
教育部人文社科重点研究基地重大项目（14JD770004）
国家社会科学基金重点项目(14AZD064)
国家社科基金青年项目（14CZS004）
国家社科基金西部项目（15XZS020）

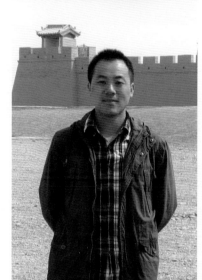

崔　星

（一九七八—）字喜云，号真诚居士。甘肃省兰州市人。已故甘肃省著名书画家、美术教育家崔延和先生次子。二〇〇七年西北民族大学历史文化学院历史学硕士。研究方向：民族史，民族文化艺术，近现代西北地方史。现就职于西北民族大学。幼承庭训，学习传统书画，研习仿古山水。先后师从陈伯希前辈、陈天铀先生、董吉泉先生、周嘉福先生，外有名师，内有家学。二十岁便精习古代山水有成。巨然、李成、范宽、李唐、宋人山水小品四十余种，「元四家」「明四家」，董其昌，「四王」「四僧」等大师之传世名作，少三遍，多五六遍反复临摹。二十岁前临摹经典山水百余种三百多幅。无论尺幅大小依原作尺寸复制，位置经营、笔墨纸张、款识印信，细枝末节，凡古画原作及印刷品所能见者，无一不仔细研读、琢磨，力求复原于纸上。多年来结合大量临摹复制的实践学习和专业史论知识，在中国古代山水画理论方面形成了深刻、独到的见解。

《芥子园画传》又称《芥子园画谱》成书于清代。『芥子园』是清代著名戏剧理论家、文学家李渔于康熙七年在南京建造的私人宅邸，取『芥子纳须弥』之意。建成后李渔以此处作为自己的创作基地，著书立言，并成立戏班四处演出，开设书局『芥子园甥馆』，改良印刷技术，刊刻售卖图书，『芥子园』也一度成为清代出版业的名牌。

《芥子园画传》第一部『山水卷』于康熙十八年（一六七九）以木刻套色精印出版，一经出版便被世人追捧。受此鼓励，李渔之婿沈心友再次邀托浙江画家王概（槩），与王概的胞兄王蓍、胞弟王臬，在康熙四十年（一七〇一）共同编绘出版第二、三集，『兰竹梅菊』和『花卉翎毛』谱，世称『王概本』。《芥子园画传》刊刻行世后受当时条件所限，印数不多，无法满足社会需求，因此一再翻版。至光绪时期，原版已大为磨损，不堪再用。光绪二十三年，嘉兴画家巢勋，按其临摹的『王概本』《芥子园画传》三集，并广增海上诸名家画作为充实，以石印法单色影印出版，世称『巢勋临本』或『巢勋本』。中华人民共和国成立后，在『巢勋临本』基础上，由胡佩衡、于非闇两位先生删增修订，人民美术出版社对《芥子园画传》进行重新刊印，极大地推动了『画传』的流传。此后国内外出版界更是不断邀请业内画家学者从不同角度诠释、翻印、增广其形式、内容和体量，并多次再版，使这部画学巨制不断焕发出崭新的生命力。

作为以中国画技法传授为特点的图谱式教科书。《芥子园画传》的出现有其内在的必然性，为中国画的普及起到了巨大的推动作用。作为开蒙教材，《芥子园画传》内容浅显易懂，将常见的客观物象依照前人样式和作者的理解，归纳转换为图画的形。方便了学习者对照图式、范例自学，铺就了一条掌握中国画基本技法的蹊径。但由于时代的进步，认识的差异，立论的角度，所处的环境等等主观、客观、显性、潜在的原因，后世对它的质疑也不绝于耳。如：侧重介绍了图式图例和技法，限制了学者心性灵性的自由发展；忽视写生，未能授人以渔；目录编制多与原图不符，图示名称有些过于牵强等等，凡此种种，不一而足。甚至许多名士在文章中对《芥子园画传》的挞伐已经超越了一部画册所能承载和负担的界限。因此有必要从中国画的文脉、『画传』的用途、评说者的经历等方面去梳理一下它的实际价值和意义，既不盲目夸大，也不立足一隅，随意贬低，还原它的真实面目。

一、归纳图式作为学习的方法之一，是初学者开蒙的手段和必经过程；

中国画学习之初，练习用笔、写形、构图通常从临摹前辈名家或其师承的课徒墨稿入手，最著名者莫过于五代画家黄筌的《写生珍禽图》（作品纵 41.5 厘米，横 70.8 厘米，现藏北京故宫博物院），画家用精细入微的笔触在不大的绢素尺幅中刻画了多种鸟雀、龟鳖、昆虫，设色工丽华美，造型准确生动。画面左下角注有一行小字『付子居宝习』，由此即知，这幅写生作品是黄筌为其子黄居宝临习提供的一幅范稿。可见临摹自古以来就是中国画入门最重要的方法。

随着中国画思想理论、印刷技术的成熟、完备，时至今日，参考画册临摹依然是学习绘画技法、体察创作规律不可或缺的门径，《芥子园画传》也是因李笠翁其婿沈心友家中藏有明代山水画家李流芳课徒稿，才有了成书的基础条件之一。芥子园以图式化作为开蒙手段，提供了初学中国画的参考和进阶门径。这并不是《芥子园画传》的独创，而是学习绘画过程的必经之路。

亚杰研究发现：外部的事物必须经过动作性的操演才能内化为才智。儿童大多都喜欢画画，通过这种看似本能的原生方式，来尝试探究未知世界，譬如儿童画的房屋、人物、太阳、花朵，形式上的区别并不明显，但我们都能感到异乎寻常的创造与想象，这是一种纯粹的表达和强烈探究欲望所引发的互动与共鸣。这种图样里的纯真之气时常触发成年人的反思，并没有限制儿童渐趋成熟和今后成长的走向。由此我们可以说，图式的作用是对心性的一种启发。『芥子园』的程式化风格不仅没有限制学习者的创造力，反而使学习者的心理得到了启发。

动作是体悟的一种引导。瑞士认知心理学家让·皮

「限制心理」的论调，是对一本开蒙读物的最大冤枉，也不是它应该承担的责任。

从大多数情况看，艺术家思想的成熟必然形成属于自己的一套具有极高辨识度的笔墨语言，图式只是从普遍的社会认知和约束里走向『随心所欲不逾矩』的甬道。

今天，信息无孔不入，品类庞杂，信息检索的方便性不言而喻，但安徐正静的心却离我们渐趋遥远。今人有今人的便捷，前人有前人的好处。古人受时机所限，书籍资料与学习机会得之不易，开蒙肇始背诵典章名著就是一种常态，时机的局限与单纯，不但没有禁锢学习者的思想，反而刺激了浪漫和激情的生发。因此，将前人言简意赅的文言记之于心，蹈之以行，在践行中不断砥砺打磨，精纯的学养结合天机时势所取得的成就，在时间的证验下会给今天的人带来很多启示。

二、《芥子园画传》以这种形式和时间出现是历史发展的必然。

我国宋代经济发展达到了前所未有的高度，社会化教育雏形初现。中国画发展水平也在这一时期呈现出灿烂恢弘的高度，无论思想意识、理论体系、技法水平等日臻完备。随着社会经济实力的总体跃升，士大夫们越来越不满足纤毫毕现的摹索，转而向更高的层面探求。绚烂之后复归平静，伴随以笔墨为审美特征，抒发作者感悟胸怀的文人画观念逐渐明晰。『逸兴草草』的主角，文人画家们在『墨戏』的诉求驱使下，不断推进绘画题材的程式化处理。他们并没有完全脱离甚至背弃造化的母体，而是专注于『道』『气』内动得合一。好比人出生于父母，血脉相承，样貌性格相近但绝不雷同。前人总希望后辈有出息，后人也时刻惦念着光宗耀祖。这并不是保守和陈旧，而是一种农耕文化精神的延续。

至元代，汉族文人在当时特殊的历史环境下，一方面为了现实压抑下避祸，另一方面出于心有不甘，沉寂书斋借以保留心底里抗争底火的目的，迫切需要一条慰藉心灵的通道。原来绘画中社会性宣传教化的样式，由直接刻画忠臣烈女，替换为含蓄内敛符号化的梅、兰、竹、菊取类比象。在不尽人意的现实世界里，所有人都能从这种程式中看到抗争与消亡的另一条通道，比兴共通的精神，体现执守于文人内心的人格。程式化的形式下掩蔽着信仰和不屈，以待天时的执拗与现实的无奈。用松风荷韵诠释内心，选择隐喻的心灵外化途径，程式化图式是文化发展的产物，是一种以人文精神为核心的载体和外化。

由此显现出产生清代『四王』作品典型化特点的成因。在历史的长河里看图式化的价值与形式，『四王』的形式是他们独有的理解与际遇，是各家样貌中的一种。学习前人的笔迹程式，就像吃笼屉里蒸熟的馒头，吃下去转化出来的是能量，而绝不能还是那块馒头，后世学人必须根据实际做出相应调整和选择。当历代失遇文人被各种各样的原因排斥在理想之门以外时，往往会选择一种『独善其身』，内求诸己式的自省与沉积，『聊寄傲于琴书』等待天时际遇的到来。程式化图式的高度概括和相类，反而使修习者自身思想的独立性变得越发突出，而艺术家个人对图式理解创新应用的高度则体现在『我之为我，自有我在』的继承与创造中。图式反映出个体存在于社会群体中保持的独立性，与经世济民的家国情怀血脉融通所达到的一种相对理性的均衡状态。

程式化的图式是一种抽象形式，它的构建缘起于理论体系的完备，创造者丰富的学养和独立的人格，在其形式的内核里包裹着对精神文化的执守。修习者孤立地看待图式的问题并不能得到真相。一方面图式的出现使学画者获得了一条宣发情感快速上手的通道，另一方面又不至于将抽象和逸兴推到『抽风』狂悖的绝路上，在两极之间寻找出足够的空间实践『中行』。这种程式化的图式的建立必须在修养学识上达到外在与内省平衡，方能显现出它的意义。『论画以形似，见与儿童邻』，并不是不要似，而是将着眼点放在为什么形似，图式的目的是什么，如何做到更加高级的内在合度这些问题上，既要有自然外物的自然之相，又能体现创作者合于道而夺造化之工的独立存在。这种抽象的形式，表现在文人们的『墨戏』上。自有其深厚的理论作为支撑，着力点在于矩形求神后达到通神合理，而不拘于形式的境界。『世有真宰，而敢草草』，既然书画是探究天地万物道气的工具与手段，文章、音乐、颠沛、苦难等等这些形式都能成为工具。『一法通，万法通』，开悟的智者不会拘泥于空色的观想与实相形式上的纠结，『以画为寄

『读万卷书，行万里路，胸中脱去尘浊……』（董其昌《画禅斋随笔》）畅行在『形手相凑相忘，托化于神』的境界中，这种借助笔墨形式看似草草的『一超直入』，来源于他们对传统文化的沉淀与厚积。

三、《芥子园画传》为社会中大多数有兴趣参与美术实践的人，提供了起步的阶梯。

『技可进乎道，艺可通乎神；中人可易为上智，凡夫亦可祁天永年；造化自我立焉。』（魏源），『事物的发展趋势是波浪式前进，螺旋式上升』，一个周期结束进入下一个周期运动时，貌似回到了原点，实际已经踏入更高的层面。借助一本『画传』传授的技法样式登堂入奥根本就是痴心妄想，作为以介绍前人技法为主的教科书式读物，要正确认识它的价值与不足，才能更好地发挥其作用。

『书画同源』，书法的学习是先从临读研习法帖作为一辈子的功课。可见临摹并没有成为书法学习过程中存在的问题。

法帖开始的，很多学者都将临读研习法帖作为一辈子的功课。可见临摹并没有成为书法学习过程中存在的问题。

反而成为书法学习入门的唯一途径。中国画有其独特的形神辩证观念，有别于世界上其他画种；由于学画者自身禀赋与际遇的不同，认知与学养的差异，其作品会大相径庭。因此需要树立一套具有广泛社会影响举世公认的，符合文化传承时代风貌，自己的教学体系。这也是《芥子园画传》的初衷所在。

潘天寿先生在一九五六年就提出了『中西绘画要拉开距离』的观点，真是远见卓识。

每个民族的艺术都是其灵魂的外化，妄图将自己的灵魂嫁接在他人肢体上的尝试，无异于自戕。中国人『志于道，据于德，依于仁，游于艺』（《论语·述而》）的理念，艺术寄情养性的功用，充分体现出自我居于天地间应有的态度。

中国画原有一套完备的体系，诗、书、史、印、琴、棋无一不在其范畴之内，『画功』只是其中一个环节。《芥子园画传》便是这块土壤育出的奇葩。

曾经在一部国外介绍中国山水画的节目中，见到主持人首先在一张纸的上下各画出两座山峰，然后用白色的自喷涂料，喷涂成云层遮蔽中间部分，来说明山水画的透视及构成特点。这种看似新奇貌似合理的解读背后，恰恰能反映观众认知层次的深度。初起观众往往被新奇与貌似合理的视角所迷惑，但深入的思考后就会有疑问不断呈现。玩具积木拼凑的人物不会有生命体征，艺术家创作的艺术品却一直在用他们的灵魂与过往者沟通，图式没有注入灵魂之前，就像未经仙女点化的匹诺曹，只是一个木偶而已。

德国汉学家雷德侯在他的著作《万物》中，用西方人的视角解读东方艺术时，谈到了『在充分研习了《芥子园画传》之后，即使业余爱好者也能够用这些母题拼凑出完整的构图，从而完成颇为可观的画作。这一值得注重的事实——以此方式有可能解析文人的画作并将其中的构成元素汇编为图谱——再次证明模件系统是多么适合于中国人的思维方式』。这段话说明在西方人眼中，我们的学习方法是行之有效的。但需注意以下三点：

首先，通过图式的学习能使学习者找到一条『拼凑』画作的途径，从而完成建立中国画形式的准备工作，但这种工作的实质也仅仅停留在『拼凑』的层面，单独的图式在进行创作时需要有学者的学养作为支撑，使画面各部分与作者的思想贯通一气，形成完整的统一体，才能体现它的价值。

其次，『画作』不等同于『创作』，创作以作者独立的思想体系，认知能力和造型能力的综合运用为基础，图式的形成经历过一个漫长的思辨过程，简单地罗列堆砌根本达不到创作的要求，因此拼凑仅是『完成颇为可观的画作』而已。

第三，对中国艺术家来说，模仿并不具有至高无上的价值。雷德侯提出中国艺术中的『模件（module）』化概念，并将汉字分为元素、模件、单元、序列、总集五个层面，用树干和树叶作为齐物论的比喻，对说明中国画图式形象与中华文化内在的含义有很好的借鉴意义。在学习过程中也是极其重要的方法，但对于学画者来说，仅仅是手段而不是目的。因此初学者在掌握了基本艺术语言后，并不需要，也不能从一而终将它们背负终生。要通过观察写生，师法造化，对照体悟前人建立图式的思维方式，站在前人积累的高度上创造出属于自己『神留千古』的『图式』（创作语言），才是最终的目的。

《芥子园画传》编绘出版于复古之风滋弥，崇尚临摹与仿古的清初，书中只是突出介绍了前人的用笔、写形、构图等基本技法，并提供了大量的图式范例以供临摹，至于怎样运用这些技法去创作和写生，并没有涉及，这是它的不足。从另一个角度看，历史上也从没有过任何一本或一套读物能够『包打天下』。投师问道应当秉持『圣人无常师』的态度旁征博引，这本书虽然对原版作了『导读』但也只作可为引『玉』之『砖』。原书对此也做了详尽的说明，如：『笔墨之重，不重于名冠一时，而重于神留千古，犹人之不贵于邀誉一朝，而贵于范围奕世也。』没有任何一件邀誉一朝『拼凑』的作品能突破时间的劫厄而垂名千古。『虽按古法，实出新裁』才是研读《芥子园画传》的目的。随着时代的发展，后世也不断对其思想内容进行增删完备。对于今天的人来说，不必自堕拘泥于它的不足，而应将着眼点放在它启迪新时代文化的作用上来。

杨联国

二〇一八年五月于金城

【目录】

【目录】

竹谱

画竹浅说十三则

目录

梅 谱

目录

【目录】

目录　13

《目录》

兰

谱

青在堂畫蘭淺說

宓草氏曰每種全圖之前考證古人[1]參以己意必
先立諸法次歌訣次起手諸式者便於循序求之
亦如學字之初必先撇畫省減以及繁多自一筆
二筆至十數筆也故起手式花葉與枝由少瓣以
及多瓣由小葉以及大葉由單枝以及叢枝各以
類從俾初學胸中眼底如得永字八法[3]雖千百字
亦不外乎是[4]庶[5]學者由淺說而深求之則進乎技
矣[6]

【原文】

　　青在堂画兰浅说
　　宓草氏曰，每种全图之前考证古人[1]，参以己意。必先立诸法，次歌诀，次起手诸式者。便于循序求之，亦如学字之初。必先撇画省减，以及[2]繁多。自一笔二笔至十数笔也。故起手式，花叶与枝，由少瓣以及多瓣，由小叶以及大叶，由单枝以及丛枝。各以类从。俾初学胸中眼底。如得永字八法[3]。虽千百字，亦不外乎是[4]。庶[5]学者由浅说而深求之。则进乎技矣[6]。

【注释】

[1]考证古人：考证古人作画的源流。考证：根据历史文献、文物等资料，来考核、证实和说明。古人：古人作画的源流。

[2]以及：到。

[3]永字"八法"：中国书法用笔法则，即侧、勒、努、趯（zǎn）、策、掠、啄、磔（zhé）八种方法。

[4]是：这样。

[5]庶：希望。

[6]则进乎技矣：它比技艺更为重要。进：超过。技：技艺。《庄子·养生主》："臣之所好者道也，进乎技矣。"

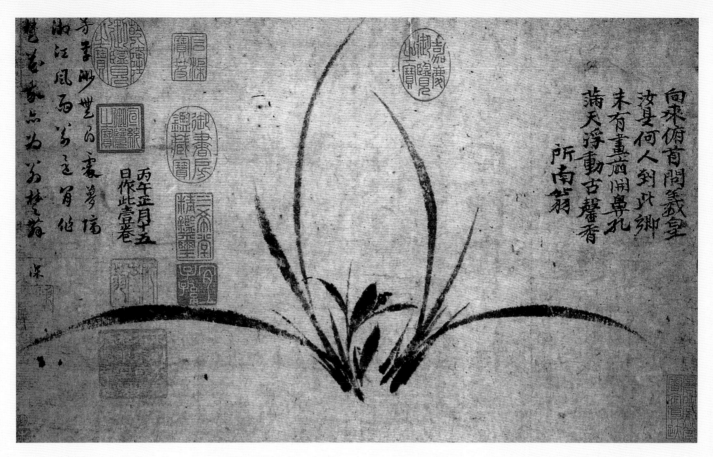

【今文意译】

青在堂画兰浅说

宓草氏说：本书在每种全图之前，均考证有古人作画的源流，并参有自己的意见。书中必先立出各式画法，再写上作画歌诀，然后是起手各式的原因，是为了便于读者依照步骤学习，逐渐深入，也像学习写字之初，必先学习撇画少的，由简单到繁多，自一笔二笔至十数笔。所以习起手式，画花、叶与枝时，花由少瓣到多瓣；叶由小叶到大叶；枝由单枝到丛枝。各以类相从，使初学者胸中眼底，如同得到习字的永字"八法"，虽然有千百个字，却不外乎是一个规律。希望学画的人由浅说而深入钻研这一规律，它比技艺更为重要。

墨兰图　郑思肖
卷　纸本　水墨
纵 25.7 厘米　横 42.4 厘米
（日）大阪市立美术馆藏

【作品解读】

此图以淡墨写幽兰一丛，萧散清逸，风韵自标。无水土杂木，简洁疏朗，高雅不群。

【导读】

凡学习必先经历由易到难，由简到繁，再由繁到简的过程。由绚烂中凝练精髓，自平淡处显示真知。此间相关论述很多，诸如王国维"三重境界说"等等。此乃前人学者以极大的精力"打进去"，而后以更大的勇气"打出来"，有过如此经历才总结出的至理名言。吾辈后学应引以为戒，切不可急于求成。应该沉心静气打好基础，学习中最好的"捷径"就是踏实地一步一步向前走。思想要灵活，意志更要坚定、执着，在理论支持下，多学、多练，才能加深理解。理论是为实践服务的，要想多理解，就多实践，一遍不够做两遍，两遍不够做三遍，还不够，继续做，除此别无他法。

中国艺术很注重传承，中国文字作为文化的载体，显得尤为突出。书法是中国画的基础，不仅在于其独特的"模块化"结构，通过"横、竖、撇、捺"等基本笔画结构的不断重组，结合形声、转注、象形、假借等因素合理的创造与创新，并无限扩展，显示出极大的生命力。中国画、书法在中华文明体系影响下，核心内容是共通的。通过笔法、自然与心灵的交汇，体现出天人合一的境界。前辈学者讲"以书入画，以画养书"就是根植于此，"兰竹梅菊"既是中国画的常见题材，也是学者入门与进阶的最佳门径。

画法源流

画墨兰自郑所南[1]、赵彝斋[2]、管仲姬[3]。后相继而起者,代不乏[4]人。然分为二派。文人寄兴,则放逸之气[5],见於笔端。闺秀传神,则幽闲[6]之姿,浮于纸上。各臻其妙。赵春谷[7]、及仲穆[8]以家法相传。扬补之[9]与汤叔雅[10],则甥舅媲美。杨维干[11]与彝斋同时,皆号子固。且俱善画兰,不相上下。以及明季张静之[12]、项子京[13]、吴秋林、周公瑕[14]、蔡景明[15]、陈古白[16]、杜子经[17]、蒋冷生[18]、陆包山[19]、何仲雅[20]辈出。真墨吐众香,砚滋九畹,极一时之盛。管仲姬之后,女流争为效颦。至明季马湘兰[21]、薛素素[22]、徐翩翩[23]、杨宛若[24]皆以烟花丽质,绘及幽芳,虽令湘畹蒙羞,然亦超脱不凡,不与众草为伍者矣。

【注释】

[1]郑所南:郑思肖。字忆翁,自称三外野人,福州连江人。
[2]赵彝斋:赵孟坚。字子固,号彝斋。
[3]管仲姬:管道昇。字仲姬。元代画家。赵孟頫之妻。
[4]不乏:不少。乏:少。
[5]放逸之气:抒发逸气。指用笔经意之极而好像不经意,精气内收意味含蓄,使画面上具有一种有意无意、若淡若疏的萧散闲逸的韵致。是文人放达胸襟的自然流露。
[6]幽闲:也作"幽娴"。安详和顺,多形容女子。

画法源流

画墨蘭自鄭所南、趙彝齋、管仲姬。後相繼而起者代不乏人。然分爲二派。文人寄興則放逸之氣見於筆端。閨秀傳神則幽閒之姿浮於紙上。各臻其妙。趙春谷、及仲穆以家法相傳。揚補之與湯叔雅則甥舅媲美。楊維幹與彝齋同時皆號子固。且俱善畫蘭不相上下。以及明季張靜之、項子京、吳秋林、周公瑕、蔡景明、陳古白、杜子經、蔣冷生、陸包山、何仲雅輩出真墨吐衆香硯滋九畹極一時之盛管仲姬之後女流爭

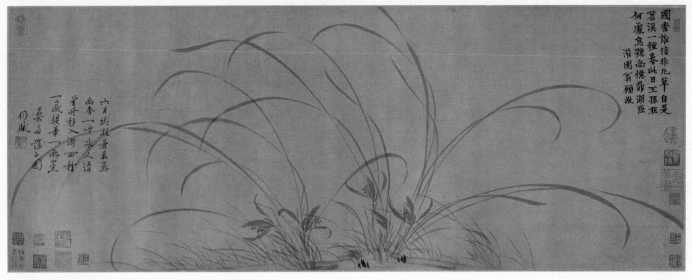

墨兰图 赵孟坚
卷 纸本 墨笔
纵34.5厘米 横90.2厘米
北京故宫博物院藏

[7]赵春谷：赵孟奎，字文耀，号春谷。

[8]仲穆：赵雍，字仲穆，赵孟頫之子。

[9]扬补之：扬无咎，字补之，号逃禅老人、清夷长者。清江（今属江西）人。

[10]汤叔雅：汤正仲，字叔雅，号闲庵。江西人。

[11]杨维翰：原文为"杨维幹"，字子固，号方塘。暨阳（今浙江诸暨）人。

[12]张静之：张宁，字静之，号方洲。海盐人（一作嘉兴人）。

[13]项子京：项元汴，字子京，别字墨林居士。嘉兴人，明代画家。

[14]周公瑕：周天球，字公瑕，号幼海。长洲（今江苏吴县）人，明代画家。

[15]蔡景明：蔡一槐，字景明。晋江人，明代画家。

[16]陈古白：陈兀素，子古白。长洲（今江苏）人。明代画家。

[17]杜子经：杜大绶，字子纾。吴（今江苏苏州）人。明代画家。善写兰竹，颇有逸趣。经，为"纾"字之误。

[18]蒋冷生：蒋清，字冷生。明代画家。

【作者简介】

赵孟坚（1199～1264），南宋画家。字子固，号彝斋，海盐（今属浙江）人。能诗、擅书法，工画水墨梅、兰、竹、石，取法扬无咎。尤精白描水仙，笔致细劲挺秀。传世作品有《白描水仙图》《墨兰图》《岁寒三友图》。

【作品解读】

此图绘墨兰两丛，生于草地上；兰花盛开，如彩蝶翩翩起舞；兰叶柔美舒放，清雅俊爽。全图用笔劲利，笔意绵绵，气脉不断，是赵氏画兰的代表作。

【今文意译】

画法源流

画墨兰自郑思肖、赵孟坚、管道昇之后，相继而起的，各个时代人都不少。然而分为两派，文人寄兴，抒发胸襟的逸气，自然流露于笔端；有才德的大家闺秀借以传达神情意趣，却将安详和顺的姿态浮现于纸上，各自都表现出他们作品的精妙。赵孟奎、赵雍以自家的画法相传。扬无咎、汤正仲，便是甥舅之间相互媲美。杨维翰与赵孟坚，号都叫子固，而且都善于画兰，造诣不相上下。到明季的张静之、项元汴、吴秋林、周天球、蔡一槐、陈元素、杜大绶、蒋清、陆治、何淳之，人物一批批接连出现，真可说是墨吐众香，石砚润泽九畹的兰花，极一时之盛。在管道昇之后，女流们争相效法。至明季，马守贞、薛素素、徐翩翩、杨宛，都以她们的烟花女身份，绘及幽芳浮动的兰花。她们虽然令文人们所崇尚的象征君子和贞节的"湘畹"兰花们感到蒙羞，但她们也超脱不凡，不与荒秽的众草为伍。

【导读】

芥子园画传文字部分的论述基本通俗易懂。今天学画者的文化背景、层次也和过去大不相同，因此导读只对一些自学时容易产生误解、误读的问题加以简略的注释、说明。无意过多干扰读者的理解和思考，毕竟读书的过程也是领悟的过程，注解过多会降低阅读的乐趣。考虑到图书的实用性，注释以学习方法、认识如何提高为侧重，辅助读者探究"技可进乎道，艺可通乎神"的思想路径。

不與眾草爲伍者矣

烟花麗質繪及幽芳雖令湘畹蒙羞然亦超脫不凡

爲效顰至明季馬湘蘭[21]薛素素[22]徐翩翩[23]楊宛若[24]皆以

[19] 陆包山：陆治，字叔平，号包山子。江苏吴县人，居包山。

[20] 何仲雅：何淳之，字仲雅，号太吴。江宁人。明代画家。

[21] 马湘兰：马守贞，女。号湘兰，小字元儿，又号月娇。金陵人。

[22] 薛素素：女，字润卿、素卿。吴人（一作嘉兴人），寓居江宁。

[23] 徐翩翩：女，字飞卿、惊鸿。江宁人。

[24] 杨宛若：杨宛，女。金陵人。

【导读】

　　兰花分布在世界很多地区，根据史料记载，中国人早在春秋时期就已经开始培育兰花。原产我国的"中国兰"文静淡朴，高洁典雅，是古代文人自比浑璞圣洁的象征。兰在中国有很多美好的喻义，"兰心蕙质""空谷幽兰，不以无人而不芳""兰似君子、蕙比大夫"。"中国兰"与"梅、竹、菊"并称"四君子"。《芥子园画传》在总结前人绘画心得的基础上，融会贯通，旁征博引为初学者指出一条方便易学的门径。如书中选用的口诀："一笔长、二笔短、三笔交凤眼"，利于初学掌握和运用，精熟以后就可以"从心所欲不逾矩"了。当然，这需要一个长期的训练过程，有人讲"一生兰、半生竹"，就是说在绘画认识、学习、感悟中，穷其一生去寻找艺术的真谛。

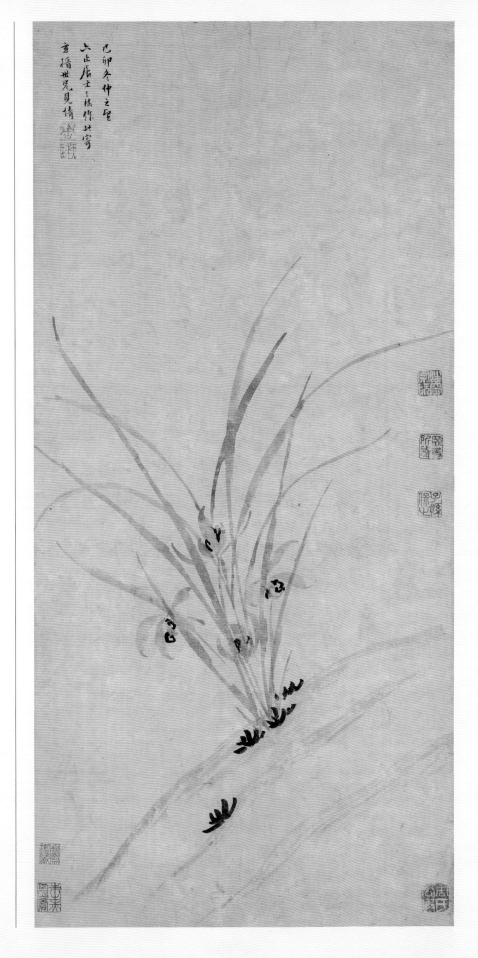

【作者简介】

　　周天球（1514～1595），字公瑕，号幼海、六止生，江苏苏州人。曾从文徵明学习画法，以诗文书画名世。擅画兰草，喜用淡墨，得郑思肖风格。传世作品有《兰花图》《墨兰图》《水仙竹枝图》等。

【作品解读】

　　此图作淡墨兰花一株，斜生土坡，用笔潇洒流畅，简洁明快。画风清幽典雅。

　　构图居中，兰叶旁分，兰花均聚，不忌于板，淡墨写花叶、坡面，浓墨点写花蕊、杂草，清幽之气尽洒纸面。

兰花图　周天球
立轴　纸本　水墨
纵50.3厘米　横24.2厘米
南京博物院藏

7

畫葉層次法

畫蘭全在於葉故以葉為先葉必由起手一筆有釘

頭鼠尾螳肚之法。二筆交鳳眼三筆破象眼四筆五

筆宜間折葉下包根籜式若魚頭成叢多葉宜俯仰

而能生動交加而不重疊須知蘭葉與蕙異者細柔

與粗勁也入手之法略具於此

【原文】

　画叶层次法
　画兰全在于叶，故以叶为先。叶必由起首一笔。有钉头[1]、鼠尾[2]、螳肚[3]之法。二笔交凤眼。三笔破象眼。四笔五笔宜间折叶。下包根籜[4]，式若鱼头，成丛多叶，宜俯仰而能生动，交加而不重叠。须知兰叶与蕙异者。细柔与粗劲也。入手之法，略具于此。

【注释】

[1] 钉头：画兰叶，下部像钉子的头。另，根边小叶也叫钉头。
[2] 鼠尾：指兰叶的梢或中间画得细长的部分，形如鼠尾。
[3] 螳肚：指兰叶的中段要画得形如螳螂肚，圆浑饱满。
[4] 籜：竹笋外层一片一片的壳。

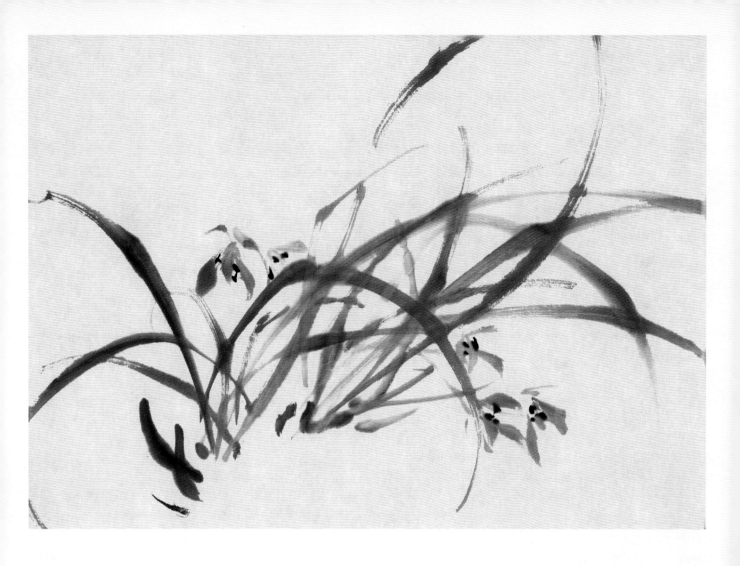

【导读】

　　《芥子园画传》成书以后流传甚广、影响深远，成为当之无愧的经典教材，后世名家对这部书相当重视。也存在颇多质疑，但外在的质疑和画传自身的时代局限、不足都无法掩盖其在中国画史中的灿灿光辉和重要地位。有些批评过于苛责，有失公允，是源于对《芥子园画传》的期望和要求过高。如有人批判其内容"程式化"，影响学习者的想象和自由思维，实际上这都是对问题认识片面造成的，工具书、范本、模具这些东西是学习过程中少不了的，就如同小儿学步扶着东西走，自己会走后便不须扶助。《芥子园画传》康熙木刻原版和巢勋重绘石印版的文字都算是"半白话"，除少部分述论外，大都比较通俗。在编写导读内容时重点不放在翻译原文，而是对需要说明的画论、画理、技法、材料作相应的注释和说明，原文内容的"滋味"我们还是尽量留给读者去自己品尝。

　　兰花画叶是关键，悬肘运腕，意在笔先，行笔要果断爽利，切忌犹豫。每一组运笔要有内在的呼应与衔接关系，初学时，一笔结束接下一笔时可以慢一些，想好再画，娓娓道来。先打个腹稿或草稿都行，随机的调整是免不了的，必须有思考经营的环节，唯有如此才能较好地保障画幅全局气韵的通达畅快、章法的严谨和谐，所谓"胸有成竹"，一蹴而就，是竹在胸中和笔端不断积累的结果。

　　画兰还要注意墨法的区别，一般来说用重墨画主叶、长叶或叶芽，淡墨写其他叶片以利层次，极清淡墨色画花瓣，点蕊如同"点睛，重墨点蕊，方显花之精神"。可以借鉴前人作品详加参研、揣摩，以背临、对临、意临、变格等学习方法相结合修炼，才能收到事半功倍的效果。背临、对临这些方法都是"心追"的过程，只有心追物象，"手摹"才有灵魂，古人讲"其去逾速，其形逾完"，就是心追手摹对绘画精神求索的最好注解。画家立足点在"物心"，关键点则是"己心"的借物阐发。

畫葉左右法

畫葉有左右式不曰畫葉而曰撇葉者亦如寫字之用撇法手由左至右爲順由右至左爲逆初學須先順手便於運筆亦宜漸習逆手以至左右兼長方爲精妙若拘於順手只能一邊偏向則非全法

畫葉稀密法

葉雖數筆其風韻飄然如霞裾月珮翩翩自由無一點塵俗氣叢蘭葉須掩花花後更須插葉雖似從根而發然不可叢雜能意到筆不到方爲老手須細法古人自三五葉至數十葉少不寒悴多不糾紛自能繁簡各得其宜

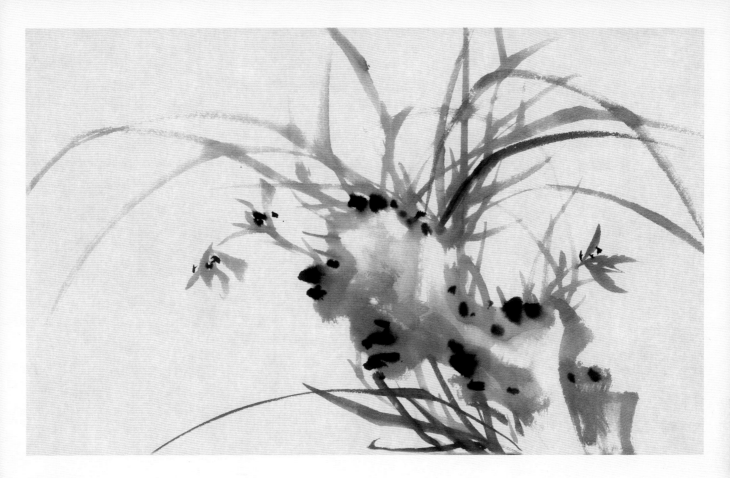

【注释】

[1] 风韵：风度韵致。美好的风度和神态。

[2] 霞裙月珮：霞作的衣襟月作的珮。裙：衣服的大襟，也指衣服的前后部分。珮：身上佩带的饰物。

[3] 意到笔不到：作画时，兴致高涨，随笔就势画去，虽然有的地方有所忽略，而正是这忽略处，恰好给人以回味的余地，即笔未到而意周。所以，从整体看去，画面虚实相生，神完气足，无所欠缺。

【原文】

　画叶左右法

　画叶有左右式。不曰画叶，而曰撇叶者。亦如写字之用撇法，手由左至右为顺，由右至左为逆。初学须先顺手，便于运笔。亦宜渐习逆手，以至左右兼长，方为精妙。若拘于顺手，只能一边偏向，则非全法。

　画叶稀密法

　叶虽数笔，其风韵[1]飘然。如霞裙月珮[2]，翩翩自由，无一点尘俗气。丛兰叶须掩花，花后更须插叶。虽似从根而发，然不可丛杂。能意到笔不到[3]，方为老手。须细法古人，自三五叶，至数十叶。少不寒悴，多不纠纷，自能繁简各得其宜。

【导读】

　　"意到笔不到"，笔法如何运用？"笔不到"的表达容易产生歧义。好的笔法，不仅仅是笔锋留在画面上的痕迹，它代表空间上的延续，给人类似于身临其境的感觉，绝不止其在画面上实际占有的轮廓、位置，好的笔法是有生命活力的，是有个性的，它蕴含着能把"势"扩张到画面之外的"力量"。所以不存在"笔不到"，看似墨不着纸，以心观之，脑海中自会幻化浮现四面衔接、上下贯通的逻辑联系。"笔不到"指的是笔随心意，笔随意到，笔法恰到好处，意蕴跃然纸外的意思。在创作中非常强调画面的"势"。"势"主要讲"感受和感觉"，和作者所营造画面的节奏感，好的作品能将作者的领悟传递给观众。上一个动作和下一个动作的连贯动作就是"笔不到"，是超出一般过程的精炼。这种不见笔触的引导让观众通过自己的思维想象将之贯通。

畫花法

花須得偃仰正反含放諸法莖插葉中花出葉外具有向背高下方不重疊聯比花後再襯以葉則花藏葉中間亦有花出葉外者又不可拘執也蕙花雖同于蘭而風韻不及挺然一幹花分四面開有後先莖直如立花重若垂各得其態蘭蕙之花忌五出如掌指須掩折有屈伸勢瓣宜輕盈回互自相照映習久法熟得心應手初由法中漸超法外則爲盡美矣

【原文】

画花法

花须得偃、仰[1]、正、反、含[2]、放诸法。茎插叶中，花出叶外，具有向、背、高、下，方不重叠联比[3]。花后再衬以叶，则花藏叶中。间亦[4]有花出叶外者，又不可拘执[5]也。蕙花虽同于兰，而风韵不及。挺然一干，花分四面，开有后先。茎直如立，花重若垂，各得其态。兰蕙之花，忌五出如掌指，须掩折有屈伸势。瓣宜轻盈回互[6]，自相照映[7]。习久法熟，得心应手。初由法中，渐超法外。[8]则为尽美矣。

【注释】

[1] 仰：仰面倒下。这里指"倒"。
[2] 含：这里指含苞待放。
[3] 联比：互相联结相似。
[4] 间亦：有时也。
[5] 拘执：拘泥偏执。
[6] 回互：回头互望。
[7] 照映：映照，衬托。
[8] 初由法中，渐超法外：北宋苏轼在《书吴道子画后》一文中讲，吴画"出新意于法度之中，寄妙理于豪放之外"，认为吴画的豪放、出新是以谨严的理法为基础的。

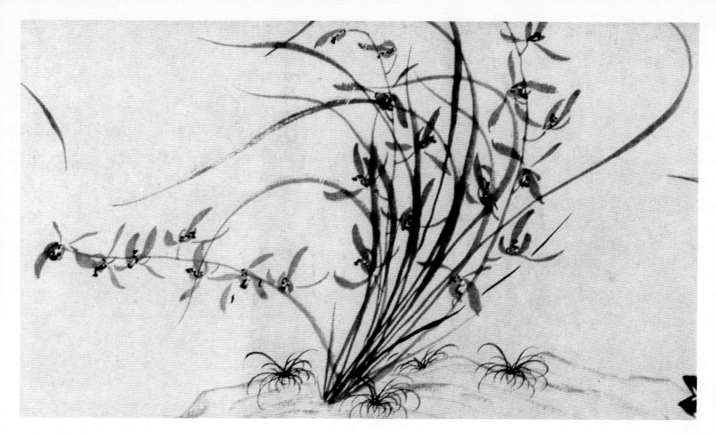

墨兰　钱谦益书幽兰赋图（局部）　陈元素
长卷　纸本　墨笔
纵 30.9 厘米　横 412.6 厘米
上海博物馆藏

【作品解读】

　　在《钱谦益书幽兰赋图》长卷前，陈元素作兰花九组，姿态各异，章法也富于变化。虽主题同一，但兰叶偃仰，墨花飘逸，互不雷同。寓稳健于秀美之中，使人有目下生辉之感。

【作者简介】

　　陈元素，生卒年不详，明代书画家。字古白、孝平、金刚，号素翁、处廓先生，私谥贞文先生，长洲（今江苏苏州）人。万历诸生。早负才名，工诗文，尤善书法，楷书法欧阳，草入二王之室，工山水，尤善写兰，得文徵明之秀媚。

【导读】

　　初由法中，渐超法外。

　　古人在学习阶段讲究师造化、重法度。想要于法度之中出新意，豪放之外寄妙理，必须充分理解画理，同时具备纯熟的技法。中国优秀传统文化的延续性和生命力，使其高深的含义可以自证，书画、文学、音乐都是重要构件和组成。站在古人肩膀上的我们，虚心学习古法，参悟其禅理蕴机方能直入化境。要理解古人的书画境界，绝非易事，今人对传统书画非议者俱为一知半解或自以为是的。语言表达的局限性，使我们为了方便读者理解也说"走进去、打出来"，其实真的懂了，通了，无所谓进去或出来，心与法度相融与手相通，此时法度不再成为束缚，妙理也会如流水、明月而自显，画者亦能"随心所欲""手通神"了。故研习书画，要注重基础训练，认真虚心地向前人学习，学养和笔墨功夫结合，使理论和技法能够在绘画实践中互相印证。建议初学者以工、稳为主，循序渐进，忌为新而新，忌为变而变，应通过扎实的训练、学习，不断对自身水平有真切的认识和评价，如能持之以恒，必能产生自然的蜕变。如此过程产生的新和变才是真实的，有价值的，也能经得起时间考验。

　　学习先从一家入手，精熟后融会贯通。由追求形式上的"绝似"开始，逐渐过渡到"不似"，才能体会"似与不似之间""是有真宰，而敢草草"。初学阶段经历的"脏、黑、板、死"往往不可避免，这个过程中要不断地提醒自己向"简淡天真"努力。读书、思考、写生、临摹都必不可少，最终能从"混沌中见精神，无序中求有序"。

點心法

蘭之點心如美人之有目也湘浦秋波能使全體生動則傳神以點心爲阿睹花之精微全在乎此豈可輕忽哉

用筆墨法

元僧覺隱曰嘗以喜氣寫蘭怒氣寫竹以蘭葉勢飛舉花蕊舒吐得喜之神凡初學必先煉筆筆宜懸肘則自然輕便得宜遒勁而圓活用墨須濃淡合拍葉宜濃花宜淡點心宜濃蓇苞宜淡此定法也若繪色寫生更須知正葉宜濃背葉宜淡前葉宜濃後葉宜淡當進而求之

点心法

兰之点心，如美人之有目也。湘浦[1]、秋波[2]，能使全体[3]生动。则传神以点心为阿睹[4]。花之精微，全在乎此，岂可轻忽哉。

用笔墨法

元僧觉隐曰：尝以[5]喜气写兰。怒气写竹。以[6]兰叶势[7]飞举，花蕊舒[8]吐，得喜之神。凡初学必先炼笔。笔宜悬肘[9]，则自然轻便得宜，遒劲而圆活。用墨须浓淡合拍。叶宜浓花宜淡，点心宜浓，茎苞宜淡，此定法也。若绘色写生，更须知正叶宜浓，背叶宜淡，前叶宜浓，后叶宜淡。当进而求之。

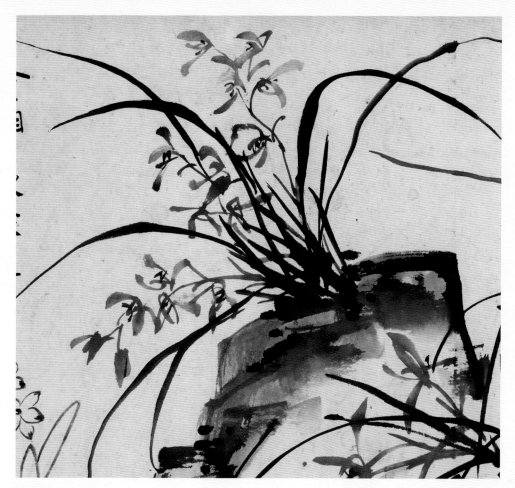

冷艳幽香图（局部） 李鱓
纸本 水墨 设色
纵 34.3 厘米 横 361 厘米

【注释】

[1] 湘浦：湘水之滨。浦：水滨。
[2] 秋波：这里比喻美女的眼睛，像秋水一样清澈明亮。
[3] 全体：整个画面。
[4] 阿睹：这个。六朝时的口语。
[5] 尝以：曾以。
[6] 以：使。
[7] 势：形态充满活力。
[8] 舒：舒展洒脱。指花瓣舒展，花蕊洒脱地吐出。
[9] 悬肘：运笔时，悬起肘，使肘与桌面之间有一定空隙，腕就能自然轻便，运用自如。

【导读】

"喜气写兰"形象地说出绘制兰花时，心情平和畅达，撇叶、勾花、刚柔并济，自然舒展。笔墨不枯不滞，利于表现兰叶的弹性，契合生机勃勃的花叶生长。如果行笔迟滞、用墨过枯或水分过大而导致臃肿、散漫，就会丧失兰花的生机，画面也不会有生趣。

笔墨来源于生活的积累，是通过观察和写生捕捉物象的精神，画者通过自己的心灵理解，借物寄情，诉诸笔端形成画面。不能制造脱离真实的"浪漫"与仅见形式上的自由，闭门造车的方式是行不通的。"十日一石，五月一水"，构思缜密，才能创作出有价值的作品。

兰分草兰、蕙兰、春兰等品种，各自有不同的特点。针对这些特点绘画时所用的笔墨也不尽相同。花、叶、茎、芽，前出、后偃，相背正侧、浓淡枯湿，均应该根据对象详细揣摩，方才下笔有神。

画谱提供给大家的是提炼后的技法步骤，目的是为初学者快速入门而设置。"师古人"是从师法其技到师法其心的门径，"师造化"是门径内的自我完善，心手相畅的风景，切不可以偏概全。如同武术套路，方便学习和记忆，实用时随机应变，拆分招式运用灵活所学到，如果一味以套路去应对，实战肯定是要吃亏的。

【导读】

双勾法多用于白描粉本和工笔创作。双勾法又叫"双勾填色"，顾名思义，是用劲健坚实的笔法（如十八描）勾描出物象后，用分染、积染等设色技法，将相应的墨、色填入粉本。宋人院体绘画大量采用这种形式。

中国画尚写意精神，很多人误以为专指写意类的作品，实际上工笔也是强调写意性的。首先写意精神是中国传统艺术的核心表现形式，所以是各种艺术门类的共有特点；其次，工笔的"工"，与写意从内涵上讲是统一的，并不矛盾和对立，而是相互补充；写意是中国画的共性，并不专指某种技法。

书中的介绍，读者要结合中国画发展历史来解读，如"加之青绿，则反失天真"主要是讲，一味地强调和原物一致，就会丧失天真机趣，所以写生不是机械、不假思索地复制和描摹，这一点学者不可不知。当然也并非画兰就绝对不能"加之青绿"，陈洪绶就绘制过青绿重彩的兰花作品，可见法则只是相对的，要活学活用，真正的学通就是"有法便是无法"了。

雙鈎法

鈎勒蘭蕙古人已爲之但屬雙鈎白描是亦畫蘭之一法若取肖形色加之青綠則反失天眞而無丰韻然于衆體中亦不可少此因附其法于後

【原文】

双勾法

勾勒兰蕙，古人已为之，但属双勾白描，是亦画兰之一法。若取肖形色[1]，加之青绿[2]，则反失天真[3]，而无丰韵。然于众体中，亦不可少此。因附其法于后。

【注释】

[1] 取肖形色：使形和色与描摹的对象一样。
[2] 青绿：石青、石绿。以它们为主色的山水画，称为"青绿山水"。
[3] 天真：画面自然浑朴，具有未受世俗影响的天性。

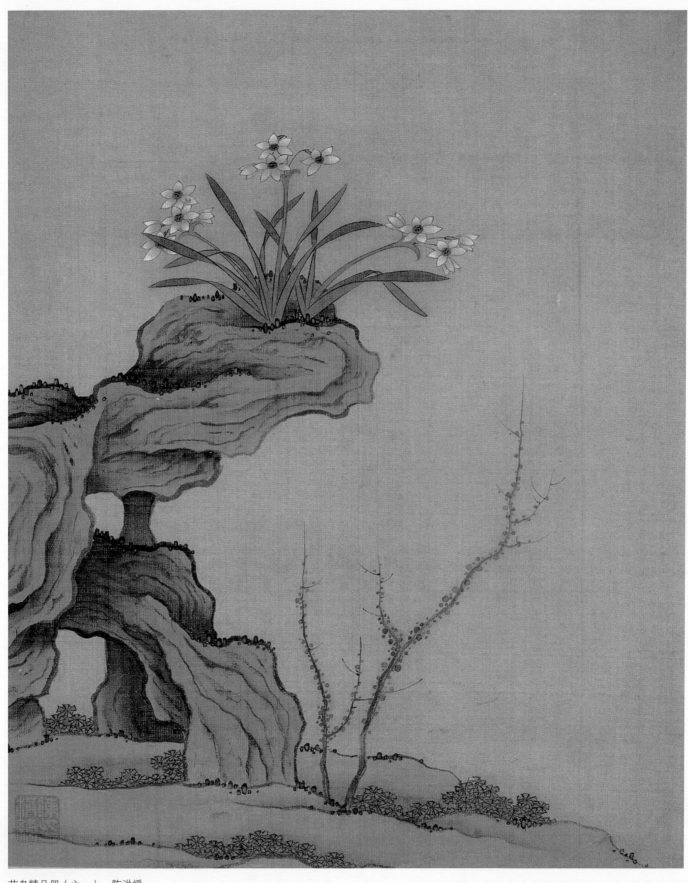

花鸟精品册（之一） 陈洪绶

畫蘭訣 四言

寫蘭之妙 氣韻為先 墨須精品 水必新泉 硯滌宿垢

筆純忌堅 先分四葉 長短為玄 一葉變搭 取媚取妍

各交葉畔 一葉仍添 三中四簇 兩葉增全 墨須二色

老嫩盤旋 瓣須墨淡 焦墨蔓鮮 手如掣電 忌用遲延

全憑寫勢 正背欹偏 欲其合宜 分布自然 含三開五

總歸一焉 迎風映日 花蔓娟娟 凝霜傲雪 葉半垂眠

枝葉運用 如鳳翻翩 葩蔓飄逸 似蝶飛遷 殼皮裝束

碎葉亂攢 石須飛白 一二傍盤 車前等草 地坡可安

或增翠竹 一竿兩竿 荊棘旁生 能助其觀 師宗松雪

方得正傳

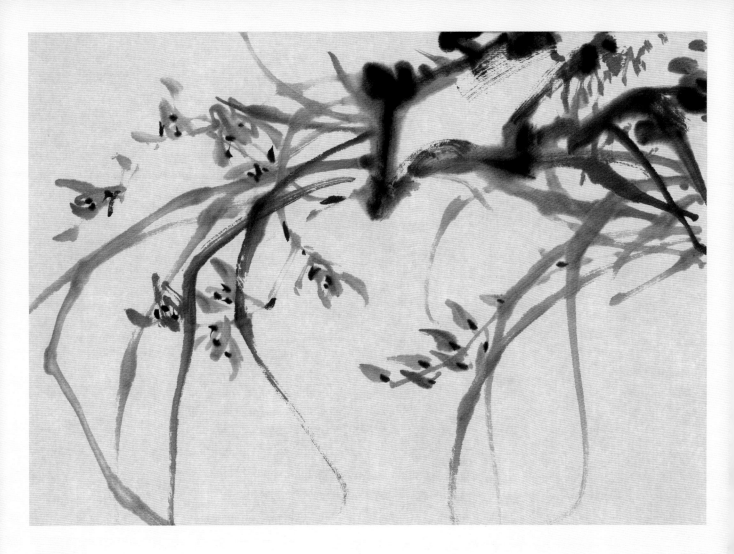

【原文】

画兰诀（四言）

写兰之妙，气韵为先。墨须精品，水必新泉。砚涤宿垢，笔纯忌坚。先分四叶，长短为玄。
一叶交搭，取媚取妍。各交叶畔，一叶仍添。三中四簇，两叶增全。墨须二色，老嫩盘旋。
瓣须墨淡，焦墨萼鲜。手如掣电，忌用迟延。全凭写势，正背欹偏。欲其合宜，分布自然。
含三开五，总归一焉。迎风映日，花萼娟娟。凝霜傲雪，叶半垂眠。枝叶运用，如凤翩翩。
葩萼飘逸，似蝶飞迁。壳皮装束，碎叶乱攒。石须飞白，一二傍盘。车前等草，地坡可安。
或增翠竹，一竿两竿。荆棘旁生，能助其观。师宗松雪，方得正传。

【札记】

_____

_____

_____

_____

_____

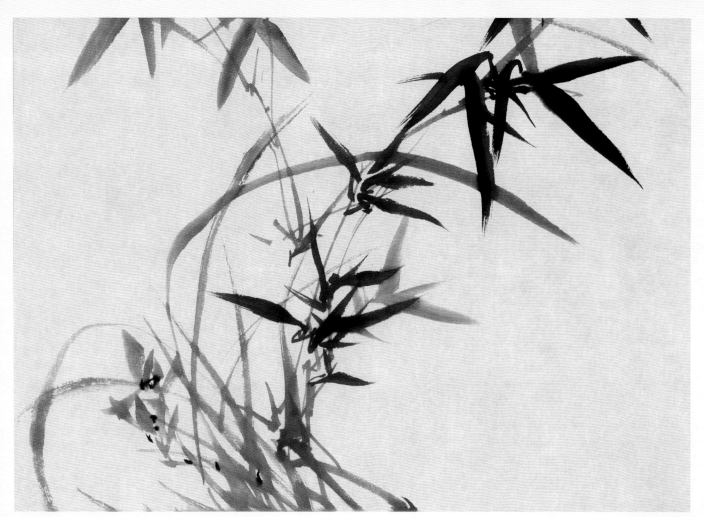

扫一扫
视频教学

【导读】

  谢赫"六法"论第一条就提出"气韵生动",可见生机和精神在中国画中的重要性。

  绘画前准备工具材料,画面整体的运筹帷幄,是精神渐入画境的前奏。墨精、笔纯、砚坚、纸齐,都是不可或缺的环节。精工的颜料、清新的泉水等等,既是准备称手的工具,也是营造整洁优雅的环境,带来平和愉悦的心情。

  画面经营要做到笔简意繁,郑板桥有诗云:"要知画法通书法,兰竹如同草隶然。"中国画必须有好的书法基础作为支撑,才能"以书入画、以画养书"。古人讲"善画者必善书""书画同源"。学者通过研习就会发现,名家作品的书画从形式到精神往往高度统一。这种人书一致、书画同体的特点实际是画家独立人格与精神修养的外化。徐渭被人称为"徐疯子",是他不与世俗为伍的本性,因此作品呈现出苍凉与宏大,他自认为"余本寡人,性与梅竹宜",郁郁而不得志,在《墨葡萄》中题跋曰"笔底明珠无处卖,闲抛闲掷野藤中"。理想与现实的碰撞汇聚在画面中,形成跌宕起伏的艺术生机。

  艺术的形式、载体有它的多样性和复杂性,但扎实的基本功练习和不断提高的观察力、表现力才是我们求索的正道。

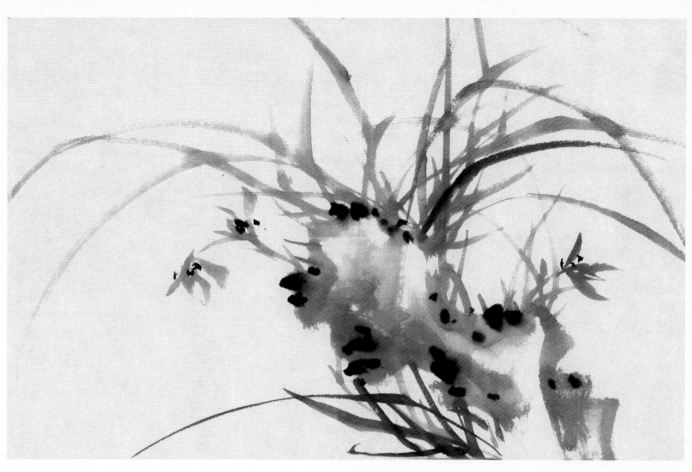

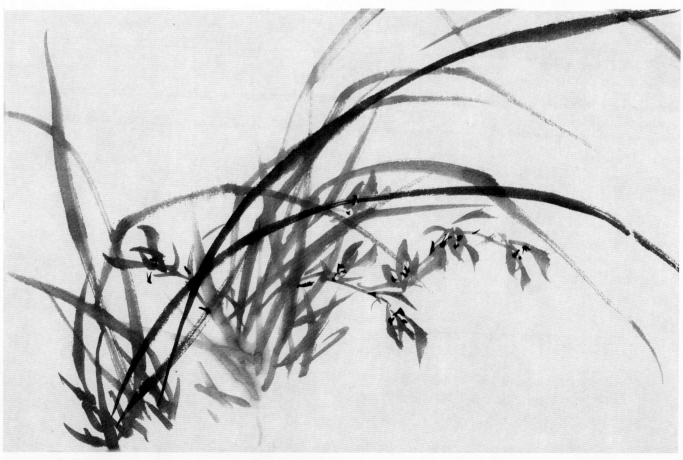

【原文】

画兰诀（五言）

画兰先撇叶，运腕笔宜轻。
两笔分长短，丛生要纵横。
折垂当取势，偃仰自生情。
欲别形前后，须分墨浅深。
添花仍补叶，攒簇更包根。
淡墨花先出，柔枝茎再承。
瓣宜分向背，势更取轻盈。
茎裹纤包叶，花分浓墨心。
全开方上仰，初放必斜倾。
喜霁皆争向，临风似笑迎。
垂枝如带露，抱蕊似含馨。
五瓣休如掌，须同指曲伸。
蕙茎宜挺立，蕙叶要强生。
四面宜攒放，梢头渐缀英。
幽姿生腕下，笔墨为传神。

画蘭訣 五言

畫蘭先撇葉運腕筆宜輕兩筆分長短叢生要縱橫

折垂當取勢偃仰自生情欲別形前後須分墨淺深

添花仍補葉攢簇更包根淡墨花先出柔枝莖再承

瓣宜分向背勢更取輕盈莖裹纖包葉花分濃墨心

全開方上仰初放必斜傾喜霽皆爭向臨風似笑迎

垂枝如帶露抱蕊似含馨五瓣休如掌須同指曲伸

蕙莖宜挺立蕙葉要強生四面宜攢放梢頭漸綴英

幽姿生腕下筆墨為傳神

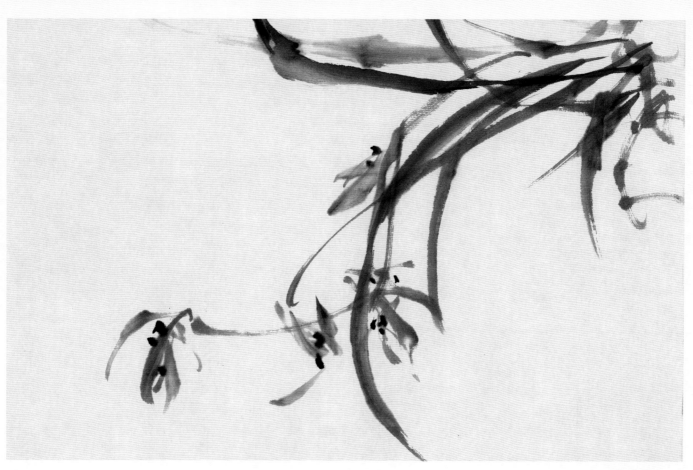

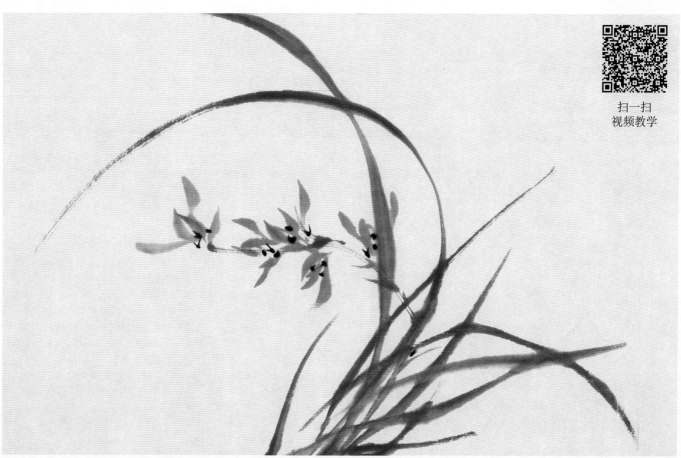

【原文】

凡画兰不可叶叶相匀，随笔撇去。不妨若断若续，意到笔不到。或粗如螳螂肚，或细如鼠尾。轻重适宜，得心应手，各尽其妙。

扫一扫
视频教学

起手第二笔交凤眼

起手第一笔

三笔破凤眼

鼠尾

螳螂肚

二笔

一笔
意到笔不到

三笔攒根鲫鱼头

二笔攒根鲫鱼头

【导读】

初学绘画时应当多尝试不同的工具材料，熟悉不同的纸张、毛笔等工具呈现的不同效果。狼毫劲健爽利但蓄墨较少，长锋羊毫笔软锋长，不易驾驭，必须有一定的书法功底才能运用自如。为了初学者的研究方便，范图多选用较厚的宣纸表现基础部分。厚纸用笔需要蓄水较多的羊毫，蘸色时注意毛笔自然产生的浓淡、层次变化，使笔墨不要僵板。这种厚一点的纸张能使墨色水印的变化更清晰地呈现出来。

【导读】

左右撇叶，运笔、运腕，有一个熟练的过程，需勤奋练习才能逐渐掌握。想画好兰叶，建议书画同修，体会运笔，如果能将书法和兰叶的心得互相印证，将事半功倍。既临摹法帖也临摹名作，熟练一些可以"背临"或"拟临"以增强记忆，为自己创作打基础。理论认识和实践操作应相辅相成，互为印证。读帖、思考、临习三位一体，缺一不可，临摹一段前辈名家的作品后可采用"拟笔创作"，对原作稍加改动其构图、章法、局部，循序渐进，逐步形成自己的面貌，从而达到提高创作水平的目的。

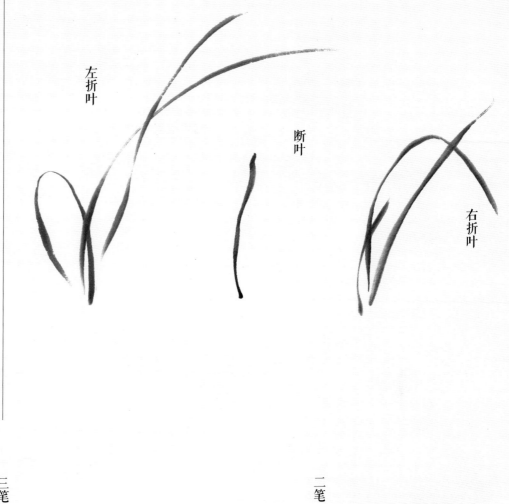

左折叶

断叶

右折叶

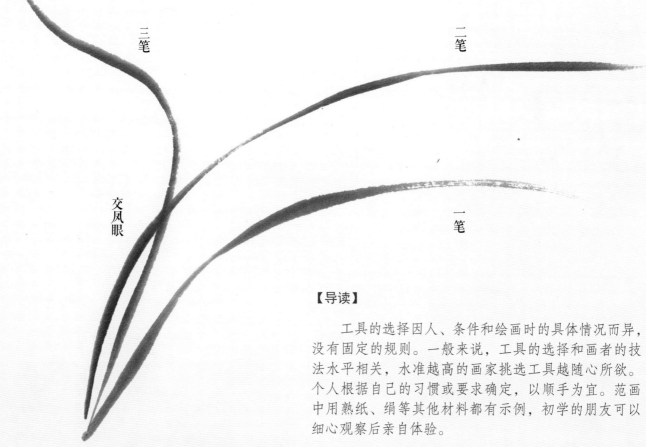

三笔

二笔

交凤眼

一笔

一笔

【导读】

工具的选择因人、条件和绘画时的具体情况而异，没有固定的规则。一般来说，工具的选择和画者的技法水平相关，水准越高的画家挑选工具越随心所欲。个人根据自己的习惯或要求确定，以顺手为宜。范画中用熟纸、绢等其他材料都有示例，初学的朋友可以细心观察后亲自体验。

画兰时可以用水墨或颜色直接表现，也可以在研墨时添加花青、深绿等颜料寻求变化。墨加颜料表现时，要注意色墨无碍、互相辉映。

中国画用墨最好使用墨锭，不要用成品墨汁。初学阶段最好不要在作品中尝试宿墨，现用现研，不新鲜的墨用于练字。好的新制墨锭，比墨汁优质许多。养成用墨锭的习惯，对初学者十分有益。不要怕麻烦，把研墨作为绘画"仪式"的前奏，研墨时看看资料，调整呼吸，让手腕、肩膀活动开，利于心情放松，专注精神，进入创作状态。

前起手一笔至三笔，皆自左而右。

为初学者顺手易撇故也。兹作右发式，以便由易面难，循次以进。

凡画兰须攒根，虽多至数十叶不可匀，更不可乱。浓淡得宜穿插得所。是在神而明之。

扫一扫
视频教学

右发五笔交互

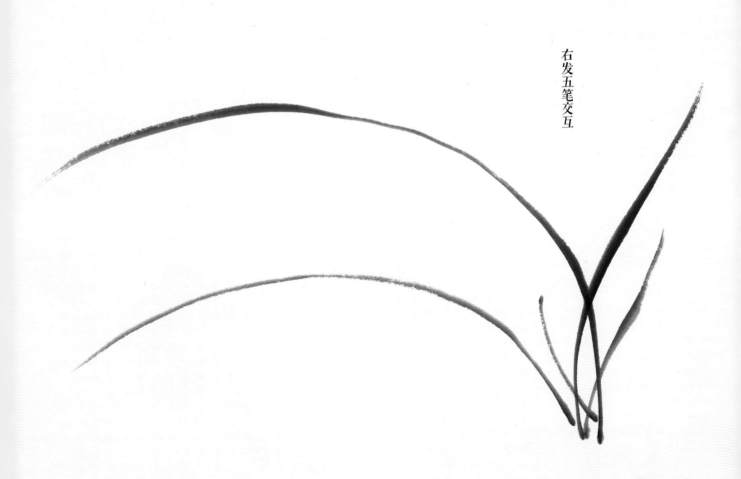

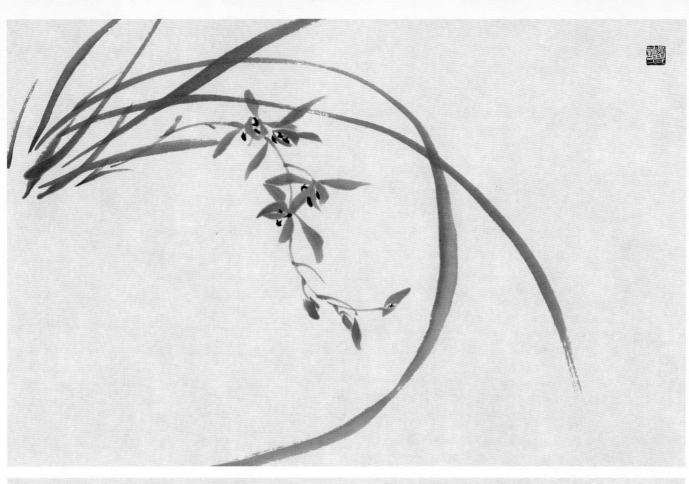

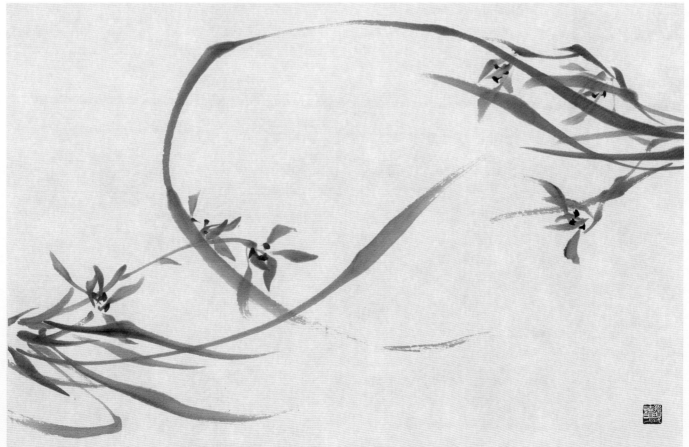

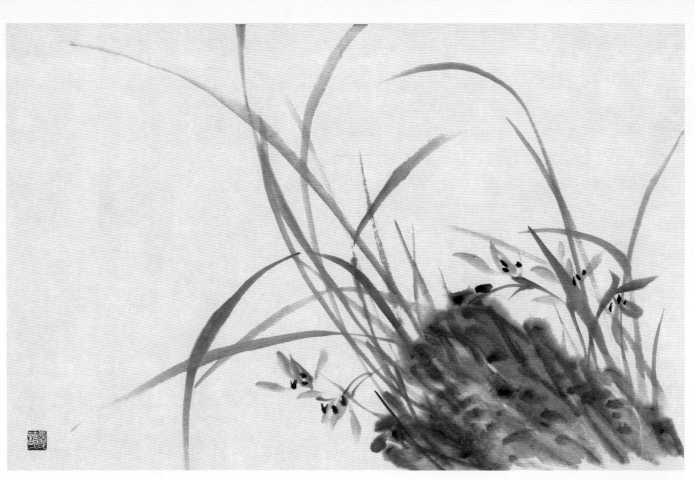

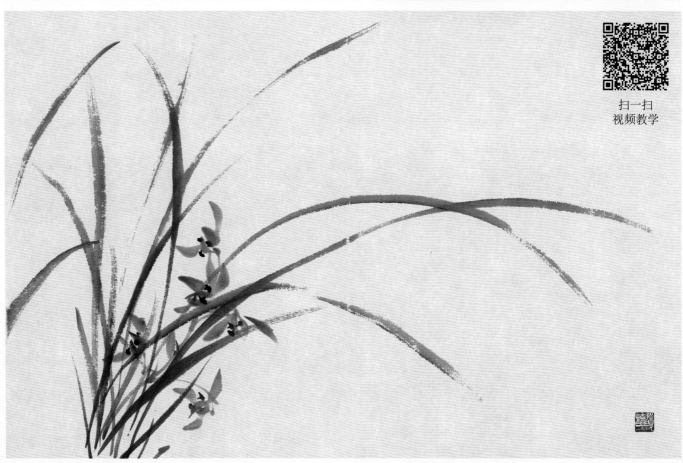

扫一扫
视频教学

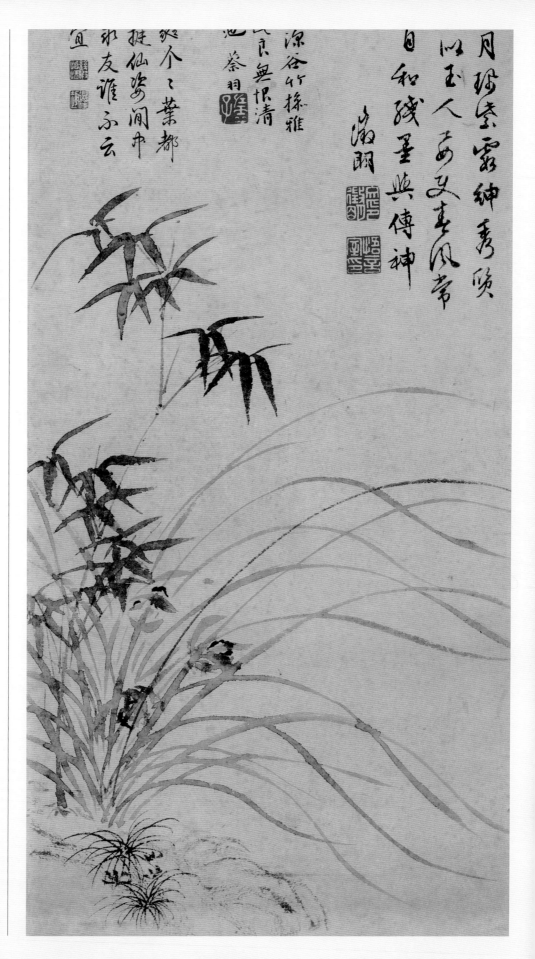

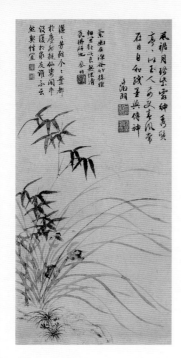

兰竹图　文徵明
纸本　墨笔
纵 47 厘米　横 23.3 厘米
台北故宫博物院藏

【作者简介】

　　见 241 页。

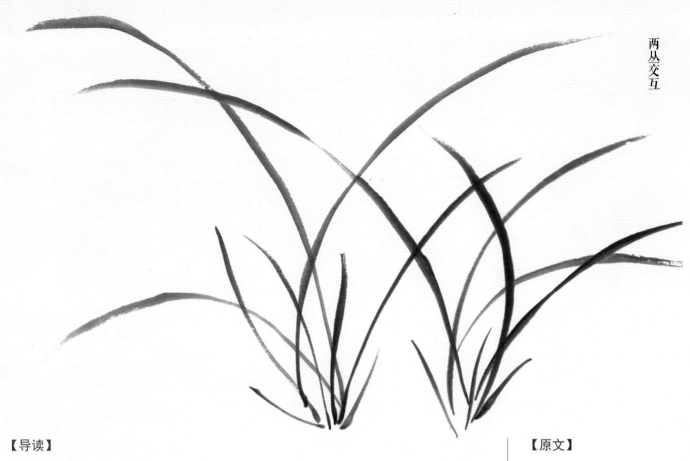

【导读】

初学者往往有这样的情况，遇到生僻的文字和简约的记述不得其法时，总觉得前人，没有说出究竟；总是希望画论实之又实，自己好亦步亦趋。随着学习深入，慢慢理解不是古人故弄玄虚，而是我们的实践还没有跟上理论步伐。所以学习时一定要脚踏实地，从实践中求证，从自身找原因。多练习，多揣摩，提高修养，最终才会有所收获。

【原文】

凡画两丛，须知有宾有主，有照有应。于半空处着花。根边小叶一名钉头，不可太多。熟极自能生巧。

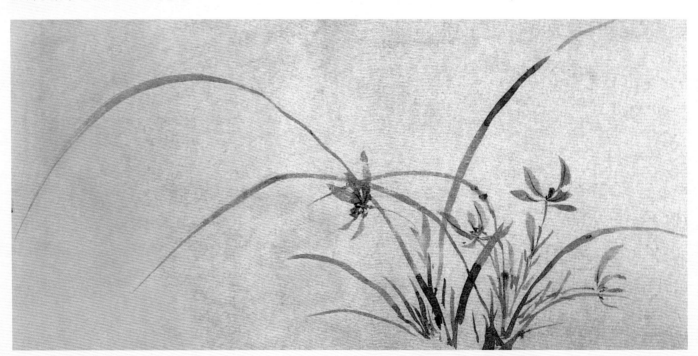

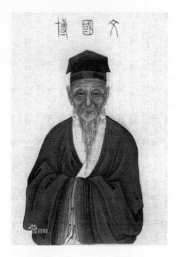

【作者简介】

　　文彭 (1498～1573)，明代画家，字寿承，号三桥，别号渔阳子，江苏苏州人。文徵明长子。能诗，工书画篆刻。擅写墨竹，亦擅山水。取法多于宋元间。

【作品解读】

　　图中以水墨画兰花两丛、荆棘二枝。以渴笔淡写荆棘卷曲、兰叶舒畅之姿，并以水墨草点兰花偃仰、互相交织之状，节奏感强，和自题草书"月摇庭下珂，风递谷中香"融为一体。

兰花图　文彭
立轴　纸本　墨笔
纵 65 厘米　横 31.2 厘米
北京故宫博物院藏

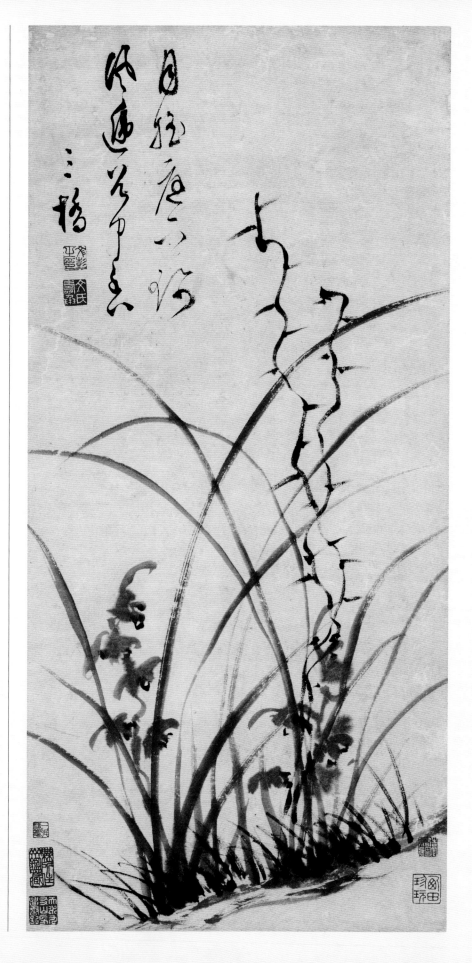

【原文】

凡画兰不出稀密二则。密之所忌者结，稀之所忌者拙。

【导读】

此帧兰草使用白描双勾技法，白描是单用线条勾描物象的一种中国画形式。只用线条节奏、深浅等来刻画物象特征，不施颜色，是一种高度提炼的技法，后来也被引申到文学、戏曲等其他艺术形式中。

正发密叶

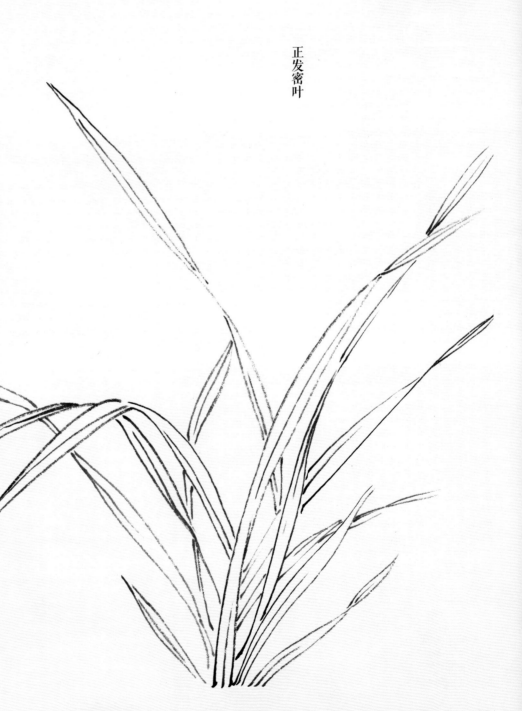

【作者简介】

鲁治，生卒年不详，明代画家。号岐云，江苏苏州人。善画花卉、翎毛。设色妍丽，得宋人之法。传世作品《百花图》现藏广东省博物馆。

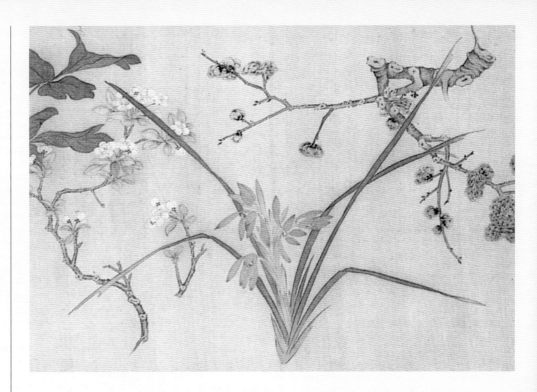

百花图（部分）鲁治
长卷　绢本　设色
纵 29.5 厘米　横 568 厘米
广东省博物馆藏

【作品解读】

此卷名为"百花图"，实则以桃花为起，梅花为结尾，仅绘三十余种，此处选其局部。全卷构图有巧思，以节气作序列，并叶叠枝，花卉绵连，给人以百花怒放之感。加上设色斑斓，以淡衬浓，显得生动别致。用笔工细，法度严谨，是鲁治工笔花鸟画的代表作。

【导读】

一般双勾兰草多选铁线描或钉头鼠尾描，线质含蓄文雅，变化丰富。通过浓淡枯湿、轻重缓急的线条，表现出兰的精神气质。好的白描本身就是优秀的作品，不事粉黛而骨肉丰满，栩栩如生。白描是一门重要的中国画基本功，历代有很多传世佳作，前辈大家陈洪绶、任伯年的白描作品留存较多，都是我们学习的极好范本。

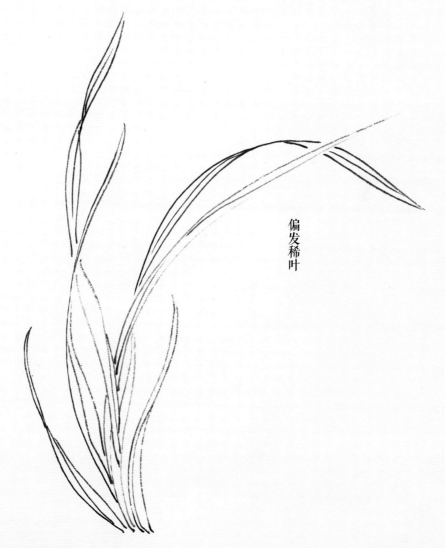

偏发稀叶

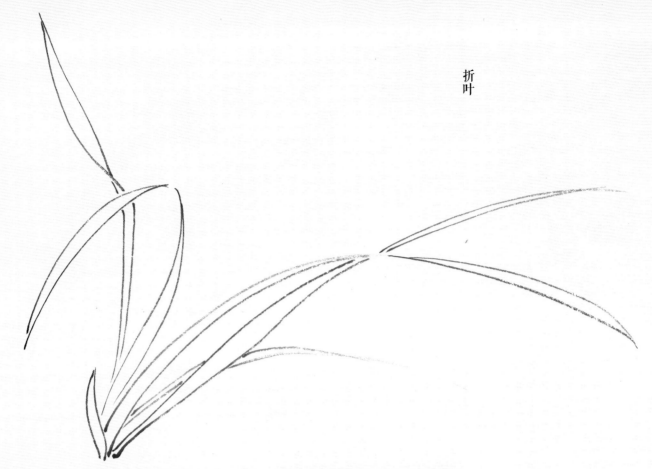

折叶

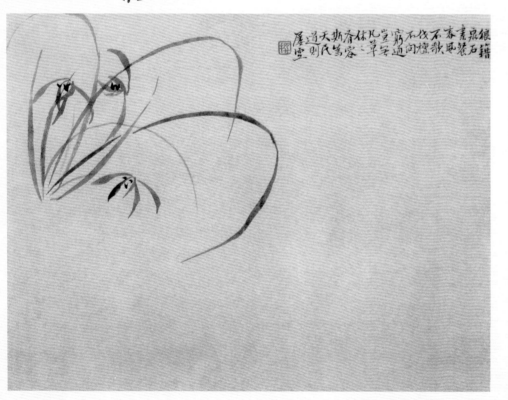

屠道天斯香依几尝穷不伐石春素飘银
空则氏笔容三草号通问檀歌风兼石籍

春风幽兰图　陈撰
册页　纸本　设色
纵 24.7 厘米　横 33.5 厘米
南京博物院藏

【作者简介】

　　陈撰（？～1758），清代画家。字楞山，号玉几山人，浙江宁波人，居浙江钱塘（今杭州）。以书画游江淮间，流寓江苏江都（今扬州）。擅写生，水墨数笔，若不经意而萧疏闲逸，尤精画梅，与李鱓齐名。传世作品有《钟馗像》《墨荷图》《荷香十里图》。

【作品解读】

　　全册共十二页，画家以简疏清雅的笔法临写出十二种不同形态的折枝花卉。多用勾花点叶和点叶点花之法，寥寥数笔间，便将花卉果叶的神韵表达出来。以水墨或淡彩直写，色调清淡雅致。

【原文】

　　折叶以劲折取势。须刚中带柔，折中带婉。

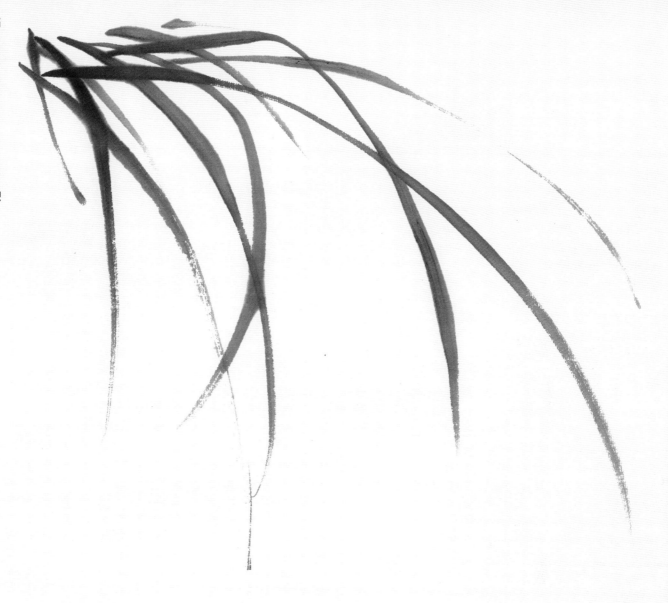

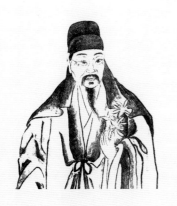

【原文】

郑所南画兰多作悬岩下垂，此蕙叶也。凡画兰须分草兰、蕙兰、闽兰三种。蕙兰长短不等。闽兰叶阔而劲。草兰春芳，闽兰夏秀绿。春兰多妩媚之致，故文人多画之。

【作者简介】

郑思肖（1241～1318），宋末诗人、画家，连江（今福建省福州市连江县）人。原名之因，宋亡后改名思肖，因肖是宋朝国姓赵的组成部分。字忆翁，表示不忘故国；号所南，日常坐卧，要向南背北。

郑思肖擅长作墨兰，花叶萧疏而不画根土，意寓宋土地已被掠夺。有《心史》《郑所南先生文集》《所南翁一百二十图诗集》等。

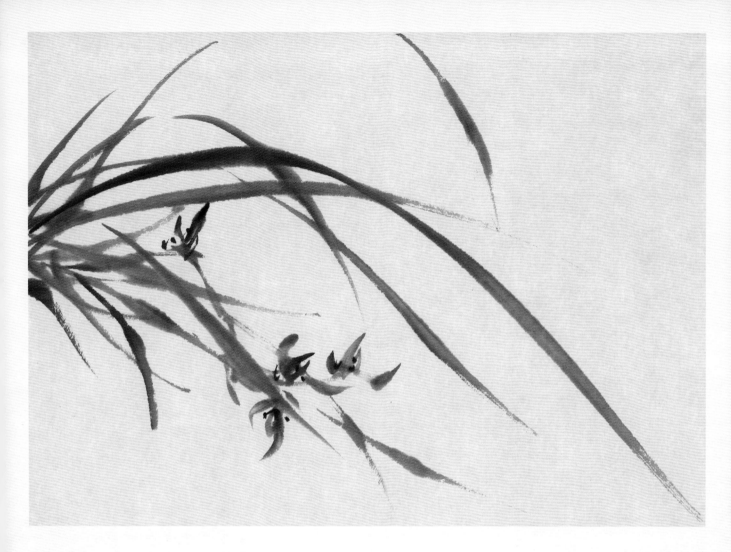

【导读】

　　绘事同理，触类旁通。"'绘事不难于写形而难于得意，得其意而点出之，则万物之理，挽于尺素间矣，不甚难哉。'或曰：'草木无情，岂有意耶？'不知天地间，物物有一种生意，造化之妙，勃如荡如，不可形容也。"这段论述出自明代书法家祝允明。世间万物皆有生理，生机相通，学画之初先学相通的同一性，再区别生物种类的特性，熟悉后，再将精神弘扬向上的特性在物我间传递、融合，打通物种间的壁垒，达到内在的统一，以自然之形貌为载体，人文灵魂为内核，完成自我与天地的内化。

【札记】

_____

_____

_____

_____

_____

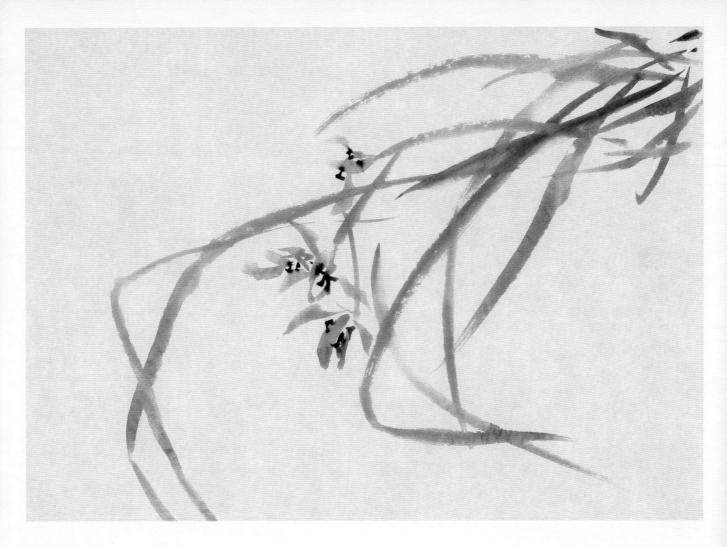

【导读】

　　清代盛大士《溪山卧游录》云："画有士人之画，有作家之画。士人之画，妙而不必求工，作家之画，工而秘画妙。故与其工而不妙，不若妙而不工。"前代画论多有相近论述，然而工也好，妙也罢，学习过程是任何人都无法忽略的必由之路。前辈大家这些论断都是经过艰苦实践"渐悟"后才"顿悟"的结果。初学者一定要正确理解。

　　艺术源于生活，绘画无论自身材质、特性等都不同于自然，更无法与自然"肉搏"。技法材料、形式样貌通过画家运用，机械地描摹，纵然可能做到绝似，但毕竟不是真实，倒不如坦荡追求生气意蕴，以不着相的"形式"承载自我的内心，做到精神上"道器互用"，方能与造化同流。

【札记】

_____

_____

_____

_____

_____

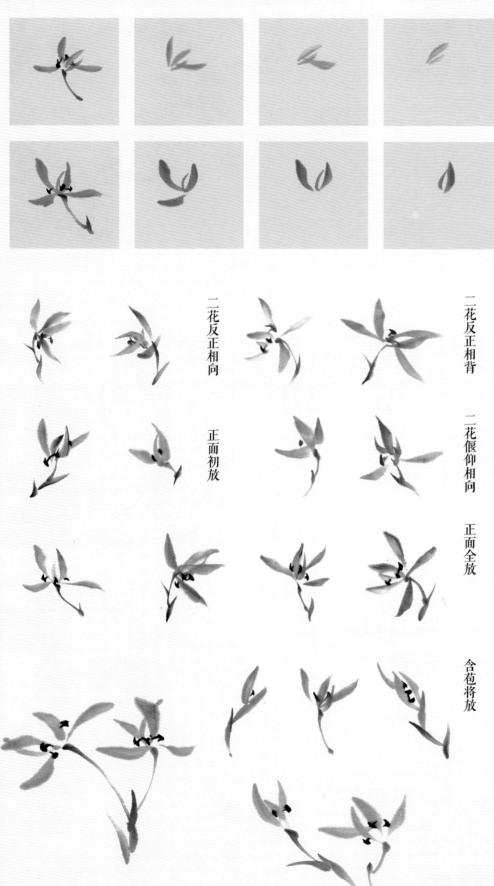

二花反正相背

二花反正相向

二花偃仰相向

正面初放

正面全放

含苞将放

【原文】

　　写花必须五瓣为则。瓣之阔者正向，瓣之狭者侧向点心以浓墨，正中是正面，两胁露出中瓣是背面，点侧处是侧面。

扫一扫
视频教学

【导读】

　　这些论述平淡质朴，是从自然中观察和生活中积累得来的。前人的绘画条件没有当代人优越，学习资源受到许多限制，但他们依然能创作经典。这与心向自然、感悟生活紧密相关，"应物象形"，应的物是对象更是自心，应做到物我两忘、返璞归真。

三点正格

三点兼四点格

四点变格

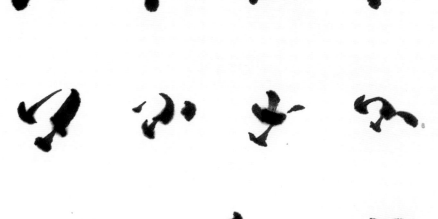

【原文】

兰心三点如"山"字，或正或反或仰或侧，惟相兰瓣所宜用之。此定格也，至三点有带为四点者，遇隔瓣及从花中，恐蹈雷同。不妨破格，蕙花点心同此。

【导读】

兰花清静素朴，纯用水墨是为了更好的表现其质朴高洁的风骨。如果用墨过于简淡，容易使画面"乏"气，不精神，重墨在极淡的花头上点芯，如纤柔美人眼波流转，妩媚自生，花蕊如同美人的眼睛，起到活跃画面的作用。兰诀有"兰之点心，如美人之有目"的记述，学者须认真体会，若能举一反三，收益更大。

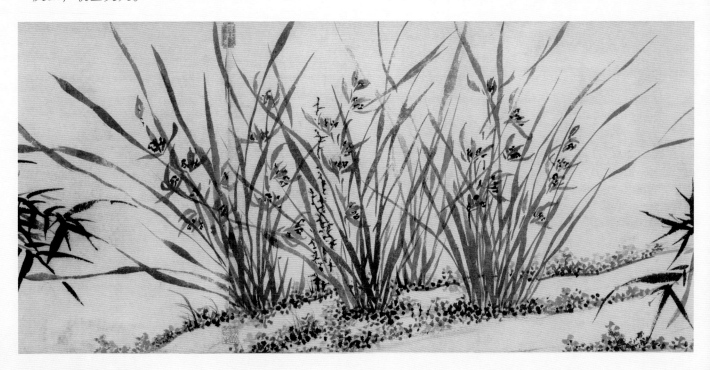

兰竹图（局部） 文徵明
长卷 纸本 墨笔
纵 26.8 厘米 横 636 厘米
北京故宫博物院藏

【作者简介】

见 241 页。

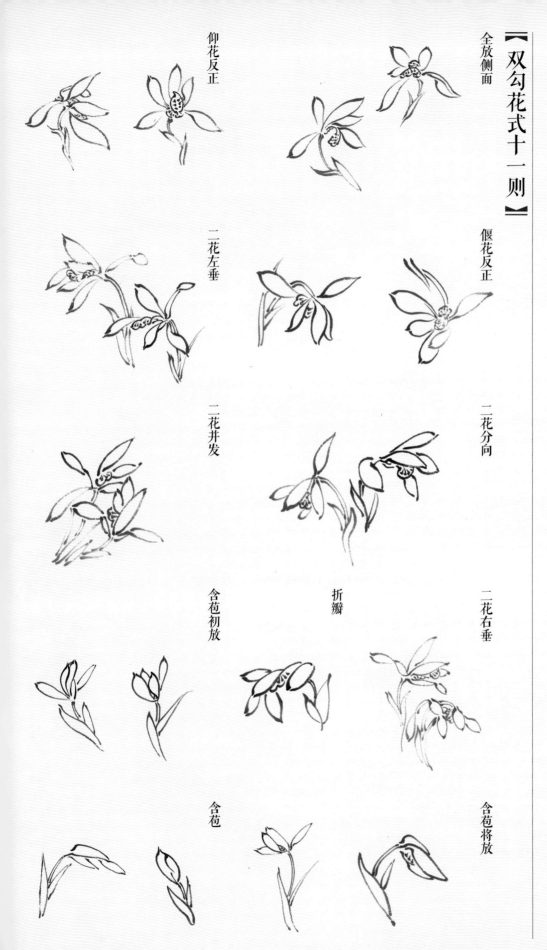

【原文】

写兰蕊，有二笔三笔四笔之不同，其茎发自苞中，与花一理。

【双勾花式十一则】

全放侧面

仰花反正

偃花反正

二花左垂

二花分向

二花并发

折瓣

二花右垂

含苞初放

含苞

含苞将放

【导读】

双勾花头像表现少女，清纯活泼，带着感情和思想入画，能使花头轻盈灵动的状态跃然纸上。所谓高手，就要比常人观察更深入，思想更开阔，感情更细腻。不假思索的摹写，就等同机器的复制，这样的结果只能是"千人一面"，丧失生趣，也不会打动观众。

40

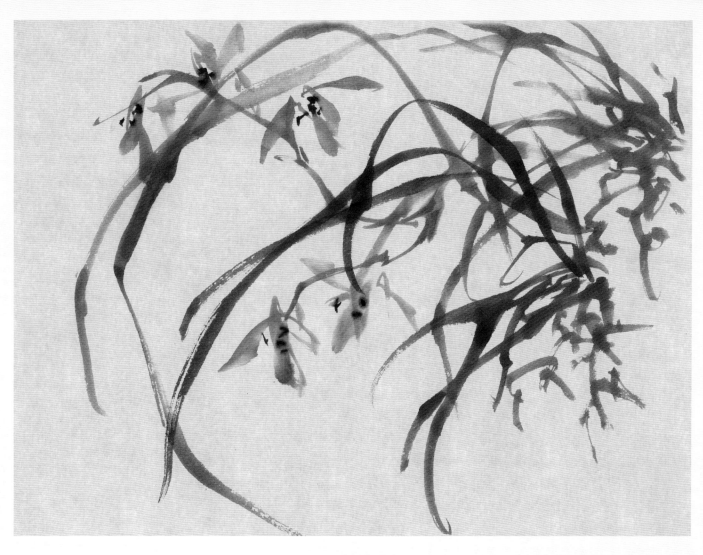

【导读】

历代名家画兰均有深厚的书法功底作支撑，学习时应该认真体会。行云流水的笔法保证了作品的生机盎然，书法的抽象美更利于表现内心的外化。观人书法如见其面，功力越深厚，书画辨识度也越高。初学者在学习绘画时首先要过书法关，每天最少保障一小时以上的练习时间。随着书法的提升，绘画水平提高也就水到渠成。

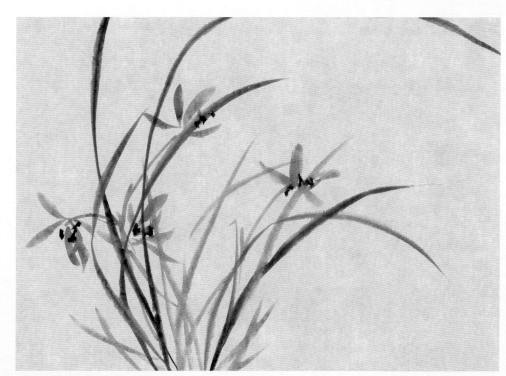

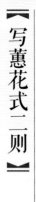

墨花发茎

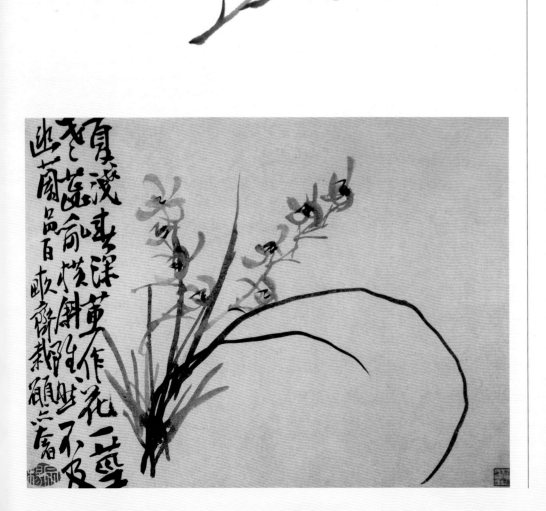

《写蕙花式二则》

【导读】

　　画全茎的兰花要注意符合自然生长规律。茎末端的花苞先开，渐次向上开放，由于角度和开放先后不同，有偃仰垂昂的不同姿势。宋徽宗赵佶观览孔雀图后评说"孔雀升高，必先举左"，画家观察物象的细致程度直接影响创作的成败。即便用浪漫的艺术手法也不能违背常理，否则只会贻笑大方。

【作品解读】

　　原册共八页，以水墨写名花八种，此为其中之一。淡墨草写，笔法自由不羁，浓墨点提花心，幽静空润。

【作者简介】

　　见 365 页。

兰花　李鱓
册页　纸本　设色　水墨
纵 25.8 厘米　横 33.5 厘米
北京故宫博物院藏

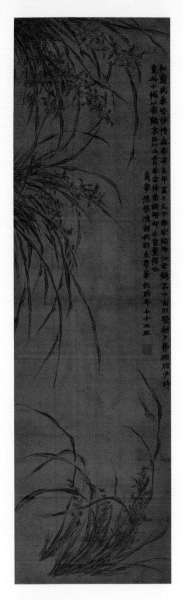

红兰花图　金农
立轴　绢本　设色
纵 63.7 厘米　横 40.5 厘米
北京故宫博物院藏

【作品解读】

　　此画写红兰倒悬而生。淡墨略加石绿，挥洒出飘逸的兰叶，以干墨勾边，着笔自如。以胭脂点写兰花，重彩略为勾描筋络，焦墨点提花蕊。色艳而不俗，灵动清新，笔意自由奔放，古拙丽秀，反映了作者独特而不落俗套的艺术视角。

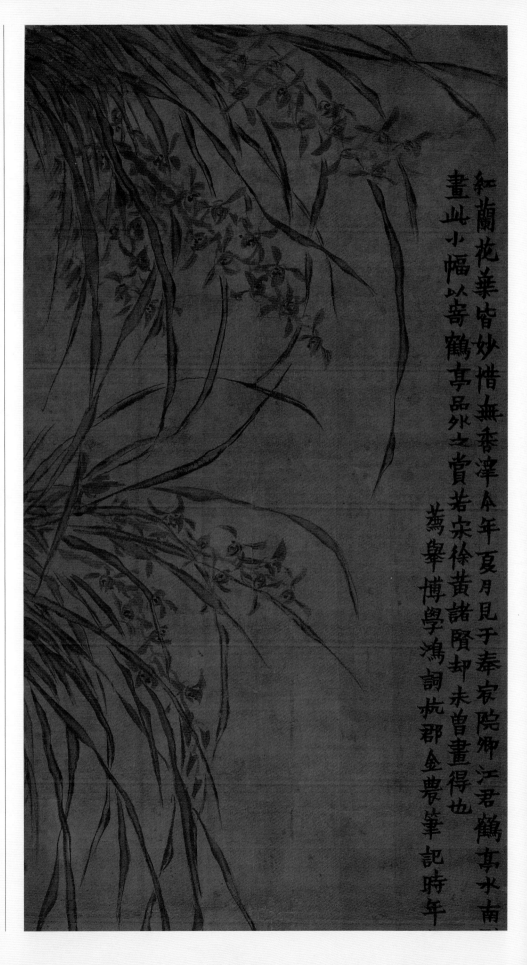

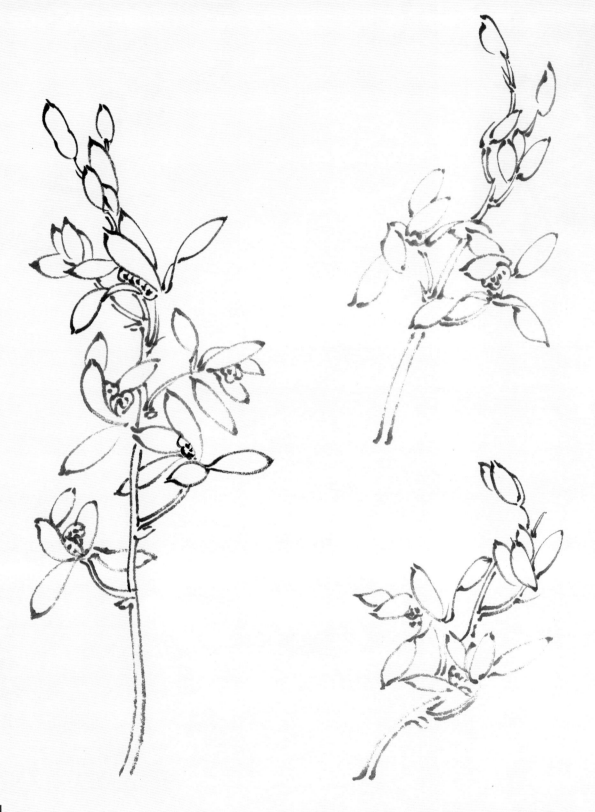

【导读】

　　花头纤弱用墨要清淡,花茎水分饱满为花头输送养分,质感比叶挺拔。勾画时用中墨,深浅在花头和叶之间。以此类推,叶片弹性最好,墨色可以稍重;工笔画兰花时可以层层积染,双勾线中填充所需颜色,亦可以用反衬法,从绢、纸的背面衬染正面的花朵。总之表现的方法很多,应根据具体情况处理。清方薰在《山静居画论》中讲"画无定法",是说各种创作方法由作者根据创作意图灵活组合,创造出最契合自己思想的作品。

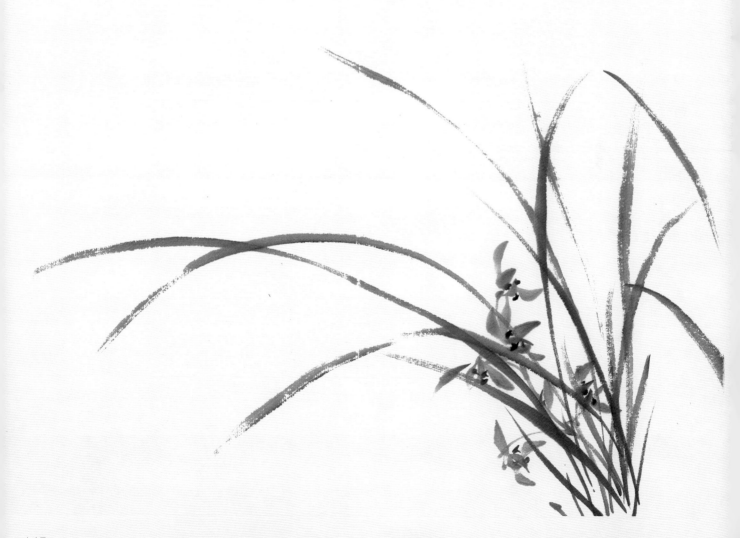

宋之葊先長老善畫梅文湖州善畫竹已傳有梅竹

二譜同時趙彝齋僧仲孫鄭所南俱善畫蘭而蘭無

譜考所南曾作蘭叢諸類悉備自標曰全是君子絕

無小人非蘭譜而何故嘉禾李本僕君實作參與方

樵逸旅託之詩搜古浨輯梅竹及蘭嘗三譜亦未見方

成書色子為芥子園畫傳二集先編蘭譜册增益林

諸曰如鹽官王文蘊所摹古各浨以為之自趙鄭二

公創始君寶旅譜而未成諸王二君成圖而未錄今

子成之芥子園錄之後失皆屬越人用繼蘭亭之勝

亦為佳話矣　　平己修禊曰繡水王蓍識

46

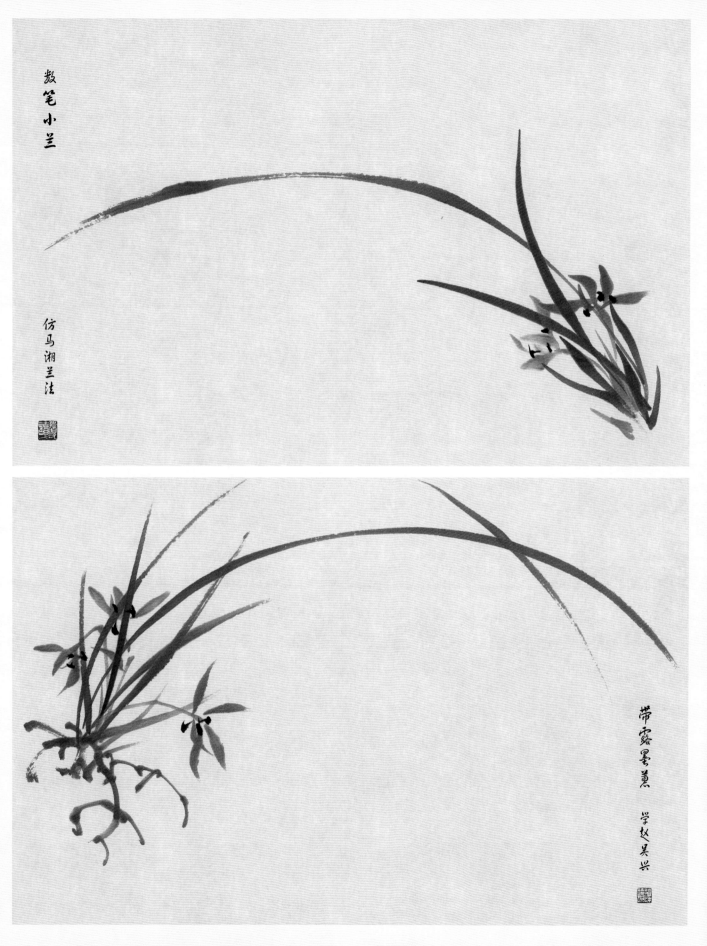

散笔小兰

仿马湘兰法

带露墨蕙

学赵吴兴

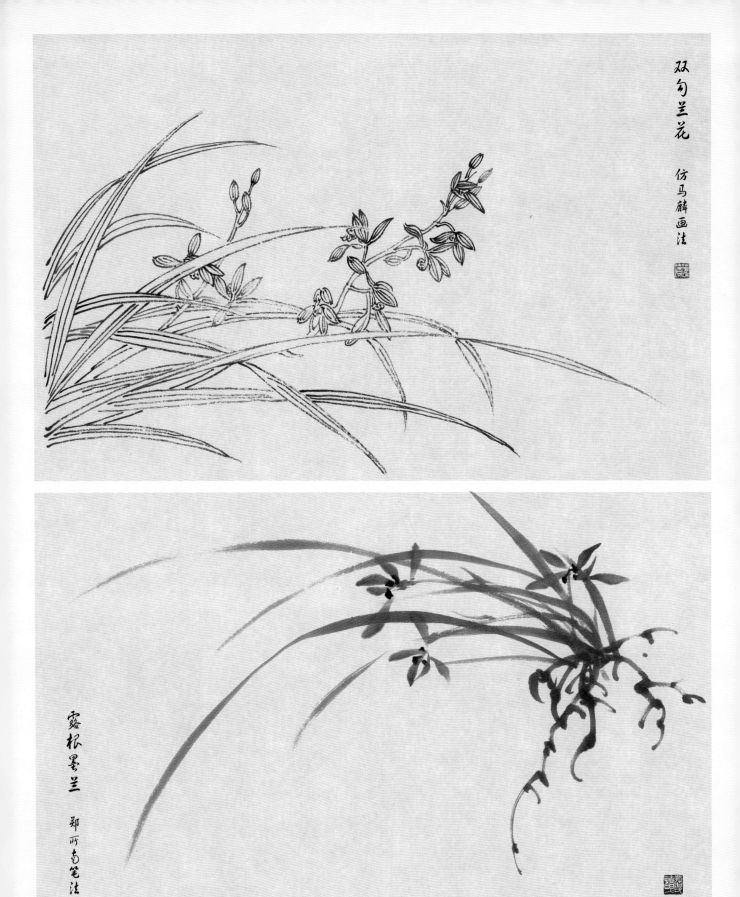

双勾兰花

仿马麟画法

露根墨兰

郑所南笔法

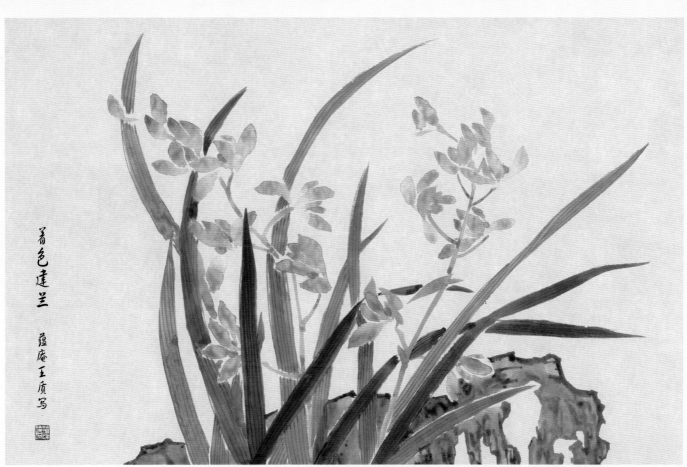

着色建兰

蕴庵王质写

双勾垂兰

临文衡山

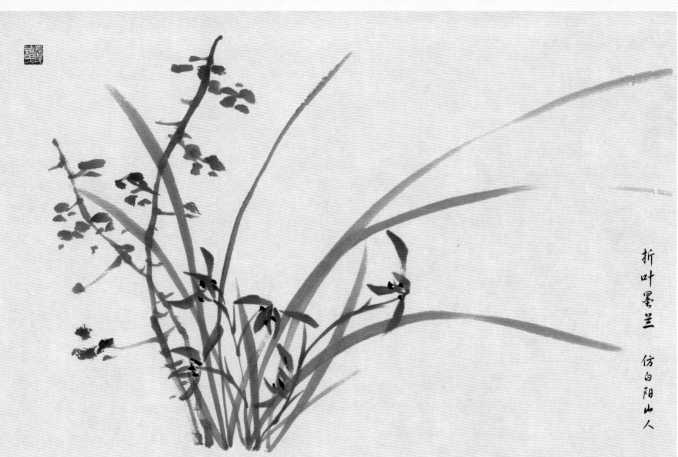

折叶墨兰　仿白阳山人

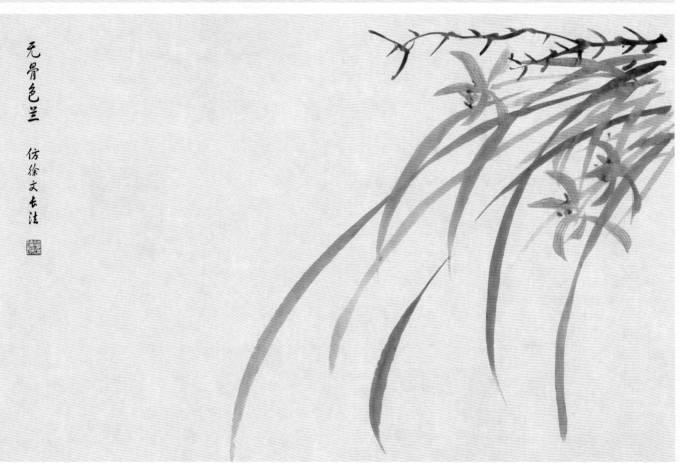

无骨色兰　仿徐文长法

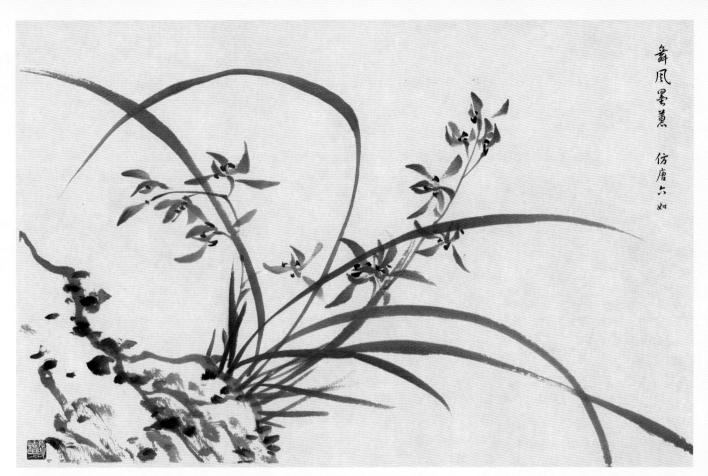

舞風墨蕙　仿唐六如

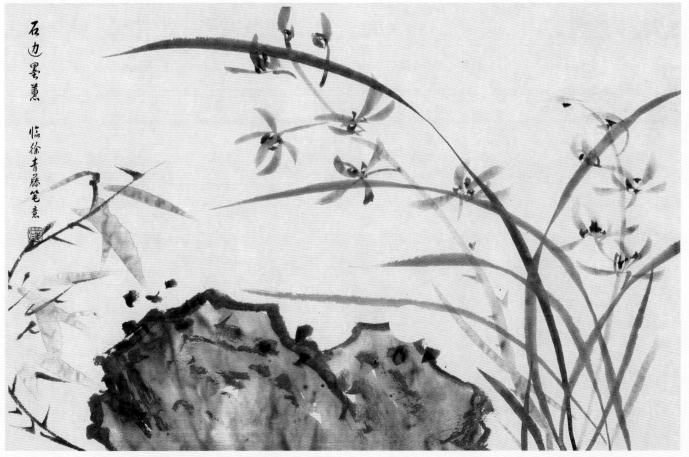

石边墨蕙　临徐青藤笔意

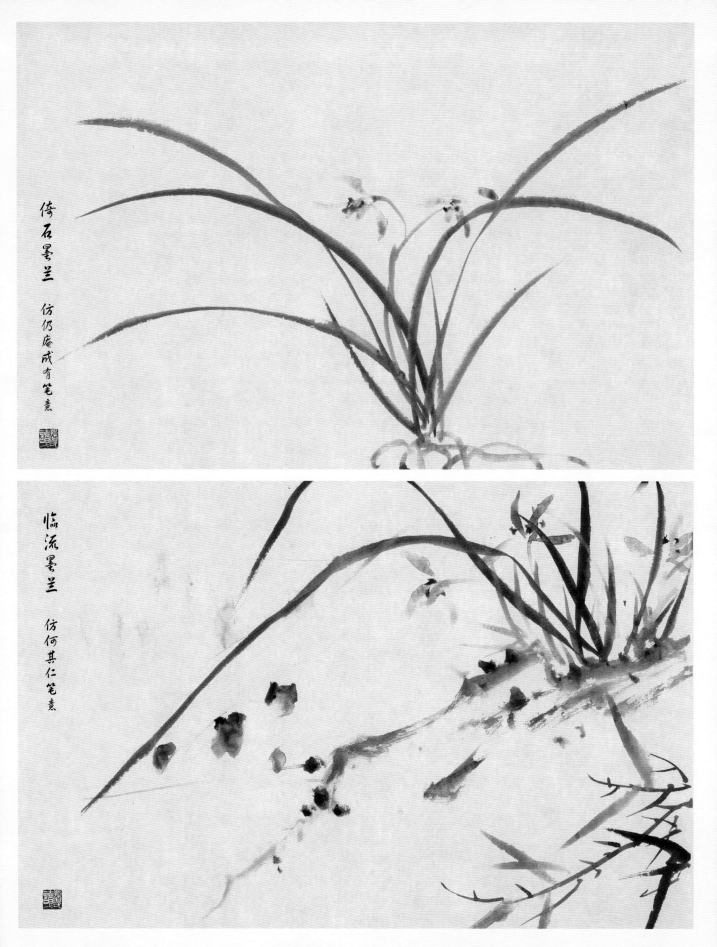

倚石墨蘭　仿仍庵戒有筆意

臨流墨蘭　仿何其仁筆意

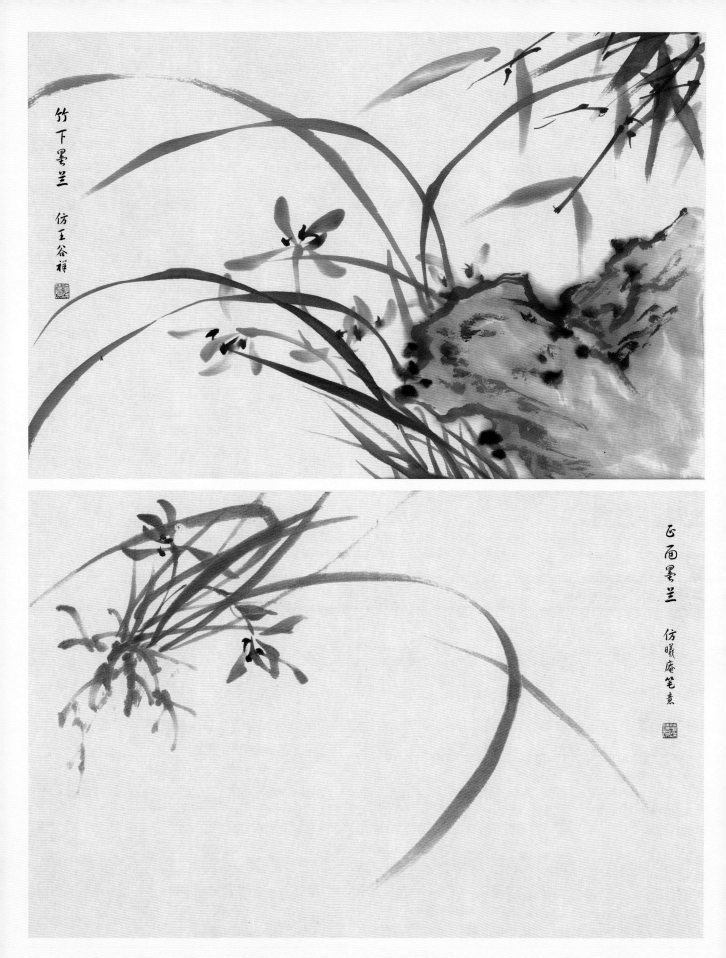

竹下墨兰

仿王谷祥

正面墨兰

仿曦庵笔意

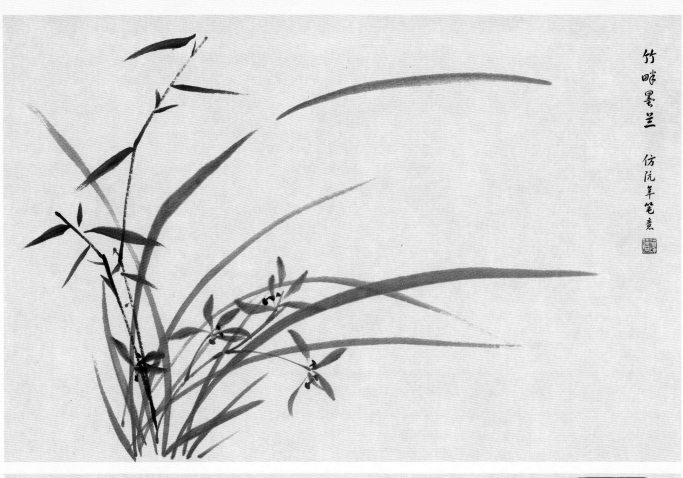

竹畔墨兰

仿阮年笔意

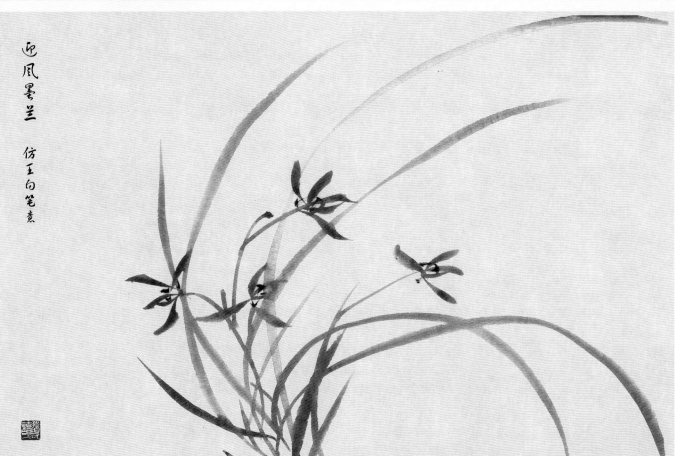

迎风墨兰

仿王白笔意

十六圖中集諸家之法備各蘭

之體真筆花生於硯晚譜眾香

以為國用刋群芳豈復肴奐眾

卉為伍之嘆哉

繡水王畟跋於金幽軒

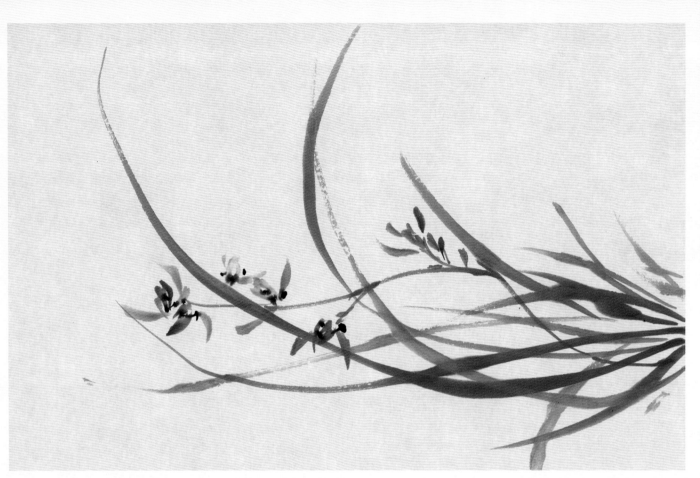

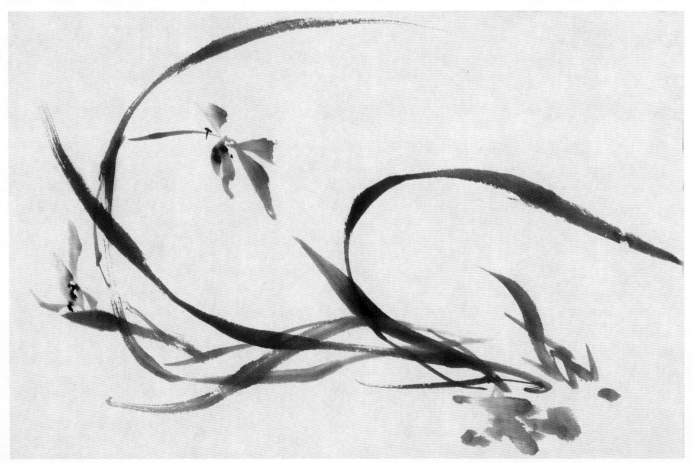

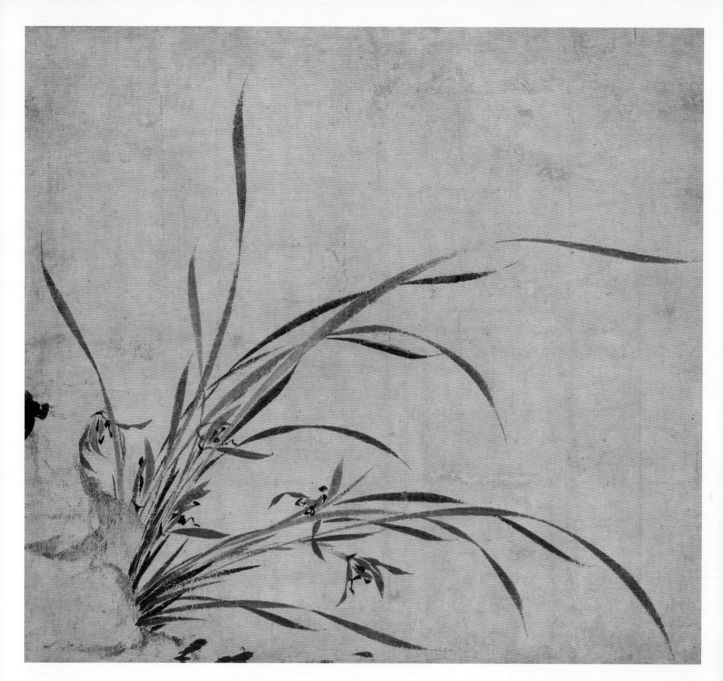

兰图　普明
绢本　墨笔
纵32.9厘米　横36厘米
东京国立博物馆藏

【作者简介】

　　普明（？～约1352后）元代画家。僧人，号雪窗，俗姓曹。松江（今属上海）人。驻锡苏州承天寺、嘉定菩提寺。精于针灸，擅长画兰蕙竹石，书法亦佳。

【札记】

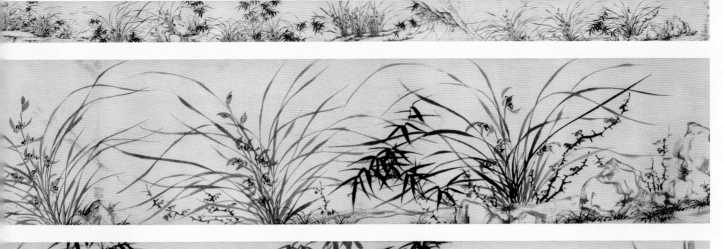

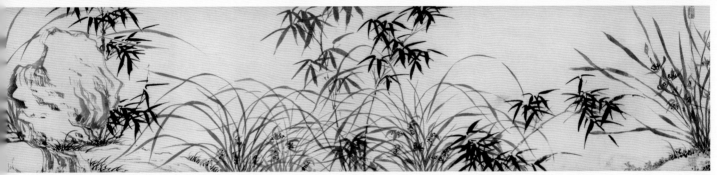

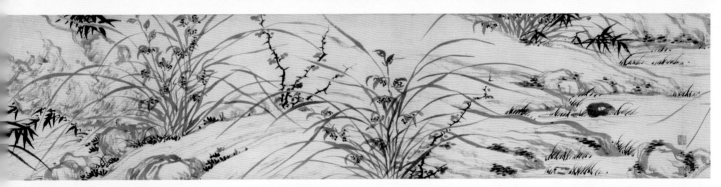

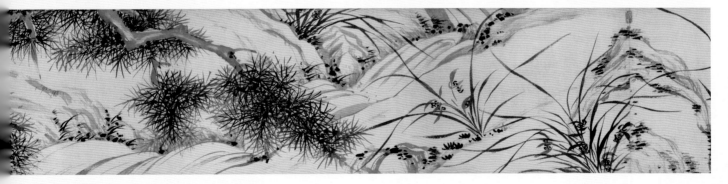

【作品解读】

　　此长卷写幽兰或与翠竹丛生，或与棘条相杂，或生于湖石之侧，或长于流水之滨，或倒垂于悬崖，或招展于平地，千姿百态，神清骨秀。以淡墨写兰，浓墨写竹，白勾石，细笔写草。笔墨潇洒，师法赵孟烦，随手成形，风姿绰约；笔意纵横、神韵满卷，是文徵明的代表作之一。

兰竹图　文徵明
长卷　纸本　墨笔
纵 26.8 厘米　横 636 厘米
北京故宫博物院藏

【作者简介】

见 241 页。

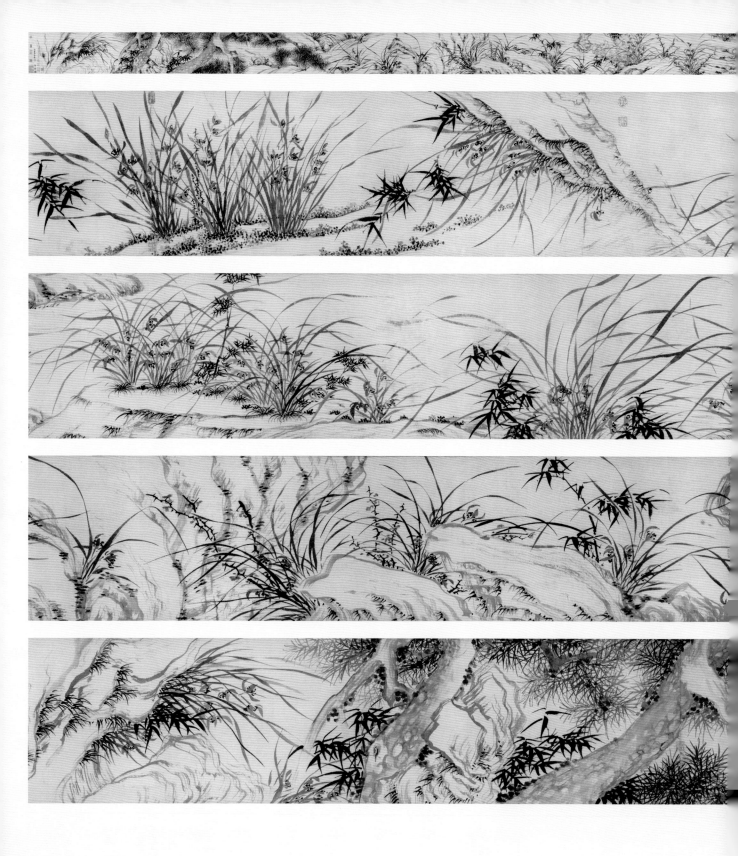

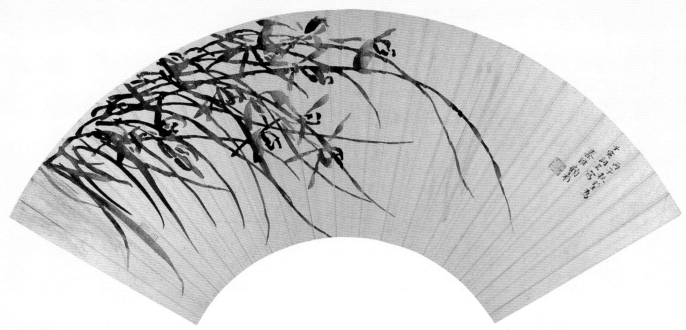

【作者简介】

顾横波（1619～1664），原名顾媚，又名眉，字眉生，别字后生，号横波，应天府上元县（今江苏省南京市）人。与马湘兰、卞玉京、李香君、董小宛、寇白门、柳如是、陈圆圆同称"秦淮八艳"。工诗善画，善音律，尤擅画兰，能出己意，所画丛兰笔墨潇洒秀逸。

兰花图扇　顾横波
纸本　墨笔
北京故宫博物院藏

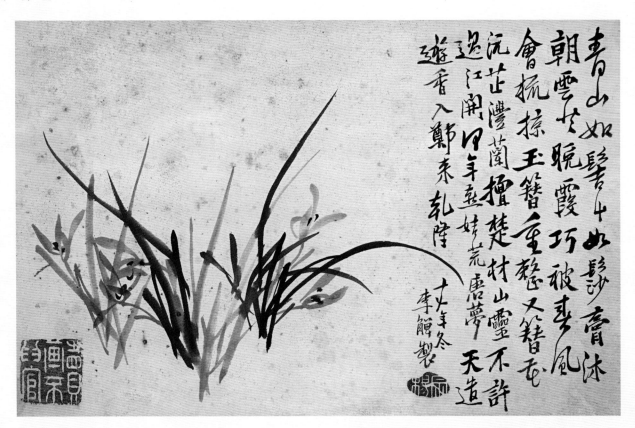

【作者简介】

见 365 页。

花鸟十二开之兰花　李鱓
纸本　墨笔
纵 26 厘米　横 40.9 厘米
辽宁省博物馆藏

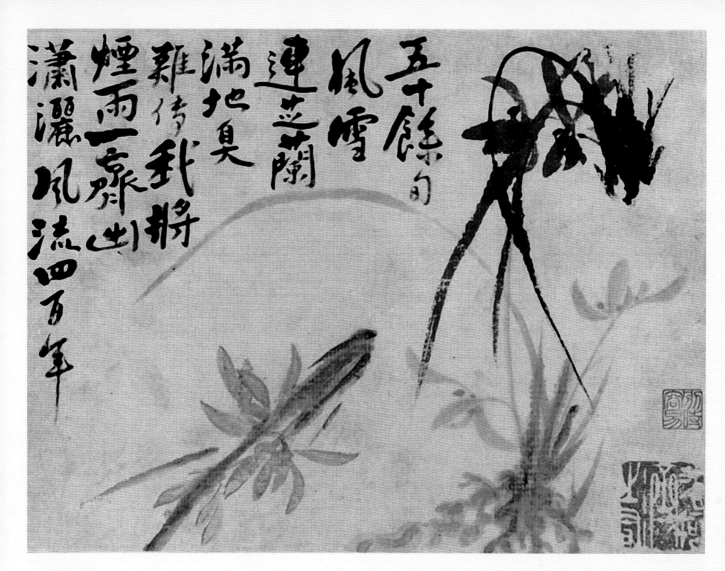

五十馀句

风雪连蓁兰

满地臭

难传我将出

烟雨一蕉出

潇潇风流四万年

花卉图册之兰花　石涛（原济）
册页　纸本
纵 32.7 厘米　横 46 厘米
（美）弗利尔美术馆藏

【作者简介】

　　石涛（1642～1708），清初画家。原姓朱，名若极，小字阿长，别号很多，如大涤子、清湘老人、苦瓜和尚、瞎尊者，法号有元济、原济等。广西桂林人，祖籍安徽凤阳。明靖江王朱亨嘉之子。与弘仁、髡残、朱耷合称"清初四僧"。

　　石涛是中国绘画史上一位十分重要的人物，他既是绘画实践的探索者、革新者，又是艺术理论家。

【札记】

_____

_____

_____

_____

_____

_____

_____

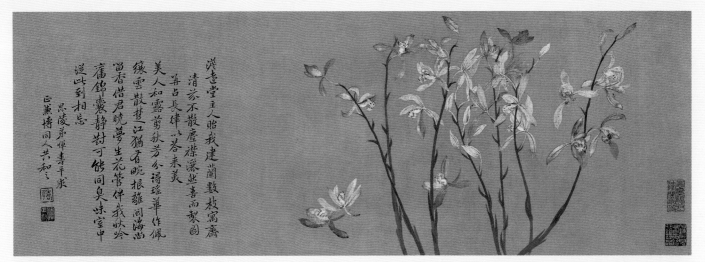

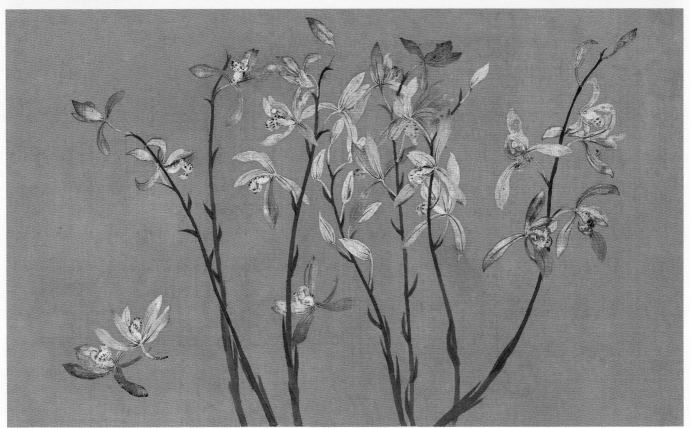

【作者简介】

恽格（1633～1690），字寿平，号南田，别号云溪外史，晚居城东，号东园草衣，后迁居白云渡，号白云外史。

开创了没骨花卉画的独特画风，是常州画派的开山祖师。与王时敏、王鉴、王翚(hui)、王原祁、吴历合称为"清初六家"。

他山水画初学元黄公望、王蒙，深得冷澹幽隽之致。又以没骨法画花卉、禽兽、草虫，自谓承徐崇嗣没骨花法。创作态度严谨，认为"惟能极似，才能传神"；"每画一花，必折是花插之瓶中，极力描摹，必得其生香活色而后已"。他画法不同一般，是"点染粉笔带脂，点后复以染笔足之"，创造了一种笔法透逸，设色明净，格调清雅的"恽体"花卉画风，而成为一代宗匠。对明末清初的花卉画有"起衰之功"，被尊为"写生正派"，影响波及大江南北。

九兰图　恽寿平
绢本　设色
纵 23.4 厘米　横 60.8 厘米
北京故宫博物院藏

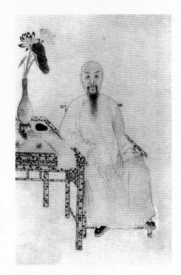

【作者简介】

　　蒋廷锡（1669～1732），清初政治家、画家。字酉君、杨孙，号南沙、西谷，又号青桐居士。江苏常熟人。

　　康熙四十二年（1703）进士，雍正年间曾任礼部侍郎、户部尚书、文华殿大学士、太子太傅等职，是清朝重要的宫廷画家之一。雍正六年（1728），拜文华殿大学士，仍兼理户部事。次年加太子太傅。雍正十年（1732）卒于任内。谥文肃。

【作品解读】

　　此图写幽兰疏竹附崖而生。笔法工草相间，山石草逸，幽兰、翠竹、花光、竹影交相呼应，风神生动，有超尘出世、不同流俗的高洁韵趣。右上角有陈元龙题七绝二首。

兰竹图　蒋廷锡
立轴　水墨
纵 98.7 厘米　横 51 厘米
南京博物院藏

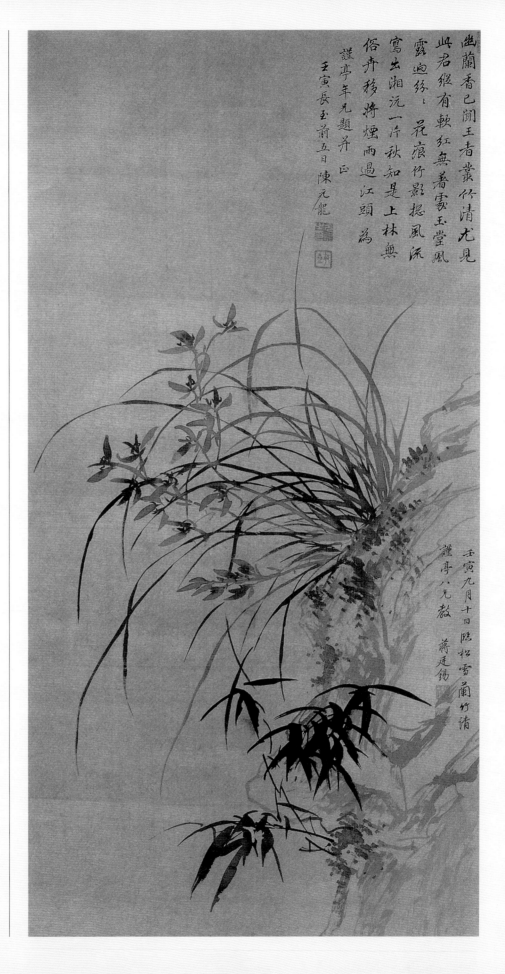

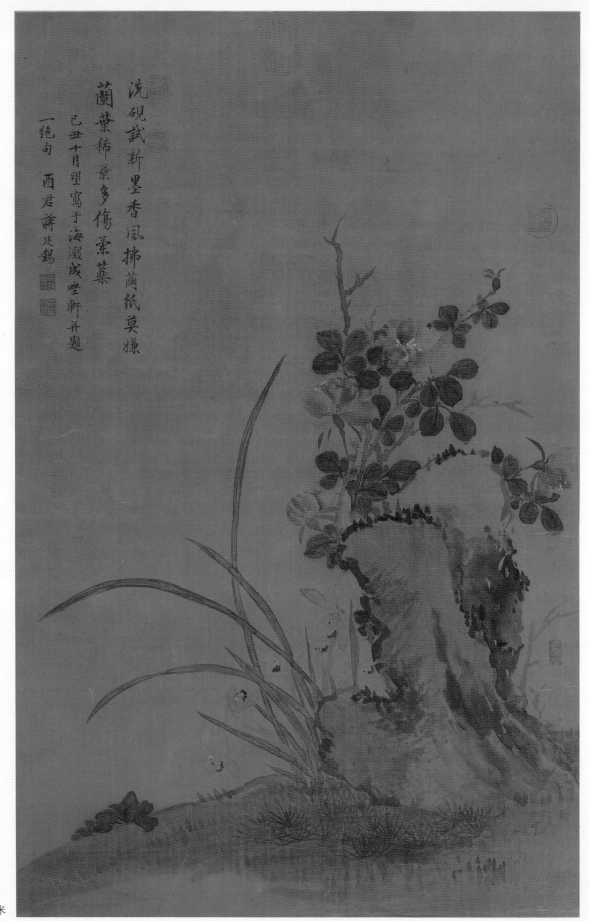

洗硯試新墨香風拂蘭紙莫嫌
蘭葉稀藥多傷葉藥
巳丑十月望寫于海澱戍坐軒并題
一絕句　酉君蔣廷錫

兰花月季　蒋廷锡
绢本　设色
纵 60.7 厘米　横 39 厘米

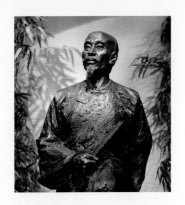

郑板桥（1693～1765），原名郑燮，字克柔，号理庵，又号板桥，人称板桥先生，江苏兴化人，祖籍苏州。康熙秀才，雍正十年举人，乾隆元年（1736）进士。官山东范县、潍县县令，政绩显著，后客居扬州，以卖画为生，为"扬州八怪"代表人物。

郑板桥一生只画兰、竹、石，自称"四时不谢之兰，百节长青之竹，万古不败之石，千秋不变之人"。其诗书画，世称"三绝"，是清代著名文人。绘画代表作品有《修竹新篁图》《清光留照图》《兰竹芳馨图》《甘谷菊泉图》《丛兰荆棘图》等。著有《郑板桥集》。

【作品解读】

此画写两山相对，悬崖沟谷之上，兰竹丛生，相对而发，遥相呼应之景。山石以枯笔写出，几点横皴，便描尽山势之险。浓墨撇写兰竹，飘逸潇洒，气韵飞动。

郑板桥一向重视诗、书、画三者的结合，以期形成不可分割的一体，在这幅画中诗画相辅，互为点衬，反映了中国文人画的特点。

兰竹芳馨图　郑板桥（郑燮）
立轴　纸本　墨笔
纵 189.8 厘米　横 49.4 厘米
南京博物院藏

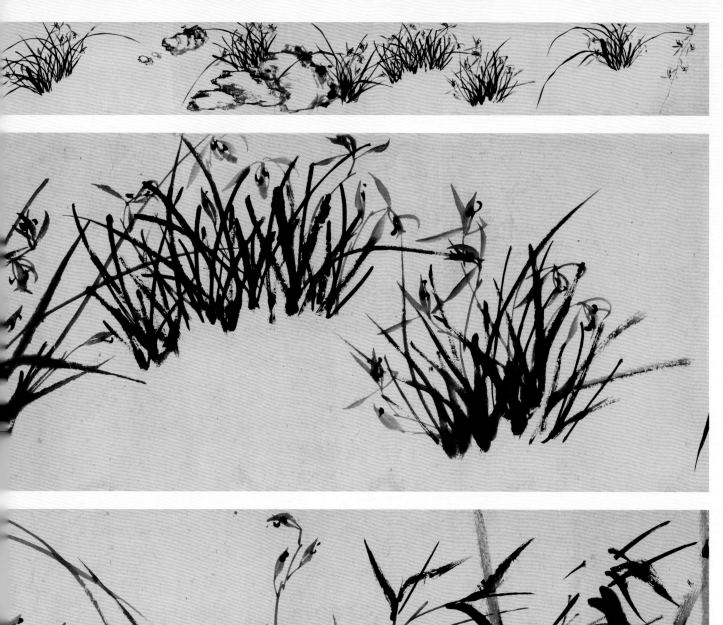

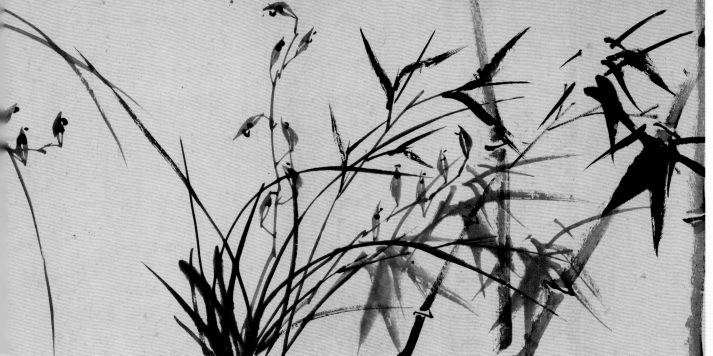

荆棘丛兰图　郑板桥（郑燮）
纸本　水墨
纵 31.66 厘米　横 693 厘米

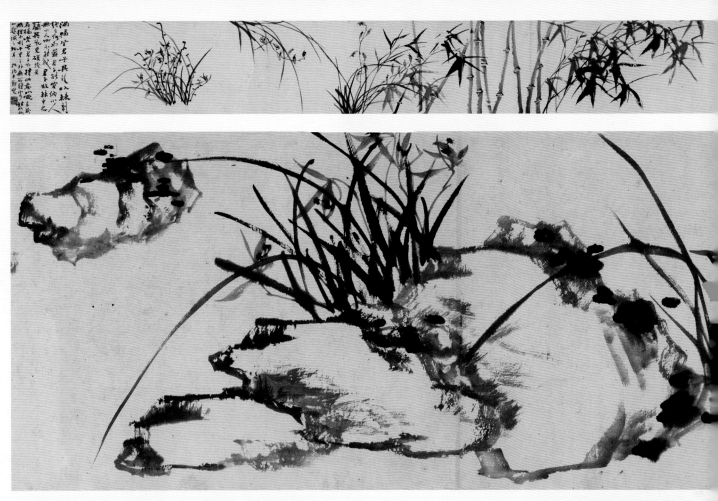

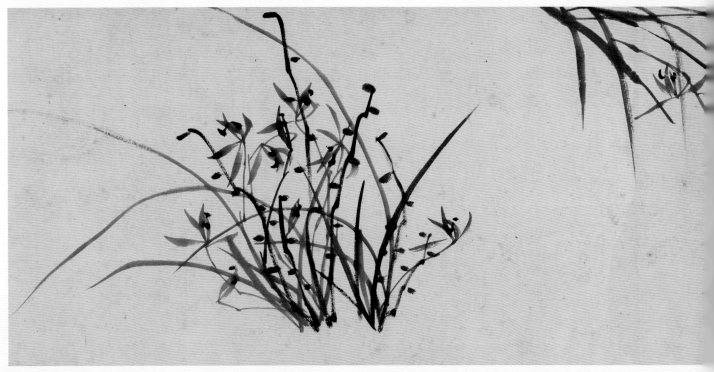

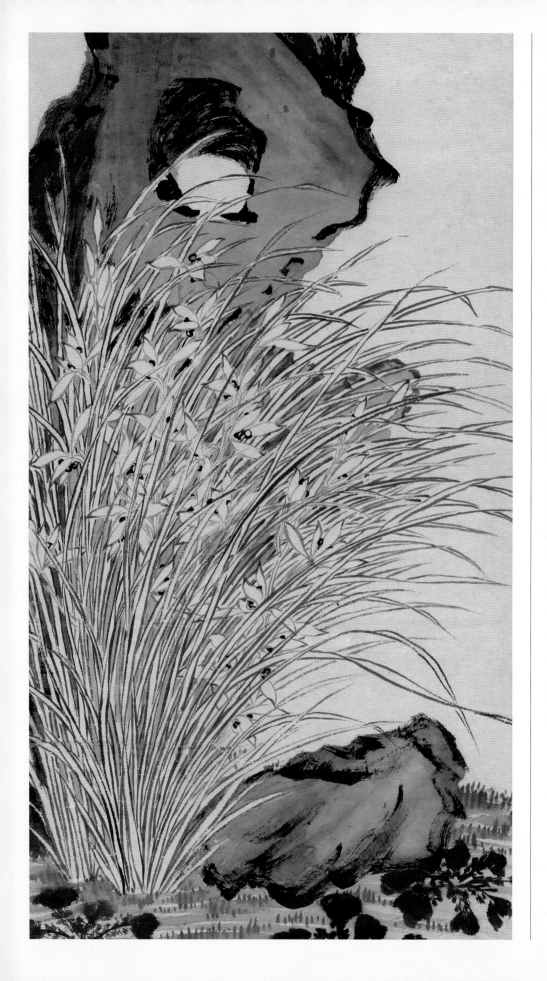

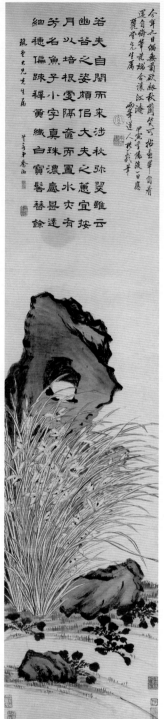

若夫自間而来涉秋弥契雖云幽谷之姿顧侶大夫之蕙宜按月以培根愛隔畜而置水突有芳名魚子小字真珠濃盡县透細穗偏趺稗黄織白寶馨蓄餘

今年八月偶無負欲絡秋蘭笑可拈毫率園青遷自梅筆光瑞合濠江澄甕亭先生屬瞿墨道人羅聘

兩峯大兄先生屬芝馬申秋山

秋兰文石图 罗聘

纸本 墨笔

纵 149 厘米 横 32.2 厘米

南京博物院藏

【作者简介】

见 259 页。

陈珉，生卒年不详，清代画家。字山民，工画山水，亦写兰。

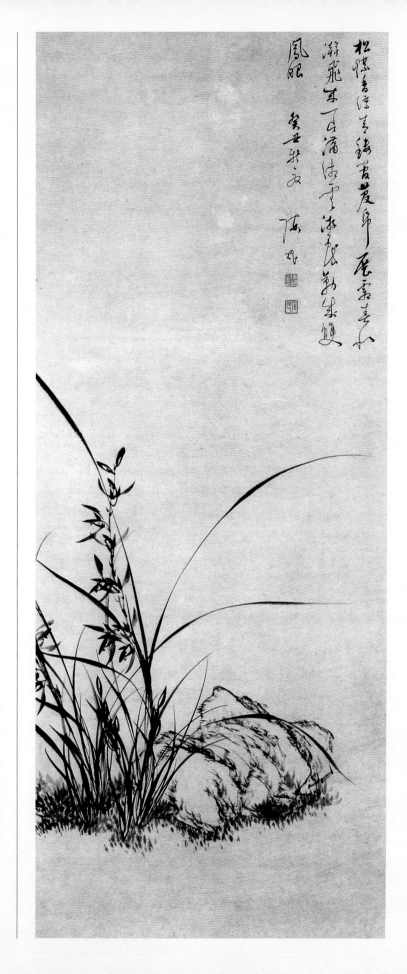

此画构图简洁，只几丛幽兰、一块卧石，但却意味隽永，清新雅致。重墨勾画山石，略加皴点。兰叶飘逸秀美，风韵绝俗，用笔轻写重按，婉转圆润。淡墨点写花序，具空灵润泽之感。细草由碎笔点写。整幅画面意境幽远，诗画相得益彰。

兰石图　陈珉
立轴　纸本　墨笔
纵 99.8 厘米　横 40.7 厘米
南京博物院藏

画中写山石危耸，幽兰丛生于崖壁石脚。淡墨粗勾山石，简笔点染。兰丛以焦墨渴笔写出，纵横纷披，其意萧萧。兰花以淡墨点写，浓墨点蕊，清雅恬淡。左侧题长句以补空白，又与画面豪宕气势相辅相成。整幅作品一气呵成，畅快淋漓。

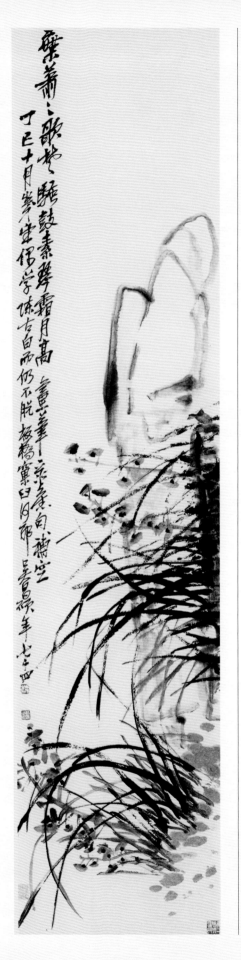

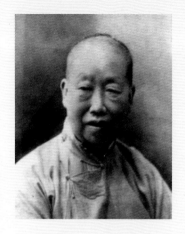

【作者简介】

吴昌硕（1844～1927），近代书画家、篆刻家。初名俊，后改俊卿，字昌硕，一作仓石，号缶庐，晚号大聋；后以字行，浙江安吉人。清末诸生。曾任丞尉，旋为安东（今江苏涟水）县令。后寓上海。工书法，擅写"石鼓文"；精篆刻，雄浑苍劲。30岁左右，作画博取徐渭、朱耷、石涛、李鱓、赵之谦诸家之长，兼取篆隶、狂草笔意入画，色酣墨饱，雄健古拙，亦创新貌。其艺术风貌在我国和日本均有较大影响。

墨兰图　吴昌硕
轴　纸本　水墨
纵 137.5 厘米　横 32.8 厘米
吉林省博物馆藏

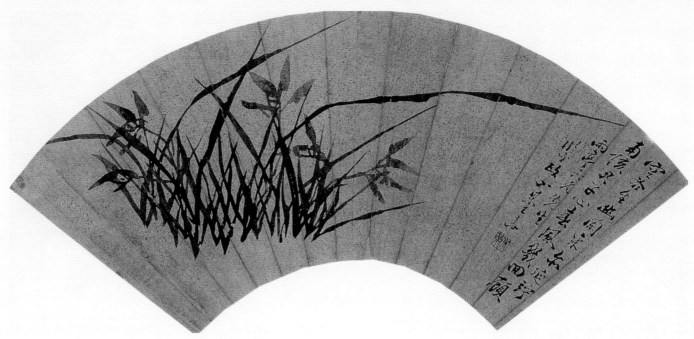

兰花图 王素
扇面 泥金 纸本 设色
纵 19.2 厘米 横 53.3 厘米
南京博物院藏

【作者简介】

王素（1794～1877），清代画家，字小梅，晚号逊之，甘泉（今江苏扬州）人。幼年师从鲍芥田学画，又向华嵒学习画艺。擅画人物、花鸟、走兽，"无不入妙"。传世作品有《二湘图》《春雷起蛰图》等。

【作品解读】

此扇面构图取偏势。兰丛置于一侧，墨笔写兰叶，兰花点以朱砂，清雅而妩媚。一兰叶长撇，动韵有致，将兰丛与题款联系起来，从而使画面呈现稳定之势。

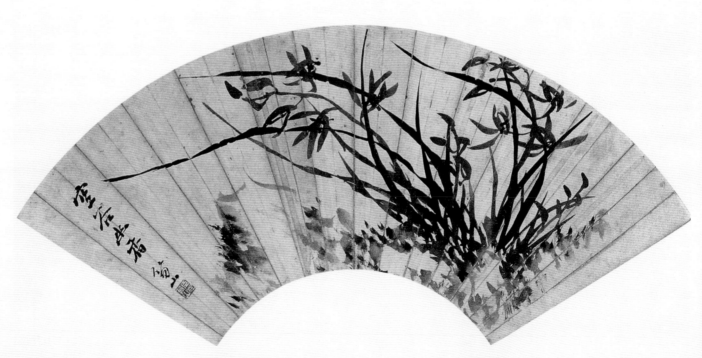

兰花图 卓秉勋
扇面 纸本 墨笔
纵 18.7 厘米 横 52.4 厘米
徐悲鸿纪念馆藏

【作者简介】

卓秉勋，生平不详，清代画家。

【作品解读】

此扇面以浓淡墨撇写兰叶，转折飘逸。淡色写兰，欹仰向背，皆挥洒自如。以兰叶、兰花之动势，写出无形之风。

【作品解读】

　　此画用笔生辣劲挺，以焦墨写兰叶，其势纷披，硬朗爽健。兰花用淡墨点写，多以中锋拖出，少了几分娟秀妩媚，却多了一种桀骜不驯的气势，豪迈纵宕，畅快淋漓。

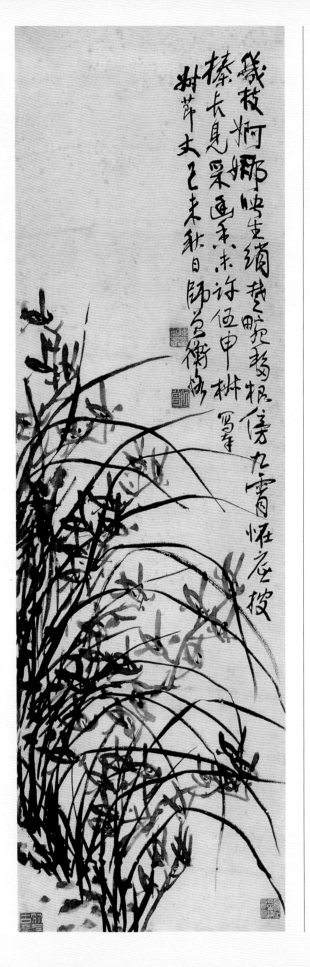

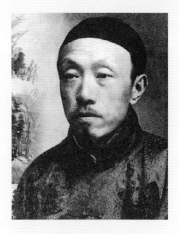

【作者简介】

　　陈师曾(1876～1923)，美术家、艺术教育家。又名衡恪，号朽道人、槐堂，江西义宁人（今江西省修水县）。

　　他出身书生门第，祖父是湖南巡抚陈宝箴，父亲是著名诗人陈三立。善诗文、书法，尤长于绘画、篆刻。其山水画在承袭明代沈周、清代石涛技法的基础之上，注重师法造化，从自然景观中汲取创作灵感；写意花鸟画近学吴昌硕，远宗明人徐渭、陈淳等大写意笔法，画风雄厚爽健，富有情趣；人物画以意笔勾描，注重神韵，带有速写和漫画的纪实性。

墨兰图　陈师曾
立轴　绫本　墨笔
纵 107.8 厘米　横 33.3 厘米
安徽省博物馆藏

72

竹谱

青在堂畫竹淺說

畫法源流

李息齋竹譜自謂寫墨竹。初學王澹遊得黃華老人法。黃華乃私淑文湖州因覓湖州真蹟窺其奧玅更欲追求古人鈎勒著色法。上自王右丞蕭協律李頗黃筌崔白吳元瑜諸人以為與可以前惟習尚鈎勒著色也。有云五代李氏描牕上月影創寫墨竹考孫位張立墨竹已擅名於唐自不始於五代山谷云吳道子畫竹不加丹青已極形似意墨竹郎始於道子

【原文】

青在堂画竹浅说：画法源流

李息斋[1]《竹谱》自谓写墨竹初学王澹游[2]，得黄华老人[3]法。黄华乃私淑文湖州，因觅湖州真迹，窥其奥妙，更欲追求古人勾勒着色法，上自王右丞、萧协律[4]、李颇、黄荃[5]、崔白[6]、吴元瑜[7]诸人，以为与可以前，惟习尚勾勒着色也。有云五代李氏描窗上月影，创写墨竹。考孙位、张立墨竹已擅名于唐，自不始于五代。山谷云："吴道子画竹，不加丹青，已极形似。"意墨竹即始于道子。

【注释】

[1] 李息斋：李衍。字仲宾，号息斋道人。蓟丘（今北京）人，元代画家，善画枯木、竹石。墨竹初师王曼庆，后学文同，双勾设色竹学李颇，极负盛名。著有《竹谱详录》。
[2] 王澹游：王曼庆，字禧伯，号澹游。《中州集》称名为王万庆。所画墨竹树石绝佳。王庭筠之子。

[3] 黄华老人：王庭筠，字子端，号黄华山主、黄华老人。熊岳（今辽宁盖平）人。米芾外甥。金代书画家，文学家。金朝进士，官至翰林修撰。精书法，学米芾。善画山水，尤其善画枯木、竹石。

[4] 萧协律：萧悦。唐代画家，工画竹。

[5] 黄筌：字要叔。成都人。

[6] 崔白：字子西。濠梁（今安徽凤阳）人，宋代画家。

[7] 吴元瑜：字公器。开封人，宋代画家。

【作者简介】

文同（1018～1079），字与可，自号石室先生，又号笑笑先生，四川梓潼人。曾官司封员外郎、秘阁校理。又受命守湖州，故人称"文湖州"。传派即为湖州竹派，影响深远。传世作品有《墨竹图》等。

【作品解读】

此图用水墨画倒垂竹枝，以独创深墨为面、淡墨为背之法写竹叶，浓淡相宜，灵气顿显。笔法谨严有致，又现潇洒之态。

墨竹图　文同
立轴　绢本　墨笔
纵 131.6 厘米　横 105.4 厘米
台北故宫博物院藏

【今文意译】

青在堂画竹浅说

李衎在他的《竹谱》里称自己写墨竹初学王曼庆，学得王庭筠的画法。王庭筠虽然没能亲自从学于文同，但因敬仰文同而遵文同的画法为师，于是寻找文同的真迹，探察其中的奥妙，更想追求古人勾勒着色的方法。上自王维、萧悦、李颇、黄筌、崔白、吴元瑜等人，以为文同以前，画竹都是勾勒着色的。五代的李氏，描窗上的竹影，开创了墨竹的画法。经考证，孙位、张立已以画墨竹驰名于唐。画墨竹自然不是从五代才开始的。黄庭坚说，吴道子画竹，不加色彩，已画得极其相似。他的意思是，画墨竹始于吴道子。

【导读】

梅兰竹菊作为中国画的常见题材，凡初学者都可从中学到笔墨、设色、构图等基本技法体式。同时，四种题材从寓意到绘画过程，有一个循序渐进的过程。通过不断的学习和领悟，画者能完成由"修形"到"修心"的蜕变。

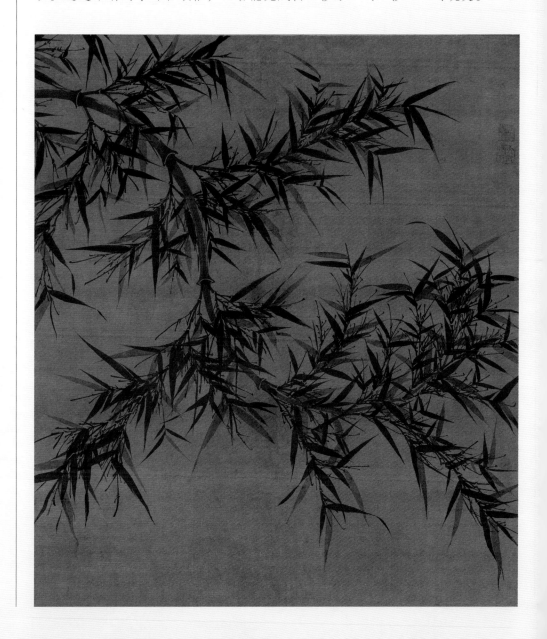

二者則唐人兼善之至文湖州出始專寫墨真不異

杲日當空爝火俱息師承其法歷代有人即東坡同

時猶北面事之其時師湖州者並師東坡一燈分燄

照耀古今金之完顏樗軒⑧元之息齋父子自然老人⑨

樂善老人⑩明之王孟端與夏仲昭真一花五葉燈燈

相續故文湖州李息齋丁子卿⑪各立譜以傳厥派可

謂盛矣至若宋仲溫⑫畫硃竹程堂⑬畫紫竹解處中⑭畫

雪竹完顏亮⑮畫方竹又出乎諸譜之別派若禪宗之

有散聖焉

【原文】

二者则唐人兼善之。至文湖州出，始专写墨，真不异杲日当空，爝火俱息。师承其法，历代有人，即东坡同时，犹北面事之。其时师湖州者，并师东坡，一灯分焰，照耀古今。金之完颜樗轩[8]、元之息斋父子、自然老人[9]、乐善老人[10]，明之王孟端与夏仲昭，真一花五叶，灯灯相续。故文湖州、李息斋、丁子卿[11]，各立谱以传厥派，可谓盛矣。至若宋仲温[12]画朱竹，程堂[13]画紫竹，解处中[14]画雪竹，完颜亮[15]画方竹，又出乎诸谱之别派，若禅宗之有散圣焉。

[8] 完颜樗轩：完颜琦。本名寿孙，金世宗赐此名。字仲宝、子瑜，号樗轩居士。
[9] 自然老人：据《图绘宝鉴》载：姓刘氏，遗其名。真定祁州人，兵后居燕。工墨竹禽鸟。
[10] 乐善老人：未详姓名。善画墨竹，为顾正之、范庭五等名家之师。
[11] 丁子卿：丁权。会稽（今浙江绍兴）人。宋代画家。善画竹，著有《自述竹谱》一书。
[12] 宋仲温：宋克。字仲温，自号南宫生。长洲（今江苏吴县）人，明代画家。
[13] 程堂：字公明，眉山人，宋代画家。
[14] 解处中：江南人，五代南唐画家，为后主翰林司艺。
[15] 完颜亮：原名孛烈，本名迪古乃，字元功。金朝第四位皇帝，死后被废为海陵王。

　　李衍 (1245～1320)，元
代画家。字仲宾，号息斋道
人，蓟丘 (今北京) 人。官
至吏部尚书、集贤殿大学士。
擅画墨竹，初学王庭筠，后
师法文同、李颇。曾深入东
南一带竹乡，观察各种竹子
的形色神态，画竹更工。间
作勾勒青绿设色竹，亦写古
木松石。享有盛名。由于过
分重视写实，高克恭评为"似
而不神"。传世作品有《双
钩竹石图》《修篁树石图》
《墨竹图》等。

　　图中秀石微露一角，画
中心四竿翠竹枝繁叶茂，挺
拔修长。空中雾气迷蒙，清
韵满卷。作者是画竹的名家，
这几竿秀竹笔法清健有力，
工整而又极潇洒，尤其以墨
色的浓淡来表现空间的延伸
和层次，以及雾涌风轻的情
景，令人叹为观止。

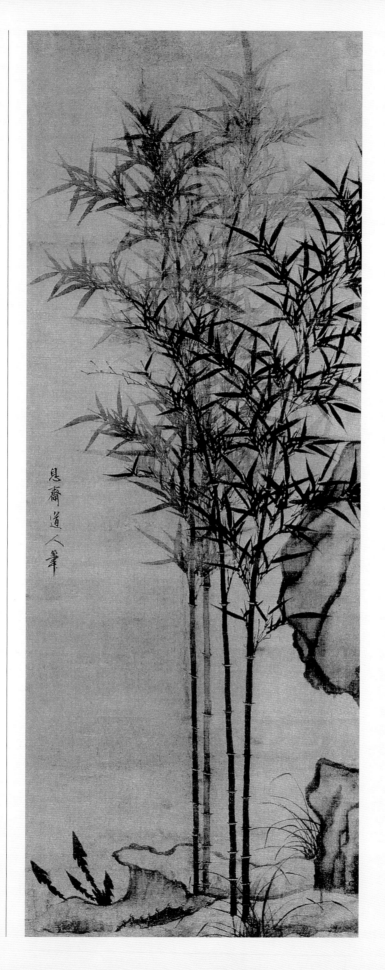

四季平安图　李衍
立轴　绢本　墨笔
纵 131.4 厘米　横 51.1 厘米
台北故宫博物院藏

畫墨竹法

畫竹必先立竿立竿留節稍頭須短至中漸長至根

又漸短忌擁腫近枯近濃均長均短竿要兩邊如界

節要上下相承勢如半環又如心字無點去地五節

則生枝葉畫葉須墨飽一筆便過不宜凝滯其葉自

然尖利不桃不柳輕重手相應个字必破入字筆必

分結頂葉要枝攢鳳尾左右顧聆齊對均平枝枝著

節葉葉著枝風晴雨露各有態度翻正掩仰各有形

勢轉側低昂各有意理當盡心求之自得其法若一

枝不妥一葉不合則爲全璧之玷矣

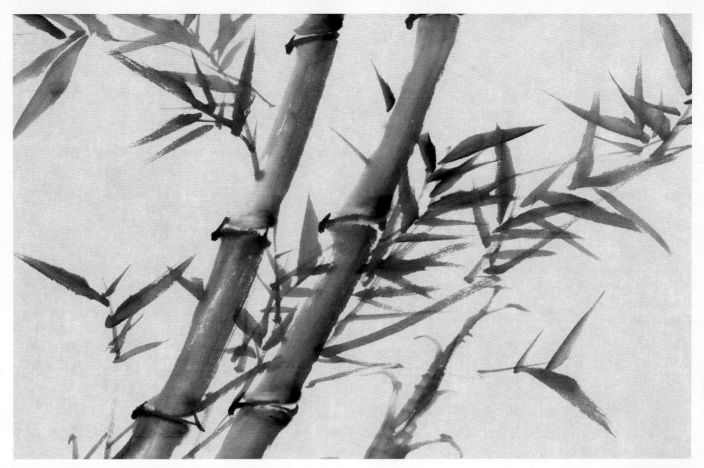

扫一扫
视频教学

【原文】

画墨竹法

画竹必先立竿，立竿留节，梢头须短，至中渐长，至根又渐短。忌臃肿近枯近浓，均长均短。竿要两边如界，节要上下相承，势如半环，又如心字无点。去地五节，则生枝叶。画叶须墨饱，一笔便过，不宜凝滞，其叶自然尖利，不桃不柳，轻重手相应。个字必破，人字笔必分。结顶叶要枝攒凤尾，左右顾盼，齐封均平，枝枝着节，叶叶着枝。风晴雨露，各有态度，翻正掩仰，各有形势，转侧低昂，各有意理。当尽心求之，自得其法。若一枝不妥，一叶不合，则全璧之玷矣。

【札记】

_____

_____

_____

_____

_____

_____

位置法

墨竹位置幹節枝葉四者若不由規矩徒費工夫終
不能成畫凡濡墨有深淺下筆有重輕逆順往來須
知去就濃淡麁細便見榮枯生枝布葉須相照應山
谷云生枝不應節亂葉無所歸須筆筆有生意面面
得自然四面團欒枝葉活動方為成竹然古今作者
雖多得其門者或寡不失之於簡略則失之於繁雜
或根幹頗佳而枝葉謬誤或位置稍當而向背乖方

【原文】

位置法

墨竹位置[1]，干、节、枝、叶四者，若不由规矩，徒费[2]工夫，终不能成画。凡濡[3]墨有深浅，下笔有重轻，逆顺往来，须知去就[4]；浓淡粗细，便见荣枯。生枝布叶，须相照应。山谷云：生枝不应节，乱叶无所归。须笔笔有生意，面面得自然。四面团栾[5]，枝叶活动，方为成竹。然古今作者虽多，得其门者[6]或寡[7]，不失之于简略，则失之于繁杂。或根干颇佳，而枝叶谬误；或位置稍当，而向背乖方[8]；

【注释】

[1]位置：这里指的是布局或章法，也叫构图。艺术家为了表现作品的主题思想和美感效果，在一定的空间内，安排物象的关系和位置，把个别或局部的形象组成艺术的整体。中国传统绘画中称为章法或布局。

[2]徒费：白费。徒：白白地。

[3]濡：沾湿，沾上。

[4]去就：这里指从或舍。

[5]团栾：也作"檀栾"。竹秀美貌。《图画见闻志》评论文同画竹："善画墨竹，富潇洒之姿，逼檀栾之秀，疑风可动，不笋而成者也。"清代李景黄《似山竹谱》："文（文同）之檀栾飘举，其神超也；苏（苏轼）之下笔风雨，其气足也。"

[6]得其门者：能够入门的。

[7]或寡：也许不多。或：或许，也许，表示推测或不肯定。寡：少，缺少。

[8]乖方：违背法度，失当。《晋书》："然而付托失所，授任乖方。"

80

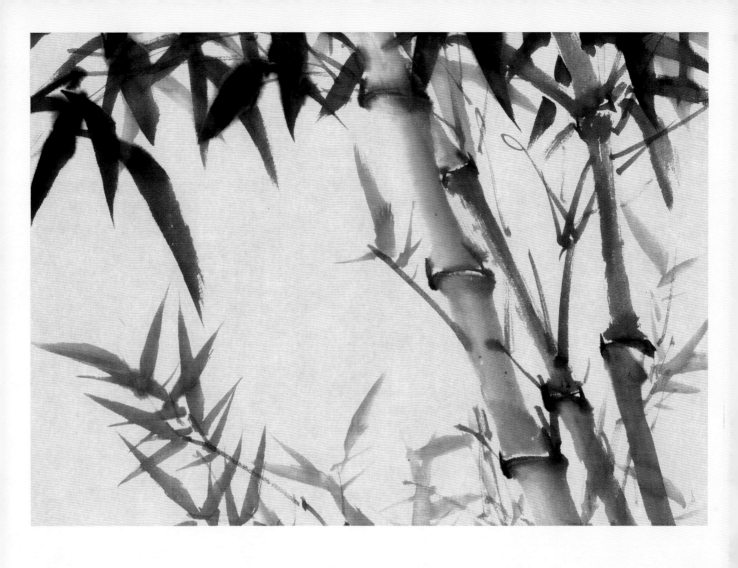

【札记】

或葉似刀截或身如板束籠俗狼籍不可勝言其間

縱有稍異常流僅能盡美至於盡善良恐未暇獨文

湖州挺天縱之才比生知之聖筆如神助妙合天成

馳騁於法度之中逍遙於塵垢之外從心所欲不踰

準繩後之學者勿陷於俗惡知所當務焉

【原文】

或叶似刀截，或身如板
束[9]；粗俗狼藉，不可
胜言。其间纵有稍异常
流[10]，仅能尽美，至于
尽善，良恐未瑕[11]。独
文湖州挺天纵[12]之才，
比生知之圣，笔如神助，
妙合天成。驰骋于法度之
中，逍遥于尘垢之外，从
心所欲[13]，不逾准绳。
后之学者，勿陷于俗恶，
知所当务[14]焉。

[9] 板束：许多板捆在一起。
[10] 常流：流俗。
[11] 良恐未暇：确实恐怕还
没有时间顾及。良：确，真。
恐：恐怕。未暇：无暇。暇：
空闲。
[12] 天纵：天之所使，上天
赋予。
[13] 从心所欲：按照自己的
心意，想怎么画就怎么画。
[14] 知所当务：知道怎样做
才对。

【作品解读】

　　竹竿粗壮挺拔，竹叶茂密成荫，一群麻雀或飞，或栖，或鸣，或食，活动于丛竹中，为竹林增添生气。

　　此图画法严谨，形象生动，以墨色的浓淡变化，突出空间上的幽深感，意韵空濛。

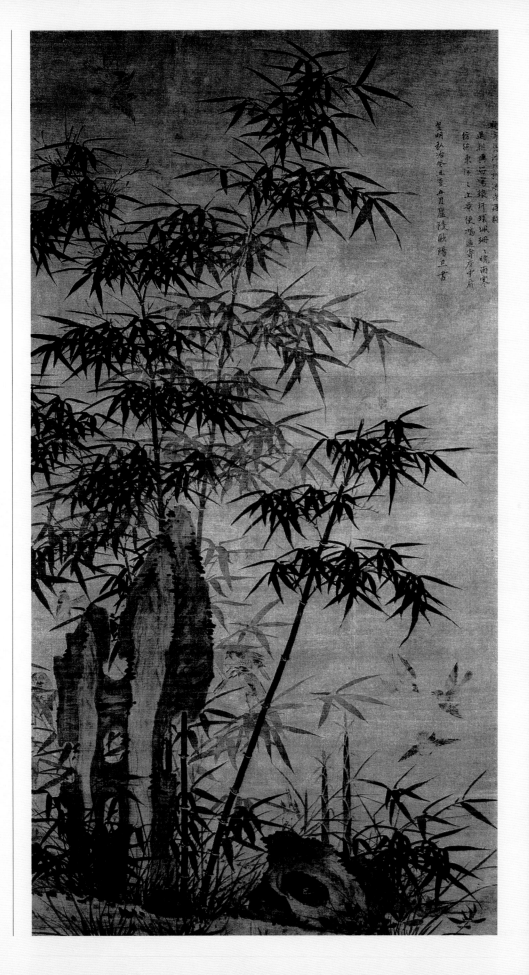

竹雀图　吕端俊
立轴　绢本　墨笔
纵 153.2 厘米　横 84 厘米
北京故宫博物院藏

画竿法

画竿若只画一二竿则墨色且得从便若三竿之上前者色浓后者渐淡若一色则不能分别前后矣后稍至根虽一节节画下要笔意贯穿全竿留节根梢宜短中渐放长每竿须要墨色匀停行笔平直两边圆正若臃肿偏邪墨色不匀间有粗细枯浓及节空匀长匀短皆竹法所忌断不可犯颇见世俗用蒲缞槐皮或叠纸濡墨画竿无问根梢一样粗细又且板平全无圆意但堪发笑不宜傲效

【原文】
　　画竿法
　　画竿若只画一二竿，则墨色且得[1]从便[2]，若三竿之上，前者色浓，后者渐淡。若一色则不能分别前后矣。后稍至根，虽一节节画下，要笔意贯穿，全竿留节，根稍宜短，中渐放长。每竿须要墨色匀停[3]，行笔平直，两边圆正，若臃肿偏邪[4]，墨色不匀，间[5]有粗细枯浓，及节空[6]匀长匀短，皆竹法所忌，断[7]不可犯[8]。颇见世俗用蒲缞[9]槐皮，或叠纸濡墨画竿，无问[10]根稍，一样粗细，又且[11]板平，全无圆意，但堪发笑，不宜仿效。

【注释】
[1]则墨色且得：那么墨色还可以。且得：还可以。
[2]从便：就便。
[3]匀停：这里指每一竿的墨色要均匀，不能有后面文中指出的夹杂有粗、细、枯、浓的不协调现象。
[4]邪：斜。
[5]间：夹杂。
[6]节空：节与节相交之处的露白。
[7]断：绝对。
[8]犯：患。此处指患有以上毛病。
[9]蒲缞：蒲：泛指蒲一类的草。缞：细布；葛。
[10]无问：不论，不管。
[11]又且：而且。

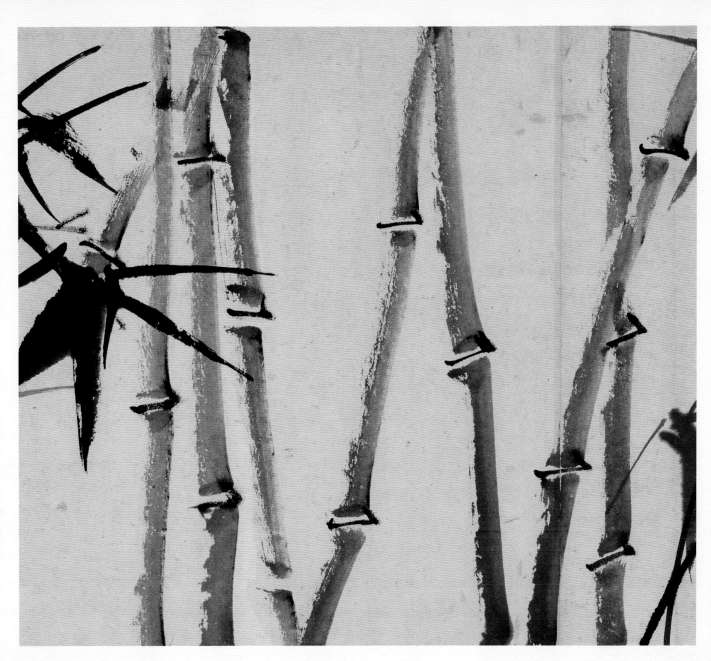

荆棘丛兰图（局部）　郑板桥（郑燮）
纸本　水墨
纵 31.66 厘米　横 693 厘米

【札记】

畫節法

立竿既定畫節為最難上一節要覆蓋下一節下一節要承接上一節中雖斷意要連屬上一筆兩頭放起中間落下如月少彎則便見一竿圓混下一筆看上筆意趣承接不差自然有連屬意不可齊大不可齊小齊大則如旋環齊小則如墨板不可太彎不可太遠太彎則如骨節太遠則不相連屬無復生意矣

【原文】

画节法

立竿既定，画节为最难。上一节要覆盖下一节，下一节要承接上一节。中虽断，意要连属[1]。上一笔两头放起，中间落下，如月少[2]弯，则便见一竿圆浑；下一笔看上笔意趣[3]，承接不差，自然有连属意。不可齐大，不可齐小；齐大则如旋环[4]，齐小则如墨板。不可太弯，不可太远；太弯则如骨节，太远则不相连属，无复生意矣。

【注释】

[1] 连属：连接。
[2] 少：稍。
[3] 意趣：情趣；意味。
[4] 旋环：悬钟的环。《考工记·凫氏》："钟县（悬）谓之旋。"

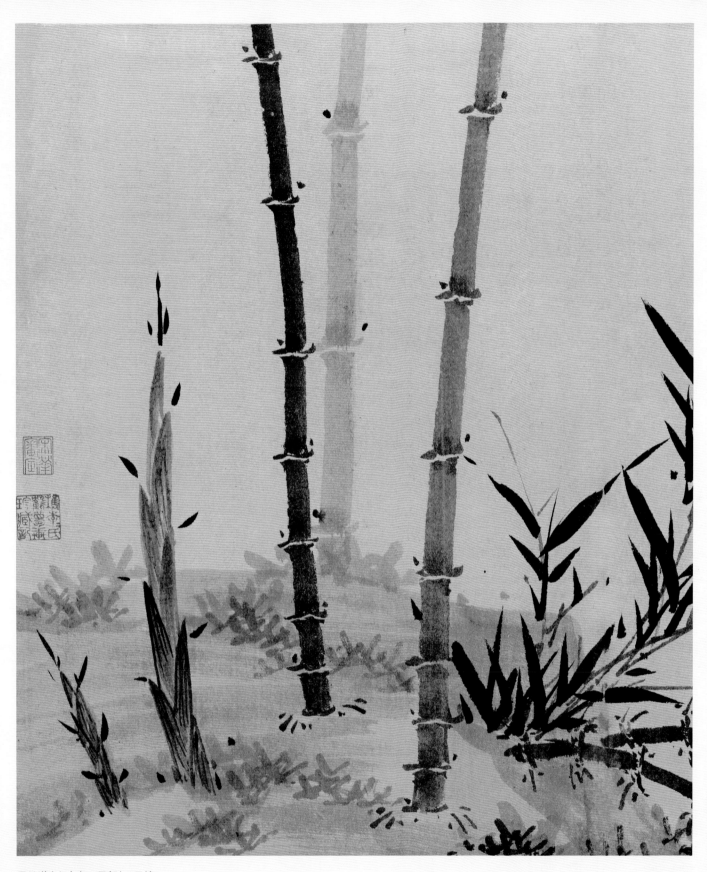

墨竹谱（之十九，局部） 吴镇
册页 纸本 墨笔
纵 40.3 厘米 横 52 厘米
台北故宫博物院藏

畫枝法

畫枝各有名目生葉處謂之丁香頭相合處謂之雀爪直枝謂之釵股從外畫入謂之垜疊從裡畫出謂之迸跳下筆須要遒健圓勁生意連綿行筆疾速不可遲緩老枝則挺然而起節大而枯瘦嫩枝則和柔而婉順節小而肥滑葉多則枝覆葉少則枝昂風枝雨枝觸類而長亦在臨時轉變不可拘於一律也尹白郓王隨枝畫節既非常法今不敢取

【原文】

画枝法

画枝各有名目，生叶处谓之丁香头，相合处谓之雀爪，直枝谓之钗股，从外画入谓之垜叠，从里画出谓之迸跳。下笔须要遒健圆劲，生意连绵，行笔疾速，不可迟缓。老枝则挺然而起，节大而枯瘦，嫩枝则和柔而婉顺，节小而肥滑。叶多则枝覆，叶少则枝昂。风枝雨枝，触类而长，亦在临时转变，不可拘于一律也。尹白郓王，随枝画节，既非常法，今不敢取。

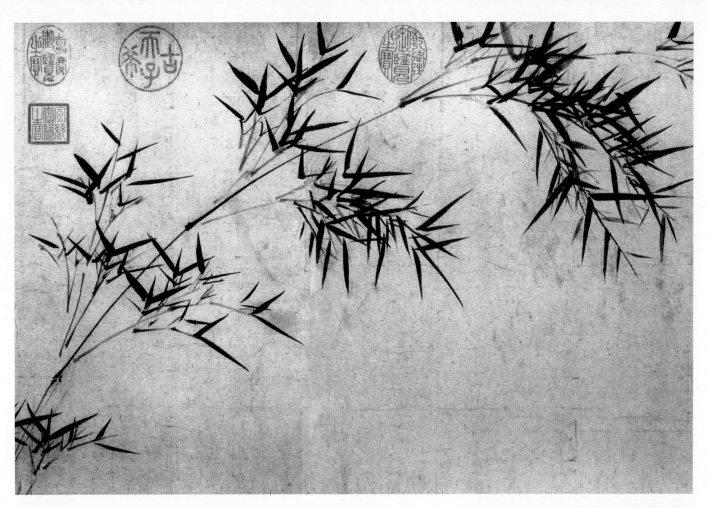

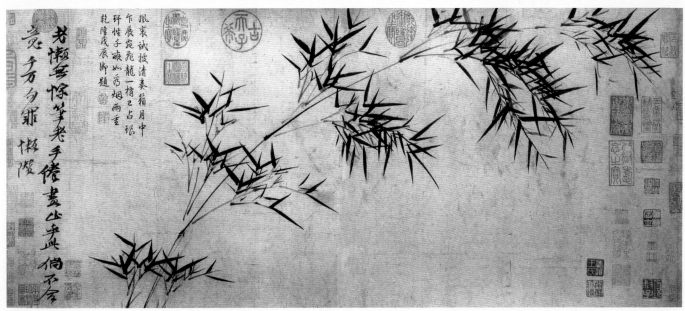

竹枝图　倪瓒
卷　纸本　墨笔
纵 33.4 厘米　横 76.2 厘米
北京故宫博物院藏

【作品解读】

　　新竹一枝，疏朗多姿，斜伸贯穿整个画面，生动可爱。竹叶以秃笔浓墨画成，笔墨瘦劲苍健。淡墨写枝，笔力劲辣，偃仰有致。此画一改倪瓒画中惯有的疏冷、零落、静寂的风格，具有欣欣向荣、清韵扑面的感觉。

畫葉法

下筆要勁利，實按而虛起，一抹便過，少遲留則鈍厚不銛利矣。然寫竹者此為最難，虧此一功，則不復為墨竹矣。法有所忌，學者當知。麁忌似桃，細忌似柳；一忌孤生，二忌並立，三忌如「乂」，四忌如「井」，五忌如手指及似蜻蜓、露潤、雨垂、風翻、雪壓。其反正低昂各有態度，不可一例抹去如染皁絹無異也。

【原文】

画叶法

下笔要劲利，实按而虚起，一抹便过，少迟留则钝厚不銛[1]利矣。然写竹者此为最难，亏[2]此一功，则不复为墨竹矣。法有所忌，学者当知。粗忌似桃，细忌似柳；一忌孤生，二忌并立，三忌如"乂"，四忌如"井"，五忌如手指及似蜻蜓。露润雨垂，风翻雪压。其反正低昂[3]，各有态度，不可一例抹去，如染皂绢[4]无异也。

【注释】

[1] 銛：锋利。
[2] 亏：缺，欠。
[3] 例：规则。一例：一个法儿。
[4] 皂绢：黑色的绢。

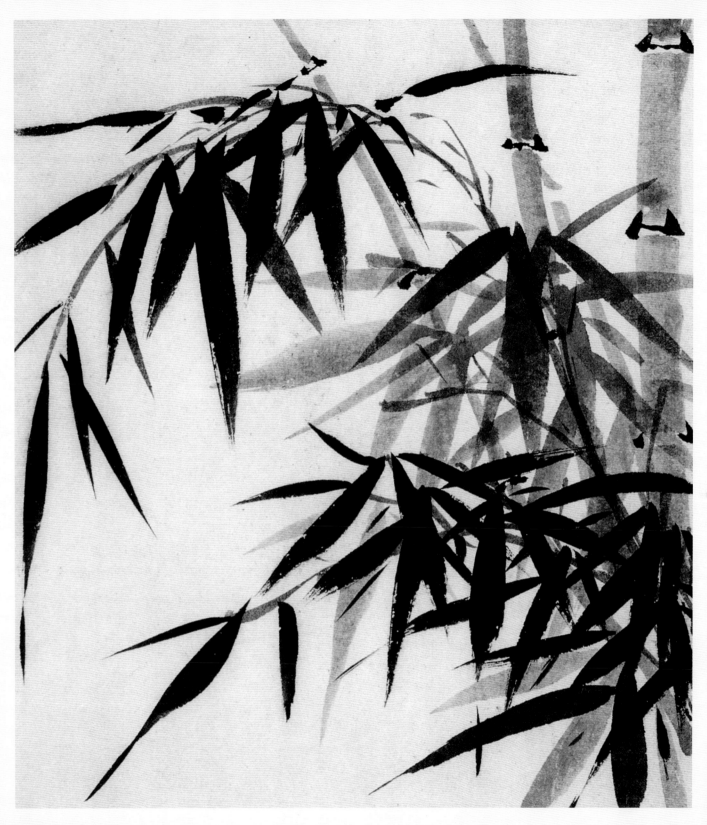

墨竹图（局部） 王翚
册页　纸本
纵 22.5 厘米
上海博物馆藏

勾勒法

先用柳炭[1]，将竹竿朽[2]定，再分左右枝梗[3]，然后用墨笔勾叶。叶成，始依所朽竿枝与节，一一画出，俾枝头鹊爪尽与叶连。要穿钗躲避[4]，方见层次。竿之前后，墨分浓淡勾出，前宜浓，后宜淡，此乃勾勒竹法。其阴阳向背，立竿写叶，与墨竹法同，可类推之。

【注释】

[1] 柳炭：柳枝炭化后所得的炭条。
[2] 朽：画中国画用炭条或土笔打出草图。定稿之后，沿草围痕迹落一遍淡墨，然后把灰迹轻轻拂去，古人构图有"九朽一罢"之说，意思是对草稿要反复修改，然后才可定稿。
[3] 梗：植物的枝或茎。
[4] 穿钗躲避：指构图。穿：穿向画面的宽处。钗：插向画面的虚处．钗，既有插的意思，也形象地指枝穿插要像"钗"曲折圆劲。避：回避，使画面物象的远近、疏密合理。穿钗躲避：在布局时做到枝、干、叶之间互相穿插曲折圆劲。沆诉回僻、结构疏家今理。

勾勒法

先用柳炭將竹竿朽定再分左右枝梗然後用墨筆

鈎葉葉成始依所朽竿枝與節一一畫出俾枝頭鵲

爪盡與葉連要穿釵躲避方見層次竿之前後墨分

濃淡鈎出前宜濃後宜淡此乃勾勒竹法其陰陽向

背立竿寫葉與墨竹法同可類推之

先用柳炭，将竹竿朽定，柳枝烧成的炭条比杂木烧制的炭条软，色较淡，不易划伤纸面。初学时可用木炭打底，确定主线走势，可在纸面用指甲轻划轮廓，应做到"胸有成竹"。面对素稿应先在内心勾描，推敲成熟再下笔，"九朽一罢"即是此理。

柳炭条

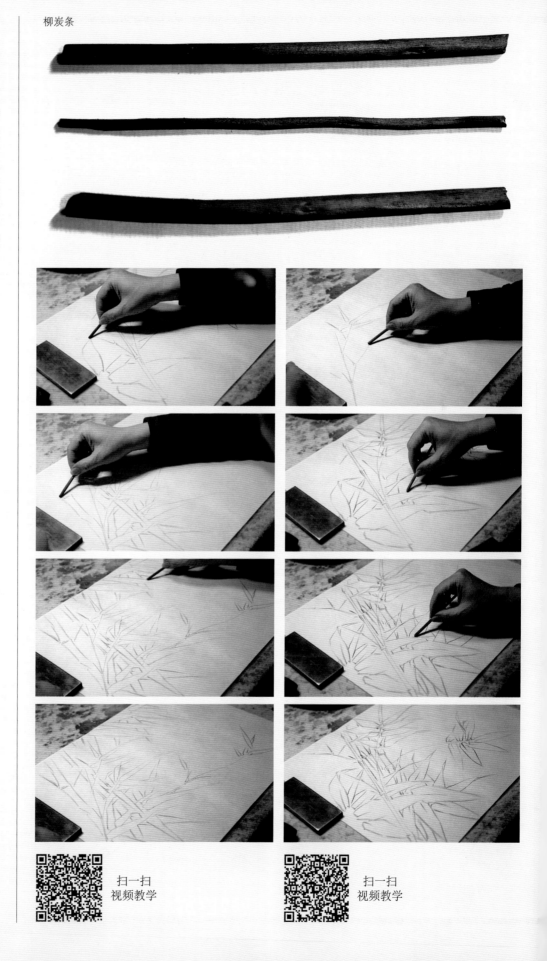

扫一扫
视频教学

扫一扫
视频教学

【原文】

画墨竹总歌诀
黄老初传用勾勒，
东坡与可始用墨，
李氏竹影见横窗，
息斋夏吕皆体一。
干篆文，节邈隶，
枝草书，叶楷锐。
传来笔法何用多，
四体须当要熟备。
绢纸佳，墨休稠。
笔毫纯，勿开头。
未下笔时意在先，
叶叶枝枝一幅周。
分字起，个字破，
疏处疏，堕处堕。
堕中切记莫糊涂，
疏处须当枝补过。
风竹势，干挺然，
堕处逆，干须偏。
乌鸦惊飞出林去，
雨竹横眠岂两般。
晴竹体，人字排，
嫩一叠，老两钗。
先将小叶枝头起，
结顶还须大叶来。
写露竹，雨仿佛，

畫墨竹總歌訣

黃老初傳用勾勒東坡與可始用墨李氏竹影見橫

牕息齋夏呂皆體一幹篆文節邈隸枝草書葉楷銳

傳來筆法何用多四體須當要熟備絹紙佳墨休稠

筆毫純勿開頭未下筆時意在先葉葉枝枝一幅週

分字起个字破疏處疏墮處墮中切記莫糊塗疏

處須當枝補過風竹勢幹挺然墮處逆幹須偏烏鴉

驚飛出林去雨竹橫眠豈兩般晴竹體人字排嫩一

叠老兩釵先將小葉枝頭起結頂還須大葉來寫露

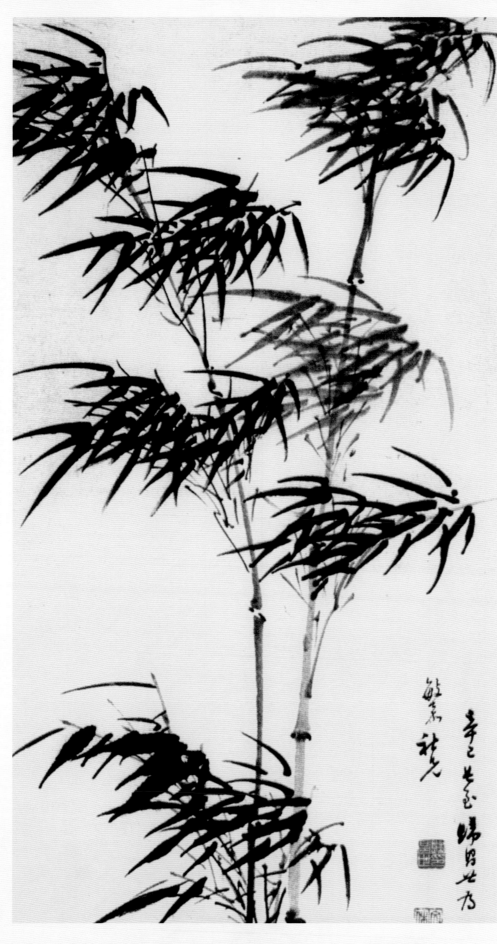

风竹图（局部） 归昌世
立轴　纸本　水墨
纵 146.2 厘米　横 44.7 厘米
广州美术馆藏

竹雨彷彿晴不傾雨不足結尾露出一梢長穿破個

字枝頭曲寫雪竹貼油袱久雨枝下垂伏染成鉅齒

一般形揭去油袱見冰玉一寫法識竹病筆高懸勢

夔俊心意疏懶切莫為精神魂魄俱安靜忌杖皷忌

對節忌挾籬忌邊壓井字蜻蜓人手指脅眼桃葉并

柳葉下筆時莫要怯須遲疾心暗訣寫來敗筆積成

堆何怕人間不道絕老幹參長梢拂歷冰雪操金玉

風晴雨雪月烟雲歲寒高節藏胸腹湘江景淇園趣

娥皇詞七賢句萬竿千畝總相宜墨客騷人遭際遇

【原文】

写露竹，雨仿佛，
晴不倾，雨不足。
结尾露出一梢长，
穿破个字枝头曲。
写雪竹，贴油袱，
久雨枝，下垂伏。
染成巨齿一般形，
揭去油袱见冰玉。
一写法，识竹病。
笔高悬，势要俊。
心意疏懒切莫为，
精神魂魄俱安静。
忌杖鼓，忌对节，
忌挟篱，忌边压。
井字蜻蜓人手指，
会眼桃叶并柳叶。
下笔时，莫要怯，
须迟疾，心暗诀。
写来败笔积成堆，
何怕人间不道绝。
老干参，长稍拂，
历冰雪，操金玉。
风晴雨雪月烟云，
岁寒高节藏胸腹。
湘江景，淇园趣，
娥皇词，七贤句。
万竿千亩总相宜，
墨客骚人遭际遇。

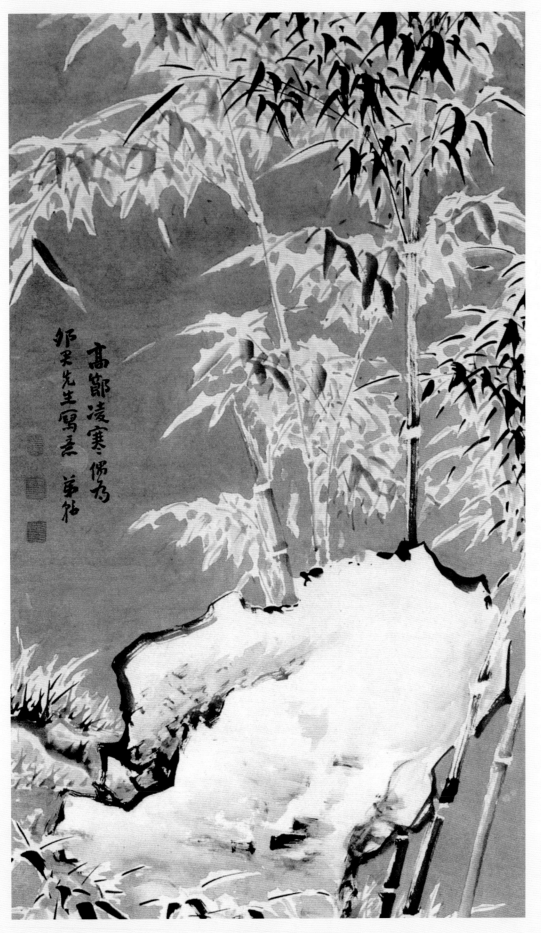

【作者简介】

　　高凤翰（1683～1749），清代画家。字西园，号南村、南阜、老阜、云阜、南阜居士、南阜山人、石道人、丁巳残人、天禄外史、檗琴翁、息园叟、后尚左生等，山东胶州（今胶县）人。擅长诗文、书法、绘画、篆刻，五十五岁时因右臂病废，书画篆刻乃以左手为之，毅力惊人，作品拙中得势，苍劲老辣。花鸟笔致奔放，奇逸天趣；山水雄浑静逸，纯以气胜，为世所推重。印宗秦、汉，苍古朴茂。爱砚成癖，藏砚多至千余方，自刻砚铭165方。为"扬州八怪"之一。

雪景竹石图（局部）　高凤翰
立轴　纸本　设色
纵 139.1 厘米　横 61.6 厘米
北京故宫博物院藏

畫竿訣

竹幹中長上下短。只須彎節不彎竿竿點節休排

此濃淡陰陽細審觀

點節訣

竿成先點節濃墨要分明偃仰須圓活枝從節上生

安枝訣

安枝分左右切莫一邊偏鵲爪添枝杪全形見筆端

【原文】

画竿诀
竹竿中长上下短，
只须弯节不弯竿。
竿竿点节休俳比，
浓淡阴阳细审观。

点节诀
竿成先点节，浓墨要分明。
偃仰须圆活，枝从节上生。

安枝诀
安枝分左右，切莫一边偏。
鹊爪添枝杪，全形见笔端。

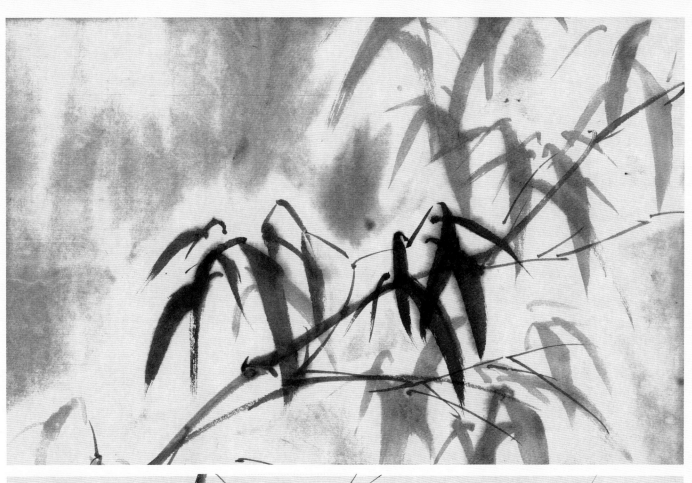

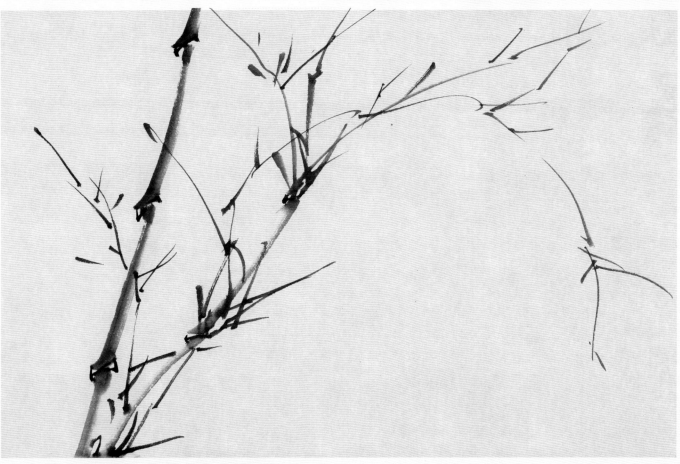

画葉訣

畫竹之訣惟葉最難出於筆底發之指端老嫩須別

陰陽宜參枝先承葉葉必掩竿葉葉相加勢須飛舞

孤一逆二攢三聚五春則嫩篁而上承夏則濃陰以

下俯秋冬須具霜雪之姿始堪與松梅而為伍天帶

晴兮偃葉而偃枝雲帶雨兮墜枝而墜葉順風不一

字之排帶雨無人字之列所宜掩映以交加最忌比

聯而重疊欲分前後之枝宜施濃淡其墨葉有四忌

兼忌排偶尖不似蘆細不似柳三不似川五不似手

【原文】

画叶诀
画竹之诀，惟叶最难。
出于笔底，发之指端。
老嫩须别，阴阳宜参。
枝先承叶，叶必掩竿。
叶叶相加，势须飞舞。
孤一迸二，攒三聚五。
春则嫩篁而上承，
夏则浓阴以下俯。
秋冬须具霜雪之姿，
始堪与松梅而为伍。
天带晴兮偃叶而偃枝，
云带雨兮坠枝而坠叶。
顺风不一字之排，
带雨无人字之列。
所宜掩映以交加，
最忌比联而重叠。
欲分前后之枝，
宜施浓淡其墨。
叶有四忌，兼忌排偶。
尖不似芦，细不似柳。
三不似川，五不似手。
叶由一笔，以至二三。
重分叠个，还须细安。
间以侧叶，细笔相攒。
使比者破，而断者连。
竹先立竿，生枝点节。
考之前人，俱传口诀。
竹之法度，全在乎叶。
因增旧诀为长歌，
用广前人之法则。

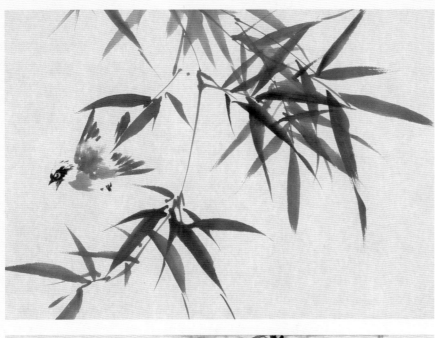

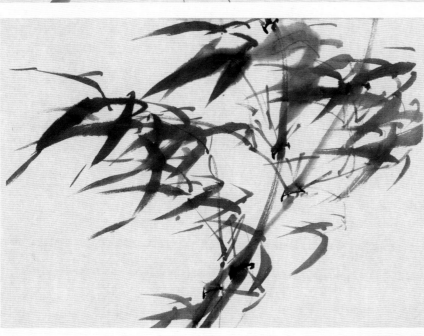

【札记】

扫一扫
视频教学

葉由一筆以至三重分叠个還須細安間以側葉

細筆相攢使比者破而斷者連竹先立竿生枝點節

考之前人俱傅口訣竹之法度全在乎葉因增舊訣

爲長歌用廣前人之法則

101

【画竹起手发竿点节式九则】

【导读】

清代"扬州八怪"之一的郑板桥，晚年有题画诗云"四十年来画竹枝，日间挥笔夜间思。冗繁削尽留清瘦，画到生时是熟时"，很精彩地概括出四十年画竹删繁就简的心路历程。

前人画竹如写字，因此有"写竹"的说法。学习中国画书法是基础，画竹最见书法功夫，竹干凭楷篆，竹叶籍行草。书画同源在这里是极好的例证。竹干落笔生发梢头，根节较短，竹中间的竿节较长，干圆直两头有节，起笔收笔略重，竹竿每一节粗细基本一致，忌画成两头粗中间细，如"蜂腰""鹤膝"的病笔。画竿毛笔饱蘸墨汁，笔尖着清水分出浓淡，丛竹近浓远淡，表现时注意层次和前后变化关系。同一竿竹色墨相近，不能出现两节墨色差异过大的情况。

细竿

起手二笔三笔

初起手一笔

点节一字上抱

点节八字下抱

扫一扫
视频教学

102

　　《墨竹谱》共计二十四开，是吴镇画竹的代表作。每幅之中竹的姿态、欹正仰俯、阴阳向背皆有所不同，笔法简洁苍劲。在此选其中两幅，其一写新篁始出，旁衬粗竹劲干和润秀竹笋，笔墨浓淡有致，富有情致；其二为雪竹，不以墨彩渲染烘托，而直接以淡墨草写雪意，枝叶在雪中的掩映露藏、弯曲而又暗含张力的形态都表现得淋漓尽致。

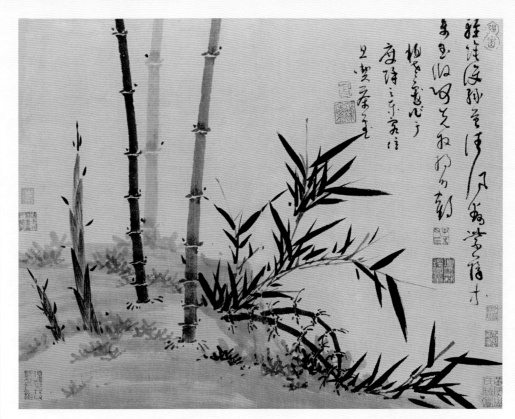

墨竹谱（之十九） 吴镇
册页　纸本　墨笔
纵 40.3 厘米　横 52 厘米
台北故宫博物院藏

【导读】

　　季节分春夏秋冬，天气有风晴雨露。不同的季节和环境，竹子的形态样貌也各不相同。新篁柔嫩叶片向上生机勃勃，老干苍劲沉着。画竹当以竹为师，细心观察，了解它的生长规律。前人在这方面给我们做出了榜样，他们对竹子形态做了详尽的记录，如："竹节出枝生芽，如于左发枝，必在右生芽，第二节一定变为右发枝，左发芽。"

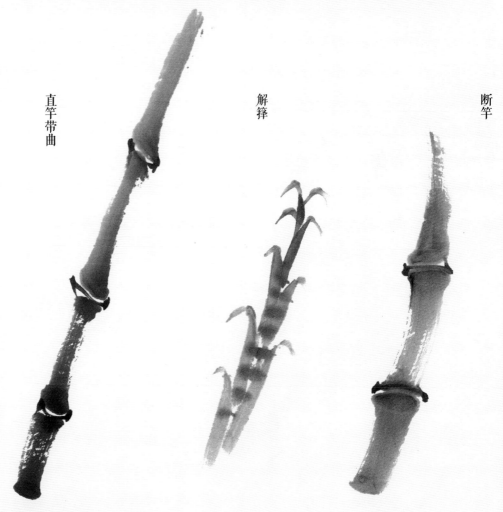

直竿带曲　　　解箨　　　断竿

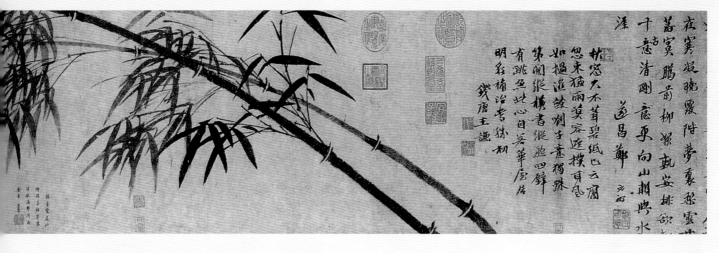

【发竿式五则】

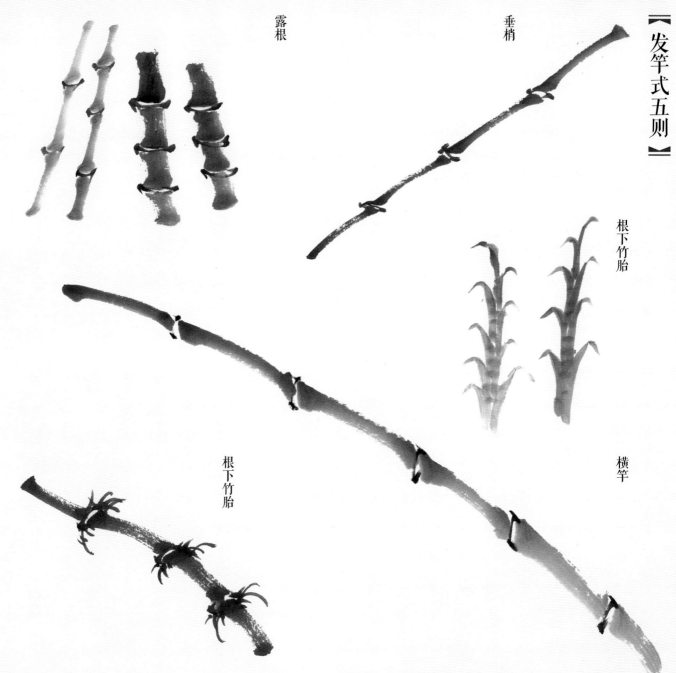

露根

垂梢

根下竹胎

横竿

根下竹胎

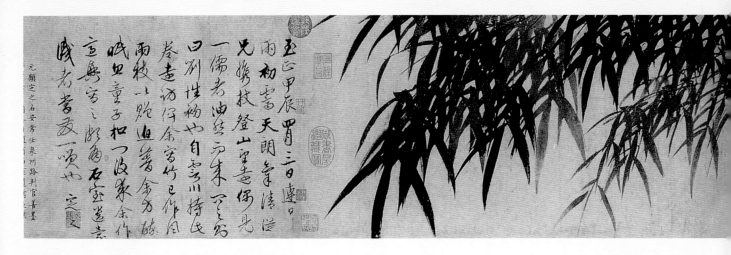

风雨竹图（局部）顾安
卷 纸本 墨笔
纵 25.1 厘米　横 183.3 厘米
北京故宫博物院藏

【作品解读】

　　此图为画家暮年墨竹名作。以浓淡墨笔画大叶竹两竿，枝干斜覆，竹叶下垂，表现了风雨中竹叶挂满雨水、纵横披离、摇曳多姿的自然形态。用笔潇洒苍润，墨气浓重，严谨自然，劲挺有骨，悉尽笔墨之能事。清润之气扑面而来。

【导读】

　　"竹鞭"是竹子的地下根茎，它横向在地底生长，由于雨水冲刷或生长过快等原因，也有些壮竹的根暴露在空气中，竹的根茎中空节有须根和竹芽。竹子成片生长，我们几乎看不到孤立的单株。根下竹胎行笔方法与竹竿画法基本相同，只是变纵向用笔为横向用笔。竹鞭节多且密，须根发达，用笔要快捷如作草字，墨色稍重，表现出其充沛的生机及氤氲饱满的水汽。

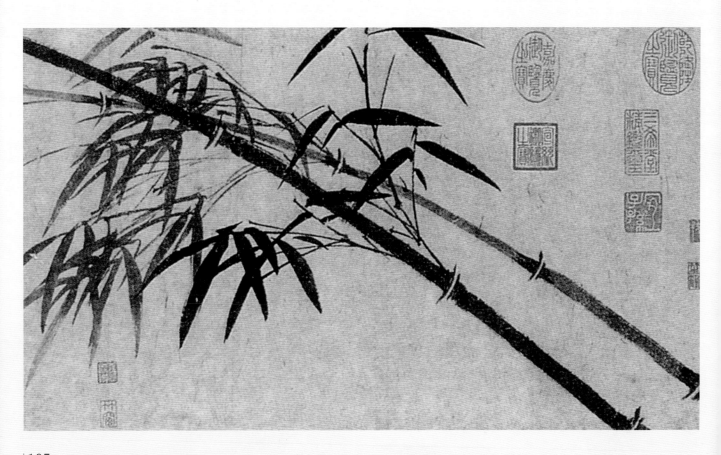

竹枝行笔宜快速干脆，两枝以上的布局要注意前后、浓淡、虚实等变化规律，出枝以中锋为主，体现小枝的弹性韧性。运笔要稳，起笔就要想好收笔的位置；行笔不能迟疑要做到迅捷快速，收笔如"啄"。线条不宜过于平直，稍许的弧度能更好地体现竹枝的柔韧。

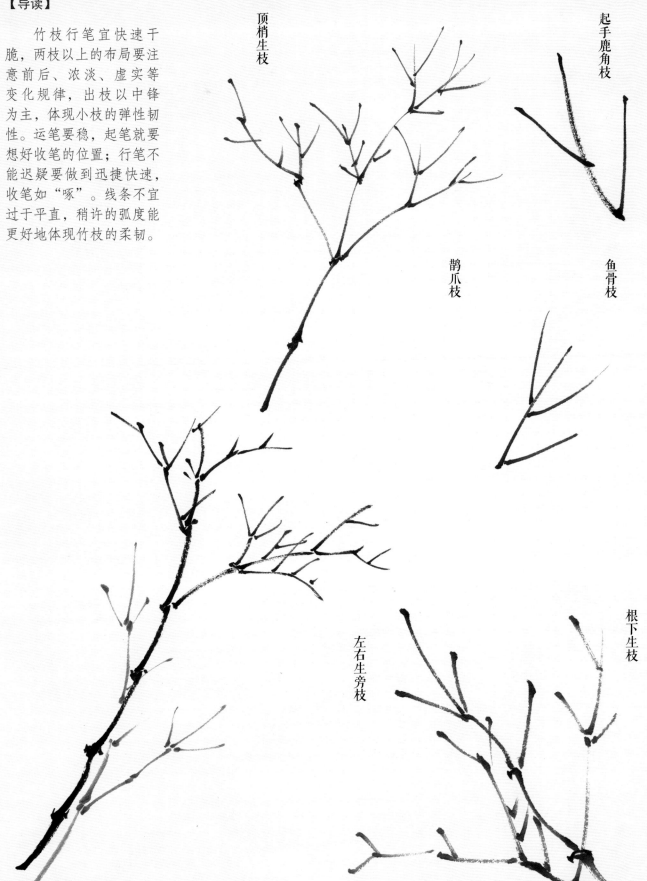

顶梢生枝

起手鹿角枝

鹊爪枝

鱼骨枝

根下生枝

左右生旁枝

顾安（1289～1365后），元代画家。字定之，号迂讷居士，淮东人，家昆山（今属江苏）。官泉州路行枢密院判官。擅画墨竹，喜作风竹新篁，运笔遒劲挺秀。用墨润泽焕烂，于李衎、柯九思外，自成一家。亦工行、楷书。存世作品有《拳石新篁》《平安磐石》《幽篁秀石图》《竹石图》《墨竹图》等。

【作品解读】

图中几竿修竹挺立，地面新篁丛生，磐石苍翠点点。以淡墨写出竹竿，以浓墨撇写出竹叶。布局疏密有致、毫不紊乱，结构紧密严谨。几棵竹笋，顿挫扭旋，生机勃勃。浓淡相宜，层次井然，有李衎的风范。此图也是顾安作品中少见的晴竹，笔法细腻，清雅趣浓。

幽篁秀石图轴　顾安
立轴　绢本　墨笔
纵 184 厘米　横 102 厘米
北京故宫博物院藏

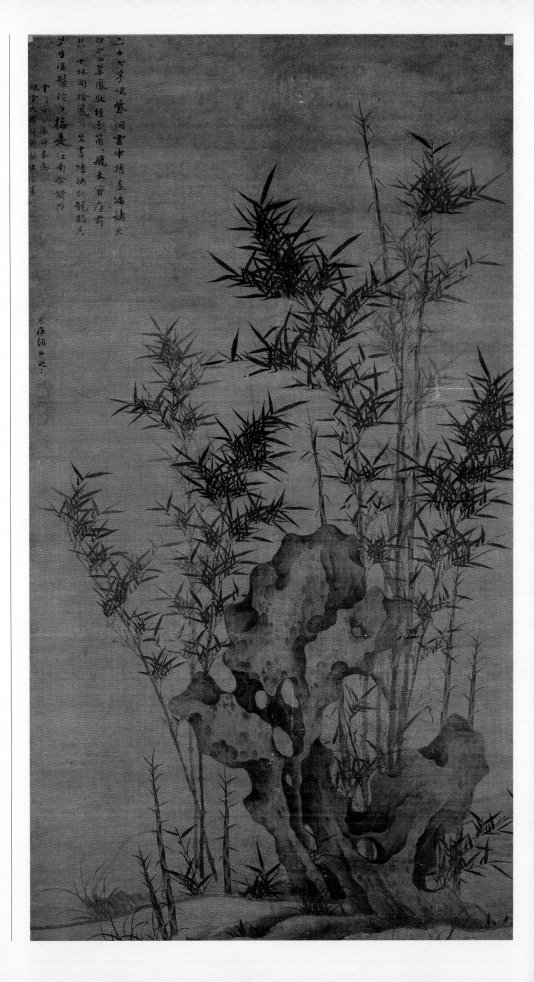

画老竿注意墨色浓淡变化，多竿忌整齐并列，竹节平行。清代画家方薰说"画竹不难于发枝，而难于叠叶，虽是有理，然全幅位置，妙在发竿，发竿得势，叠叶亦有法"。画竹长短线交错，长线定骨架，短线充气韵。老竿是长线、骨架、主线，新枝和叶是长短不同的短线，老竿主线处理不好，新枝竹叶也就无法安排了。

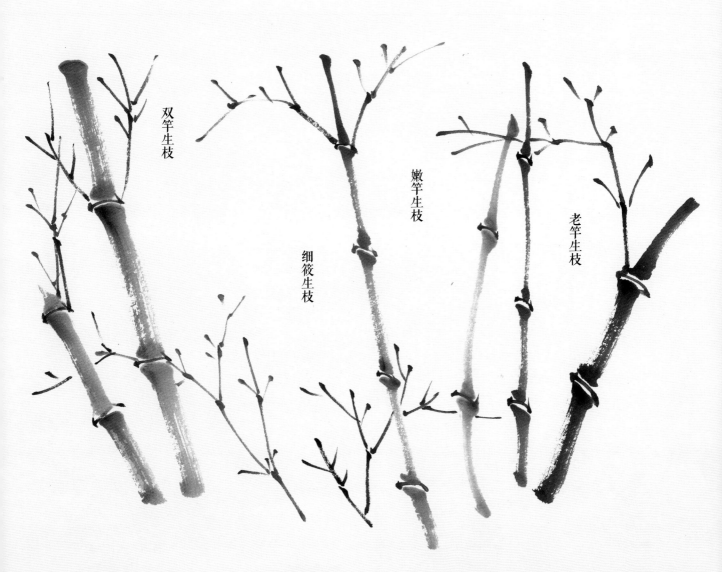

双竿生枝

嫩竿生枝

细筱生枝

老竿生枝

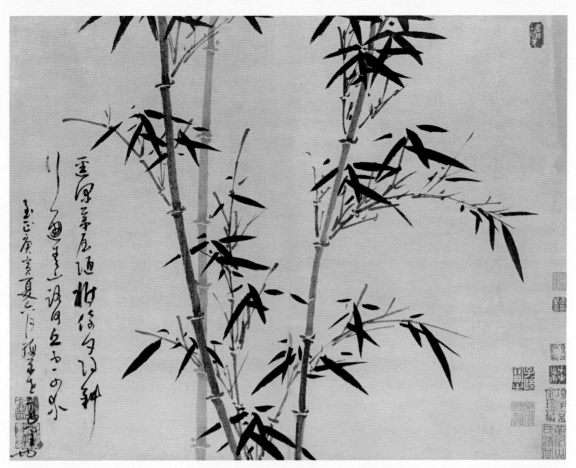

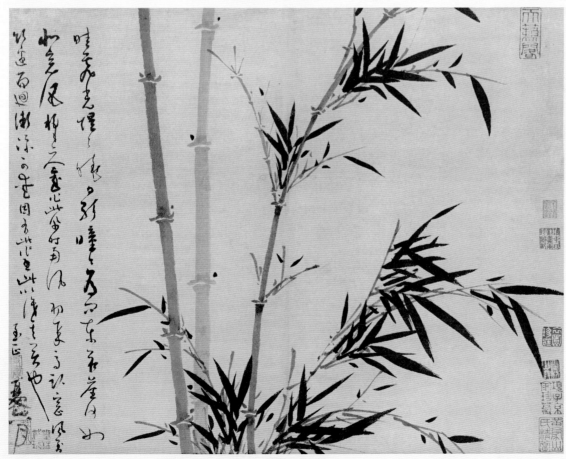

墨竹谱（之一、之十七）
吴镇
册页　纸本　墨笔
纵 40.3 厘米　横 52 厘米
台北故宫博物院藏

一笔横舟

一笔偃月

一笔鱼尾

三笔飞雁

三笔金鱼尾

【导读】

　　元代赵孟頫诗云："石如飞白木如籀，写竹还应八法通。若也有人能会此，须知书画本来同。"前人非常重视书与画的内在联系，以"永字八法"写竹成为文人画家有意识的锤炼画风的行为。王翚论文人画："王耕烟云，有人问如何是士大夫画？曰：只一'写'字尽之。此语最为中肯。字要写，不要描，画亦如之，一入描画，便为俗工矣。"

　　画竹叶起笔藏锋，收笔露锋，行笔劲利爽捷，不能迟疑。注重竹叶的结构特点，忌讳像柳叶、苇叶。墨色有变化也要统一，生于一枝或一组的，划分为一个节奏段，变化统属于画面，其中的浓淡、笔墨轻重缓急既不能互无关系，也不能都一样。中锋、侧锋并用，偃仰倾侧、交搭错落，随主竿的生长规律经营布置，随风晴雨露调整叶的姿态，主次、浓淡、先后，如此自然美观。

刚开始学画竹不宜过繁，从一两竿入手，揣摩其生发、搭配规律，逐步增加难度，循序渐进，画丛竹、群竹，乃至竹林。"布仰叶式"的口诀浅显易懂，图例只列举了几种代表性的基本式样。学者想要进阶还需多临、多写、多想，与此同时加强观察写生，才会有所提高。

春天万物生机勃勃，新篁嫩叶初昂，最具风姿，这时的枝叶尖都指向天空，叶较短，用笔注意弹性，柔中见刚。

画竹叶，前人总结了很多种，如"个"字、"介"字、"分"字，以汉字造型为基本规律。不同的竹叶特点也用汉字组合总结，如"重人"适合表现晴天的竹子，"一川"适合表现风竹。明白这些规律是便于学习，不是说竹子的变化只有这些，要举一反三，结合自己观察，就能在前人的基础上灵活创作。

扫一扫
视频教学

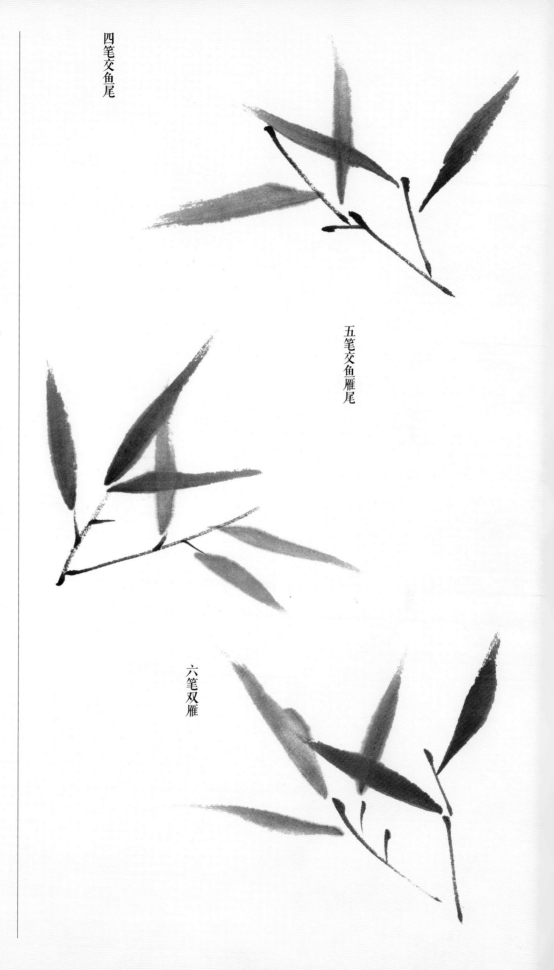

四笔交鱼尾

五笔交鱼雁尾

六笔双雁

111

布偃叶式七则

一笔片羽

二笔燕尾

三笔个字

四笔惊鸦

四笔落雁

五笔飞燕

七笔破双个字

【导读】

　　"惊鸦""落雁""片羽""重鱼"，前辈学者通过观察，提炼出发枝布叶的种种体势，生枝布叶突显意趣，命名也很形象、直观便于记忆。

　　"偃叶式"多是老叶，竹叶组合交搭，形式上要有错落、虚实、浓淡、前后的变化。

　　画竹有五忌：一忌生涩，用笔迟疑不决；二忌并立僵板，了无生趣；三忌繁杂混乱，悖于常理；四忌井横竖直，死板憨笨；五忌比例失调，贻笑大方。如：画"撇"叶，无论"分""个"，都要有穿插揖让，不能齐头并脚，应错落有致，落笔劲利、实按虚起、一笔成形，注意墨色浓淡变化。

112

组织竹叶要注意基本"个""介"等样式的破立。中侧锋兼施，墨色有浓淡的区分，叶随自然环境的变化而变化。浓淡叶分组绘制，浓前淡后，勿使一叶一色，一定要有呼应和逻辑关系，否则画面混乱，节奏不清，无法形成统一的画面。在丰富竿、茎、叶等变化时，首先要考虑整体的和谐统一。

破立在中国画中无处不在，随时进行，有时甚至会延伸到画外。单破双，有破无，散破聚，浓破淡，干破湿等。《易经》说"孤阴不生，孤阳不长"，万物运行的规律中必须阴阳调和、刚柔并济才能达到平衡。当对比以微妙的均衡效果出现，自然和谐，万物生长，画面的各个部分也呈现出互补增益的精神面貌。

【布叶式二则】

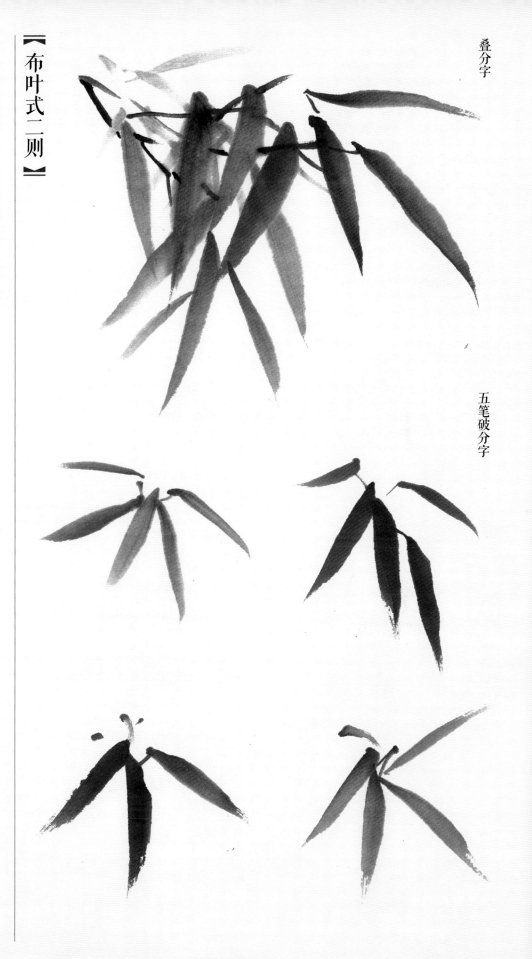

叠分字

五笔破分字

113

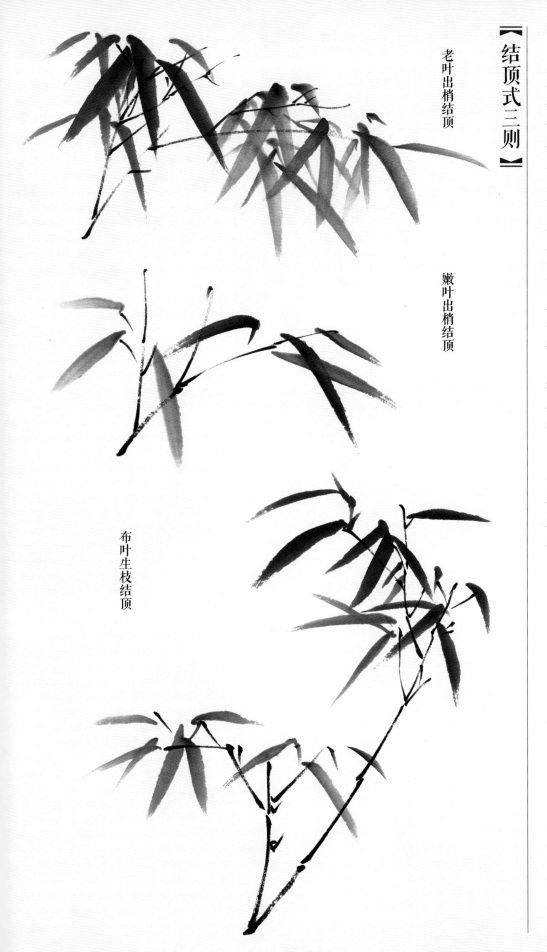

【结顶式三则】

老叶出梢结顶

嫩叶出梢结顶

布叶生枝结顶

【导读】

　　竹的老嫩在外形上有不同的特点，老叶下垂，嫩叶昂扬。一般先画竹枝，再添竹叶。老枝苍劲，细枝柔韧，浓淡粗细，运笔的缓急都要有所区别。初学还是以形似为重。取舍，要先取而后舍，先取形象，做到绝似之后，再进入"似与不似之间"的阶段。

　　竹的小枝左右互生，发枝要符合情理。竹叶运笔要快，适当调整墨色，枝与叶的表现要在统一中见变化。示范图示刻意选择了较厚的纸张，降低水色交融的目的，让初学者能清晰直观地看清枝叶的穿插联系。过厚的纸张吃水较多，会使整体画面枝与叶的墨色不够协调，竹叶的节奏也略显僵板，在实际创作中应根据具体情况选择工具材料。

扫一扫
视频教学

扫一扫
视频教学

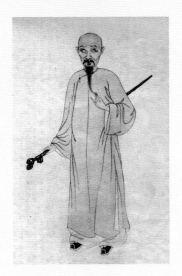

【作者简介】

　　王翚（1632～1717），清初画家。字石谷，号耕烟山人、乌目山人、清晖主人，常熟（今属江苏）人。王鉴弟子。后转师王时敏，悉心临摹历代名作，遂熟谙诸家技法。与王时敏、王鉴、王原祁合称"四王"，加吴历、恽寿平，亦称"清初六家"。在清初画坛上居主流地位。所作以仿古为多，功力深厚，熔铸南北画派于一炉。弟子很多，称"虞山派"，以杨晋较著名，其影响一直延续到近现代的山水画。传世作品有《仿曹云西山水图》《平林散牧》《桃花源图》《重江叠嶂图》《元人高韵图》和《康熙南巡图》等。

【作品解读】

　　此图册共八开，在此选收两开。王翚二十九岁作此册，取法王绂，以浓淡墨写风晴雨露之竹，尽其变化，用笔舒放潇洒，意境深邃。

墨竹图　王翚
册页　纸本
纵22.5厘米
上海博物馆藏

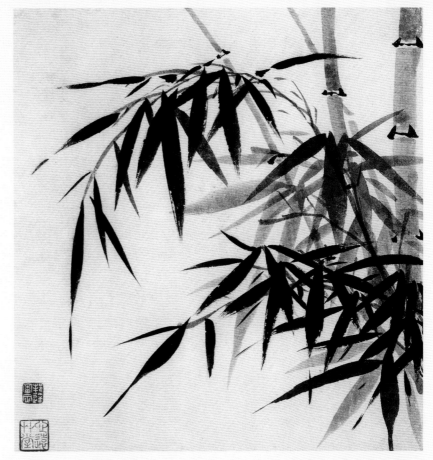

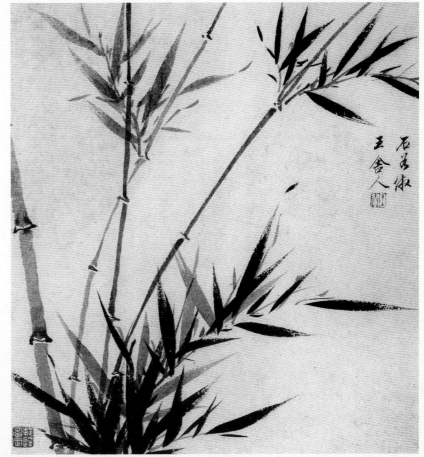

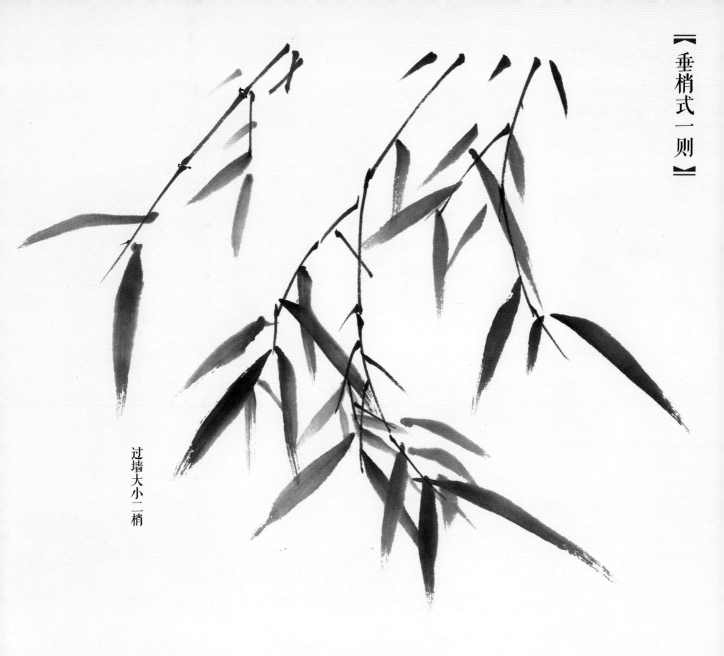

过墙大小二梢

【札记】

_____

_____

_____

_____

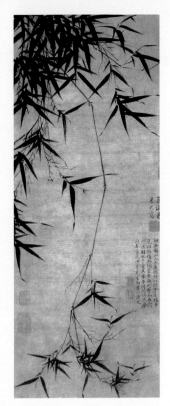

淇渭图　王绂
立轴　纸本　墨笔
纵78.2厘米　横34.5厘米
台北故宫博物院藏

【作者简介】

　　王绂（1362～1416），明代画家。绂，一作芾，字孟端，号友石生，鳌叟，自号九龙山人，后以字行，无锡（今属江苏）人。永乐初，以善书被荐，供事文渊阁，宫中书舍人。后归江南，隐居九龙山。工画山水，尤擅墨竹，其墨竹，在明代很有影响，昆山夏主师之，亦享大名。传世作品有《山亭文会图》《墨竹图》等。

【作品解读】

　　此图写倒挂竹一枝，姿态秀妍，颇有临风弄月的风致。其墨竹画法，继承文同、柯九思和倪瓒等的传统，着重表达萧散清逸的意韵。淡墨写枝，浓墨捺叶，叶端轻轻弯折，翻转自如，尽显竹叶静中有动的态势。此图用笔在遒劲中出姿媚，纵横外见洒脱，开元末明初画竹的新风格。

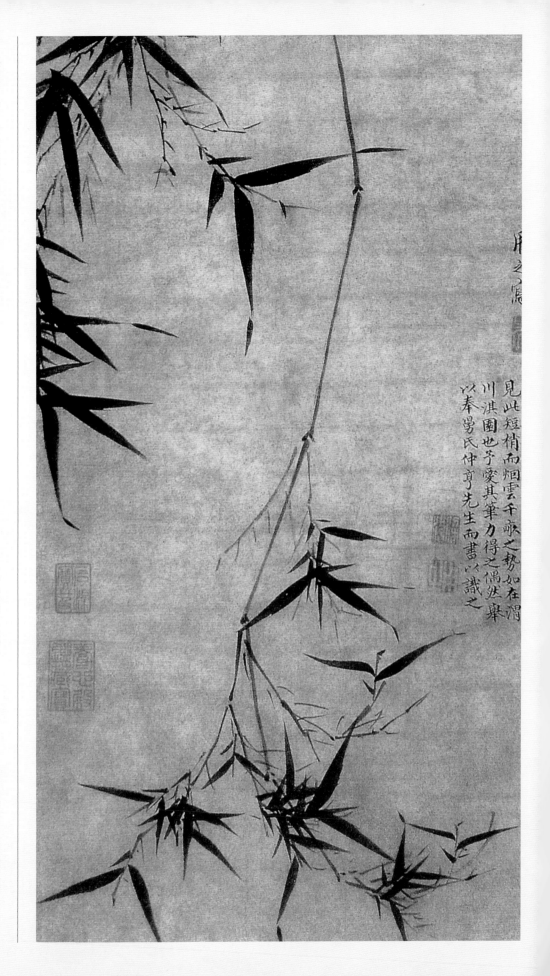

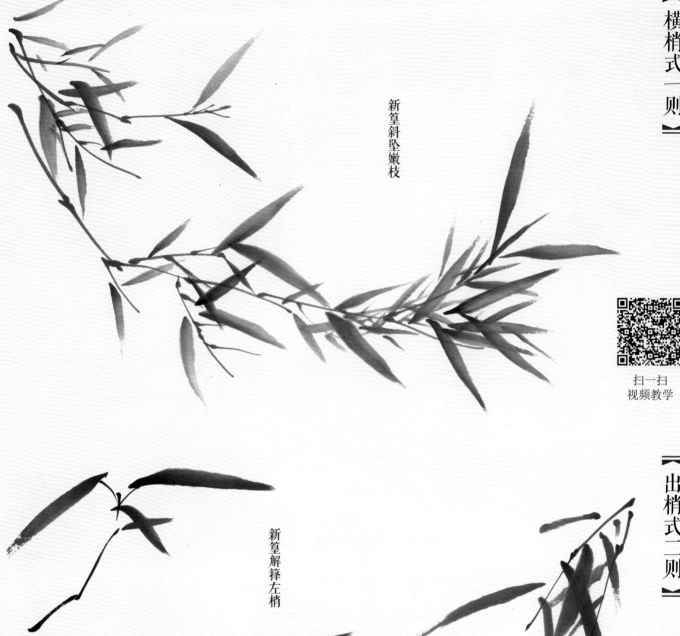

新篁斜坠嫩枝

【出梢式二则】

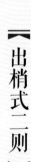

扫一扫
视频教学

新篁解箨左梢

新篁解箨右梢

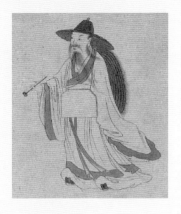

【作者简介】

　　柯九思（1290～1343），字敬仲，号丹丘、丹丘生、五云阁吏，台州仙居（今浙江仙居县）人。江浙行省儒学提举柯谦（1251～1319）之子。大德元年（1297），随父迁居钱塘（今杭州）。自幼爱好书画，聪颖绝伦，被视为神童。

　　柯九思博学能诗文；善书，四体八法俱能起雅去俗。素有诗、书、画三绝之称。绘画以"神似"著称，擅画竹，并受赵孟頫影响，主张以书入画，曾自云："写干用篆法，枝用草书法，写叶用八分，或用鲁公撇笔法，木石用折钗股、屋漏痕之遗意。"柯九思书法于欧阳询笔法之外融入魏晋人之韵，结体严整，字体恬和雅逸，雄浑厚重中见挺拔之秀气，深受赵孟頫崇尚晋人书法观的影响。行楷是其所长，存世书迹有《老人星赋》《读诛蚊赋诗》《重题兰亭独孤本》等。

【作品解读】

　　此图写竹枝一竿，取势自上倾下，又旋而翻上，用笔苍劲，除主干用墨稍淡外，枝叶皆以浓墨为之，表现出坚韧顽强的精神力量。其表现手法效法文同，而较之更为老辣，更富有书法笔意。

横竿晴翠图　柯九思
立轴　纸本　水墨
纵 51.7 厘米　横 32.5 厘米
（日）大阪市立美术馆藏

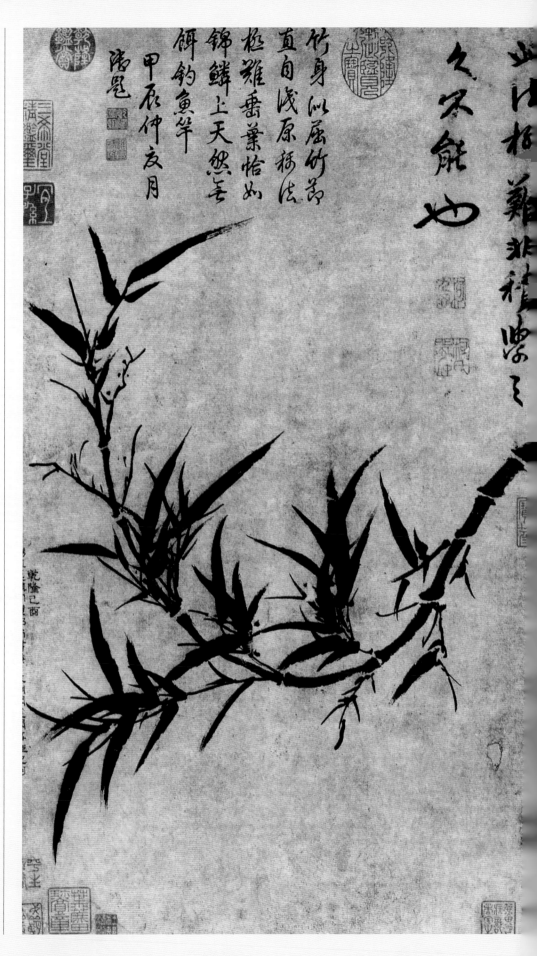

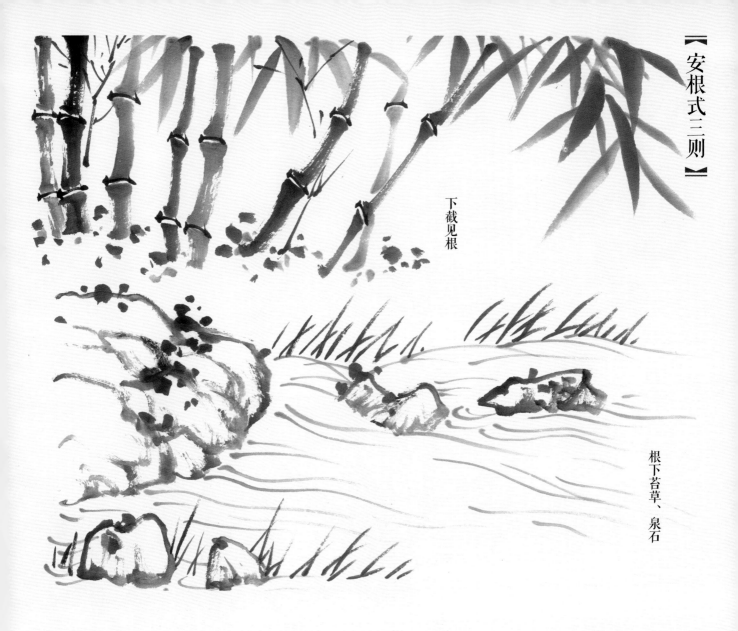

安根式三则

下截见根

根下苔草、泉石

【导读】

　　竹是中国画的基本题材，历代画竹名家辈出。竹在中国文化中有特殊的精神含义，"未出土时先有节，及凌云处尚虚心"，文人的气节被引申在"竹"的题材内，经过历代演绎，被不断延伸和放大。所以中国画的画家，没有不画竹的，特别是文人画盛行的时代。历代有关画竹的名作洋洋大观，学习画竹的资料非常丰富，对习学者来讲是很好的参考。

　　古人画竹积累的心得我们应该认真理解，举一反三。如郑板桥说的"手中之竹、笔下之竹、眼中之竹、胸中之竹"的辩证关系，虽然物象的根源是同一个具体的形象，但四种貌相却截然不同。北宋文同说"成竹于胸"，郑板桥讲"胸无成竹"，看似对立其实不矛盾，文同是说画竹之前就已经构思完备，而郑板桥是说在绘画的过程中没有定势，需要随机应变和借题发挥。学者初入绘画门径，多读古人画论，认真体会原委，"与古人同席"，不能只拾牙慧不求甚解。树立"我自有我、固有法在"的心意，创造有传承、有传统、有人文思想、有自身特点的画风。

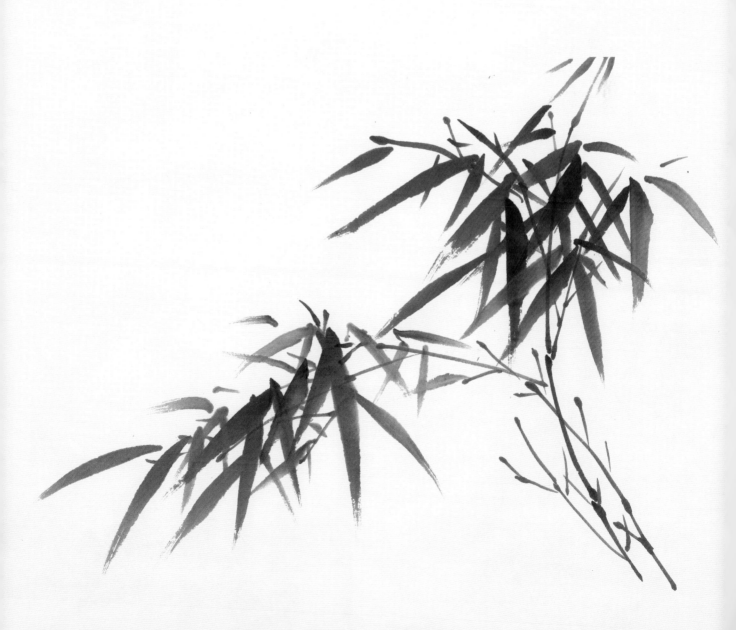

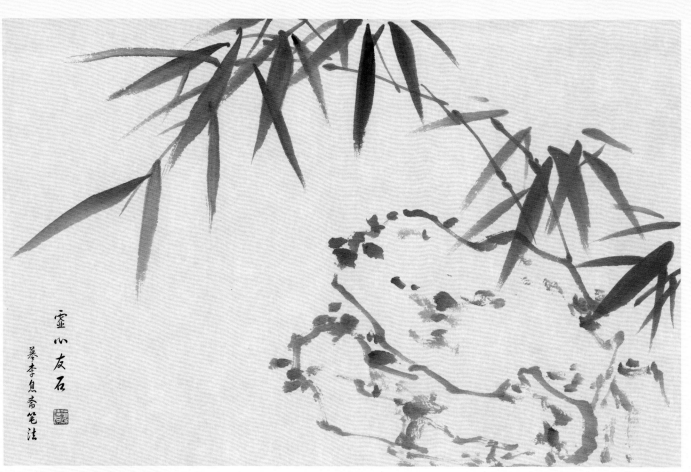

灵心友石

摹李复堂笔法

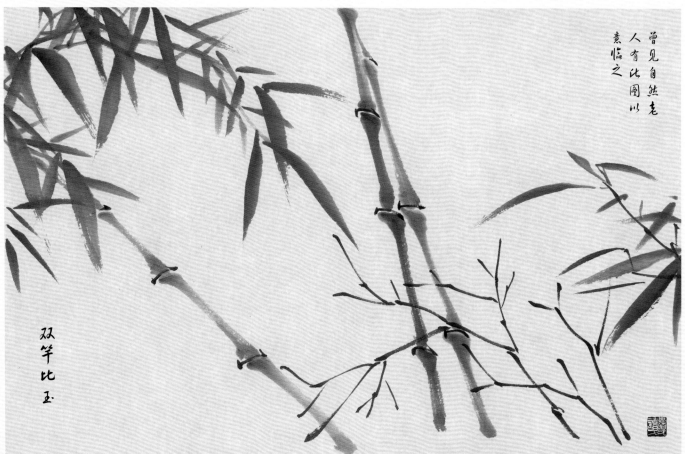

曾见自然老
人有此图以
意临之

双竿比玉

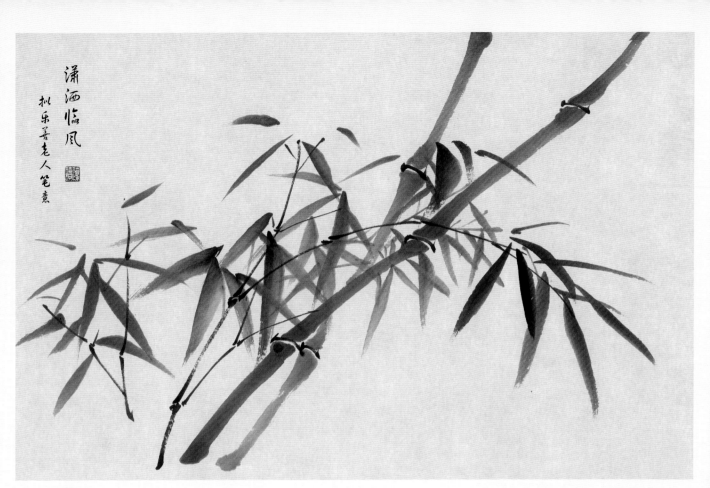

潇洒临风
拟乐善老人笔意

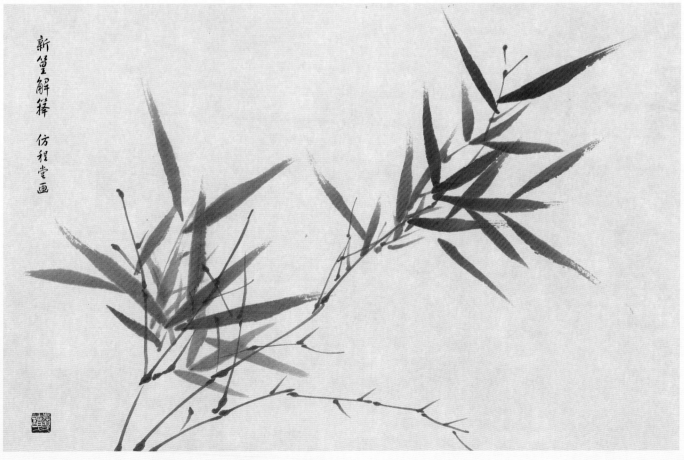

新篁解箨
仿程堂画

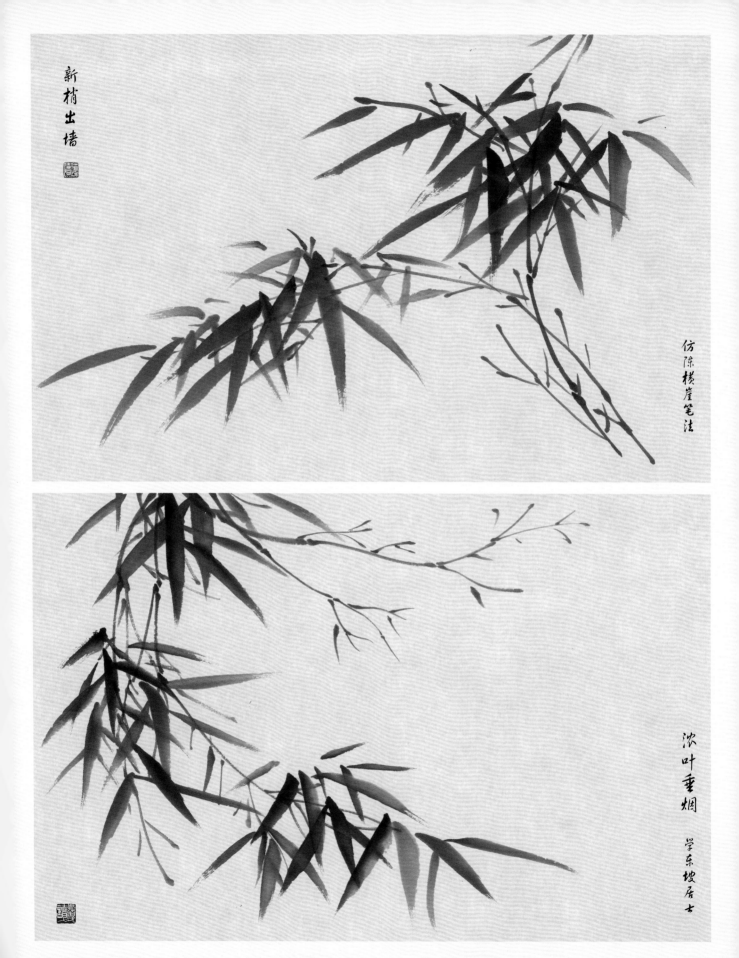

新梢出墙

仿陈横崖笔法

浓叶垂烟

学东坡居士

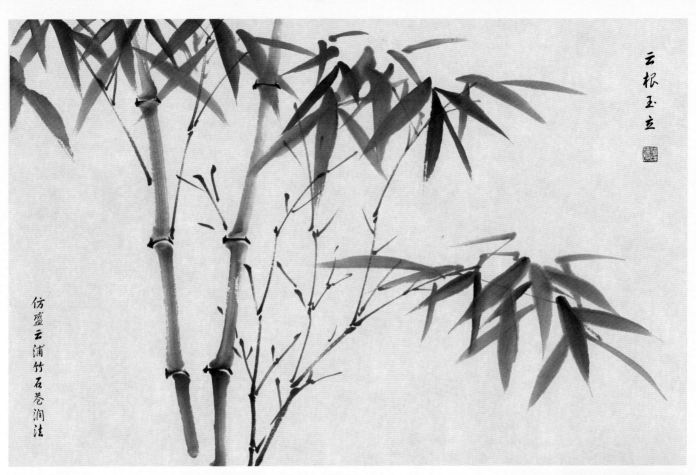

云根玉立

仿盛云浦竹石苍润法

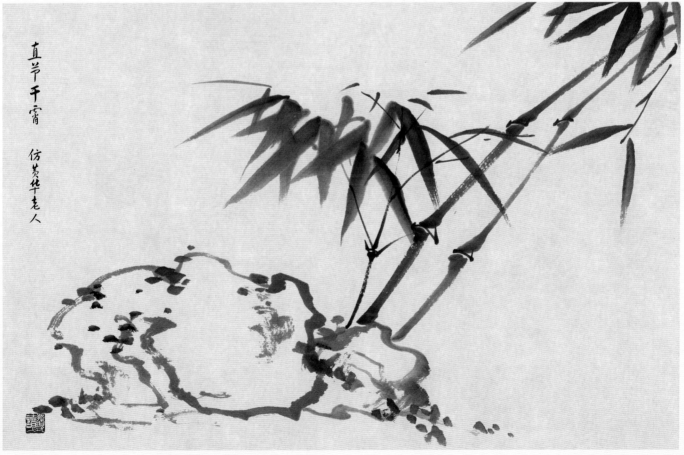

直节干霄 仿黄华老人

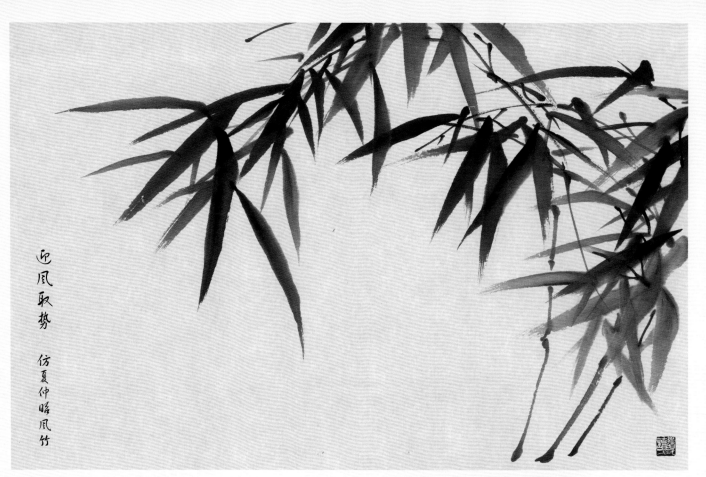

迎風取勢

仿夏仲昭風竹

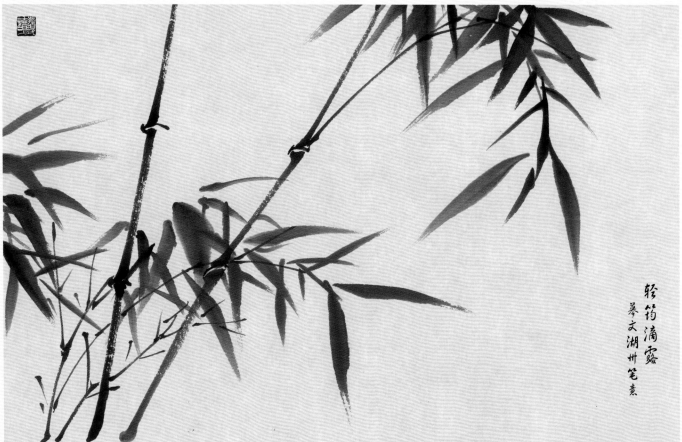

輕筠滴露

摹文湖州筆意

126

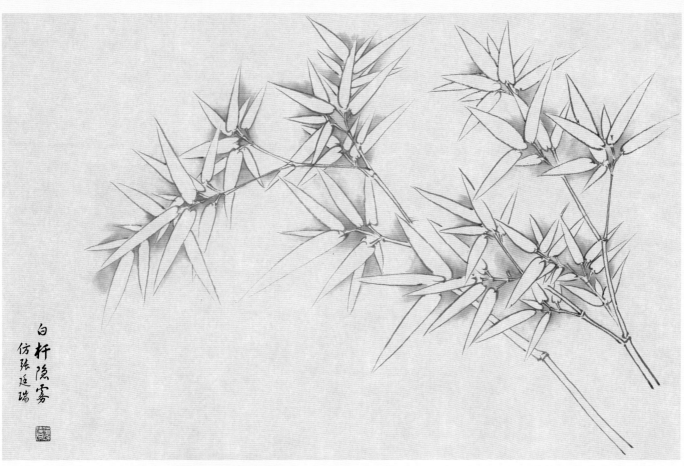

白杆隐雾
仿张廷瑞

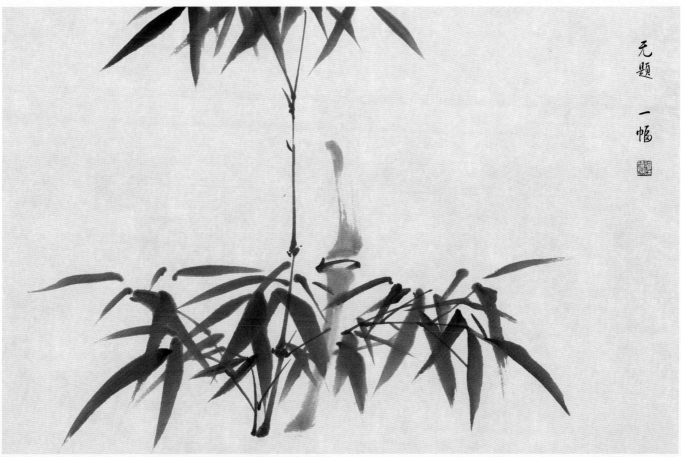

无题

一幅

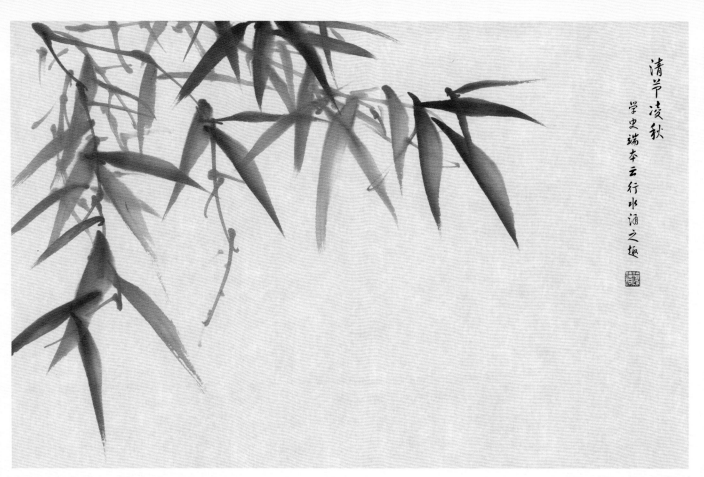

清节凌秋

学史端本云行水涌之趣

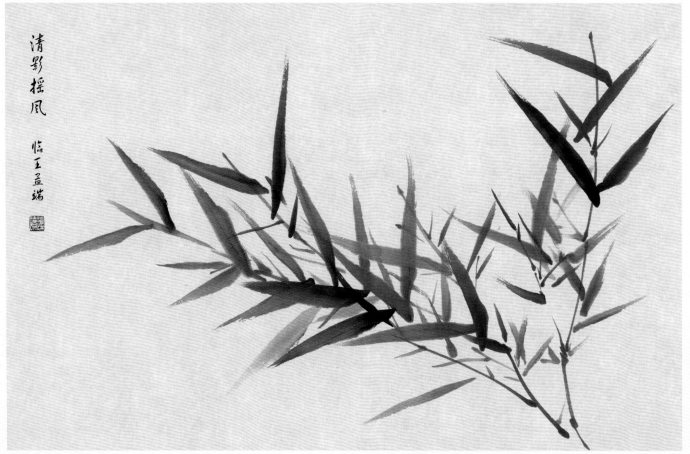

清影摇风

临王孟端

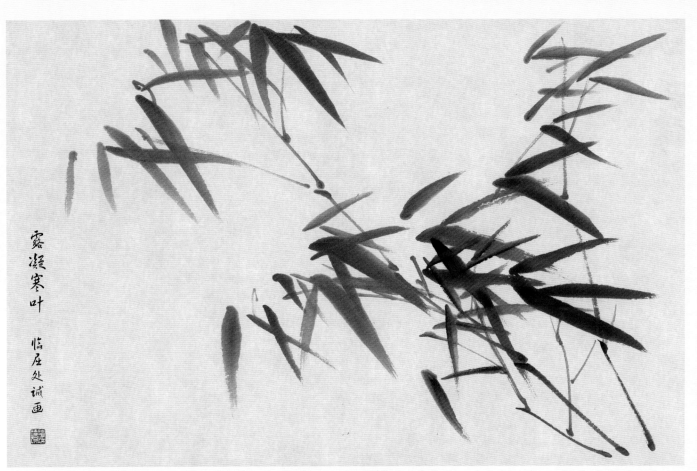

露凝寒叶

临厓处诚画

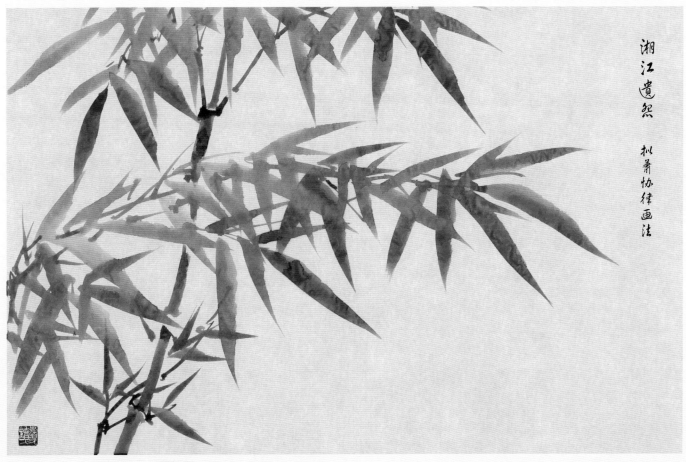

湘江遗恕

拟萧协律画法

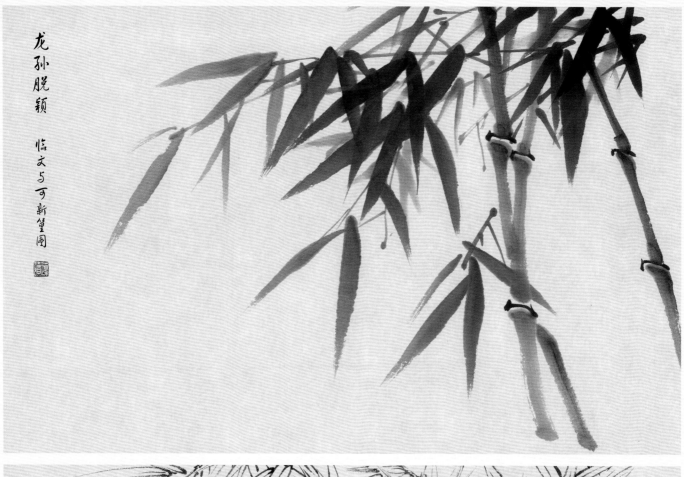

龙孙脱颖

临文与可新篁图

飞白传神

学介轩老人

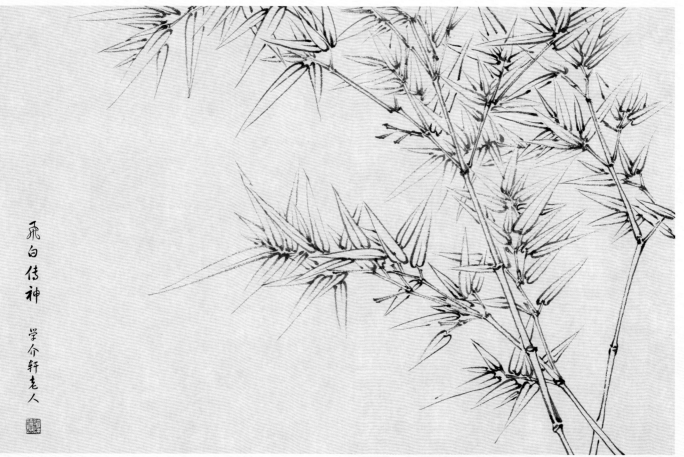

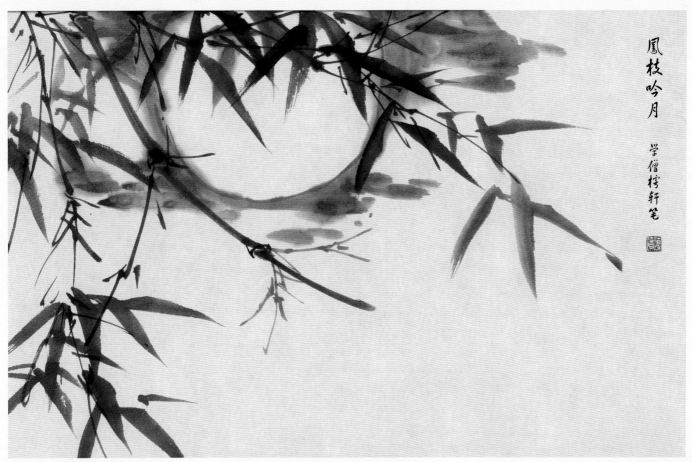

鳳枝吟月

学僧梧軒笔

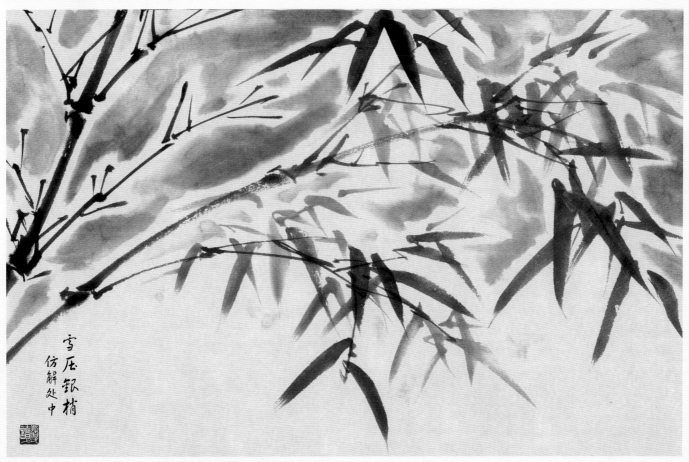

雪压银梢

仿解处中

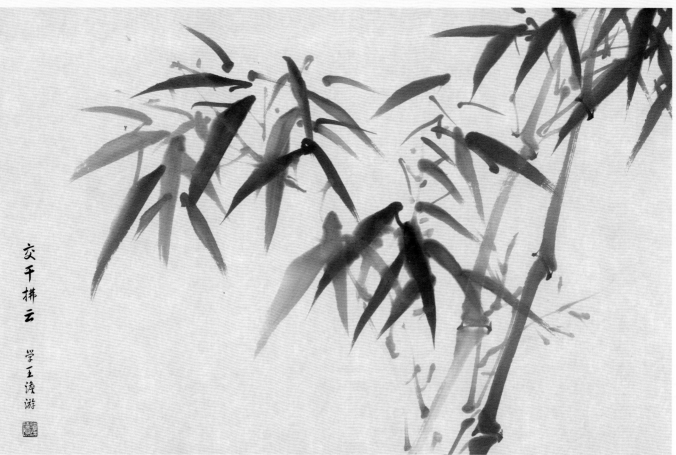

交干拂云

学王滂游

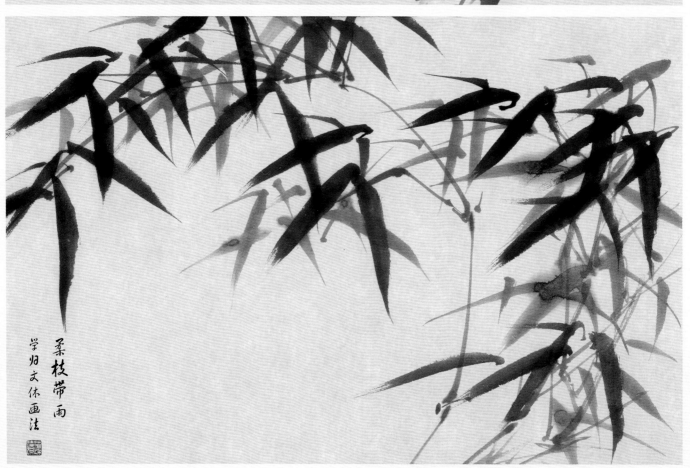

柔枝带雨

学归文休画法

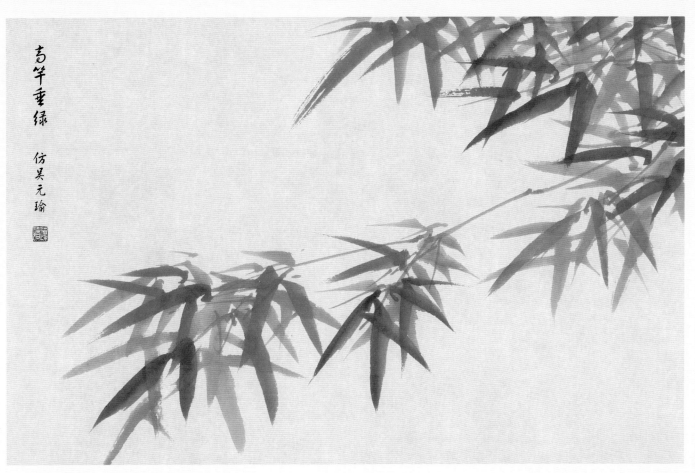

高竿垂綠

仿吳元瑜

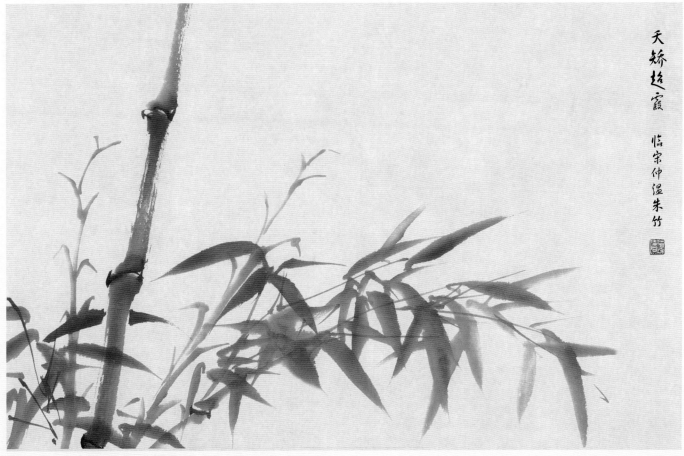

天矯起霞

臨宋仲溫朱竹

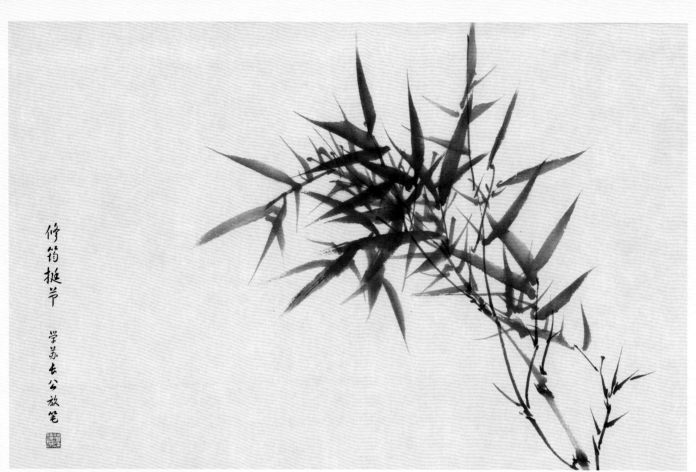

修篁挺节

学苏长公放笔

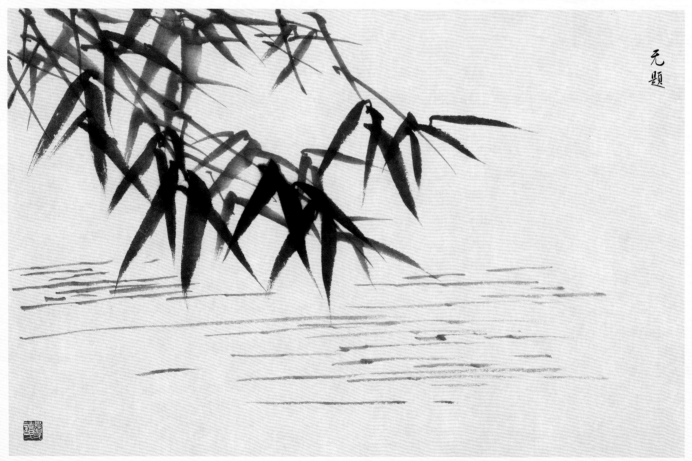

无题

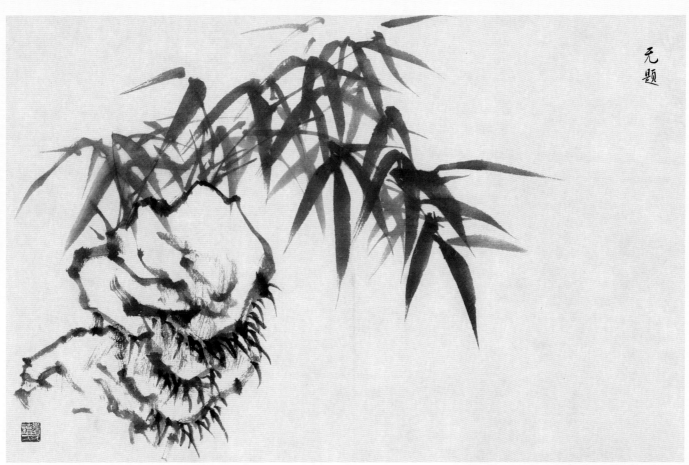

无题

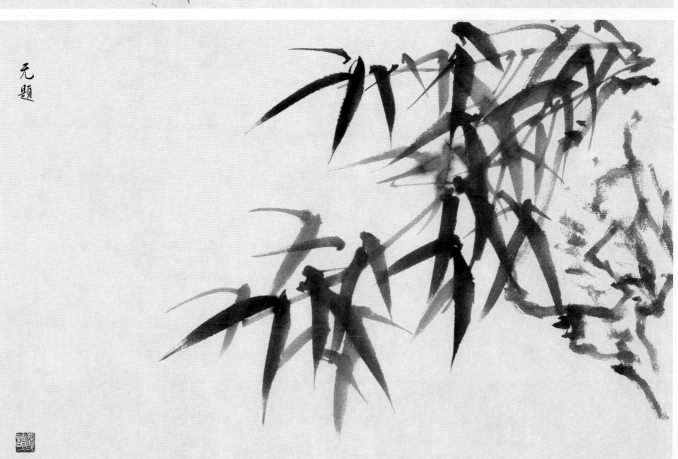

无题

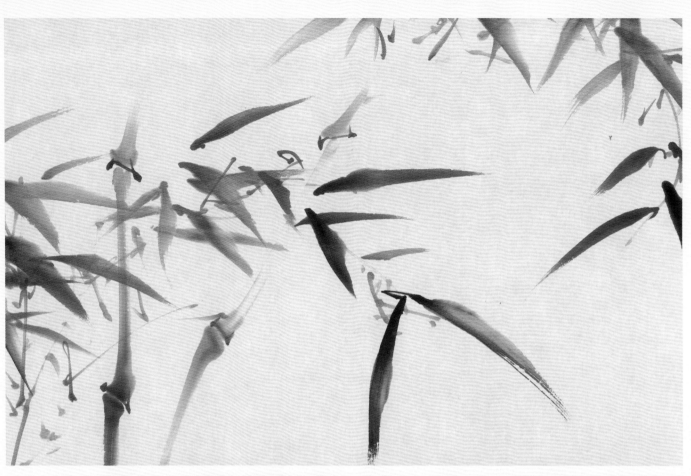

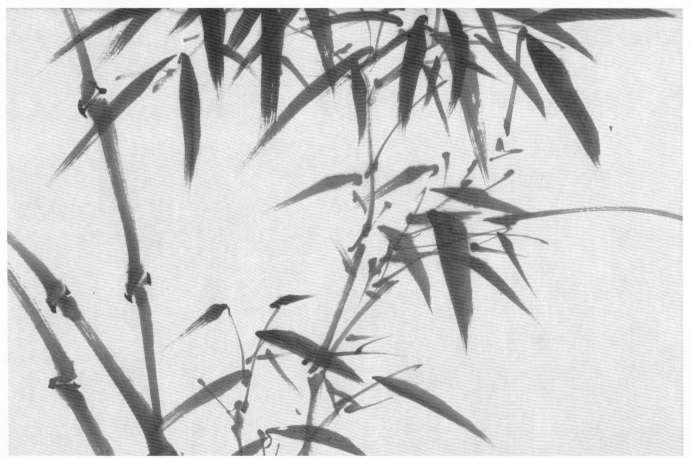

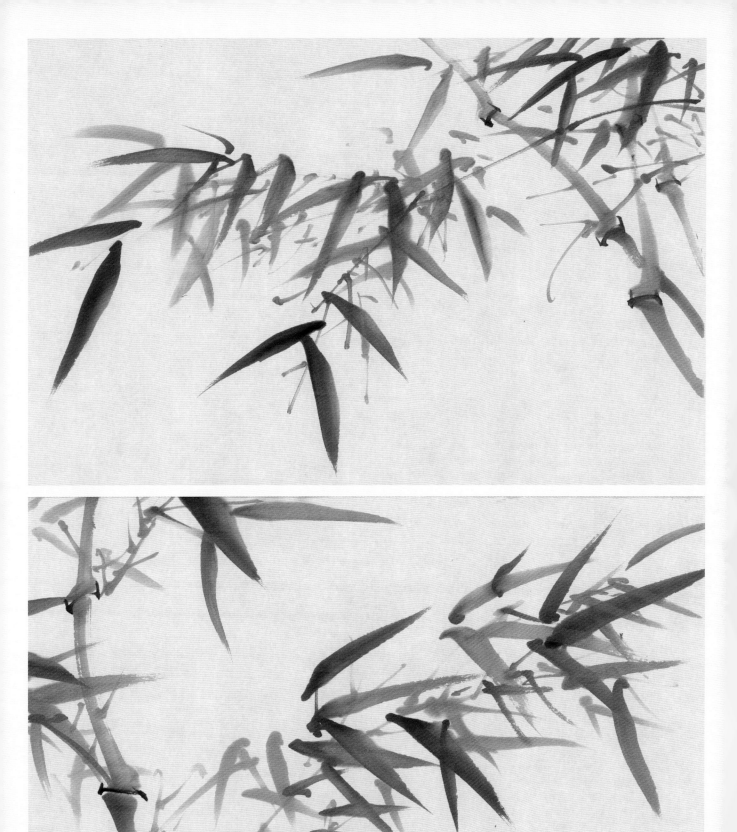

图绘丛竹和坡石，竹子枝叶疏落，坡石皴笔短促而苍劲。疏竹布于左上方，坡石居下，中间的空白处以楷书诗题相连，起到了构图的作用，体现出元代文人画所强调的诗书画相结合的形式。此图为王蒙传世作品中较早的一件。

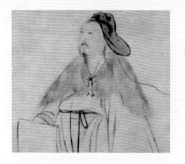

【作者简介】

王蒙（1308～1385），元末画家。字叔明，号黄鹤山樵。赵孟頫外孙。吴兴（今浙江湖州）人。山水画受赵孟頫影响，师法董源、巨然，集诸家之长自创风格。作品以繁密见胜，重峦叠嶂，长松茂树，气势充沛，变化多端；喜用解索皴、牛毛皴，干湿互用，寄秀润清新于厚重浑穆之中；苔点多焦墨渴笔，顺势而下。兼攻人物、墨竹，并擅行楷。与黄公望、吴镇、倪瓒合称"元四家"。

存世作品有《青卞隐居图》《葛稚川移居图》《夏山高隐图》《丹山瀛海图》《太白山图》等。

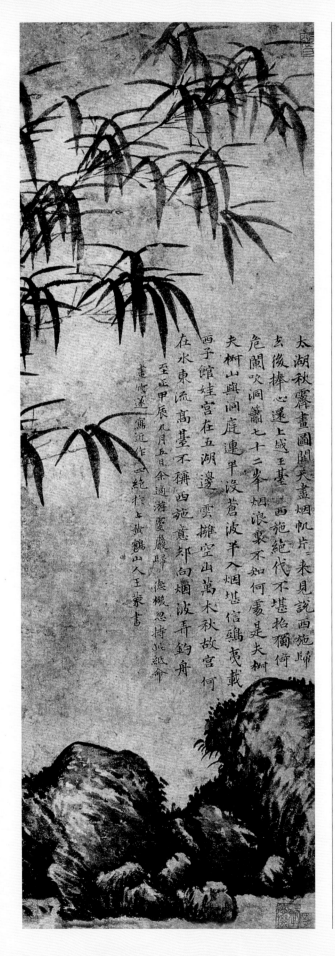

竹石图　王蒙
立轴　纸本　墨笔
纵77.2厘米　横27厘米
苏州博物馆藏

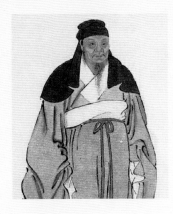

　　孙克弘（1532～1611），明代书画家、藏书家。一作克宏，字允执，号雪居，松江（今属上海市）人。礼部尚书孙承恩子，以荫授应天治中，官至汉阳知府。生性巧慧，声音洪亮，状貌疏野。所居四壁皆画苍松老柏、崩浪流泉，有一种澄泓萧瑟之意萦绕其间。他喜交友，陈继儒谓其"好客之癖，闻于江东，履綦如云，谈笑生风，坐上酒尊，老而不空"。

【作品解读】

　　历代以朱砂写竹的并不多见，孙克弘这幅殊竹，在色彩对比和构图上都可说匠心独运。竹之妍艳与秀石之清冷沉郁形成对照。殊竹色彩上浓淡、深浅的变化，在空间上产生一种幽深的意境，使画面在艳丽中又趋向沉静、稳重。

殊竹图　孙克弘
立轴　纸本　设色
纵61.7厘米　横29.9厘米
台北故宫博物院藏

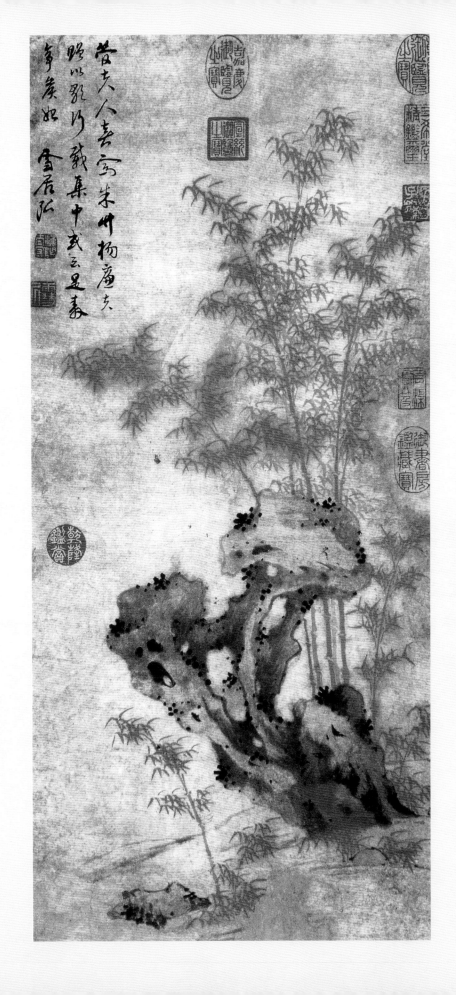

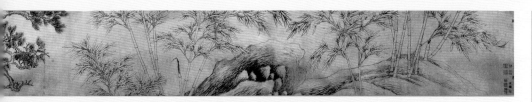

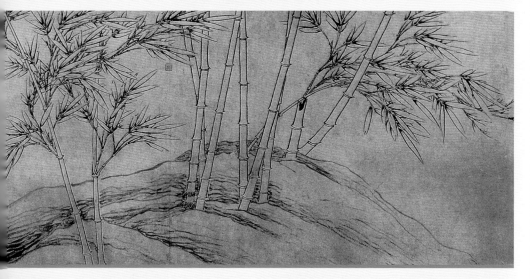

【作者简介】

　　张逊，生卒年不详，活动于元至正年间。字仲敏，号溪云，吴县（今江苏苏州人。工诗擅画，擅画竹，尤精勾勒竹，妙绝当世。山水学巨然。

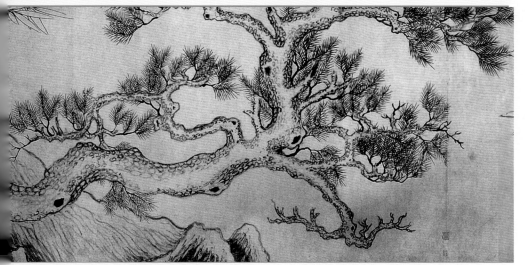

【作品解读】

　　此图画秀竹数丛，摇曳多姿，老松一株，横斜虬曲，与湖石相映成趣。竹子的枝、叶均用双勾法，严谨工整，笔致劲健，如"铁勾锁"。古松、陂陀用圆笔勾皴，以水墨略染，外柔内刚，具有董、巨的遗风。张逊是元代画竹名家，但传世作品罕见。此帧为张氏双勾竹孤本，实为可贵。前后隔水有谢希曾跋，后纸有察仅、倪瓒、张坤等十四家题跋。

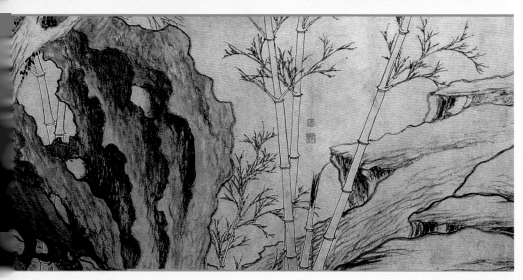

双勾竹及松石图　张逊
长卷　纸本　墨笔
纵 43.4 厘米　横 66.8 厘米
北京故宫博物院藏

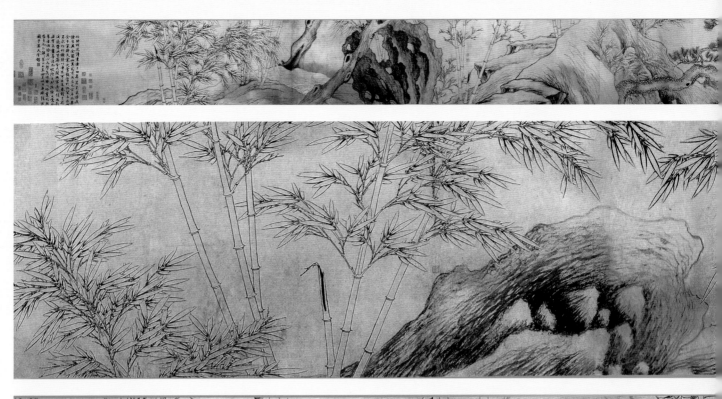

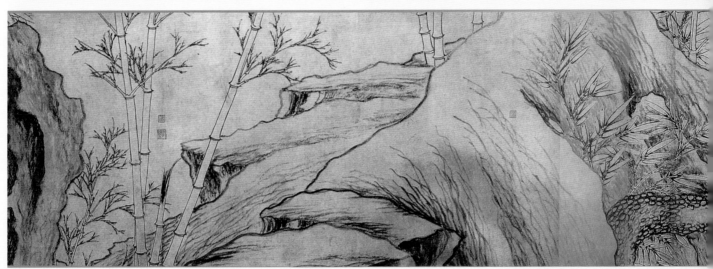

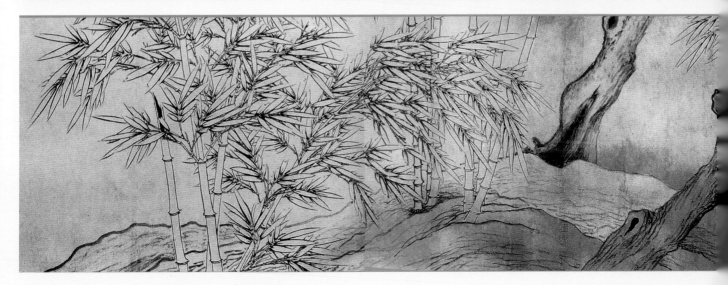

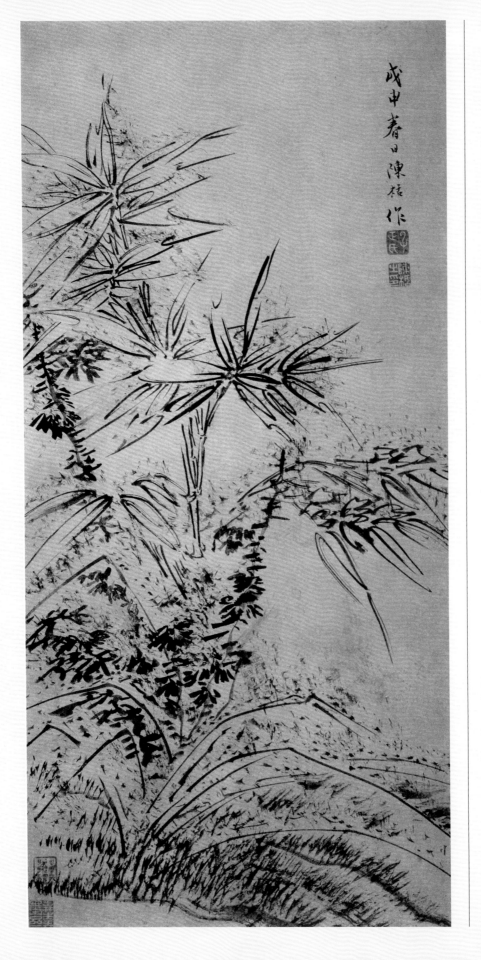

【作者简介】

　　陈栝，生卒年不详，明
代画家。字子正，号沱江，
江苏苏州人。陈淳之子。善
画花卉，笔似其父。嗜酒放
浪。画擅花鸟，继其父之法，
而又能出己意，笔致放浪而
有生趣，亦能诗。先其父而
亡。

　　自元代文人画创立以写
法入画以来，明代徐渭、陈
淳更在花鸟中将笔迹放纵的
写意画法又向前推进一步，
而陈淳之子陈栝则更在其父
基础上，将这种不拘于象的
写法发挥至极致。其勾点皴
擦，随心所欲，绝出尘象之
外。

【作品解读】

　　此图写雪竹，笔法与众
不同，竹以双勾疾笔写出，
点笔写出灌木，雪是用枯笔
随意点垛，洋洋洒洒，笔法
老辣，更见生趣。在历代雪
竹作品中，独树一帜。

雪竹图　陈栝
立轴　纸本　墨笔
纵 59.5 厘米　横 30 厘米
北京故宫博物院藏

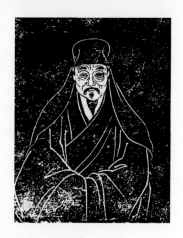

【作者简介】

归昌世 (1574 ~ 1645)，字文休，号假庵，江苏昆山人。崇祯末年以待诏征，不应。工诗词、古文辞，擅书画篆刻。擅写兰竹，笔墨松灵沉着，神趣横溢，在青藤白阳间。亦工山水，取法倪瓒、黄公望。传世作品有《风竹图》等。

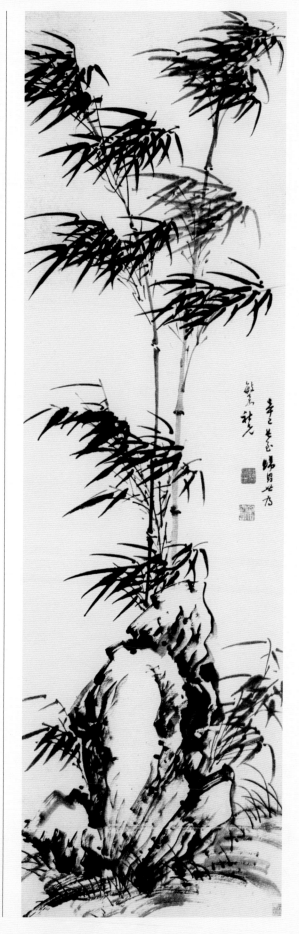

【作品解读】

归昌世画竹，《无声诗史》称："枝叶清丽，逗雨舞风，有渭川淇澳之思。"此图竹叶随风摇荡不止，而竹竿挺直不屈。笔势挺拔，着意表现竹的刚劲气质，并含有清丽纵逸的情意，得宋元人墨竹的意态而自具新意。此画为其晚年之作。

风竹图 归昌世
立轴 纸本 水墨
纵 146.2 厘米 横 44.7 厘米
广州美术馆藏

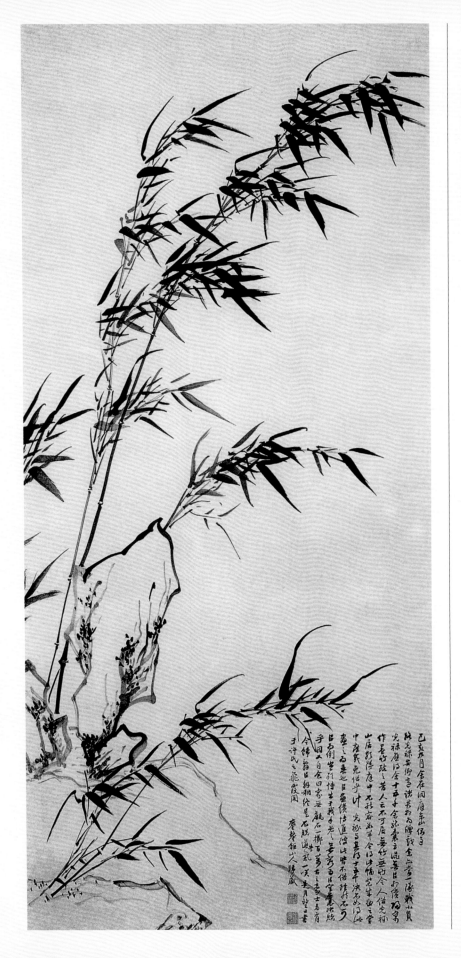

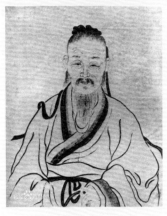

【作者简介】

　　归庄 (1613～1673)，字玄恭，号恒轩，江苏昆山人。流寓常熟，归昌世子，明诸生。入清后，更名祚明。擅画竹，亦工诗、行草书。传世作品有《竹石图》。

【作品解读】

　　图绘奇石与立竹，行笔平直，奇石两侧各绘欹竹，皆作随风倾斜之态。画面轻重布置得当。写竹笔意贯穿，叶叶交加，下笔道健苍劲，浓淡之墨，相互呼应，极有风致。石下小竹丛生，秀健活泼，生气浮动。风格潇洒，得墨竹之妙。款书直抒胸怀，颇多自负。此作系应友人徐明法之请，为默金先生七十三岁祝寿之作。

竹石图　归庄
立轴　纸本　水墨
纵 110 厘米　横 76 厘米
天津艺术博物馆藏

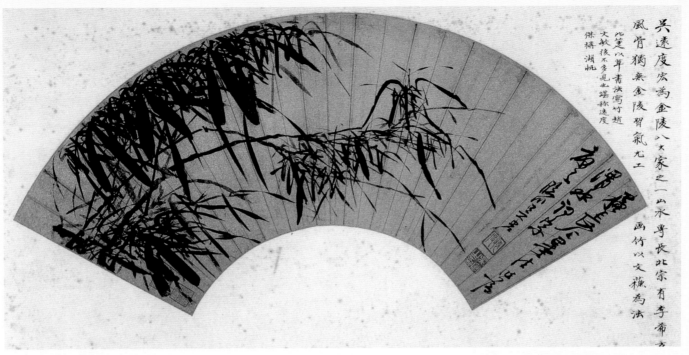

吴远度宏为金陵八大家之一山水专长北宗有李希古风骨独无金陵习气尤工画竹以文襄为法北笔八年青法写竹颇文敏後不多见此堪称速度係祷湖帆

墨竹图　吴宏
扇面　纸本　墨笔
纵54.3厘米　横18.4厘米
南京博物院藏

【作者简介】

吴宏，生卒年不详，清初画家。字远度，号竹史，江西金奚豁人，寓江宁（今江苏南京）。诗书均精。幼好绘事，自辟蹊径。顺治十年（1653）曾渡黄河，游雪苑，归而笔墨一变，纵横放逸，得诸家之长而能出己意。偶作竹石，亦有水墨淋漓之致。与樊圻、邹喆、叶欣、胡慥、谢荪、高岑、龚贤为金陵八家。传世作品有《柘溪草堂图》《山水图》《水榭待客图》《山村樵牧图》。

【作品解读】

以草书之法写竹，用笔酣畅迅疾，一气呵成。构图疏密有致，层次分明。墨韵生动，竹叶多以中锋拖出，画风粗放。下方竹枝斜挑，与题款互相呼应，使画面协调统一，韵味高雅。

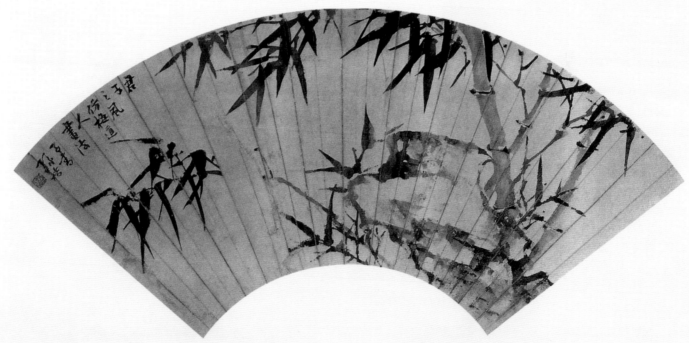

竹图　孙楷
扇面　纸本　墨笔　设色
纵17.5厘米　横52.3厘米
徐悲鸿纪念馆藏

【作者简介】

孙楷，生平不详，清代中后期画家。

【作品解读】

以淡墨写竹竿、山石，浓墨撇叶，虽寥寥几笔，清韵之风却已满纸。画面布局隽永沉稳又不失空灵幽深之意。只可惜此扇面有部分缺损。

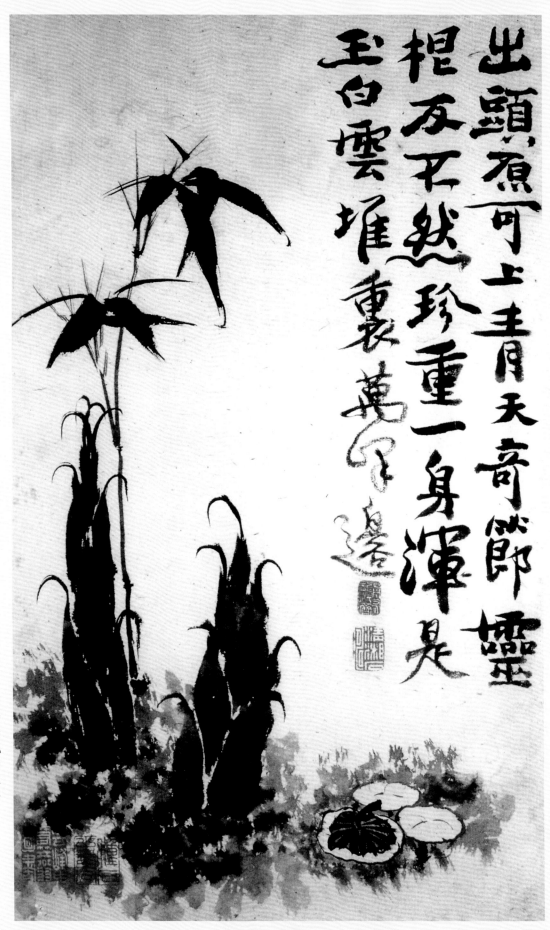

【作者简介】

　　见 61 页。

【作品解读】

　　此画写二枝竹笋破土而出，而一旁的新篁已开始枝叶丛生。枯湿浓淡兼施并用，将地被的潮湿起伏、竹笋的新鲜蓬勃以及新篁的翠叶、细枝刻画得十分传神，写意手法高妙。

笋竹图　石涛（原济）
立轴　纸本　墨笔
纵 51.9 厘米　横 32.4 厘米
天津艺术博物馆藏

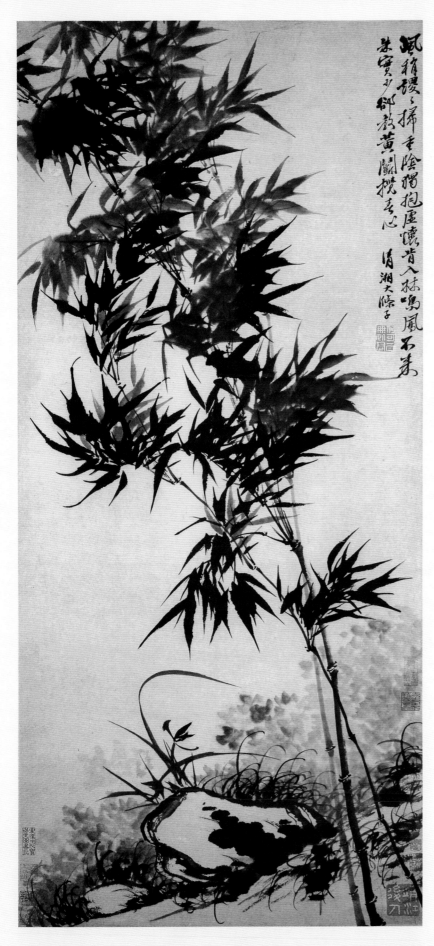

风竹图　石涛（原济）
纸本　墨笔
纵63厘米　横34厘米

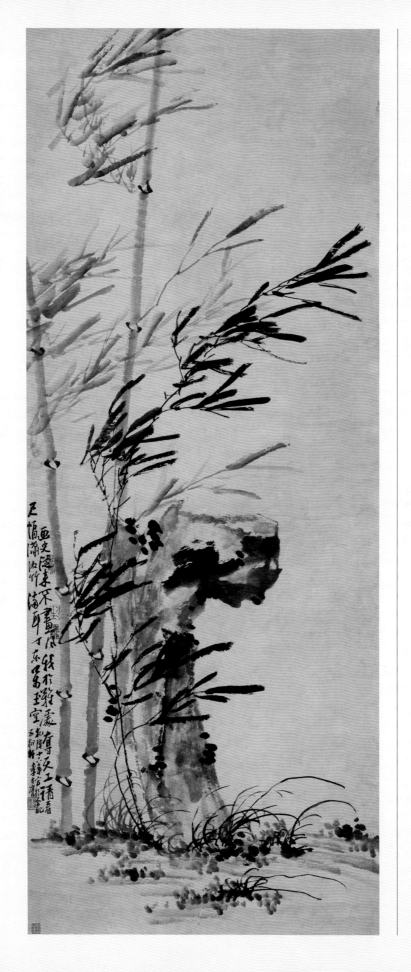

【作者简介】

　　李方膺(1695～1755)，清代诗画家，字虬仲，号晴江，别号秋池、抑园、白衣山人等，通州（今江苏南通）人。为"扬州八怪"之一。曾任乐安县令、兰山县令、潜山县令、代理滁州知州等职，为官时"有惠政，人德之"，后因遭诬告被罢官，去官后寓南京借园，自号借园主人。常往来扬州卖画。与李鱓、金农、郑燮等往来，工诗文书画，擅梅、兰、竹、菊、松、鱼等，注重师法传统和师法造化，能自成一格，其画笔法苍劲老厚，剪裁简洁，不拘形似，活泼生动。有《风竹图》《游鱼图》《墨梅图》等传世。著《梅花楼诗钞》。

【作品解读】

　　倔强的石头，有几根挺拔修直的竹子依于石旁。画家秃笔直扫如风驰雨骤，把竹叶画成扁方状，向右上角倾斜，有力地表现了疾风的狂肆，从而显示出竹子不畏强风的精神。

　　李方膺由于得罪权贵，被下狱罢官，但从不屈服苟且。这幅画正是抒发画家胸中的怒气，是他心境的写照。

潇湘风竹图　李方膺
立轴　纸本　水墨
纵 168.3 厘米　横 67.7 厘米
南京博物院藏

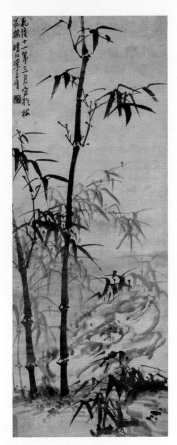

拳石晴梢图　李方膺
纸本　水墨
纵 162 厘米　横 45.5 厘米

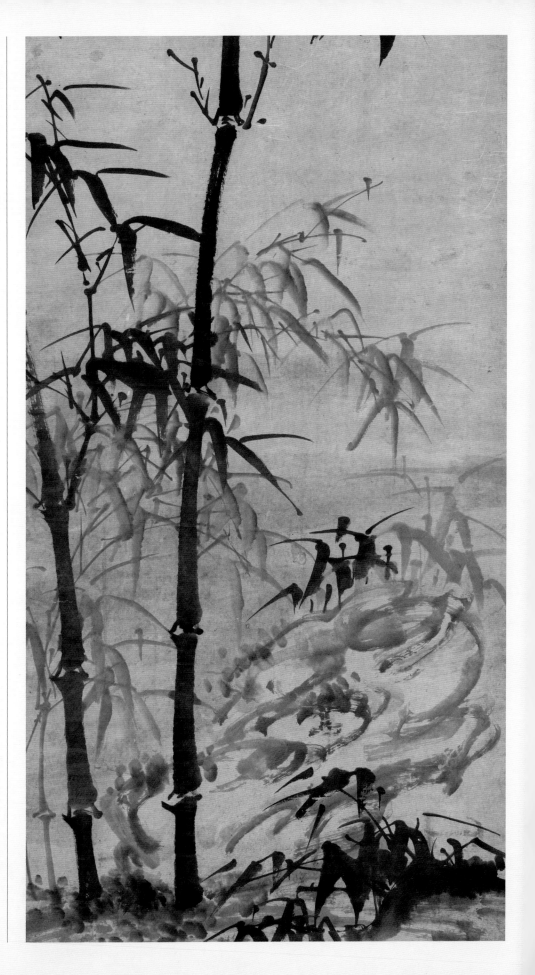

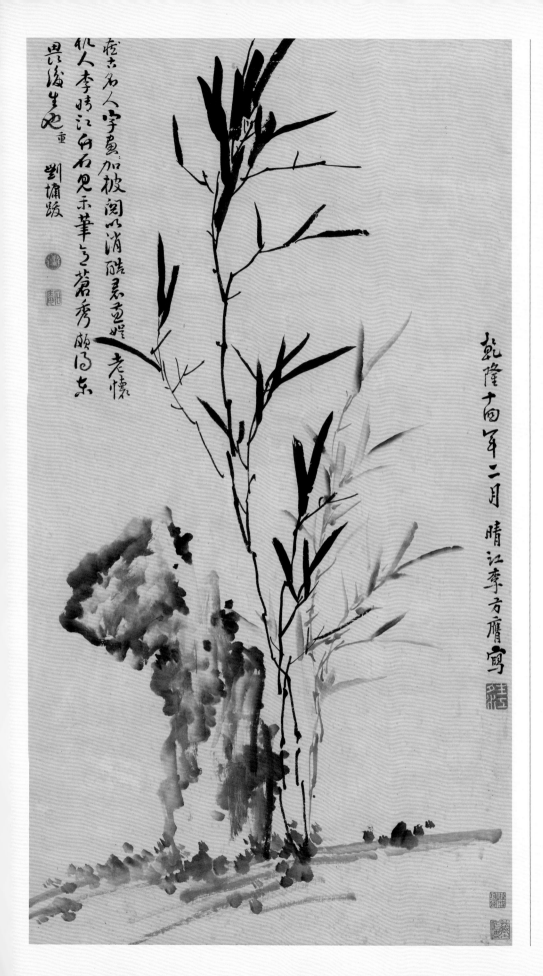

竹老名人字魯加
披閱以消酷暑畫
蜓老懷似人李晴
江石見示筆意蒼
秀頗為束晃後生
也重
劉墉跋

乾隆十四年二月 晴江李方膺寫

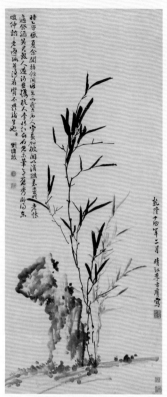

竹石图　李方膺
纸本　水墨

唐寅（1470～1524），明代画家、书法家、诗人。字伯虎，后改字子畏，号六如居士、桃花庵主、鲁国唐生、逃禅仙吏等，吴县（今江苏省苏州市）人。

绘画宗法李唐、刘松年，融会南北画派，笔墨细秀，布局疏朗，风格秀逸清俊。人物画师承唐代传统，色彩艳丽清雅，体态优美，造型准确；亦工写意人物，笔简意赅，饶有意趣。其花鸟画长于水墨写意，洒脱秀逸。书法奇峭俊秀，取法赵孟頫。

与沈周、文徵明、仇英并称"吴门四家"，又称"明四家"。诗文流畅通俗，与祝允明、文徵明、徐祯卿并称"吴中四才子"。

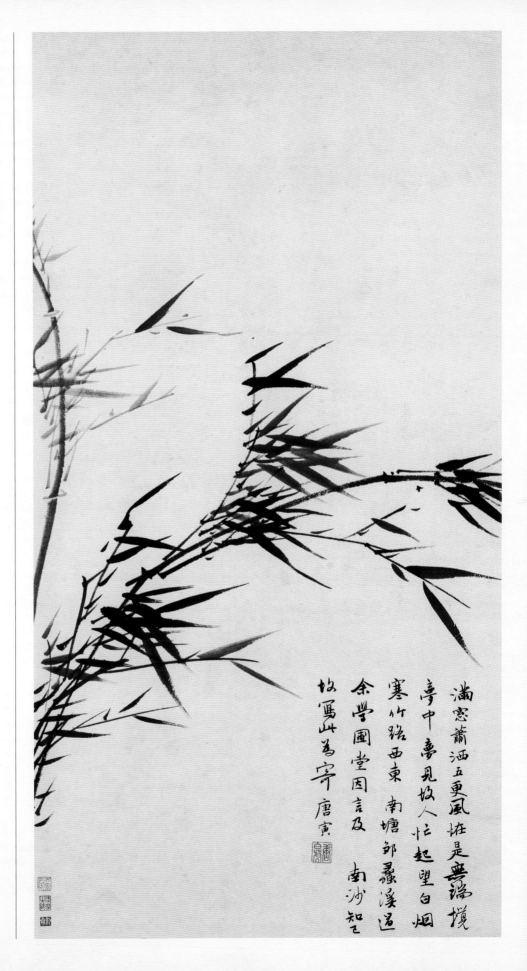

风竹图　唐寅
纸本　水墨
纵83.4厘米　横44.5厘米
北京故宫博物院藏

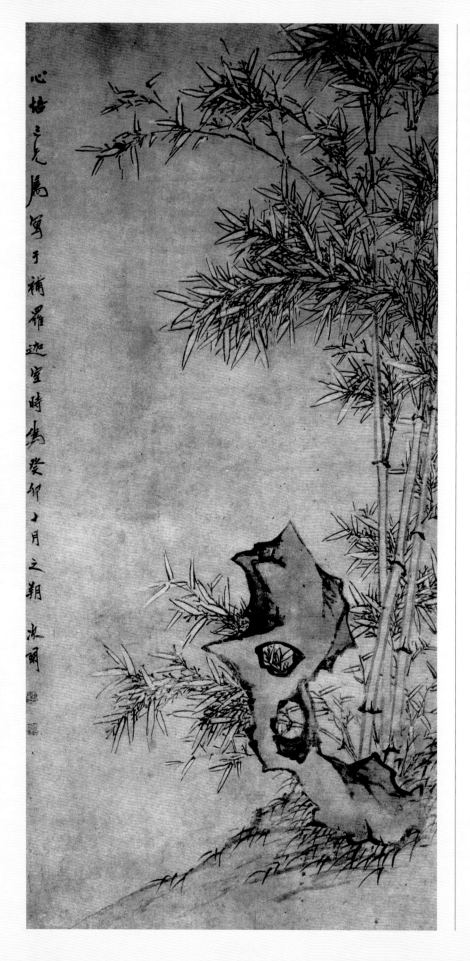

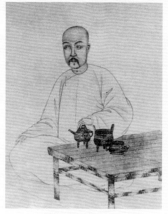

【作者简介】

　　赵之琛（1781～1852），
清代篆刻家、书画家。字次
闲，号献父、献甫，又号宝
月山人，斋号补罗迦室。钱
塘（今浙江杭州）人。精心
嗜古，邃金石之学，篆刻得
其乡陈豫钟传，能尽各家所
长。尝为阮元摹刊钟鼎款识，
兼工隶法，善行楷。画山水
师倪、黄，以萧疏幽澹为宗。
花卉笔意潇洒，傅色清雅，
大有华嵒神趣。间作草虫，
随意点笔，各种体貌，无不
逼肖。

【作品解读】

　　此图写坡上修篁三竿，
皆以双勾绘出，竹叶淡染汁
绿。湖石玲珑瘦立，笔法峭
劲。敷色清雅，布置奇险。
是作者晚年用意之作。

双勾竹石图　赵之琛
立轴　纸本　设色
纵 128.2 厘米　横 61.5 厘米
浙江省博物馆藏

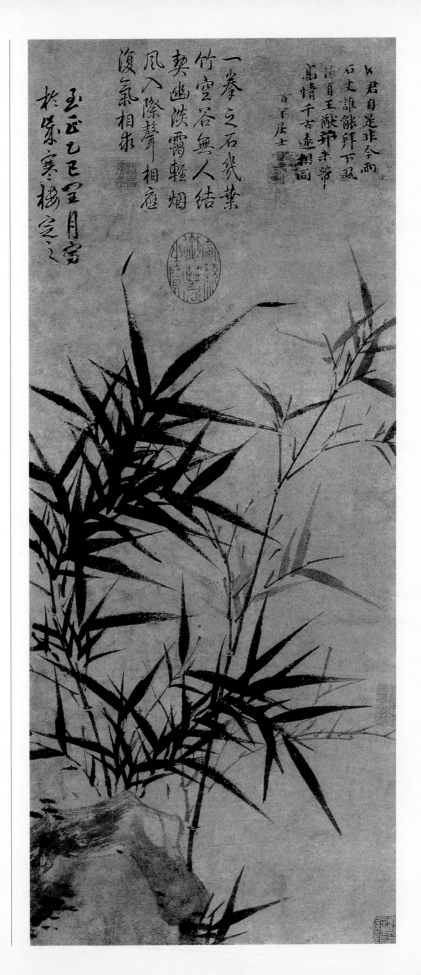

【作品解读】

　　此图写新篁数竿，瘦削
挺拔，立于石旁，竹叶参差
错落，以浓淡显出不同层次，
线条锋锐有力，笔墨细腻，
生意盎然。

拳石新篁图　顾安
立轴　纸本　墨笔
纵76厘米　横40厘米
台北故宫博物院藏

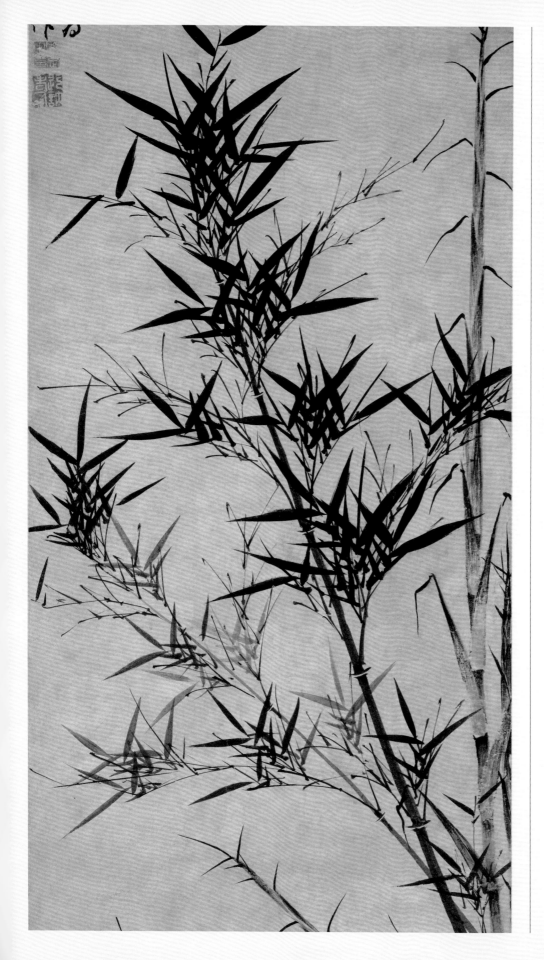

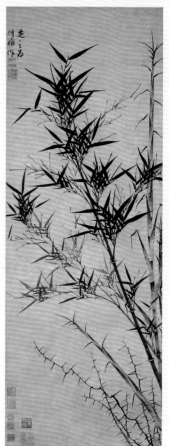

新篁图 顾安
立轴 纸本 墨笔
纵 91 厘米 横 33 厘米
北京故宫博物院藏

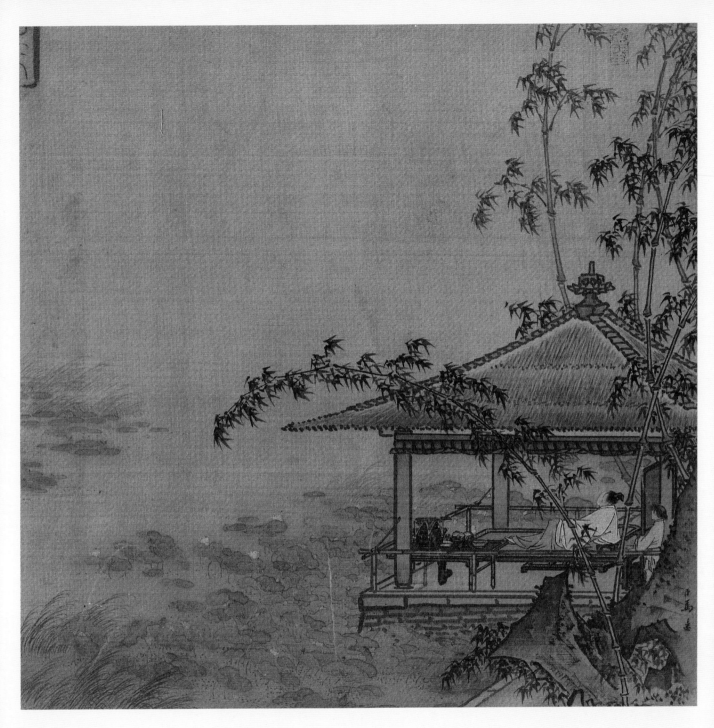

水亭听竹图　马远
绢本　设色
纵27厘米　横28厘米

【作者简介】

　　马远，生卒年不详，南宋画家。字遥父，号钦山，祖籍河中（今山西永济），出生钱塘（今浙江杭州），曾祖贲、祖兴祖、父世荣、伯公显、兄逵，均为画院待诏。画山水，始承家学，后学李唐，而有创造，以峭拔简括见长，下笔道劲严峻，设色清润，人称"马一角"。兼精人物、花鸟，工于画水。后有人把他与夏圭并称"马夏"，和李唐、刘松年，称"南宋四家"。
　　传世作品有《水图》《华灯侍宴图》《梅石溪凫图》和《踏歌图》。

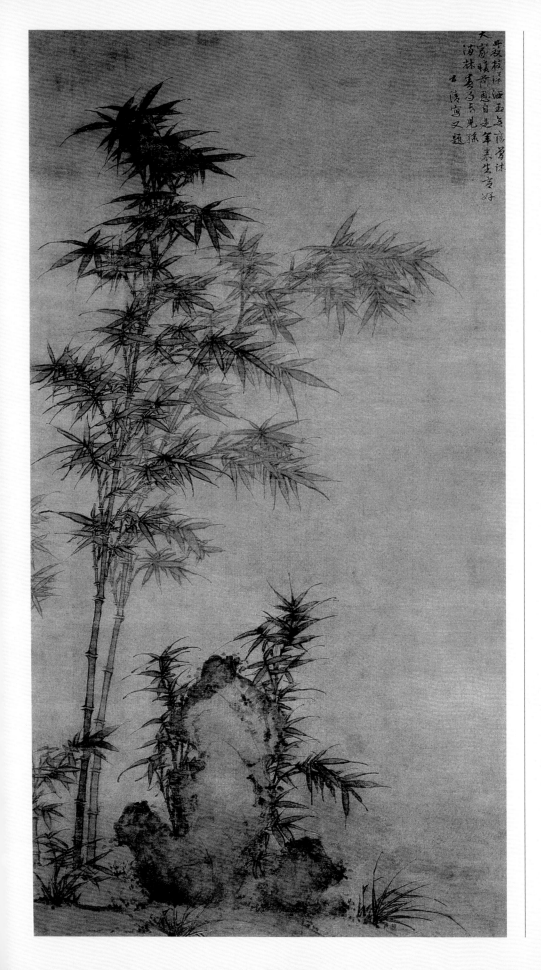

【作者简介】

　　金湜，生卒年不详，明正统间人。字本清，号朽木居士，又号太瘦生，鄞（今浙江宁波）人，任中书舍人。官至太仆。篆、隶、行、草皆佳，绰有汉晋人风度。又擅摹印篆，写竹石甚佳，其勾勒竹尤妙。

【作品解读】

　　此图绘坡上石畔高挺两竿修竹，枝干挺劲，竹叶茂盛，向背俯仰交错，浓淡相映成趣。石隙、草坡，新篁丛生，呈雨后勃发之势。双勾线条细劲，填染色彩清雅，颇得修竹新篁的清劲潇洒之韵。此图为画家少有的存世作品之一。

双勾竹图　金湜
立轴　绢本　设色
纵 150.5 厘米　横 83.2 厘米
北京故宫博物院藏

夏昶（1388～1470），
原姓朱，名杲。字仲昭，号
自在居士、玉峰，江苏昆山
人。永乐十三年（1415）进
士，正统中官至太常寺少卿。
擅墨竹，亦工楷书。师承王
绂而稍变化，有"夏卿一个
竹，西凉十锭金"誉称。亦
工楷书。传世作品有《湘江
风雨图》《淇水清风图》《奇
石修篁图》《竹石图》。

【作品解读】

此画写奇石耸立，风竹
数竿。以浓淡二墨写枝撇叶，
绘偃仰起伏、前后穿插之态，
有条不紊地刻画出竹子在清
风中飘举摇曳的情状，尤其
叶梢提笔一转，如神来之笔，
将风竹潇洒婆娑、楚楚动人
之韵尽现纸上。

清风高节图　夏昶
立轴　纸本　墨笔
纵 137.3 厘米　横 43.3 厘米
台北故宫博物院藏

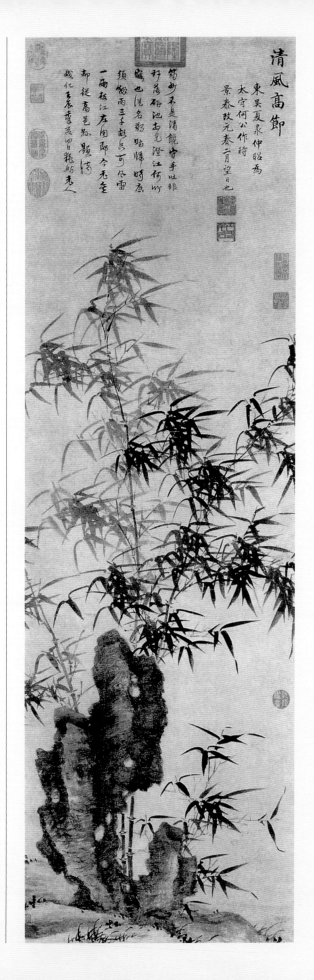

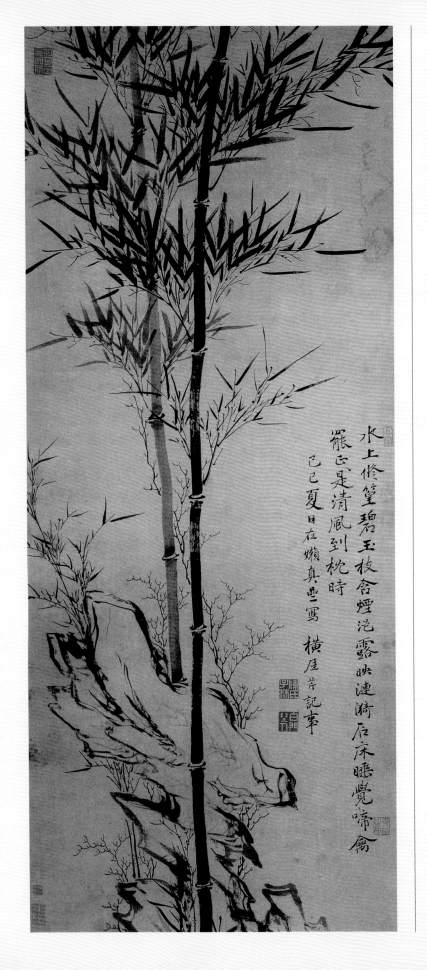

水上修篁碧玉枝含煙泛露映漣漪石床睡覺啼禽罷正是清風到枕時

己巳夏日在嬾真盦寫　橫崖芹記事

【作者简介】

　　陈芹，生卒年不详，明代画家。字子野，号横崖，上元（今江苏南京）人。能书擅画，为金陵名家。书学钟、王，俊逸可喜，草书亦足观。工写竹，声名传于远近，文徵明颇推重。有时作山水、花卉，也都入逸品。传世作品有《修篁文石图》《为佩庭作竹石图》等。

【作品解读】

　　画中两竿修竹分立秀石前后，挺拔向上，周围丛生着细小的棘条和新篁弱枝。作者以浓淡二墨分写两竹，竹叶以焦墨渴笔向上拖出，呈郁郁上升之势、生机勃发之貌；棘条新篁以细毫中锋写出，纤弱绢秀，与修竹形成对比。画面清逸洒脱，墨韵悠长。

修篁文石图　陈芹
立轴　绢本　墨笔
纵 117.8 厘米　横 50.3 厘米
南京博物院藏

姚 绶（1422～1495），字
公绶，号丹丘，又号谷庵、
云东逸史，浙江嘉兴人。天
顺八年（1464）进士，授监
察御史，官江西永宁知府。
工书画，兼能诗，山水宗吴
镇，也取法赵孟頫、王蒙，
好作沙坳水曲景色，墨色苍
润，间写竹石，笔致潇洒。
传世作品有《桂菊山禽图》
《竹石图》等。

【作品解读】

此图以竹、石入画，以
湿笔直接皴写山石之向背起
伏。两枝新篁以浓墨写出，
枝叶繁茂，俯仰欹正，笔笔
有神，墨韵生动。

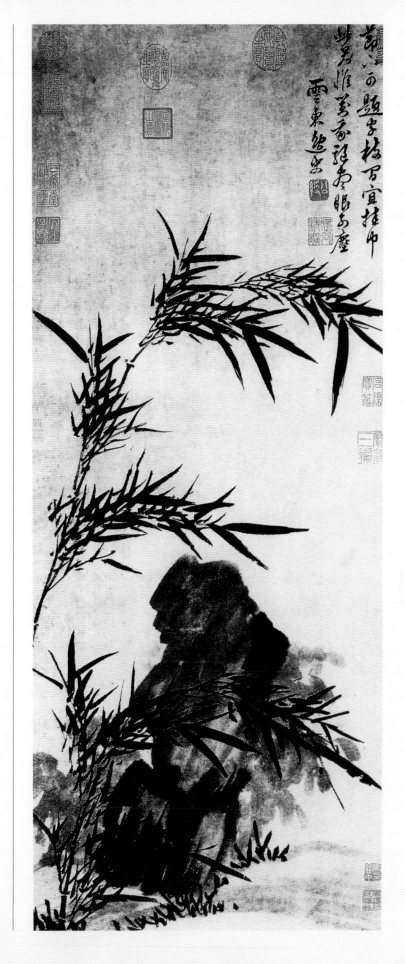

竹石图　姚绶
立轴　纸本　墨笔
纵 83.9 厘米　横 35.1 厘米
台北故宫博物院藏

【作品解读】

　　此图画雨竹，作者抓住雨中竹石的湿润形态，以一枝饱蘸水墨之笔，在半生的纸上，用娴熟的草书笔法尽情挥写，充分显示出驾驭水墨技巧的水平，特别是那块以淡墨染面、以浓墨积阴的石头，确有玲珑剔透的效果，不愧为佳作。

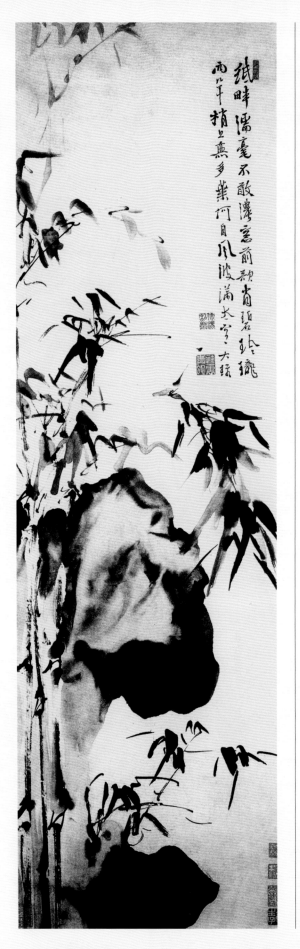

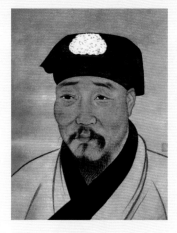

【作者简介】

　　徐渭（1521～1593），明代文学家、书画家、戏曲家、军事家。初字文清，后改字文长，号青藤老人、青藤道士、天池生、天池山人、天池渔隐、金垒、金回山人、山阴布衣、白鹏山人、鹅鼻山侬、田丹水、田水月（一作水田月）。山阴（今浙江绍兴）人。

　　他是中国"泼墨大写意画派"创始人、"青藤画派"之鼻祖，其画能吸取前人精华而脱胎换骨，不求形似求神似，山水、人物、花鸟、竹石无所不工，以花卉最为出色，开创了一代画风，对后世画坛（如八大山人、石涛、"扬州八怪"等）影响极大。书善行草，写过大量诗文，被誉为"有明一代才人"。能操琴，谙音律，爱戏曲，所著《南词叙录》为中国第一部关于南戏的理论专著，另有杂剧《四声猿》《歌代啸》及文集传世。

竹石图　徐渭
立轴　纸本　墨笔
纵 122 厘米　横 38 厘米
广东省博物馆藏

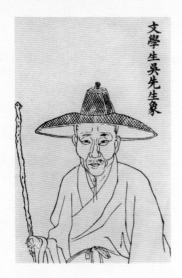

文學生吳先生象

【作者简介】

　　吴　历（1632～1718），
清初画家。字渔山，号墨井
道人、桃溪居士，常熟（今
属江苏）人。擅画山水，得
王时敏正传。自澳门归，画
风一变，多用干笔焦墨，遒
密郁苍，而略带西画技法。
画山石时，用"阳面皴"（即
受光部分也有皴笔），此法
为诸家所无。后人把他与王
时敏、王鉴、王翚、王原祁、
恽寿平合称"清六家"，或
称"四王吴恽"。传世作品
有《湖天春色图》《夏山雨
霁图》和《静深秋晓图》等。

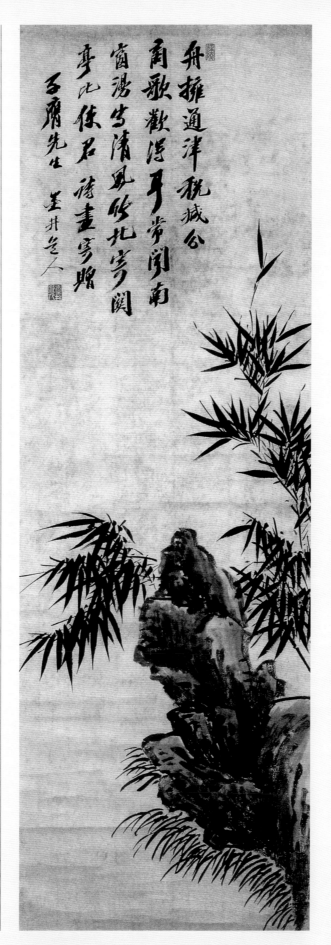

【作品解读】

　　此画中以焦墨干笔画石，
皴笔细致，淡墨晕染。以浓墨
写竹叶，上下各一枝，竹叶纵
横交错，疏密有致，气韵生动。
题款为七言诗，并署"诗画寄
赠子膺先生"。

竹石图　吴历
立轴　纸本　墨笔
纵117.2厘米　横21.1厘米
南京博物院藏

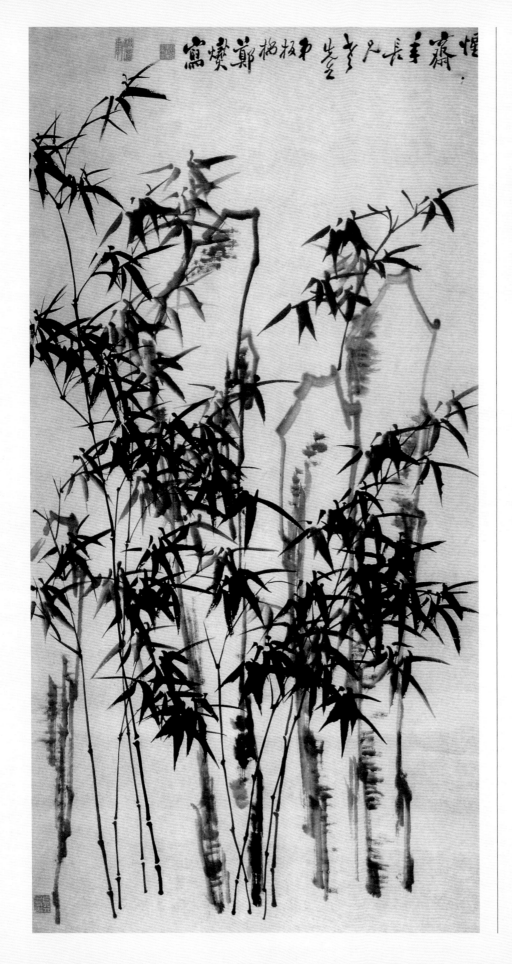

【作者简介】

　　见65页。

【作品解读】

　　此画中写修竹数竿，长短有殊，左斜右倾，顾盼有情。用笔遒劲圆润，疏爽飞动。竹后几根石柱挺立，水墨勾画，笔法秀挺硬气，皴擦较少却神韵俱全。竹用浓墨而石取淡笔，浓淡相映，虚实相照，妙趣横生。全图气势俊逸，风骨傲然。

墨竹图　郑板桥（郑燮）
立轴　纸本　墨笔
纵168.7厘米　横90.5厘米
北京炎黄艺术馆藏

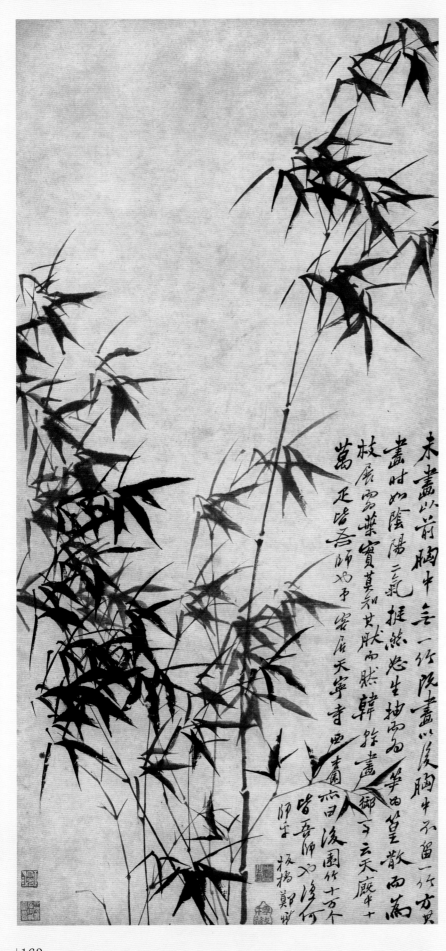

风竹石图　郑板桥（郑燮）
纸本　墨笔
纵 136.1 厘米　横 65.7 厘米

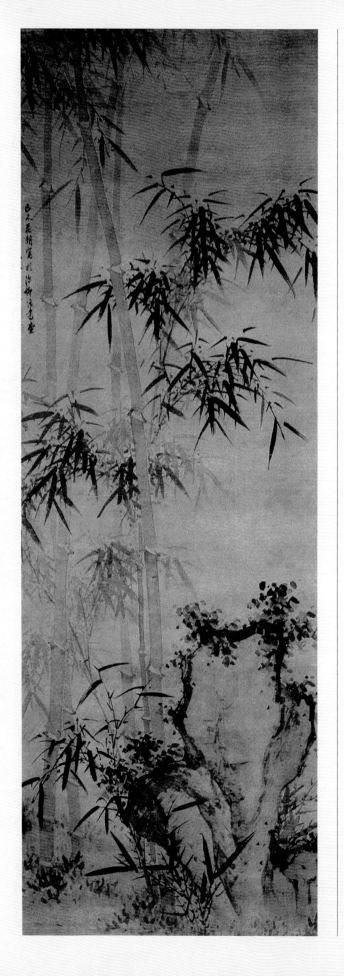

【作者简介】

　　诸昇（1617～？），字日如，号曦庵，浙江仁和（今杭州）人。擅长兰花竹石，亦能山水。画竹师鲁得之，下笔劲利，潇洒俊逸；发竿劲挺秀拔，横斜曲直，不失法度；竹叶疏密有致，所画雪竹尤佳。传世作品有《竹石图》《雪竹图》等。

【作品解读】

　　此图绘竹五竿，交叉呼应，叶分四组，浓淡疏密，十分和谐，竹影婆娑，极富情韵。用笔平实而劲利，工整而有变化，叶叶交互，似飒飒有声。墨色清润，层次分明，画右下角绘一巨石，细草丛生。在整个墨竹巨石间形成动静对比，取得视觉上的平衡，流露出一种清逸秀润之气。

墨竹图　诸昇
立轴　绢本　水墨
纵 195 厘米　横 69.7 厘米
泰州市博物馆藏

在皑皑白雪中，湖石罩雪耸立，高竹枯草，随风摇曳。雪景用水墨从背景拓出，浓淡掩映得宜。白雪覆盖着几枝绿竹，生意盎然，显得雪意更足。

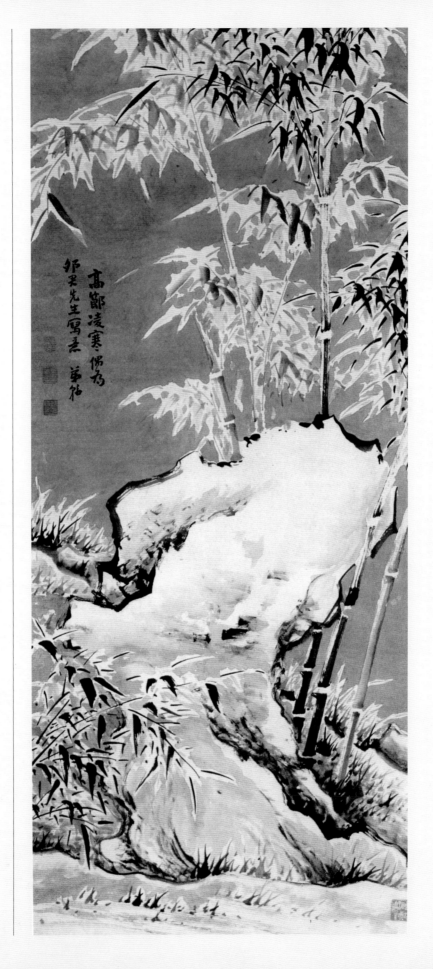

雪景竹石图　高凤翰
立轴　纸本　设色
纵 139.1 厘米　横 61.6 厘米
北京故宫博物院藏

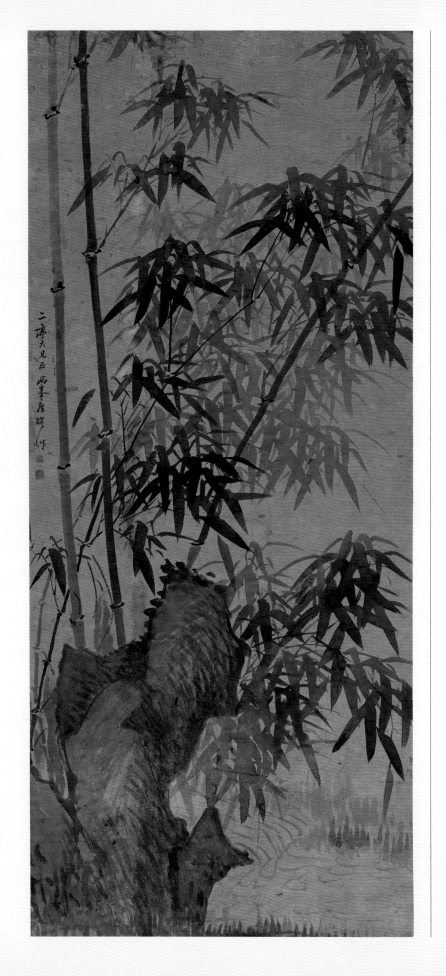

【作者简介】

　　见 259 页。

【作品解读】

　　此画以浓淡二墨写竹竿及枝叶，利用浓淡枯润的变化，尽现竹之风致意态，有云雾迷濛之感。画意空灵湿润。小溪之畔，怪石嶙峋，以干笔湿墨勾染点皴，色泽凝重。此画反映了作者驾驭笔墨的高超水平，是不可多得的一幅写竹佳作。

竹石图　罗聘
立轴　纸本　墨笔
纵 121.8 厘米　横 58.8 厘米
南京博物院藏

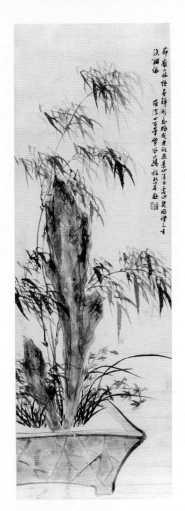

竹兰石盆图　罗聘
纸本
纵 140.7 厘米　横 47.5 厘米
（美）弗利尔美术馆藏

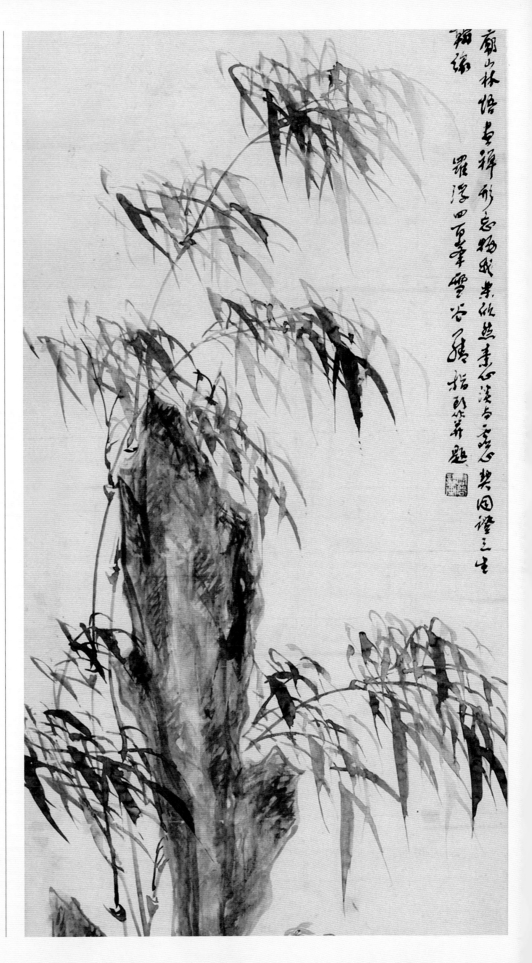

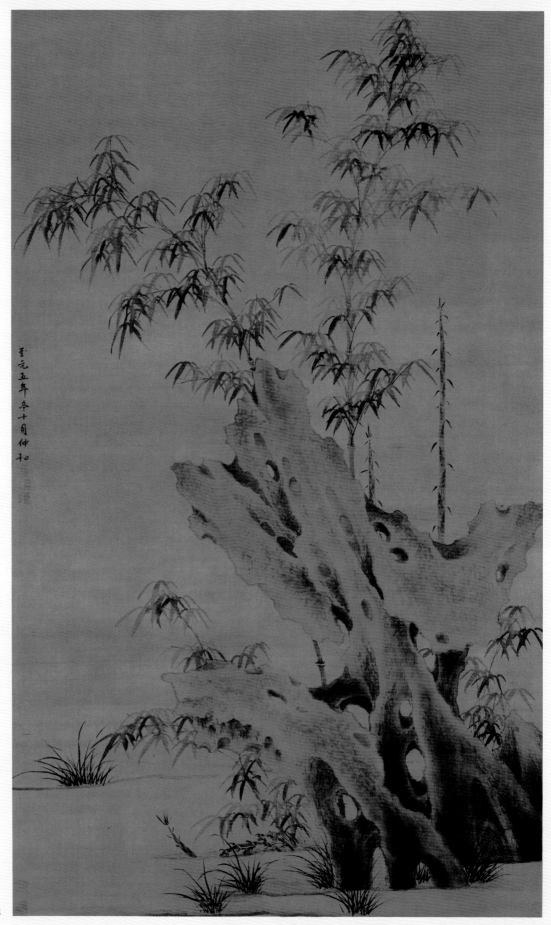

竹石图　谢庭芝
轴　绢本
纵 173.2 厘米　横 105.1 厘米

梅谱

青在堂畫梅淺說

畫法源流

唐人以寫花卉名者多矣尚未有專以寫梅稱者于
錫有雪梅野雉圖乃用於翎毛上梁廣作四季花圖
而梅又雜於海棠荷菊間李約始稱善畫梅其名亦
不大著至五代滕昌祐徐熙畫梅皆鉤勒着色徐崇
嗣獨出己意不用描寫以丹粉點染為没骨畫陳常
變其法以飛白寫梗用色點花崔白專用水墨李正
臣不作桃李浮豔壹意寫梅深得水邊林下之致故

【原文】

　　青在堂画梅浅说：画法源流

　　唐人以写花卉名者多矣，尚未有专以写梅称者。于锡[1]有《雪菊梅野（双）雉图》，乃用于翎毛上。梁广[2]作《四季花图》，而梅又杂于海棠荷菊间。李约[3]始称善画梅，其名亦不大著。至五代滕昌祐、徐熙画梅，皆勾勒着色。徐崇嗣[4]独出己意，不用描写，以丹粉点染，为没骨画。陈常[5]变其法，以飞白写梗，用色点花。崔白专用水墨，李正臣[6]不作桃李浮艳，一意写梅，深得水边林下之致，故独擅专长。

【注释】

[1]于锡：唐代画家。善画花鸟，鸡犬臻妙。原文将其作品《雪菊梅双雉图》写作《雪梅野雉图》，现据《宣和画谱》予以订正。
[2]梁广：唐代画家。
[3]李约：字在博。唐宗室。精楷、隶书，善画梅。
[4]徐崇嗣：钟陵人。徐熙孙。宋代画家。
[5]陈常：江南人。宋代画家。
[6]李正臣：字端彦。开封人。宋代画家。

画法源流

唐代以画花卉而闻名的人很多，还没有专以画梅而著称的。于锡有《雪梅双雉图》，仅只用于为鸟作陪衬。梁广作《四季花图》，可是梅又被杂于海棠、荷、菊之间。李约是最早被人称做长于画梅的人。他的名声也不怎么大。至五代滕昌裕、徐熙，画梅都勾勒着色。徐崇嗣别出心裁，不用描写，直接用丹粉点染，就是没骨画。陈常变他的画法，以飞白写梗，用颜色点花。崔白专用水墨。李正臣不画浮艳的桃李，一心一意画梅，深得梅在水边林下的韵致，故而独自据有这一专长。

【作品解读】

此图画一枝腊梅，弯曲有致，枝梢数朵梅花已然开放。两只山禽似被画面外的什么所吸引，正顾盼观望。画中彩墨工细，运用自如，细笔勾花、枝，设色清雅。山禽刻画细致，神情逼真。构图疏朗明快大方。

腊梅山禽图（局部） 赵佶
立轴　绢本　设色
纵 82.8 厘米　横 52.8 厘米
台北故宫博物院藏

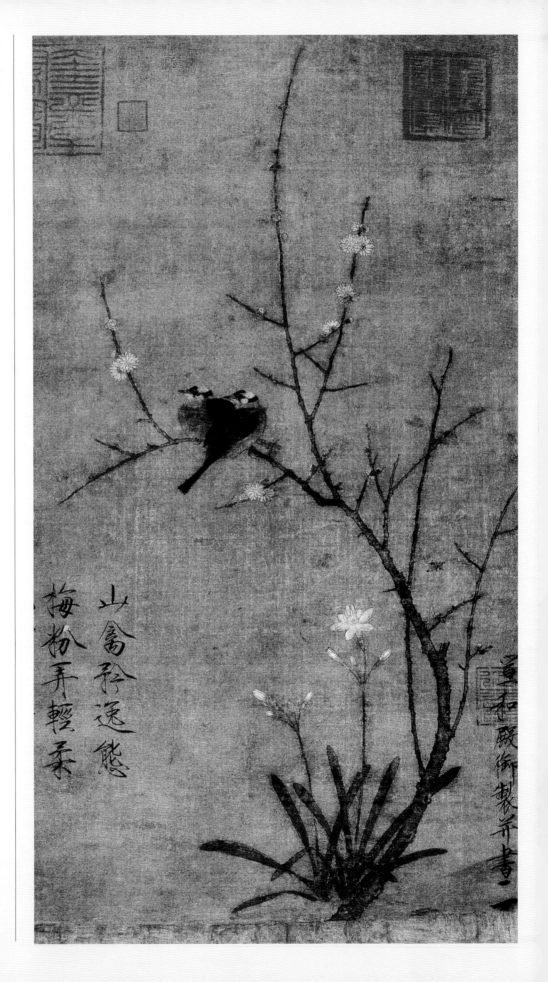

獨擅專長釋仲仁以墨漬作梅釋惠洪又用皂子膠

寫于生綃扇上照之儼然梅影後人因之盛作墨梅

米元章晁補之湯叔雅蕭鵬摶張德琪俱專工寫墨

獨楊補之不用墨漬創以圈法鐵梢丁櫪清淡勝于

傅粉嗣之者徐禹功趙子固王元章吳仲圭湯仲正

釋仁濟仁濟自謂用心四十年作花圈始圓耳外此

則茅汝元丁野堂周密沈雪坡趙天澤謝佑之爲宋

元間之寫梅著名者汝元世稱專家佑之但傅色濃

厚學趙昌而不臻其妙此明代諸公尤多善此未分

【原文】

故独擅专长。释仲仁以墨渍作梅，释惠洪[7]又用皂子胶，写于生绡[8]扇上，照之俨然梅影，后人因之盛作墨梅。米元章、晁补之[9]、汤叔雅、萧鹏抟[10]、张德琪[11]，俱专工写墨。独扬补之不用墨渍，创以圈法，铁梢丁橛，清淡胜于傅粉，嗣之者徐禹功、赵子固、王元章[12]、吴仲圭、汤仲正、释仁济[13]。仁济自谓用心四十年，作花圈始圆耳。外此则茅汝元[14]、丁野堂[15]、周密[16]、沈雪坡[17]、赵天泽[18]、谢佑之[19]，为宋、元间之写梅著名者。汝元世称专家，佑之但傅色浓厚，学赵昌而不臻其妙也。明代诸公尤多善此。未分厥派，

[7]释惠洪：俗姓彭，字觉范。筠州人。宋代画家。
[8]生绡：用生丝织的绸子。
[9]晁补之：字无咎。巨野（今属山东）人。宋代文学家、画家。
[10]萧鹏抟：字图南。契丹人。元代画家，王庭筠甥。
[11]张德琪：字廷玉。燕人。元代画家。
[12]王元章：王冕。字元章，号老村、煮石山农、饭牛翁、梅花屋主、会稽外史。诸暨（今属浙江）人。元代画家。
[13]释仁济：俗姓童，字择翁。婺州人。杭州上竺寺僧。
[14]茅汝元：号静斋。建宁人。宋代画家。
[15]丁野堂：以字行名。南宋时庐山清虚观道士。
[16]周密：字公谨、子谨，号草窗、弁阳老人、苹洲、四水潜夫、啸翁等。原籍济南，后为吴兴（今属浙江）人。宋代画家。

172

【今文意译】

释仲仁用墨渍作梅。释惠洪又用皂子胶，画于用生丝织的绸子扇上，用光照时便非常传真地映现出梅影。后人因此而盛行画墨梅。米芾、晁补之、汤正仲、萧鹏抟、张德琪都是专门善于画墨梅的。只有扬无咎不用墨渍，创出"圈法"，梢劲如铁，丁正如橛，清淡之气胜于傅上画粉。继承他的人，有徐禹功、赵孟坚、王冕、吴镇、汤正仲、释仁济。仁济自己说，用心四十年，画花的圈儿才圆了。此外，就是茅汝元、丁野堂、周密、沈雪坡、赵天泽、谢佑之，为宋、元间以画梅著称的人。茅汝元被世人称为专家。谢佑之只是傅色浓厚，学赵昌的画法而未达到赵的妙处。明代各位作画的人，长于画梅的人尤其多，没有分派别，各自据有一长，不胜枚举。

【作品解读】

此图梅枝倒挂，枝条生长茂盛，伸展交错，呈四出之势。枝头缀满花朵，或含苞欲放，或初绽花蕾，或盛开怒放，或残美点点，正侧偃仰，千姿百态。画中一改宋人画梅"疏枝浅蕊"之法而以繁花万枝、千丛万簇胜出，更显风神绰约。用笔挺劲有力。行枝连续如弯弓秋月，圈花"一笔两顿挫"，简洁畅利。笔法洒脱，繁花似锦，无妩媚纤弱之态，反显清贞孤傲的气概，显示出画家不凡的创造能力。

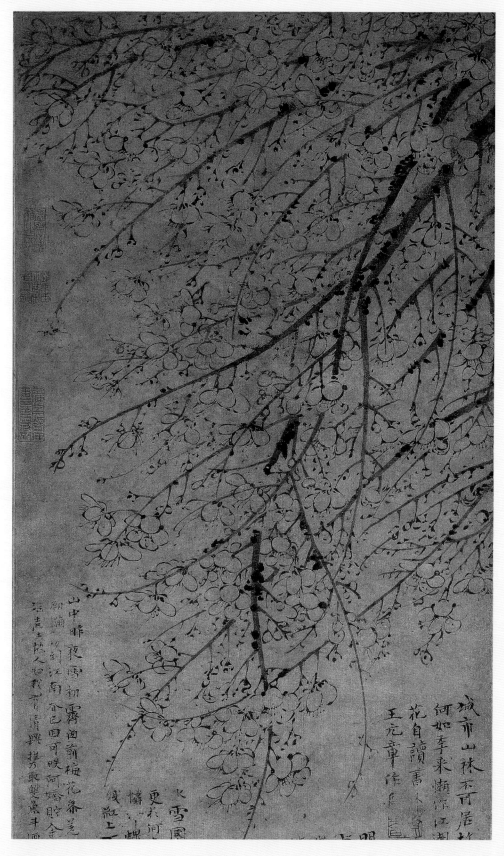

墨梅图　王冕
立轴　纸本　墨设色
纵68厘米　横26厘米
上海博物馆藏

【作者简介】

见197页。

173

厥派各擅一長不暇標舉唐宋以來畫梅之派有四。

惟鉤勒著色者最先其法創於于錫至滕昌佑而推

廣之徐熙始極其妙也用色點染者為沒骨畫創於

徐崇嗣繼之者代不乏人至陳常一又變其法點墨

者創於崔白演其法于釋仲仁米晁諸君相效成風

極一時之盛圈白花頭不用著色創於楊補之吳仲

圭王元章推其法真橫絕一世考畫梅之法其源流

亦不外乎是矣。

【原文】

未分厥派，各擅一长，不暇标举。唐宋以来，画梅之派有四，惟勾勒着色者最先，其法创于于锡，至滕昌祐而推广之，徐熙始极其妙也。用色点染者为没骨画，创于徐崇嗣，继之者代不乏人，至陈常又一变其法。点墨者，创于崔白。演其法于释仲仁、米、晁诸君，相效成风，极一时之盛。圈白花头，不用着色，创于扬补之，吴仲圭、王元章推其法，真横绝一世。考画梅之法，其源流亦不外乎是矣。

[17] 沈雪坡：嘉兴人。元代画家。
[18] 赵天泽：字鉴渊。蜀人。元代画家。
[19] 谢佑之：居燕京。元代画家。

【今文意译】

唐、宋以来，画梅的派别有四：单线勾勒着色的最先，这种画法创于于锡，到滕昌祐推而广之，徐熙将他的这一技法发挥到极致的程度；用色点染的，为没骨画，创于徐崇嗣，继承他的画法者，历代都有不少的人，至陈常，又变其法；点墨的，创于崔白，其法延及于释仲仁，米、晁等人相效成风，极一时之盛；圈白花头不用着色的，创于扬无咎，吴镇、王冕推行这一画法，真正是横绝一世。考证画梅的方法，它的源流不外乎就是这些吧。

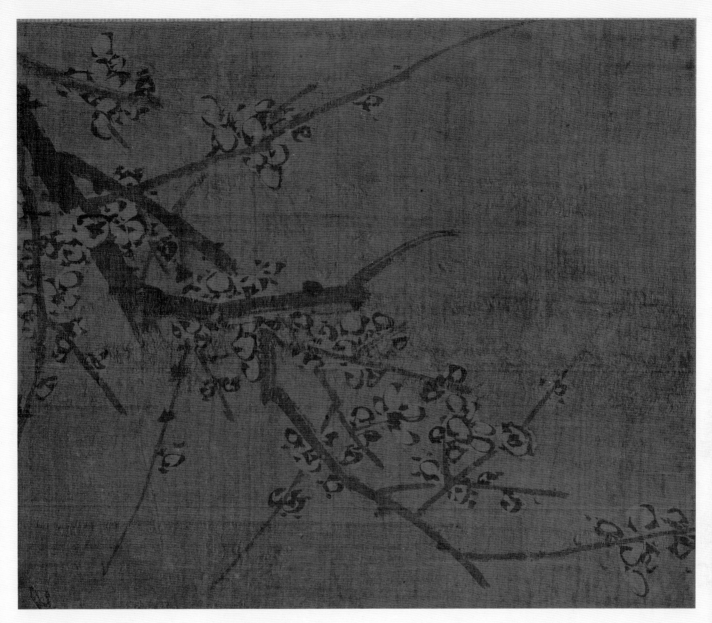

梅图（笔耕园） 张祐
绢本 水墨
纵 21.4 厘米 横 25 厘米
东京国立博物馆藏

【作品解读】

　　梅枝左上方倾斜入画，主干粗壮，细枝繁多，枝头梅花朵朵，或含苞待放，或绽放灿烂。

【作者简介】

　　张祐，生卒年不详，明朝画家，字天吉，工诗文，善绘梅。

【札记】

楊補之畫梅法總論

木清而花瘦梢嫩而花肥交枝而花繁纍纍分梢而

蕚疎蕊疎立幹須曲如龍勁如鐵發梢須長如箭短

如戟上有餘則結頂地若窄而無盡若作臨崖傍水

枝怪花踈要含苞半開若作梳風洗雨枝間花茂要

離披爛熳若作披煙帶霧枝嫩花嬌要含笑盈枝若

作臨風帶雪低回僵折要幹老花稀若作停霜映日

森空峭直要花細香舒學者須先審此梅有數家之

格或踈而嬌或繁而勁或老而媚或清而健豈可言

盡哉

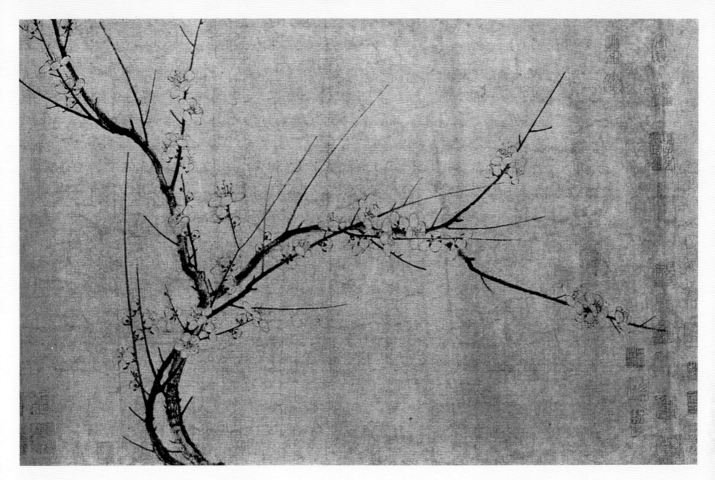

四梅图（盛开）　扬无咎
长卷　纸本　墨笔
纵 37.2 厘米　横 358.8 厘米
北京故宫博物院藏

【原文】

　　杨（扬）补之画梅总论

　　木清而花瘦[1]，梢嫩而花肥。交枝而花繁累累[2]，分梢而萼疏蕊疏。立干须曲如龙，劲如铁；发梢须长如箭，短如戟。上有余则结顶，地若窄而无尽。若作临崖傍水，枝怪花疏，要含苞半开；若作梳风洗雨，枝闲花茂，要离披[3]烂漫。若作披烟带雾，枝嫩花娇，要含笑盈枝；若作临风带雪，低回偃折，要干老花稀；若作停霜映日[4]，森空峭直，要花细香舒[5]。学者须先审[6]此。梅有数家之格[7]，或疏而矫，或繁而劲，或老而媚，或清而健，岂可言尽哉。

【注释】

[1] 花瘦：花开得细小、单薄。
[2] 交枝而花繁累累：意指繁花开满相交的枝上。累：指堆叠；积聚。
[3] 离披：分散貌。
[4] 停霜映日：霜消后沐浴着阳光。
[5] 花细香舒：花细瘦却舒展地散发清香。
[6] 审：在这里作"知道"讲。
[7] 格：规格。这里实指画法。

【今文意译】

　　扬无咎画梅法总论

　　树如果清奇，花就要瘦。树梢如果嫩，花就要肥而娇。树枝如果相交，花就要画得繁英累累。在树的分梢，要画得萼疏蕊也疏。立干应曲如龙、劲如铁。发梢应长如箭、短如戟，上方有空可以结顶，余地如果窄要给人以没画尽的形势。如果作临崖傍水、枝怪花疏之态，要含苞半开。如果作梳风洗雨、枝闲花茂之态，要画得分散烂漫。如果作披烟带雾、枝嫩花娇之态，要画得含笑绽满枝头。如果作临风带雪、低回倒折之态，要画得干老花稀。如果作霜消沐浴阳光、繁茂于空中峭直之态，要画得花儿细削舒展像在散发清香。学画的人，应该先知道这些。梅有数家画法，有的疏瘦而又娇柔，有的繁丽而又精神，有的苍老而又明媚，有的清秀而又健美，怎可言尽呢。

汤叔雅畫梅法

梅有幹有條有根有節有刺有蘚或植園亭或生山巖或傍水邊。或在籬落生處既殊枝體亦異又花有

五出四出六出之不同大抵以五出爲正其四出六

出者名爲棘梅是禀造化過與不及之偏氣耳其爲

根也有老嫩有曲直有疎密有停勻有古怪其爲梢

也有如斗柄者有如鐵鞭者有如鶴膝者有如龍角

者有如鹿角者有如弓梢者有如釣竿者其爲形也

有大有小有背有覆有偏有正有彎有直其爲花也

【原文】

　汤叔雅画梅法

　梅有干、有条、有根、有节、有刺、有藓。或植园亭，或生山岩，或傍水边，或在篱落。生处既殊，枝体亦异。又花有五出、四出、六出之不同，大抵以五出为正。其四出六出者，名为棘梅，是禀造化过与不及之偏气耳。其为根也，有老嫩，有曲直，有疏密，有停匀，有古怪。其为梢也，有如斗柄[1]者，有如铁鞭者，有如鹤膝者，有如龙角者，有如鹿角者，有如弓梢者，有如钓竿者。其为形也，有大有小，有背有覆，有偏有正，有弯有直。其为花也，

【注释】

[1]斗柄：亦称"斗杓"，即北斗七星中的玉衡、开阳、摇光三星。
[2]孤山：江南有孤山和罗浮山等处，是有名的梅乡。北宋诗人林逋（和靖先生）被称为"梅妻鹤子"，他在西湖的隐居地称作孤山。
[3]庾岭：山名，又叫大庾岭，在江西、广东两省交界处，是五岭之一。古名塞上、台岭。相传汉武帝时有庾姓将军筑城于此，因有大庾之名，又名东峤、梅岭。

汤正仲画梅法

梅有干有条，有根有节，有刺有苔藓；有的植于园亭，有的生于山岩，有的傍于水边，有的栽于篱落；生长的地方既然不同，枝体也就有所差异。又，它的花有五瓣、四瓣、六瓣的区别，大都以五瓣的为正。那种四瓣、六瓣的被叫作"棘梅"，是领受了大自然过多或不足的、不正的气造成的。作为它的根，有老嫩，有曲直，有疏密，有停匀，有古怪之分。作为它的梢，有的像北斗七星的斗柄，有的像铁鞭，有的像鹤膝，有的像龙角，有的像鹿角，有的像弓梢，有的像钓竿。作为它的形状，有大有小，有背有腹，有偏有正，有弯有直。

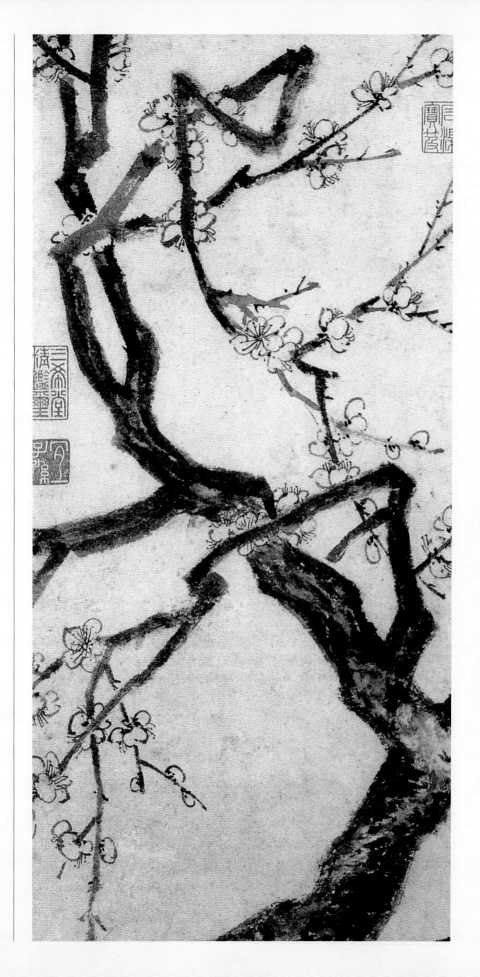

冰姿倩影图（局部）　文徵明
立轴　纸本　墨笔
纵 76.9 厘米　横 24.5 厘米
南京博物院藏

有椒子有蟬眼有含笑有開有謝。有落英其形不一。

其變無窮欲以管筆寸墨寫其精神然在合乎道理

以為師承演筆法於常時凝神氣於胸臆思花之形

勢想體之奇偶筆墨顛狂根柄旋播發枝梢如羽飛

疊花頭似品字枝分老嫩花按陰陽蕊依上下梢瘦

長短花必粘一丁丁必綴枝上枝必抱枯木枯木必

金龍麟龍麟必向古節兩枝不並齊三花須鼎足發

丁長點鬚短高梢小花勁蕚尖處不冗九分墨為枝

梢十分墨為蒂枝枯處令其意閒枝曲處令其意靜

呈剪瓊鏤玉之花現蟠龍舞鳳之幹如是方寸即孤

山也庚嶺也虬枝瘦影皆自吾揮毫濡墨中出矣何

慮其形之眾。何畏其變之多也耶

有椒子，有蟹眼，有含笑，有开有谢，有落英。其形不一，其变无穷。欲以管笔寸墨，写其精神，然在合乎道理，以为师承。演笔法于常时，凝神气于胸臆。思花之形势，想体之奇倔，笔墨癫狂，根柄旋播。发枝梢如羽飞，叠花头似品字。枝分老嫩，花按阴阳。蕊依上下，梢度长短。花必粘一丁，丁必缀枝上。枝必抱枯木，枯木必涂龙麟，龙麟必向古节。两枝不并齐，三花须鼎足。发丁长，点须短。高梢、小花、劲萼，尖处不冗。九分墨为枝梢，十分墨为蒂。枝枯处令其意闲，枝曲处令其意静。呈剪琼镂玉之花，现蟠龙舞凤之干。如是方寸即孤山[2]也，庾岭[3]也，虬枝瘦影，皆自吾挥毫濡墨中出矣。何虑其形之众，何畏其变之多也耶？

梅鹊图（局部）　陈书
立轴　纸本　墨笔
纵 106.6 厘米　横 42.3 厘米
上海博物馆藏

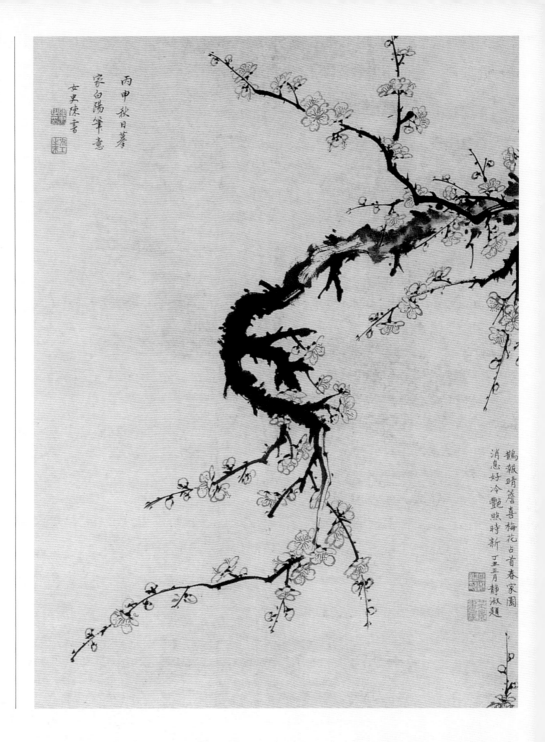

【今文意译】

作为它的花，有椒子，有蟹眼，有开有谢，有的含笑，有的从树上坠为落英。它的形状不一，变化无穷。要用支笔寸墨表现它的精神，就在于合乎其自然生命的内部构造及其情态，作为相承的师法，演练笔法于常时，凝梅的精神气息于胸间，思花的姿态，想花体的奇崛，自然会行笔捷疾，如狂如颠，笔墨奔放，笔管灵活转动，笔下生出根叶。滋发枝梢如鸟羽飞动，叠花头似"品"字。枝分老嫩，花分阴阳，蕊依上下作，梢应忖度长短。花必粘一丁，丁必须连在枝上，枝必须抱枯老的树干，树的枯干上必须涂以龙鳞，龙鳞必向古节。两枝不并齐，三花应有鼎足之势。发丁长，点须短，高梢小，花萼劲，尖处不冗长。用九分墨画枝梢，十分墨画花蒂。枝枯之处令它有娴雅之意，枝曲之处令它有文静之致。花呈琼剪玉镂之态，干现龙绕凤舞之势。这样，心上所要表现的梅的意象，即使像"孤山""庾岭"上的虬枝瘦影那样千姿百态，也全都会从自己的挥毫濡墨中表现出来了。还用忧虑它的形态众，还用怕它的变化多吗？

華光長老畫梅指迷

凡作花蕚必須丁點端楷丁欲長而點欲短鬚欲勁

而蕚欲尖丁正則花正丁偏則花偏枝不可對發花

不可竝生多而不繁少而不虧枝枯則欲其意稠枝

曲則欲其意舒花須相合枝須相依心欲緩而手欲

速墨須淡而筆欲乾花須圓而不類杏枝欲瘦而不

類柳似竹之清如松之實斯成梅矣

【原文】
　　华光长老画梅指迷
　　凡作花蕚，必须丁点端楷。丁欲长，而点欲短。须欲劲，而蕚欲尖。丁正则花正，丁偏则花偏。枝不可对发，花不可并生。多而不繁，少而不亏。枝枯则欲其意稠，枝曲则欲其意舒。花须相合，枝须相依。心欲缓而手欲速，墨须淡而笔欲干。花须圆而不类杏，枝欲瘦而不类柳。似竹之清，如松之实，斯成梅矣。

【今文意译】
　　华光长老画梅指迷
　　凡是画花蕚，丁点必须画得端正而规矩。丁要长而点要短。须要劲而蕚要尖。丁正花就正，丁偏花就偏。枝不可对发，花不可并生。花多却不繁，花少却不缺。枝枯就使它意稠，枝曲就使它意舒。花应该相合，枝应该相依。心要缓却手要速。墨应淡却笔要干，花应圆却不似杏，枝要瘦却不似柳。要画得似竹一样清，如松一样实。这就是成功的梅了。

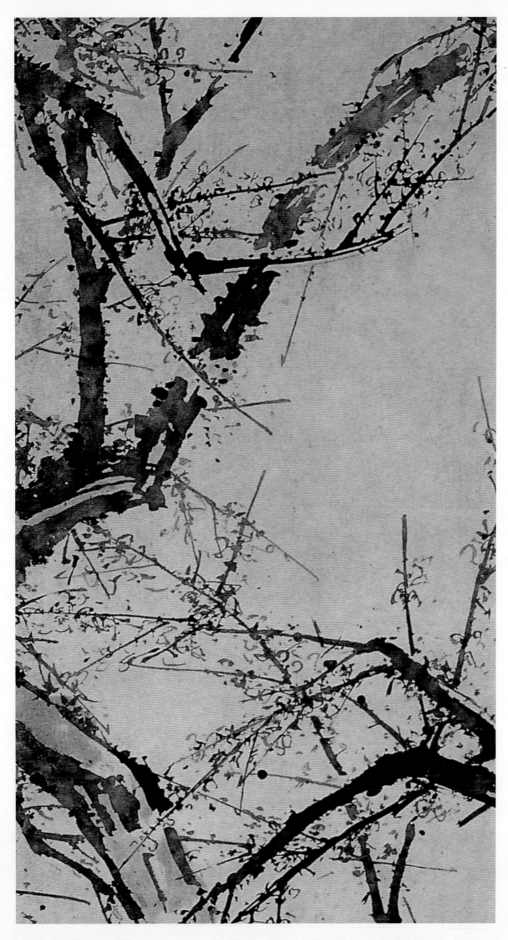

梅花图（局部） 万上遴
立轴 纸本 墨笔
纵 133 厘米 横 37.5 厘米
安徽省博物馆藏

畫梅體格法

疊花如品字。交枝如乂字。交木如椏字。結梢如爻字。花分多少。則花不繁。枝有細嫩。而枝不怪。枝老而花大言其氣之壯也。枝嫩而花細言其氣之微也。有高下尊卑之別。有大小貴賤之辨。有疏密輕重之象。有間闊動靜之用。枝不得並發。花不得並生。眼不得並點。木不得並接。枝有文武剛柔相合。花有大小君臣相對。條有父子長短不同。蕊有夫妻陰陽相應。其致不一當以類推之。

【原文】

画梅体格法

叠花如品字，交枝如乂字，交木如椏字，结梢如爻字。花分多少，则花不繁；枝有细嫩，而枝不怪。枝多而花少，言其气之全也。枝老而花大，言其气之壮也。枝嫩而花细，言其气之微也。有高下尊卑之别，有大小贵贱之辨，有疏密轻重之象，有间阔动静之用。枝不得并发，花不得并生，眼不得并点，木不得并接。枝有文武刚柔相合，花有大小君臣相对，条有父子长短不同，菊有夫妻阴阳相应。其致不一，当以类推之。

有间阔、动静之用。

体用，是中国哲学的一对范畴。体为根本和内在，用是表象和形式。学画者应先追索物象的本质而后探究其神，加以提练而述于毫端。像托于形，不可脱离形而直追精神，皮之不存毛将焉附？在形似的基础上才能谈到深入物象的精神、气质。无论工笔、写意都要注重体用关系，先由表及里而后由内而外，才能游刃有余。学画之初，宁拙勿巧，宁规矩勿轻佻，随着学习的深入，逐步加强理论和实践的对接。既要抽丝剥茧寻证根源，还得有相当的勇气割舍不适合自己的理论、技法、表现形式等，所谓当取则取、当舍则舍。绘画学习到一定阶段，"舍"更不易做到，"不舍"造成的阻碍也更大。

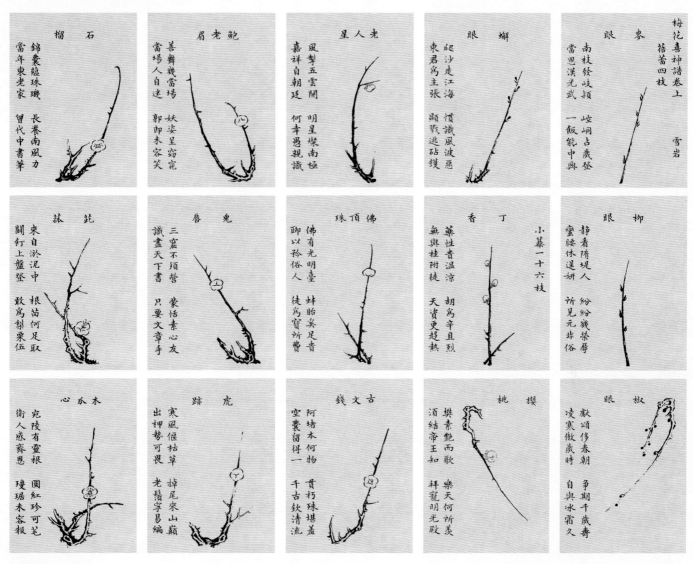

梅花喜神谱　宋伯仁

【作者简介】

宋伯仁，字器之，号雪岩，湖州（今浙江省湖州市）人，曾任盐运司属官，能诗，尤善画梅。近代金石书画家吴昌硕，曾有诗说他"家传一本宋朝梅"。

【作品解读】

《梅花喜神谱》全书分上、下两册，为宋景定二年（1261）金华双桂堂刻本，是中国最早的木刻图籍，中国第一部专门描绘梅花种种情态的木刻画谱。因宋时俗称画像为喜神，故名。

《梅花喜神谱》分别描绘蓓蕾、小蕊、大蕊、欲开、大开、烂漫、欲谢、就实等梅花的种种形态。每图多一枝一蕊，形象鲜明而富有变化；图左边题诗四句，图上部根据花的情态标以寓意性画题。此书现存上海博物馆，刀法古朴明快，刻印均具有相当水平，在版画史上亦具有重要地位。

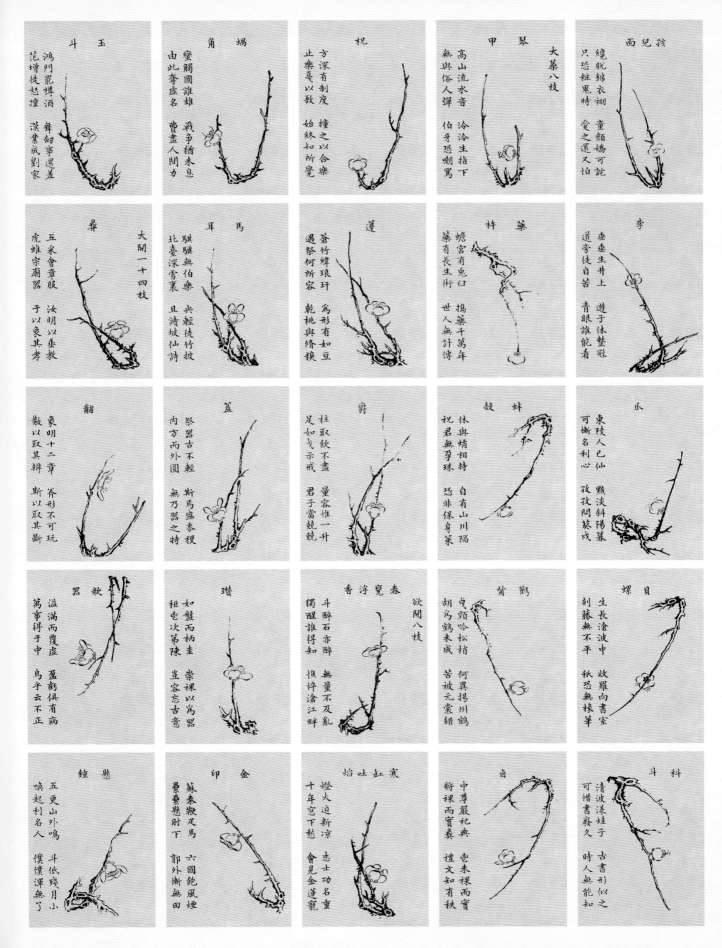

大藥八枝

玉斗
鴻門罷樽酒
舞劒事還差
范增徒怒撞
漢業成劉家

蝎角
蠻爾國誰雄
戰爭猶未息
由此奪虛名
費盡人間力

枳
方深有制度
撞之以合樂
止樂戛以敔
始終知所覺

琴甲
高山流水音
泠泠生指下
無與俗人彈
伯牙恐嘲罵

孩兒面
繾綣錦衣䙌
只恐粧鬼時
童顏嬌可詫
愛之還又怕

大開一十四枝

彝
五采會章服
虎蜼宗廟器
汝明以乘教
于以象其孝

馬耳
駃騠無伯樂
北臺深雪裏
尖輕徒竹披
且讀坡仙詩

蓬
蒼竹緯琅玕
遇祭何所容
為形有如豆
乾桃與脩模

藥杵
蟾宮有兔臼
藥有長生術
搗藥千萬年
世人無計傳

李
壺壺生井上
道旁徒自苦
遊子休整冠
青眼誰能看

蒲
象明十二章
斲以取其辨
斧形不可玩
斯以取其斷

簋
祭器古不輕
內方而外圓
斯為盛黍稷
無乃器之特

爵
柱取飲不盡
足如戈示戒
量容惟一升
君子當兢兢

蚌
休與蜻相持
祝君無孕珠
自有山川隔
恐非保身策

瓜
東陵人已仙
可慚名利心
瓜淡斜陽暮
孜孜問蓺成

欹器
溫滿而覆虛
萬事得于中
盈虧俱有病
烏乎云不正

璜
如盤而柄圭
租皂次第陳
崇裸以為器
堂容忘古意

春浮甕香
斗醉石永醉
獨醒誰得知
無量不及亂
惟梓滄江畔

鶴膝
曳頸吟松梢
胡為鶴未成
何異揚州鶴
苦被元裳錯

貝螺
生長滄波中
剗藤無不平
收羅向書室
秖恐無椽筆

懸鐘
五更山外鳴
喚起利名人
斗低殘月小
僕僕渾無了

金印
蘇秦徼定馬
累累懸肘下
六國飽風煙
郭外斷無田

寒缸吐焰
崲火迫新涼
十年窗下愁
志士功名重
會見金蓮寵

卣
中尊嚴祀典
將裸而寶彝
皂未裸而寶
禮文知有秩

科斗
清波漾蛙子
可惜書蝌久
古書形似之
時人無能知

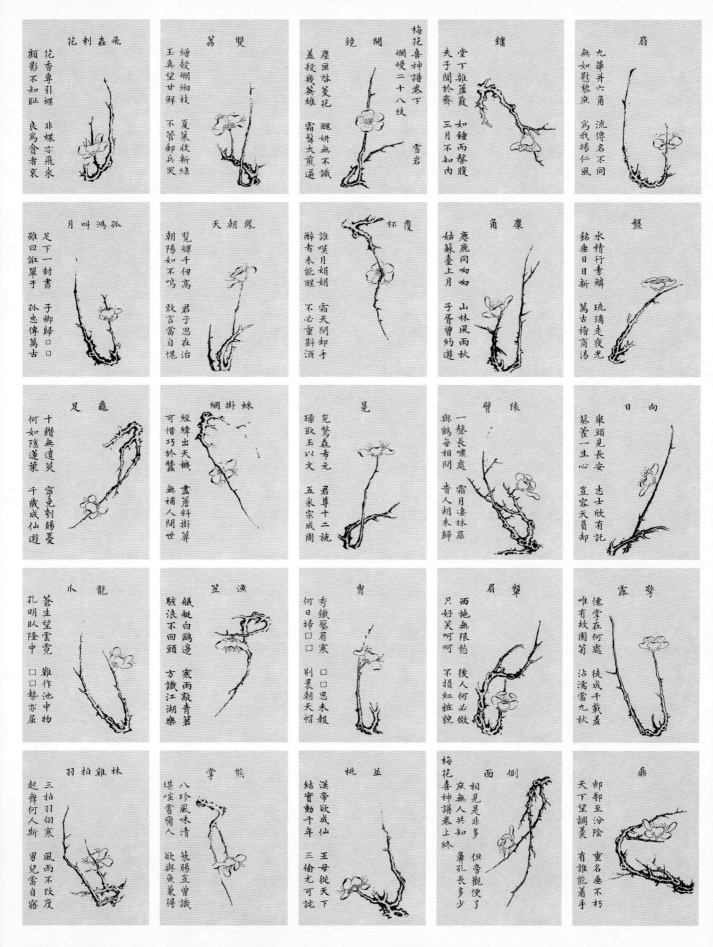

畫梅取象說

梅之有象由制氣也花屬陽而象天木屬陰而象地

而其故各有五所以別奇偶而成變化蔕者花之所

自出象以太極故有一丁房者華之所自彰象以三

才故有三點蕚者花之所自起象以五行故有五葉

鬚者花之所自成象以七政故有七莖謝者花之所

自究復以極數故有九變此花之所自出皆陽而成

數皆奇也根者梅之所自始象以二儀故有二體木

者梅之所自放象以四時故有四向枝者梅之所自

【原文】

画梅取象说

梅之有象，由制气也。花属阳而象天，木属阴而象地，而其故各有五，所以别奇偶而成变化。蒂者花之所自出，象以太极，故有一丁。房者华之所自彰，象以三才，故有三点。萼者花之所自起，象以五行，故有五叶。须者花之所自成，象以七政，故有七茎。谢者花之所自究，复以极数，故有九变。此花之所自出皆阳，而成数皆奇也。根者梅之所自始，象以二仪，故有二体。木者梅之所自放，象以四时，故有四向。枝者梅之所自成，

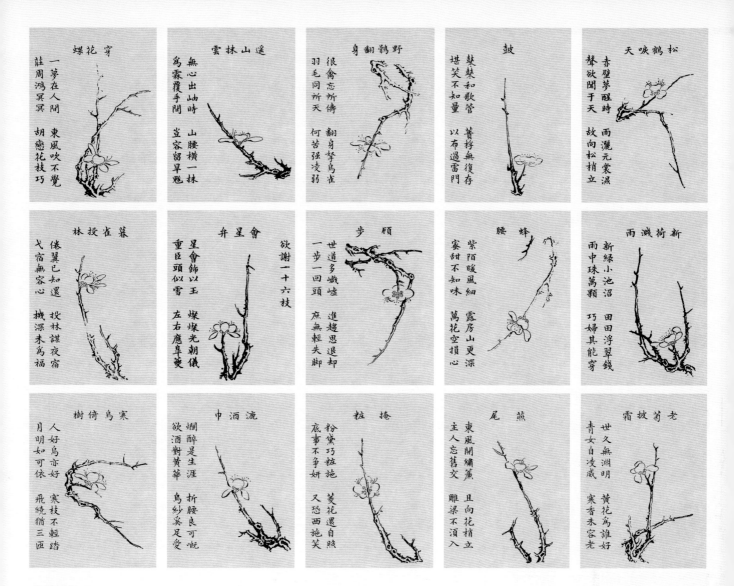

【导读】

梅之有象，由制气也。此处借用张载"太虚即气"理论，张载(1020～1077)，理学开创者之一，北宋哲学家。张载曰："太虚无形，气之本体。其聚其散，变化之客形尔。"也就是说万物之有象，皆由气制也。万物都是由"气"的聚散变化而形成。"气"是宇宙万物的物质性本原，"太虚"是气的自然状态，其聚而为有形为万物，散而为无形即为"太虚"。这给我们两点启示：画虽末技，但须德、文、史、诗、书作为积淀，才能呈现其未尽的情怀，可否理解为是对"气"的表现；绘画本身就有能感受到而不能以语言文字表述透彻的意境，能否也以"气"虚实变化的规律来解释。如果认同上述理论，我就可以说中国画的本质是游离于虚实之间，显阴阳五行之变幻，实则为笔墨形体，虚则如"气"之归于太虚。那么观者能体会到画面所产生的种种精神情怀等，都可以以此解释了。

【札记】

_____

_____

_____

_____

成象以六爻故有六成梢者梅之所自備象以八卦

故有八結樹者梅之所自全象以足數故有十種此

木之所自出皆陰而成數皆偶也不惟如此花正開

者其形規有至圓之象花背開者其形矩有至方之

象枝之向下其形俯有覆器之象枝之向上其形仰

有載物之象其鬚亦然正開者有老陽之象其鬚七

謝者有老陰之象其鬚六半開者有少陽之象其鬚

三半謝者有少陰之象其鬚四蓓蕾者有天地未分

之象體鬚未形其理已著故有一丁二點而不加三

點者天地未分而人極未立也花蕚者天地始定之

象陰陽旣分盛衰相替包含衆象皆有所自故有八

結九變以及十種而取象莫非自然而然也

枝者梅之所自成，象以六爻，故有六成。梢者梅之所自备，象以八卦，故有八结。树者梅之所自全，象以足数，故有十种。此木之所自出皆阴，而成数皆偶也。不唯如此，花正开者其形规，有至圆之象；花背开者其形矩，有至方之象。枝之向下，其形俯，有覆器之象；枝之向上，其形仰，有载物之象。于须亦然。正开者有老阳之象，其须七；谢者有老阴之象，其须六；半开者，有少阳之象，其须三；半谢者有少阴之象，其须四。蓓蕾者有天地未分之象，体须未形其理已著，故有一丁二点而不加三点者，天地未分而人极未立也。花萼者，天地始定之象，阴阳既分，盛衰相替，包含众象，皆有所自，故有八结九变以及十种，而取象莫非自然而然也。

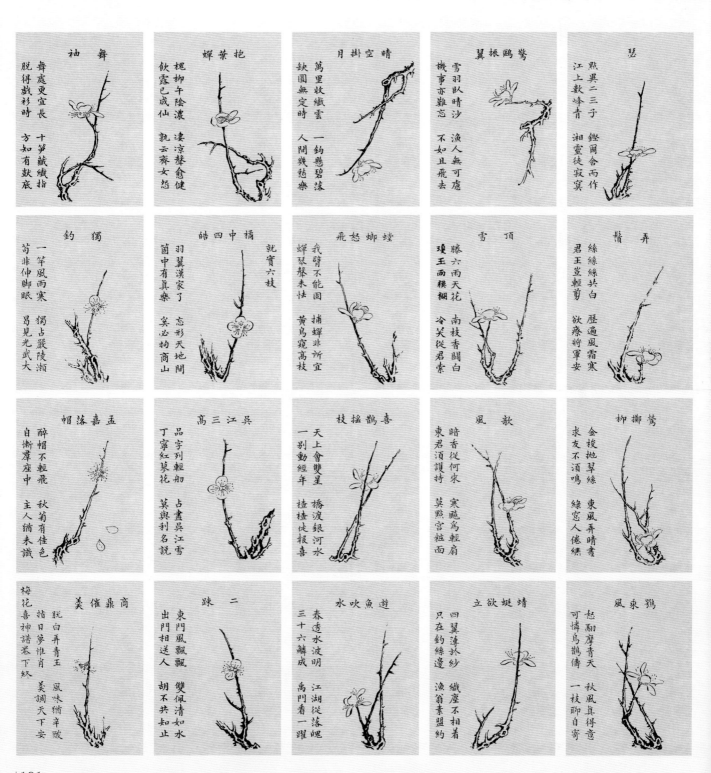

一丁

其法須是丁香之狀貼枝而生一左一右不可相並

丁點須要端擂有力。無令其偏丁偏即花偏矣

二體

謂梅根也其法根不獨生須分爲二一大一小以別

陰陽一左一右以分向背陰不可加陽小不可加大

然後爲得體。

三點

其法貴如丁字上闊下狹兩邊者連丁之狀向兩角

【原文】

一丁

其法须是丁香之状，贴枝而生，一左一右，不可相并。丁点须要端摺有力，无令其偏，丁偏即花偏矣。

二体

谓梅根也。其法根不独生，须分为二：一大一小，以别阴阳；一左一右，以分向背。阴不可加阳，小不可加大，然后为得体。

三点

其法贵如丁字，上阔下狭。两边者连丁之状向两角，中间者据中而起。蒂萼不可不相接，亦不可断续也。

四向

其法有自上而下者，有自下而上者，有自右而左者，有自左而右者，须布左右上下取焉。

五出

其法须是不尖不圆，随笔而偏。分折如花开七分则全露，如半开则见其半，正开者则见其全，不可无分别也。

中間者據中而起蒂蕚不可不相接亦不可斷續也。

四向

其法有自上而下者有自下而上者有自右而左者
有自左而右者須布左右上下取焉

五出

其法須是不尖不圓隨筆而偏分折如花開七分則
全露如牛開則見其牛正開者則見其全不可無分
別也。

其法有偃枝、仰枝覆枝、从枝、分枝、折枝。凡作枝之际，须是远近上下相间而发，庶有生意也。

六枝

其法须是劲，其中茎长而无英，侧六茎短而不齐。长者乃结子之须，故不加英，啖之味酸；短者乃从者之须，故加英点，啖之味苦。

七须

其法有长梢、短梢、嫩梢、叠梢、交梢、孤梢、分梢、怪梢须

八结

【原文】

六枝

其法有偃枝、仰枝覆枝、从枝、分枝、折枝。凡作枝之际，须是远近上下相间而发，庶有生意也。

七须

其法须是劲，其中茎长而无英，侧六茎短而不齐。长者乃结子之须，故不加英，啖之味酸；短者乃从者之须，故加英点，啖之味苦。

八结

其法有长梢、短梢、嫩梢、叠梢、交梢、孤梢、分梢、怪梢，须是取势而成，随枝而结，若任意而成，无体格也。

九变

其法一丁而蓓蕾，蓓蕾而萼，萼而渐开，渐开而半折，半折而正放，正放而烂漫，烂漫而半谢，半谢而荐酸。

十种

其法有枯梅、新梅、繁梅、山梅、疏梅、野梅、宫梅、江梅、园梅、盆梅，其木不同，不可无别也。

194

是取勢而成隨枝而結若任意而成無體格也

九變

其法一丁而蓓蕾蓓蕾而萼萼而漸開漸開而半折

半折而正放正放而爛熳爛熳而半謝半謝而荐酸

十種

其法有枯梅新梅繁梅山梅踈梅野梅官梅江梅園

梅盤梅其木不同不可無別也

画梅全诀

画梅有诀，立意为先。
起笔捷疾，如狂如颠。
手如飞电，切莫停延。
枝柯旋衍，或直或弯，
蘸墨浓淡，不许再填。
根无重折，花梢忌繁。
新枝似柳，旧枝类鞭。
弓梢鹿角，要直如弦。
仰成弓体，覆号钓竿。
气条无萼，根直指天。
枯宜突眼，助条莫穿。
枝不十字，花不全兼。
左枝易布，右去为难。
全藉小指，送阵引班。
枝留空眼，花着其间。
添增其半，花神自完。
枝嫩花独，枝老花悭。
不嫩不老，花意缠绵。
老嫩依法，分新旧年。
鹤膝屈揭，龙鳞老斑。
枝宜抱体，梢欲浑全。
萼有三点，当与蒂联。
正萼五点，背萼圆圈。
枯无重眼，屈莫太圆。
花分八面，有正有偏。
仰覆开谢，含笑将残。
倾侧诸瓣，风梅弃捐。
闹处莫冗，疏处莫闲。
花中特异，幽馥玉颜。
二花茕独，高顶上安。
梢鞭如刺，梨梢似焉。
花中钱眼，画花发端。
花须排七，健如虎髯。
中长边短，碎点缀粘。
椒珠蟹眼，映趁花妍。
笔分轻重，墨用多般。
蒂萼深墨，薛喜浓烟。
（下转）

畫梅全訣

畫梅有訣立意爲先起筆揵疾如狂如顛手如飛電

切莫停延枝柯旋衍或直或彎蘸墨濃淡不許再填

根無重折花梢忌繁新枝似柳舊枝類鞭弓梢鹿角

要直如絃仰成弓體覆號釣竿氣條無萼根直指天

枯宜突眼助條莫穿枝不十字花不全兼左枝易布

右去爲難全藉小指送陣引班枝留空眼花着其間

添增其半花神自完枝嫩花獨枝老花慳不嫩不老

花意纏綿老嫩依法分新舊年鶴膝屈揭龍鱗老斑

196

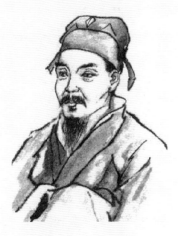

【作者简介】

王冕（1187～1359），字元章，号老村、煮石山农、会稽外史，浙江诸暨人，出生农家，幼年穷困，白日为人牧牛，晚上即就寺中长明灯下读书，终于学成。他擅画墨梅、竹石。墨梅师法宋扬无咎，传世作品有《南枝早春图》《墨梅图》等。

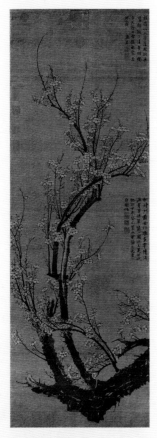

南枝春早图　王冕
立轴　绢本　墨笔
纵 151.4 厘米　横 52.2 厘米
台北故宫博物院藏

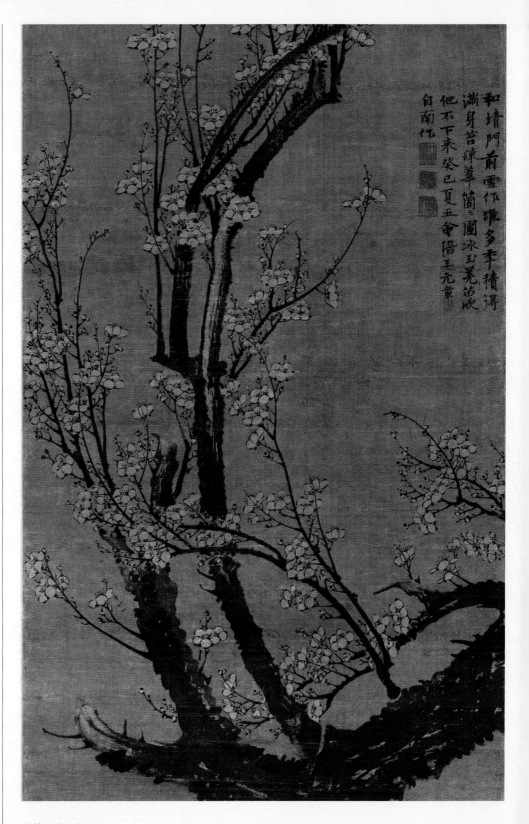

【作品解读】

此幅墨梅老干新枝，昂扬向上，豪放不羁，尽显梅花的劲峭冷香、丰韵傲骨。画中以"飞白法"画枝干，兼有书法笔意，运笔风神峭拔，挺劲潇洒，自下而上，一气呵成。画细梢或如铁鞭鹤膝，或如弓梢钓竿，俱气足力满、顿挫有韵。王冕一改扬无咎等画梅旧法，以枝多花繁为一大特色。此图中枝繁花茂，但繁而不乱，疏密有序，圈花点蕊，别出新意，显示了枝干劲俊、千花万蕊、天真烂漫、生机盎然的艺术效果。

枝宜抱體梢欲渾全蕚有三點、當與蒂聯正蕚五點、

背蕚圓圈枯無重眼、屈莫太圓花分八面有正有偏、

仰覆開謝含笑將殘、傾側諸瓣風梅棄捐開處莫冗、

跡處莫閒花中特異、幽馥玉顏二花憚獨高頂上安、

梢鞭如刺梨梢似焉、花中錢眼畫花發端花鬚排七、

健如虎髥中長邊短、碎點綴粘椒珠蠍眼映趣花妍、

聿分輕重墨用多般、蒂蕚深墨蘚喜濃烟嫩枝梢淡、

宿枝輕刪枯樹古體、半墨半乾刺填缺庭鱗向飾攤、

苞有多名花品亦然、身莫失女彎曲折旋遵此楷範

應作奇觀造無盡意、只在精嚴斯為標格不可輕傳

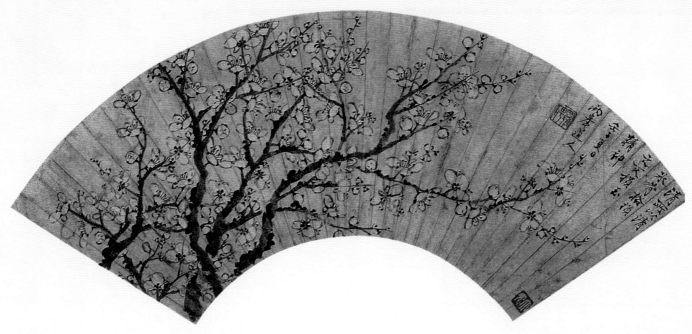

梅花图　罗聘
扇面　金笺　纸本　墨笔　设色
纵 19.5 厘米　横 54.2 厘米
安徽省博物馆藏

【作品解读】

　　此扇面撷取梅枝梢部，以水墨写出。作者采用其一贯的画梅技法，以淡墨写干，浓墨点苔，圆笔勾花。造型生动，一梅枝疏影横斜，将视觉引向右角的款识题字，使书画有机地结合起来。

【原文】

（续上）

嫩枝梢淡，宿枝轻删。枯树古体，半墨半干。刺填缺庭，鳞向节摊。苞有多名，花品亦然。
身莫失女，弯曲折旋。遵此模范，应作奇观。造无尽意，只在精严。斯为标格，不可轻传。

【札记】

【原文】

画梅枝干诀
先把梅根分女字，
大枝小梗节虚招。
花头各样填虚处，
淡墨行根焦墨梢。
干少花头生干出，
缺花枝上再添描。
气条直上冲天长，
切莫添花意自饶。

画梅四贵诀
贵稀不贵繁，贵瘦不贵肥，
贵老不贵嫩，贵含不贵开。

畫梅枝幹訣

先把梅根分女字．大枝小梗節虛招花頭各樣填虛處．淡墨行根焦墨稍幹少花頭生幹出缺花枝上再添描氣條直上冲天長切莫添花意自饒

畫梅四貴訣

貴稀不貴繁貴瘦不貴肥貴老不貴嫩貴含不貴開

200

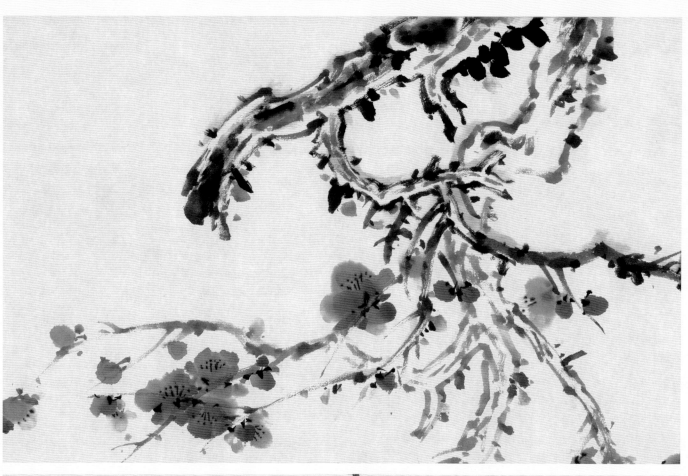

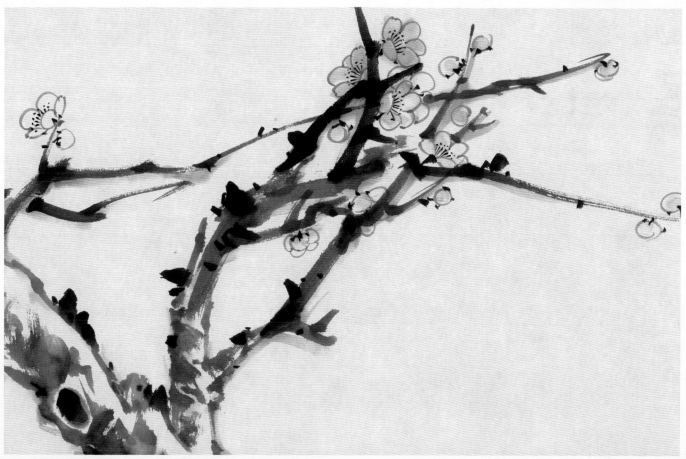

畫梅宜忌訣

寫梅五要發幹在先一要體古屈曲多年二要幹惟

龐細盤旋三要枝清最戒連綿四要梢健貴其遒堅

五要花奇必須媚妍梅有所忌起筆不顛先輩定論

着花不黏枯枝無眼交枝無潛樹嫩多刺枝空花攢

枝無鹿角身無體端蟠曲無情花枝冗繁嫩枝生蘚

梢條一般老不見古嫩不見鮮外不分明陰不顯然

筆停竹節助條上穿氣條生蔂蟛眼重聯枯重眼輕

體無女安枝梢散亂不抱體彎風不落英聚花如拳

花不具名稀亂勻填其病犯之皆不足觀

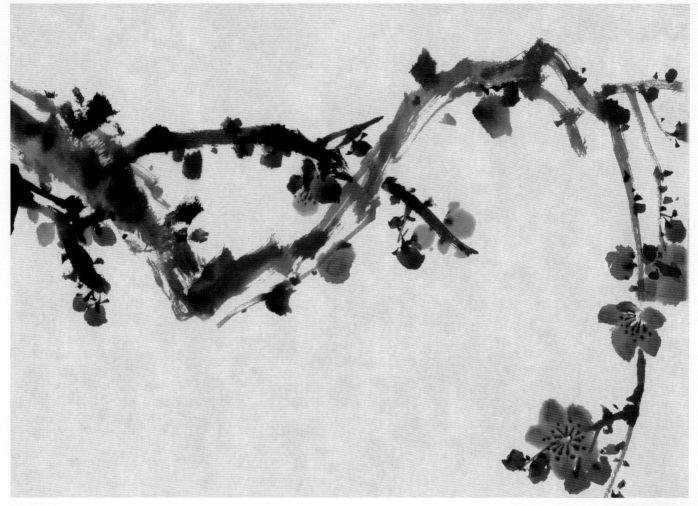

画梅宜忌诀

写梅五要，发干在先。一要体古，屈曲多年。二要干怪，粗细盘旋。三要枝清，最戒连绵。
四要梢健，贵其遒坚。五要花奇，必须媚妍。梅有所忌，起笔不颠。先辈定论，着花不粘。
枯枝无眼，交枝无潜。树嫩多刺，枝空花攒。枝无鹿角，身无体端。蟠曲无情，花枝冗繁。
嫩枝生薛，梢条一般。老不见古，嫩不见鲜。外不分明，内不显然。笔停竹节，助条上穿。
气条生萼，蟹眼重联。枯重眼轻，体无女安。枝梢散乱，不抱体弯。风不落英，聚花如拳。
花不具名，稀乱匀填。其病犯之，皆不足观。

扫一扫
视频教学

【札记】

_____

_____

_____

_____

_____

【原文】

画梅三十六病诀
枝成指捻，落笔再填，
停笔作节，起笔不颠。
枝无生意，枝无后先，
枝老无刺，枝嫩刺连。
落花多片，画月取圆。
树老花繁，曲枝重叠。
花无向背，枝无南北。
雪花全露，参差积雪。
写景无景，有烟有月，
老干墨浓，新枝墨轻。
过枝无花，枯枝无藓，
挑处卷强，圈花太圆。
阴阳不分，宾主无情。
花大如桃，花小如李。
叶条写花，当桠起蕊，
树轻枝重，花并犯忌。
阳花犯少，阴花过取，
双花并生，二本并举。

畫梅三十六病訣

枝成指撚落筆再填停筆作節起筆不顛枝無生意

枝無後先枝老無刺枝嫩刺連落花多片畫月取圓

樹老花繁曲枝重叠花無向背枝無南北雪花全露

參差積雪寫景無景有煙有月老幹墨濃新枝墨輕

過枝無花枯枝無蘚挑處捲強圈花太圓陰陽不分

宾主無情花大如桃花小如李葉條寫花當枒起蕊

樹輕枝重花併犯忌陽花犯少陰花過取雙花並生

二本並舉

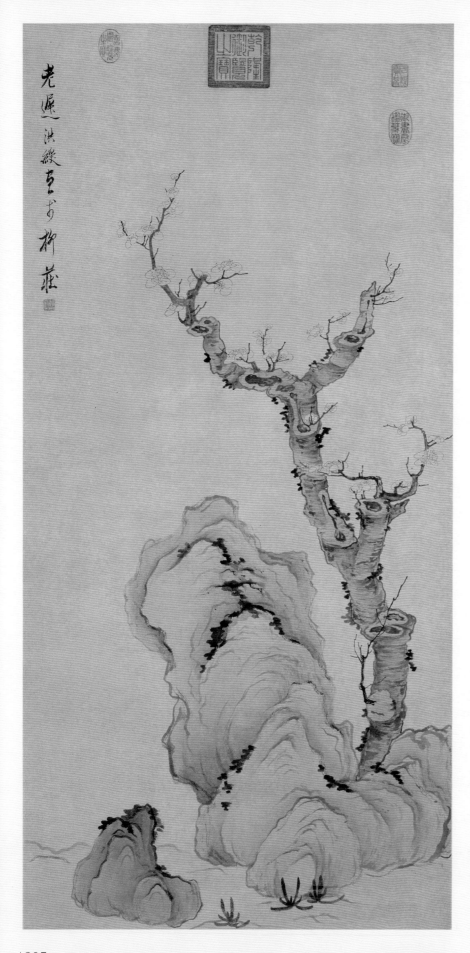

梅石图　陈洪绶
轴　纸本
纵 115.2 厘米　横 56 厘米
北京故宫博物院

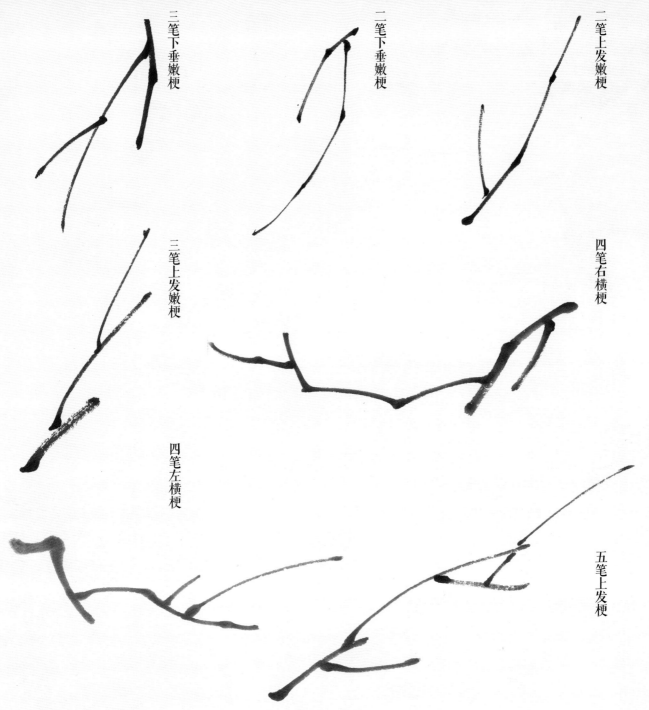

【画梅起手画梗式七则】

三笔下垂嫩梗

二笔下垂嫩梗

二笔上发嫩梗

四笔右横梗

三笔上发嫩梗

四笔左横梗

五笔上发梗

【导读】

　　清顾鹤庆有诗云："朔风吹倒人，古木硬如铁。一花天下春，江山万里雪。"梅花于苦寒中朵朵绽放，铮铮铁骨，傲雪凌霜，浓而不艳，冷而不娇。其俏不争春的风骨，使历代文人心向往之。

　　梅是我国原产花木，在我国有四千多年的培育历史。梅可以入药，也是古代的调味品。种梅、赏梅古已有之，中国人对梅花情有独钟。梅与兰竹菊并称"四君子"，与松竹并称"岁寒三友"。梅与中华民族的精神相契合，成为美和长寿的象征。梅花题材寓意吉祥，"松鹤长春""三友图""梅妻鹤子"等题材、典故都有梅花。梅花的香味与兰花似，是暗香"着意寻香不肯香，香在无处寻"，在不经意间一缕幽香沁入心脾，极力寻找却了无芳踪，使人怅然若失。自古文人以梅花比高洁坚贞，比隐士大贤。而在绘画学习中，我们也要学习"梅花香自苦寒来"的精神。

【作品解读】

此卷分四段，画梅花含苞、待放、盛开和残败的变化过程。

含苞：画嫩枝尚未舒张，枝头已着花蕾，预报花期将临。

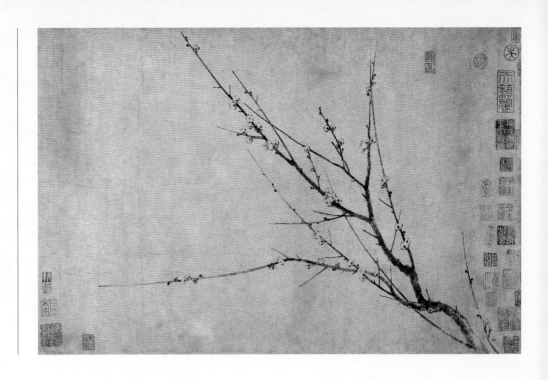

四梅图（含苞）　扬无咎
长卷　纸本　墨笔
纵 37.2 厘米　横 358.8 厘米
北京故宫博物院藏

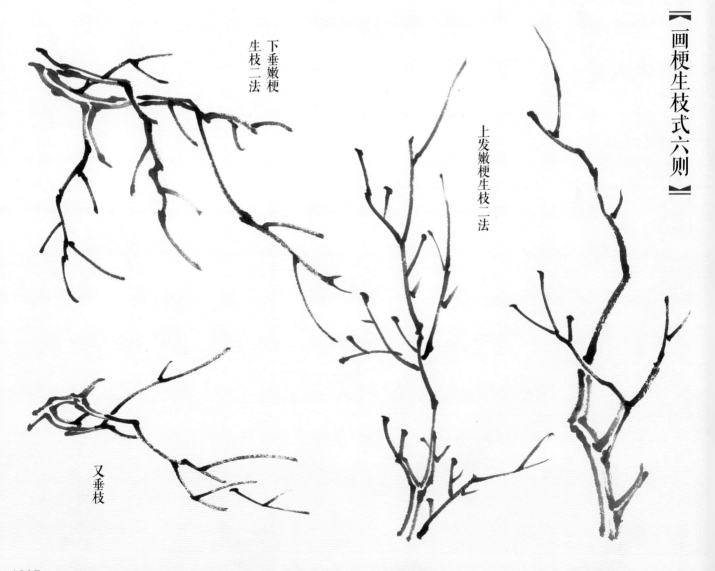

《画梗生枝式六则》

下垂嫩梗
生枝二法

上发嫩梗生枝二法

又垂枝

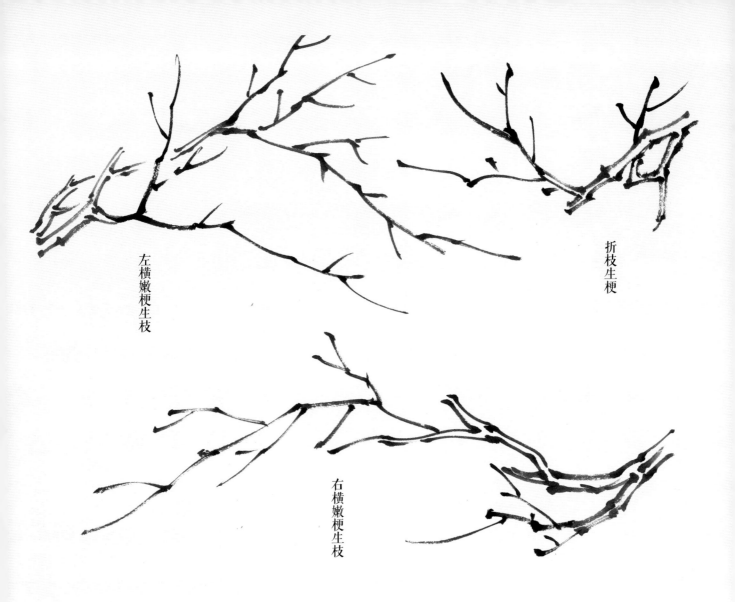

折枝生梗

左横嫩梗生枝

右横嫩梗生枝

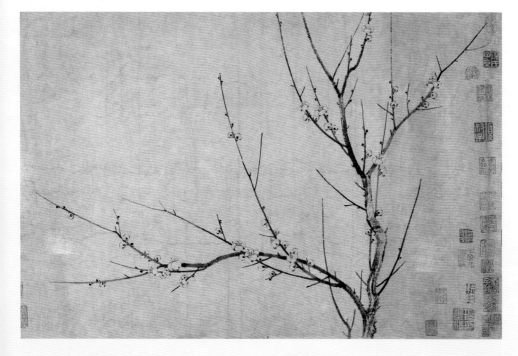

【作品解读】

　　舒展的枝干，已经有少许含苞初绽。

扫一扫
视频教学

四梅图（待放）　扬无咎
长卷　纸本　墨笔
纵 37.2 厘米　横 358.8 厘米
北京故宫博物院藏

旧枝新条上的朵朵繁花，已经尽情开放，香气袭人。

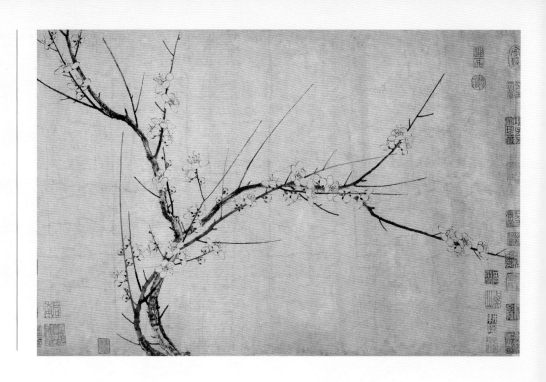

四梅图（盛开）　扬无咎
长卷　纸本　墨笔
纵 37.2 厘米　横 358.8 厘米
北京故宫博物院藏

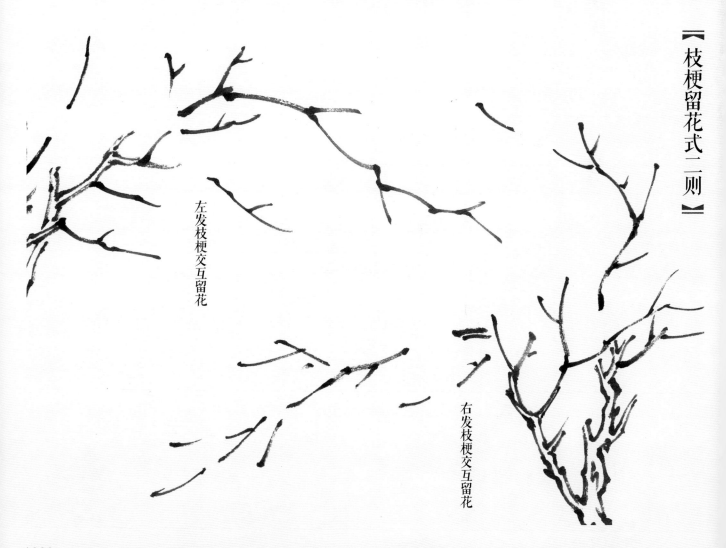

枝梗留花式二则

左发枝梗交互留花

右发枝梗交互留花

画梅写枝干时运笔宜以遒劲嶙峋、龙鳞鹤骨为佳。老干苍劲表达年深日久、岁月沧桑，新枝鹤骨虬妍体现风神劲朗、昂扬向上。老干适当运用枯笔，新枝可墨浓而润泽，新、老有所区别，形成对比。老干表现需遒曲有力，枝条生发要自然生动，前人讲"梅干如'女'字"，就是说画梅干不能表现得过于平直，否则既不符合自然形态，也不符合画理。老干不着花，新枝不点苔。老干着花失之端庄，新枝点苔有悖常理。老干点苔宜圆润，太尖像草芽，太横又像树叶。

枯干发条

【老干生枝留花式二则】

老干发条

【画根式一则】

古梅老根

210

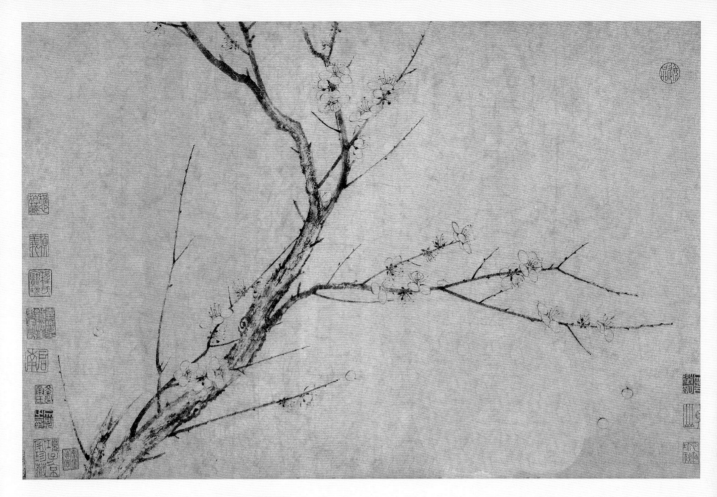

四梅图（残败）　扬无咎
长卷　纸本　墨笔
纵 37.2 厘米　横 358.8 厘米
北京故宫博物院藏

【作品解读】

　　表现残萼败蕊，随风飘散，颇有美人迟暮之情。作者的墨梅，一改彩染或墨晕花瓣之法，以墨笔圈线，气韵清爽不凡，韵致高远。既不同于描粉缕金的院派，又不同于逸笔草草的逸体。墨韵高华，清意逼人。

【作者简介】

　　扬无咎（1097～1169），南宋画家。字补之，号逃禅老人、清夷长者，本蜀郡成都人，传之无咎已为清江（今属江西）人，寓豫章（今江西南昌）。擅书，学欧阳询，笔势劲利，诗词俱工。能画水墨人物，师李公麟，尤擅水墨梅、竹、松、石、水仙，以画梅最著称，尤宜巨幅。其孤标雅韵之画风，与其傲兀耿介之品格有关。和当时画院中盛行的富丽华贵的"宫梅"绘法不同，对后世影响甚大。

【札记】

_____

_____

_____

_____

_____

正面全放
偃仰平侧

【画花式七则】

背面全放
偃仰平侧

初放偃
仰平侧

将放偃
仰反正

含蕊偃
仰反正

落瓣

开残

【导读】

　　古人讲，梅有四德：元亨利贞，初生蕊为元，开花为亨，结子为利，成熟为贞。梅花五瓣向心，民间认为有团聚美好之意，当下也有人对梅花五瓣一一赋予吉祥寓意。

　　画梅花，花瓣勾勒须圆润，但每一瓣都要符合生理结构，才能生机勃发。花蕊、画须要错落有致，风姿绰约，大效果要齐整，要长在花蕊，不能浮离。点花蒂或花萼也非常重要，正面开花则点在花瓣间，未全开的根据具体情况把花苞点缀包圆。花蒂标识花朵的方向、姿态，在写意画中有充当"画眼"的意思。梅花作品没有花叶，所以在以梅花为主体的作品中，点花蒂、点苔尤为重要。

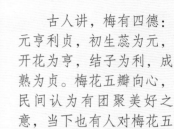

扫一扫
视频教学

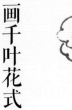

画千叶花式四则

梅花重瓣的画法与单瓣花道理一致，只是花瓣增多，绘制时要注意前后、虚实的藏露关系。

工致的画法花瓣着色时，花心用胭脂或其他颜色向瓣尖晕染，花心色最重至瓣尖逐次浅淡，瓣尖用白粉提亮，花须用钛白勾出，藤黄加锌白点蕊。点蕊讲究落纸后的颜色呈水珠状突出，完全干透后蕊芯水分蒸发形成中心凹四周凸起的小点，很是别致。通常花蕊金黄表示刚刚开放，黄中带赭是开了一段时间的，这些细节都和四时风物紧密相关，学习时要注意观察积累。

全放偃 仰反正

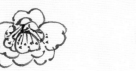

初放偃 仰反正

攒萼，花可着粉染脂用，故蒂双钩不点墨。

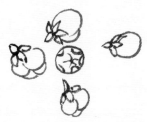

点墨花，亦可点脂，作无骨花。

扫一扫
视频教学

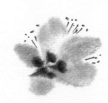

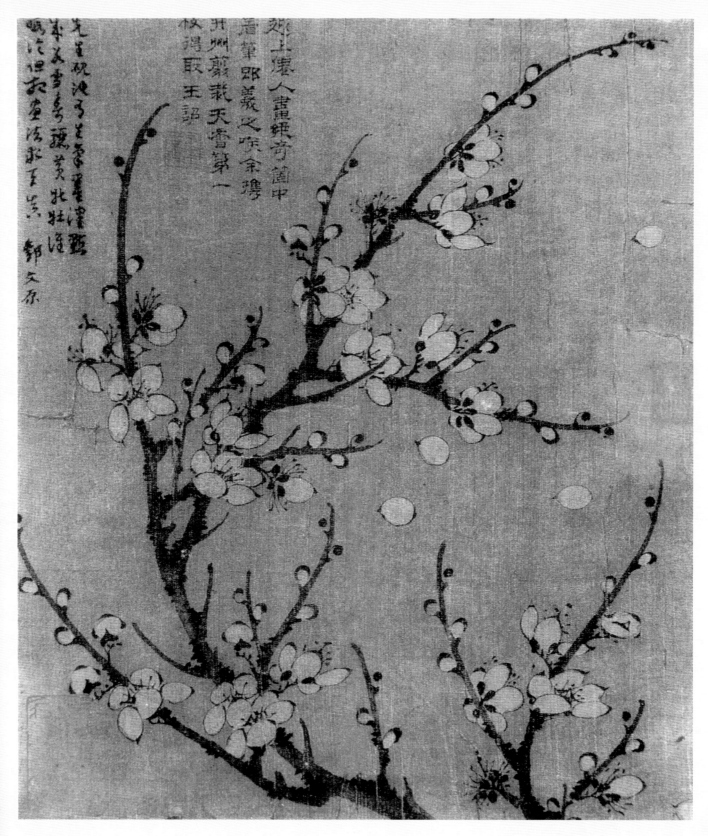

【作品解读】

　　古梅一株，枝干舒展，花朵绽放。笔墨恣纵，格调清新，颇得逸笔之妙。具有扬无咎和王冕的传统风格。此画无款识，画幅中有王诏的七绝和郑文原题记。

墨梅图　佚名
册页　绢本　水墨
纵 24.4 厘米　横 20.3 厘米
辽宁省博物馆藏

《花胡蕊蒂式(六则)》

点缀花蒂或花萼用较重的墨色，由于画面没有叶片（少数品种开花时有极少嫩叶，但梅花题材多不表现），花蒂就有丰富画面的点醒作用及表示花的偃仰方向的作用，所以非常重要。小写意花蒂可用同色的深色点醒，也可以用较深墨色，大写意一般用浓墨点醒。点花蒂时如果遇到露出花蒂末端的情况，应有足够的着枝意向或连接梅枝，如果稍有"气眼"不能完全粘连也不要紧，意到即可。

写意点梅花，花瓣用色要统一，颜色要饱满，无论深浅颜色水分要足。点染时注意笔毫的灵活运用，营造每组花间颜色的对比统一，区别花与花之间的空间虚实等关系，最终每一组的变化形成画面整体的色彩节奏。花瓣之间，花朵之间有交搭，也要透气，看似重叠杂沓，但不能粘在一起，点到为止，让人感觉复杂，但能寻出规律，使画面每个组成部分都有自己的活动空间。

扫一扫
视频教学

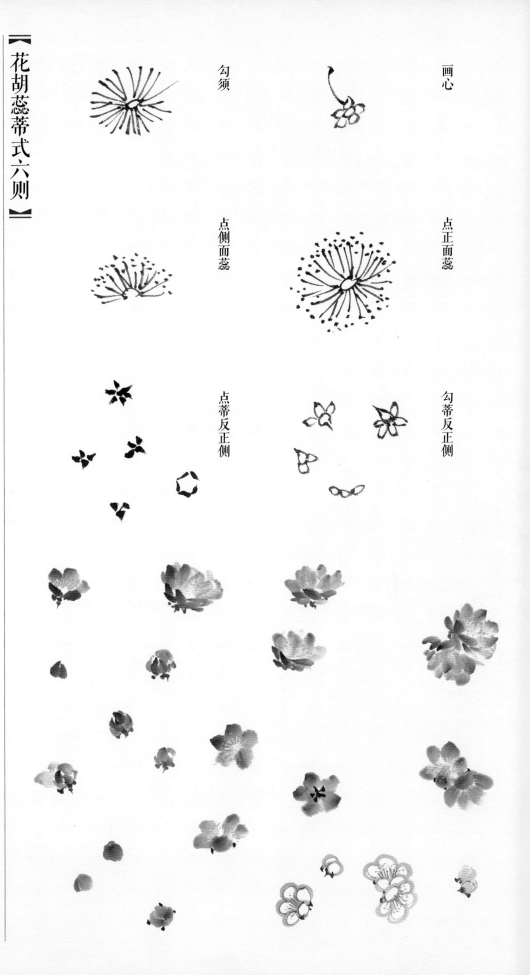

勾须

画心

点侧面蕊

点正面蕊

点蒂反正侧

勾蒂反正侧

画花生枝点芽式九则

二花反正上生

二花偃仰横生

二花反正平生

三花全放

三花初放

四花下垂

四花上仰

一花先放

两三花才放

【导读】

　　一般画梅先画枝干，枝条间要预留花朵的空间，这样做是先确定作品的整体气韵。初学可以先起个小稿，或小指反手用指甲轻轻在纸面上轻划出大概的轮廓、位置。古人有"九朽一罢"之说，所谓"以土笔扑取形似"的"土笔"已经不为人所知，大家起稿子用"朽笔"也就是木炭条，其中柳木炭条较好，因为柳木炭条性松软不宜伤纸，初学画者多用之。当然随着水平提高，大多数题材都可以不用炭条打稿子。

　　梅是先开花后生叶，梅花将尽时叶芽生出，叶芽初露叶片胭红带绿别具丰饶，需要创作时可用毛笔先蘸汁绿笔尖着胭脂写出，但不宜过多。相同的方法也适用于梨花桃杏等的创作中。

　　古人云"无女不成梅"，讲梅枝干穿插曲屈形同汉字"女"。但不要刻意画"女"形枝干，注意不要形成标准三角形的枝杈交错，感觉要自然，太过平板僵死应想办法破开，或圆或方，或虚让不使其成型，避免非自然的线条规律。

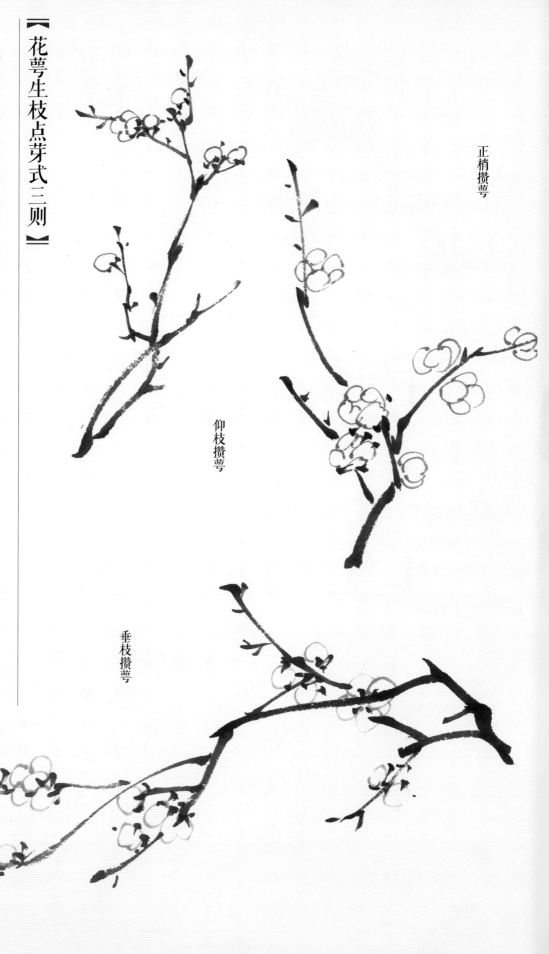

《花萼生枝点芽式三则》

前面说过一般画梅先画枝干，但熟练了也可以花、枝交替完成，也能先点花再勾写枝干，整体有先后，细节交替完成。

画梅四贵，第一贵稀不贵繁，初学创作梅花容易画多，花繁枝少，有的初学者就会再去添枝，最后越画越多，画面繁复不堪。这种情况就需要学者"三多"来解决，多看，多练，多思考。看前人经典，认真读画，看清楚名作当中的花到底有几朵，这些花如何占据空间，繁疏之间有何差别。多临摹，认真临摹，原画有什么就画什么，不任意加减。多思考，多对比，找差距分析规律。同一题材不同的人画出来效果大不相同，不仅是技法的运用与处理，还考量画家的画外功夫，如修养学识、经营统筹等综合能力。初学时除了技法的学习还应该加强相关知识的积累和沉积，随着学习的深入就会发现知识结构越丰富越厚重，作品也会越耐人寻味，知识的储备和艺术水平的高低成正比。

正梢攒萼

仰枝攒萼

垂枝攒萼

【原文】

生枝，交互顺逆，穿插取势。添花，偃仰反正，映带有情。

【导读】

经营画面主次，浓淡、节奏都要考虑周全。主体是画面的主线和关键。梅花一般梅干为主体，其中老干为主新枝为辅。主宾之间要相互增益，互动生发。主体要突出、醒目，客体众星捧月突出主体。俗话说"红花还须绿叶扶"即是此理，反之则零乱散漫，画面的统一性可能荡然无存。如同开会讲话，大家按次序议程轮流发言，最后讨论达成共识，皆大欢喜，如果各自为战、各说各话，局部再精彩、再突出也是乱成一团，不知所云。中国画中运用了传统诗歌的创作手法，起承转合。起，就是起笔、起手式，要大气或娟秀，这一步直接影响画面的整体走向；承，顾名思义是对起笔的延续和肯定，承接起势进一步加深明确；转，画面到达高潮、冲突部分，主体的"画眼"由此出现，是最引人入胜的地方，此时需要布置情理之中意料之外的效果，烘托出主体与中心思想；合，绚烂之后、复归平静，做到首尾呼应、主体统一，前面的跌宕起伏，如滚滚波涛归复平静的汪洋，给观众留下余韵悠长的遐想。

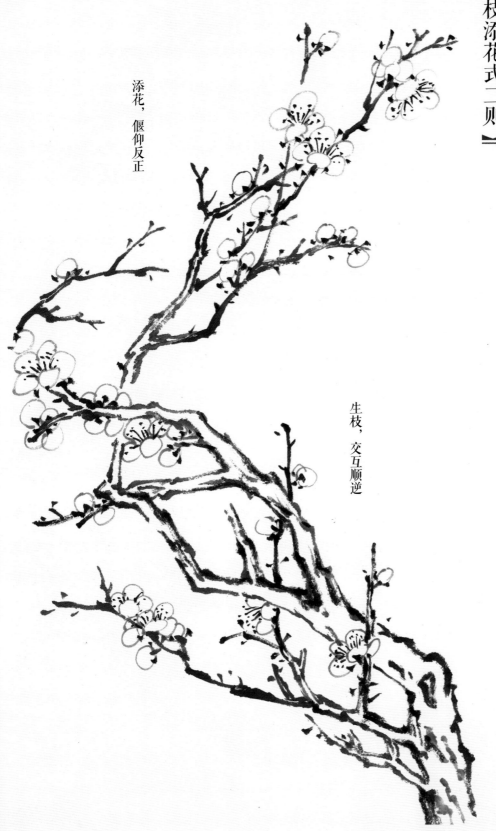

添花，偃仰反正

生枝，交互顺逆

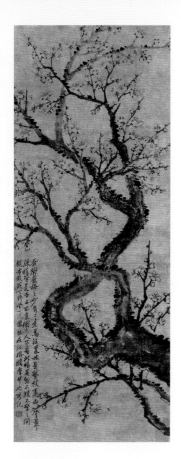

梅花图　罗聘
立轴　纸本　墨笔
纵69厘米　横28厘米
四川省博物馆藏

【作品解读】

　　罗聘二十四岁时师从金
农，常以梅兰竹菊等入画。
图中以粗笔淡墨写出梅树老
干道劲之姿，浓墨点苔，淡
墨勾花，又以浓墨点染花萼，
使朵朵墨梅呼之欲出。笔法
古拙质朴，野趣横生，有别
于汪士慎画梅之繁花密枝、
高翔之疏朗秀逸，自成一体。

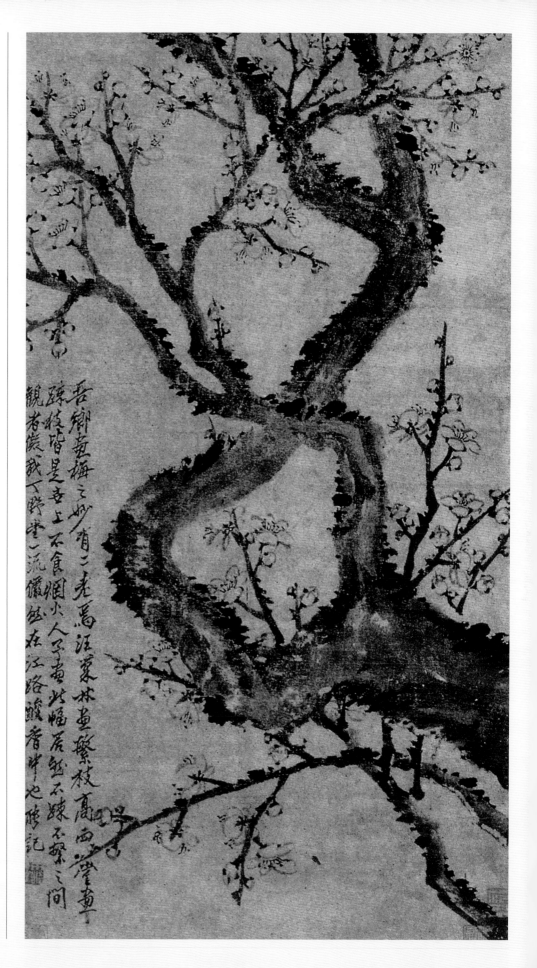

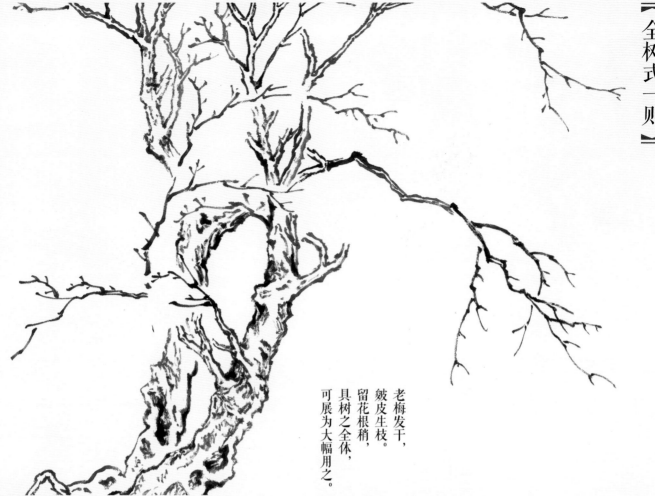

老梅发干，
皴皮生枝。
留花根稍，
具树之全体，
可展为大幅用之。

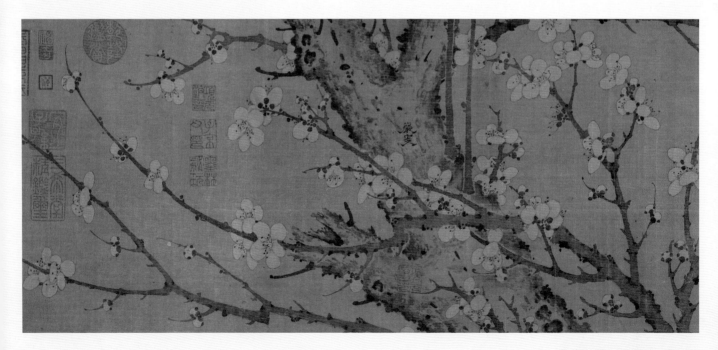

梅花诗意图（局部） 岩叟
长卷 绢本 水墨
纵 19.2 厘米 横 112.8 厘米
（美）弗利尔美术馆藏

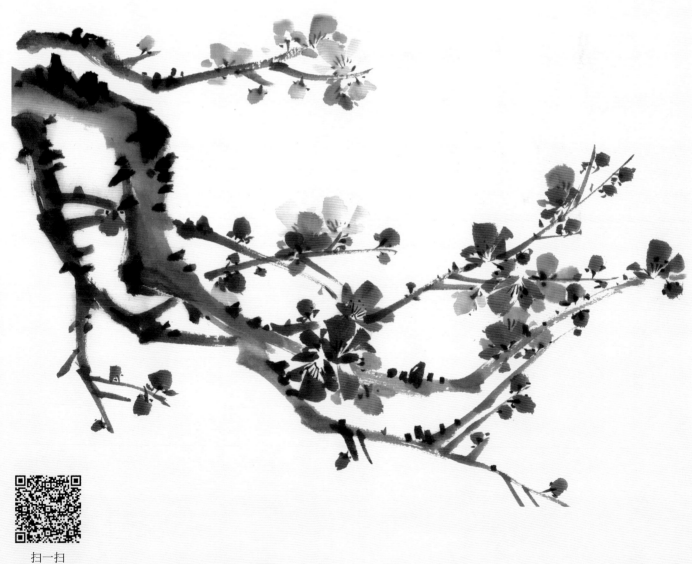

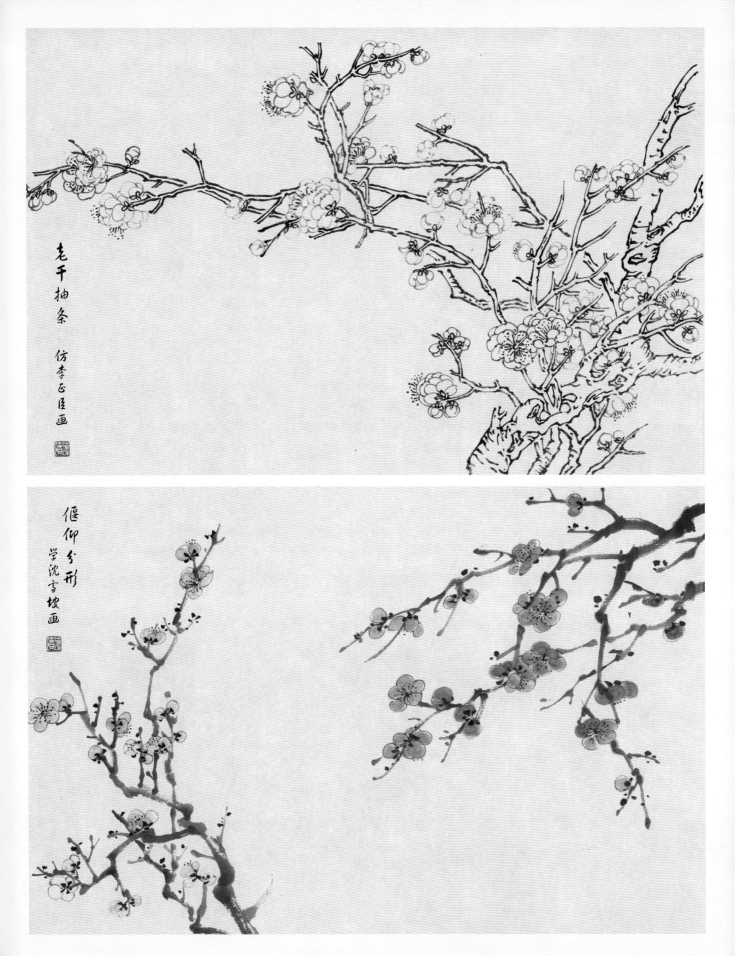

老干抽条

仿李正臣画

偃仰分形

学沈雪坡画

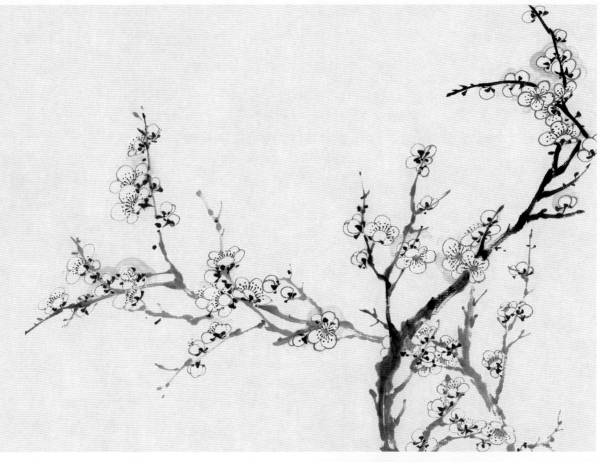

交加取勢

摹揚補之畫

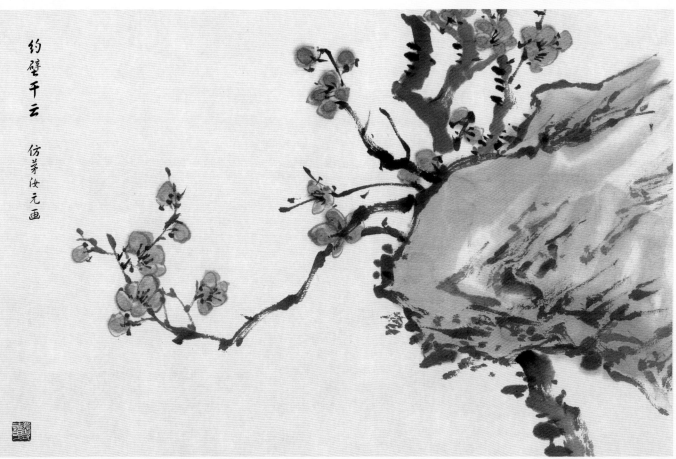

約壁干云

仿茅汝元畫

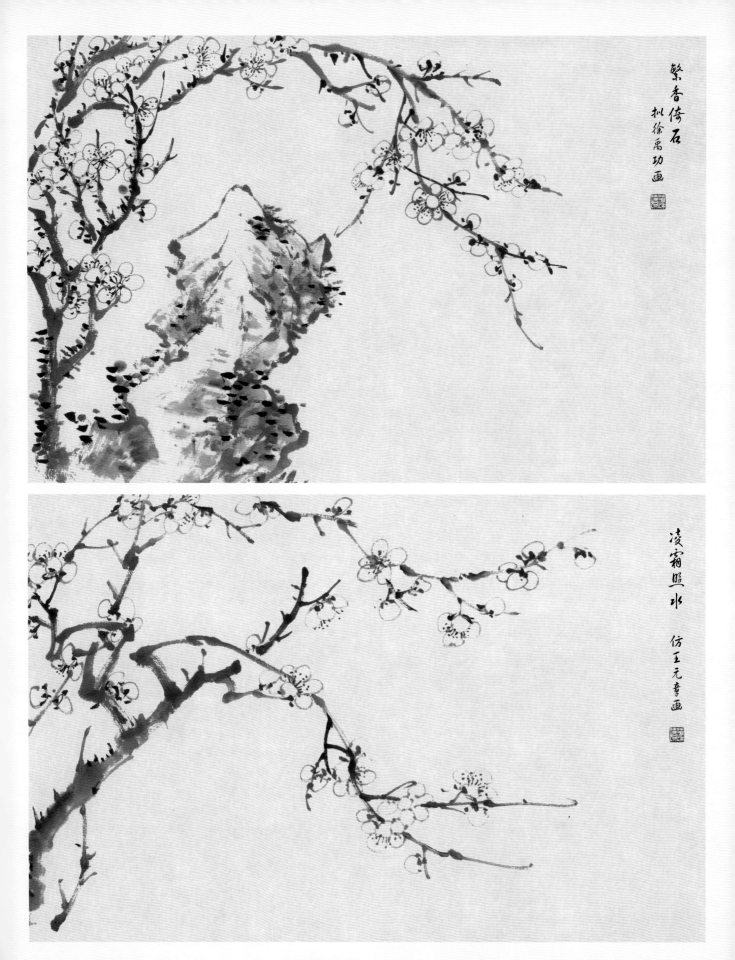

繁香倚石
拟徐禹功画

凌霜照水
仿王元章画

带雨争妍

学赵天泽画

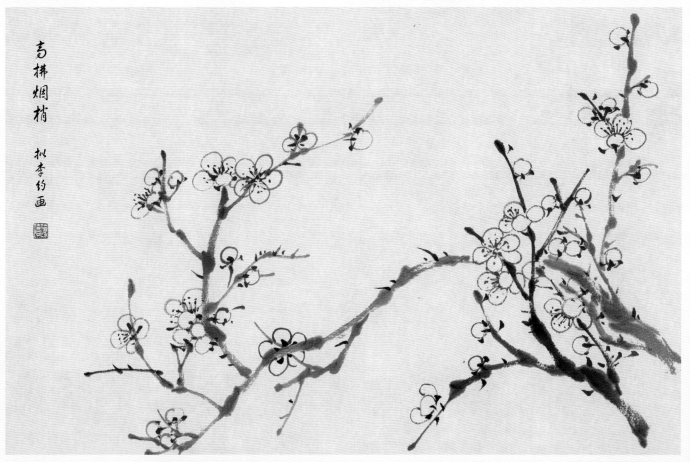

青拂烟梢

拟李约画

早传春信

摹赵子固画

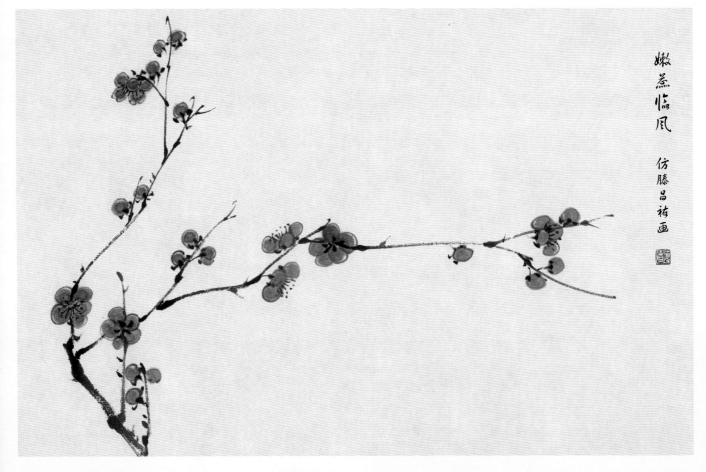

嫩蕊临风

仿滕昌祐画

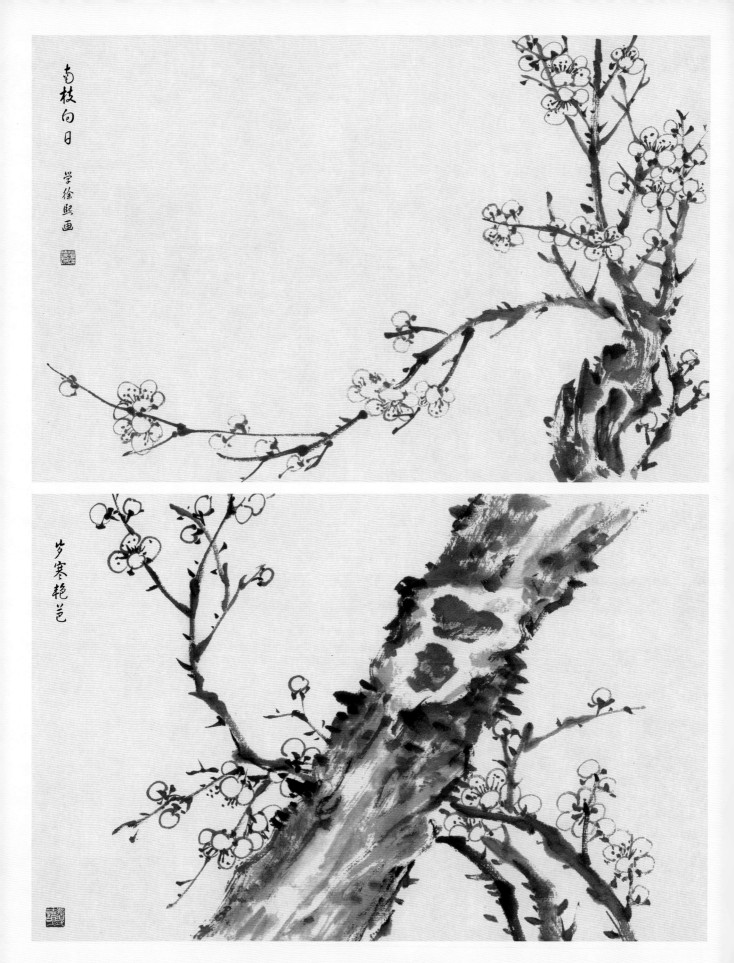

南枝向日

学徐熙画

岁寒艳芭

寒侵翠竹

学徐崇嗣画

色映丹霞

仿谢祐之画

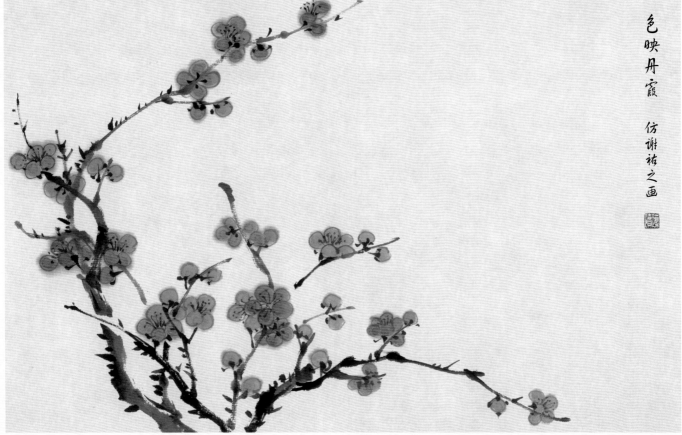

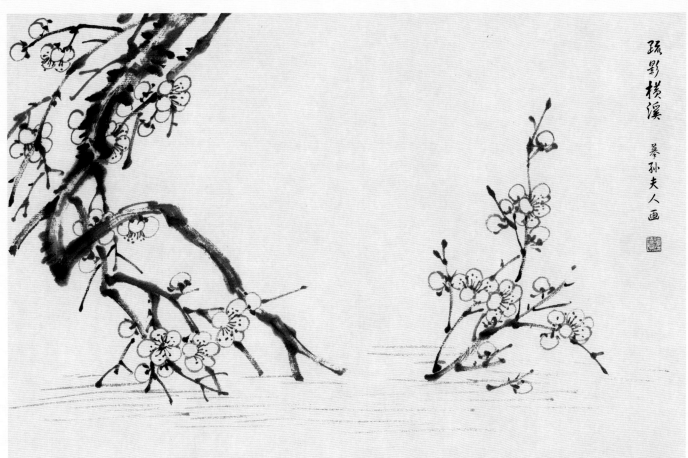

疏影横溪

摹孙夫人画

暗香笼月

仿释仁济画

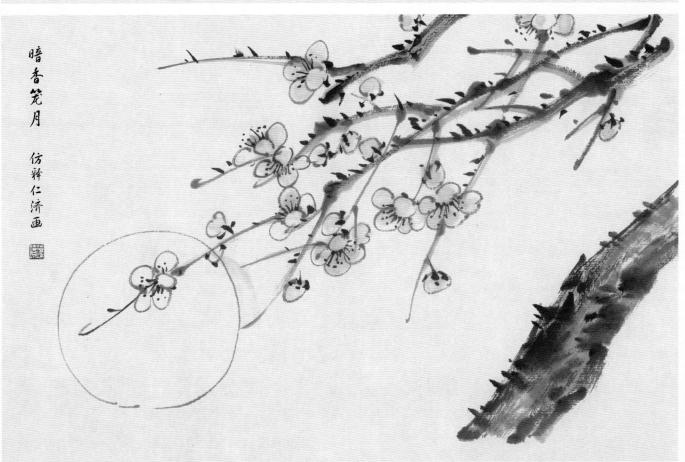

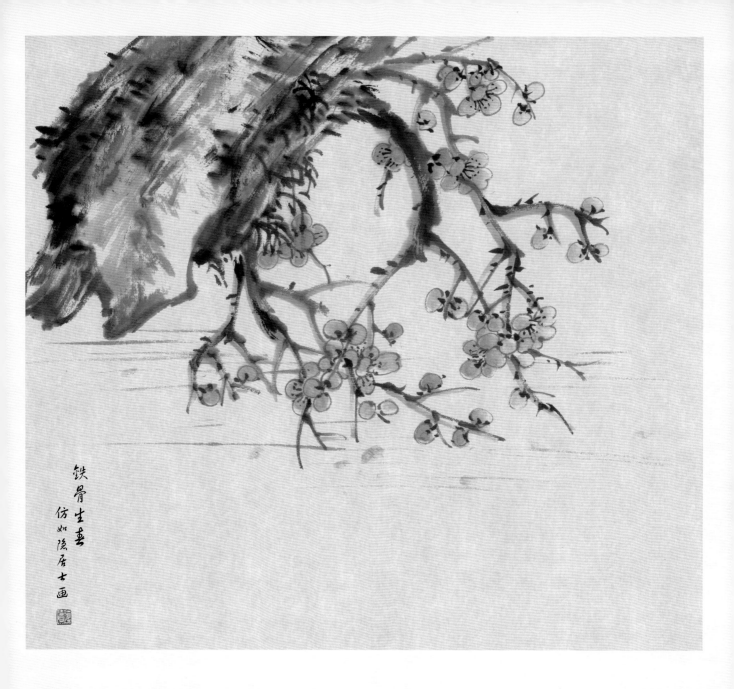

铁骨生春
仿如隐居士画

【札记】

_____

_____

_____

_____

_____

_____

_____

_____

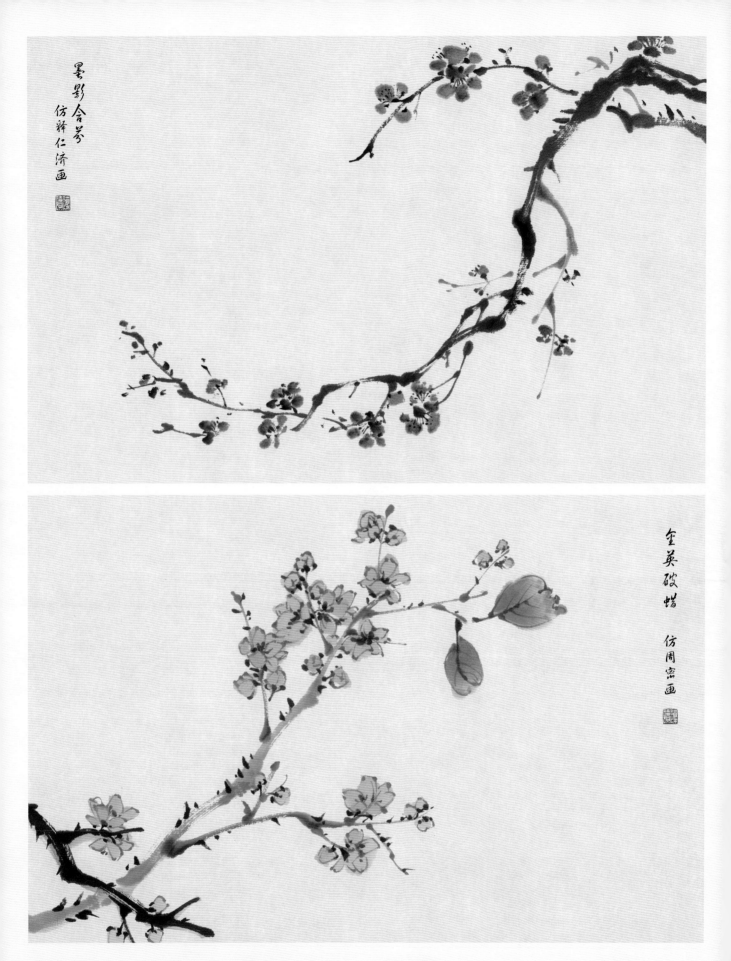

墨影含芳
仿釋仁濟畫

金英破蠟
仿周密畫

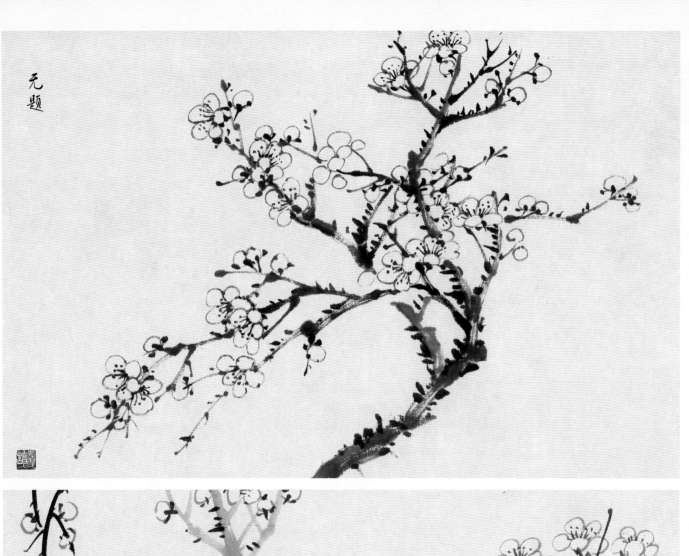

无题

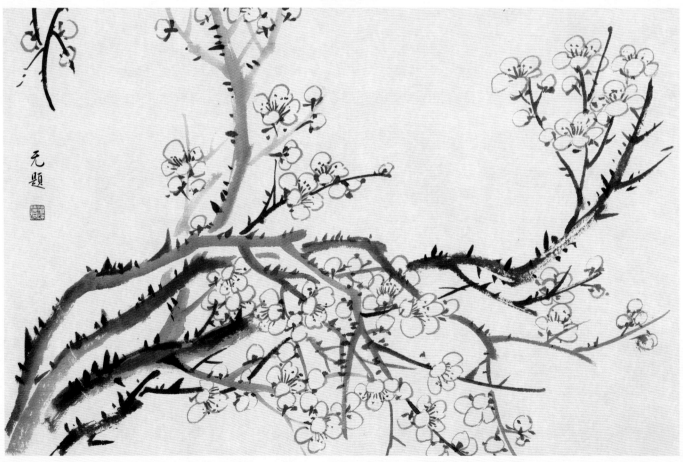

无题

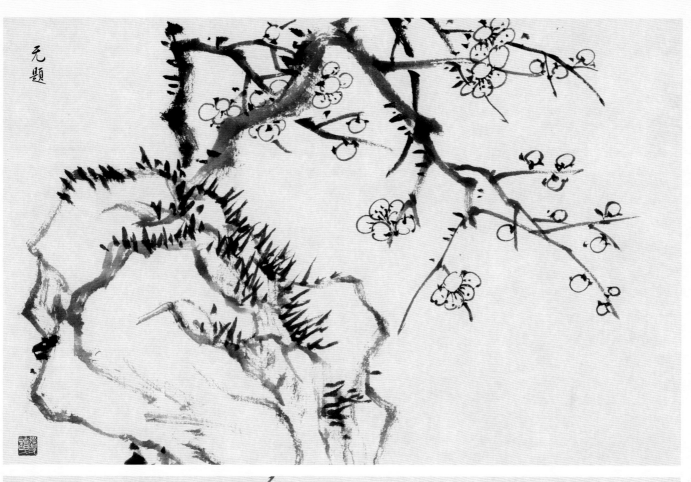

无题

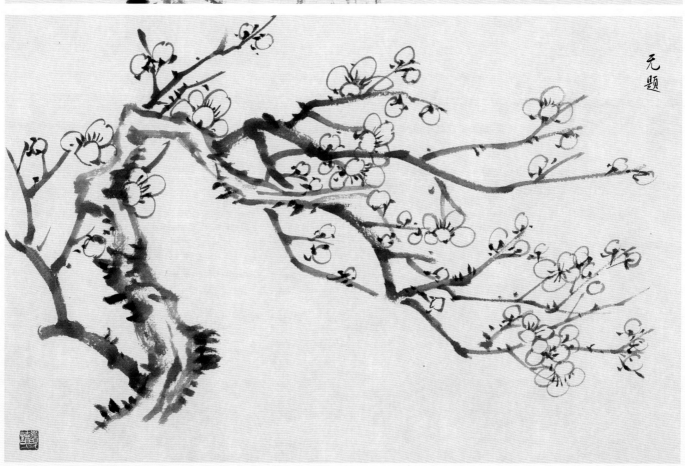

无题

233

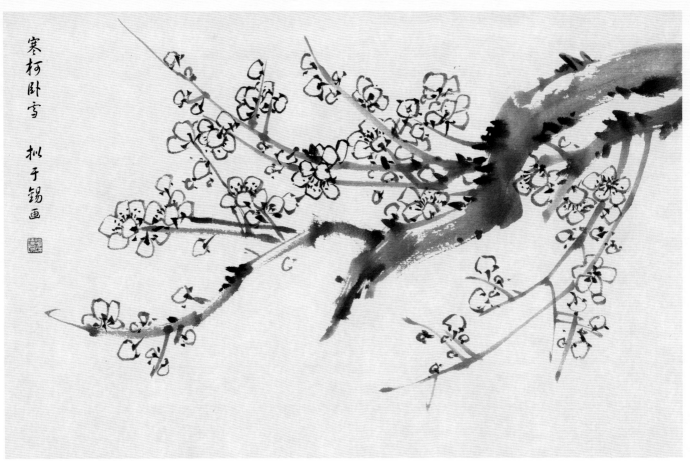

寒柯卧雪

拟于锡画

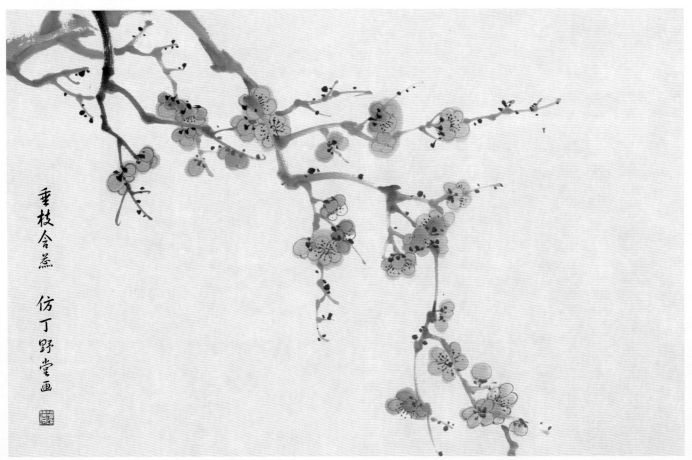

垂枝含蕊

仿丁野堂画

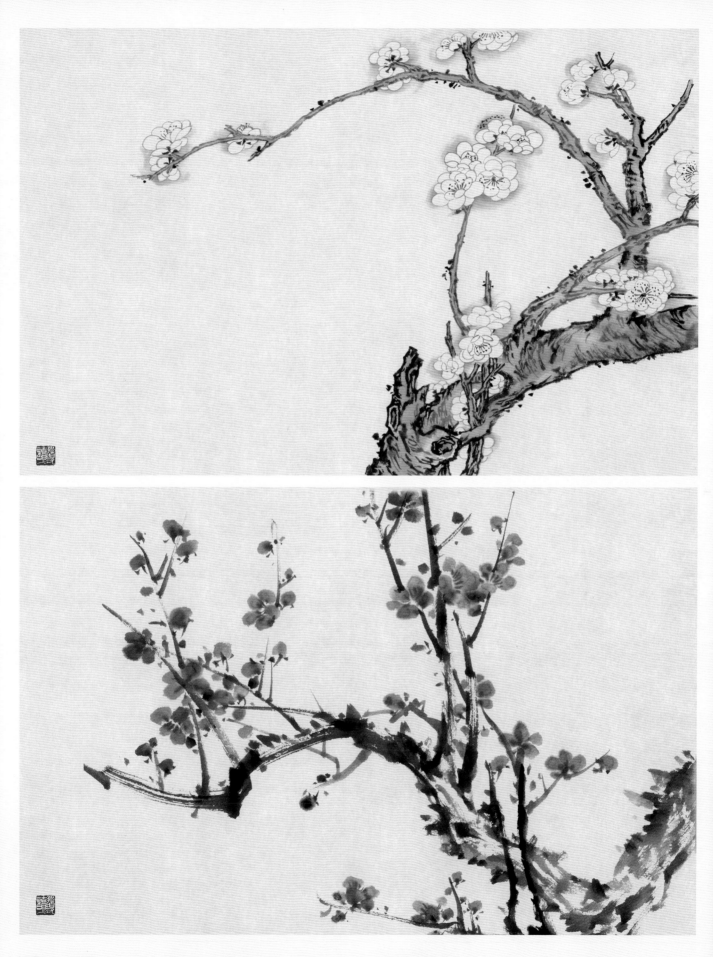

235

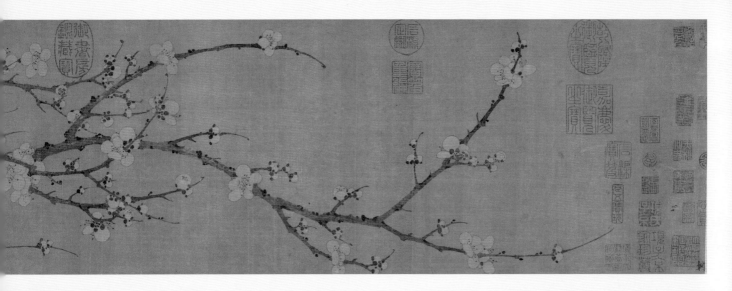

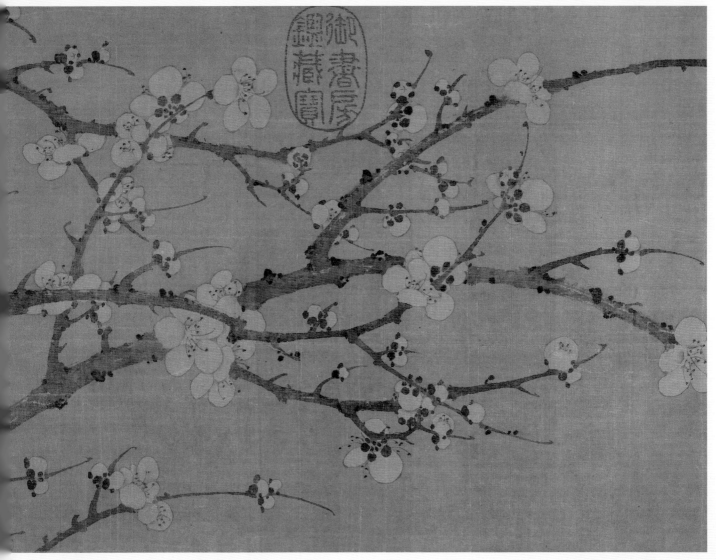

【作者简介】

岩叟，生卒年不详，字彦霖，《宋史》有传，未称其擅画。

梅花诗意图 岩叟
长卷 绢本 水墨
纵 19.2 厘米 横 112.8 厘米
（美）弗利尔美术馆藏

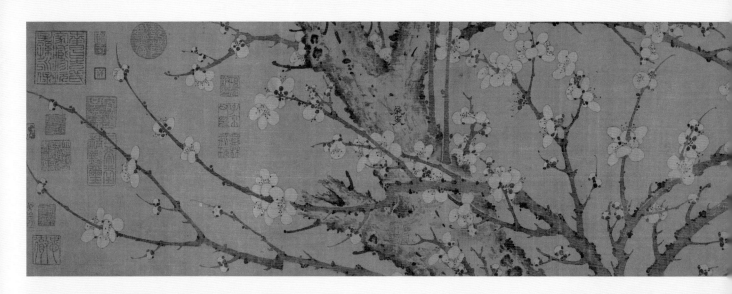

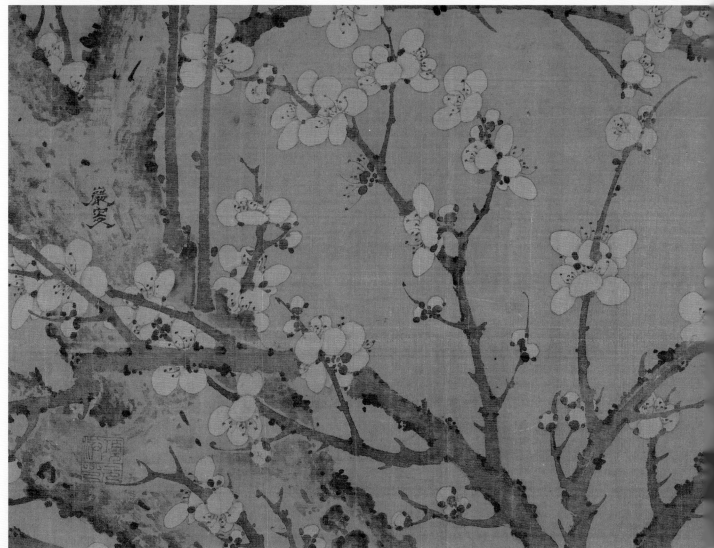

【作品解读】

　　整幅画盛开的梅花，树干上墨书有"岩叟"二字，应是作者的名或号。此画运笔遒劲有力，构图疏密有致，枝条穿插，富有韵味，具扬补之遗法，为补之传派中上乘之作。

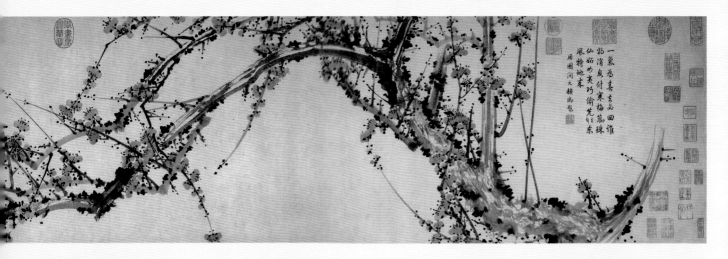

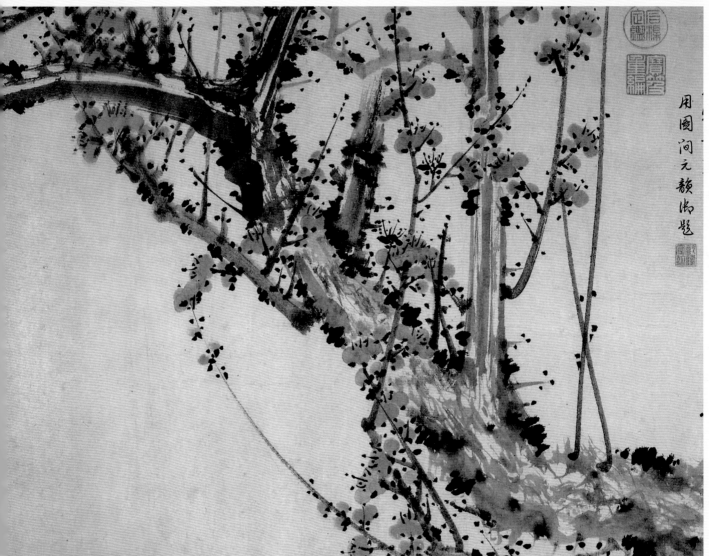

用圈间元颜术甃

【作品解读】

图绘老梅新枝，蓓蕾竞绽，喧闹热烈的气氛宣告春天来临的消息，动人心魄。画家以劲健和时带飞白的笔触皴写粗干，梅花画法奇特，既非用笔点染，亦非用线勾勒，而用绢卷或线团蘸墨点成。作者以特写镜头截取画面，擅用疏与密、繁与简、直与曲等对比手法布局，笔势遒劲奔放，墨色浓淡参差，境界幽雅淡逸，是古代墨梅画的杰作。

春消息图　邹复雷
长卷　纸本　水墨
纵 34 厘米　横 212.5 厘米
（美）弗利尔美术馆藏

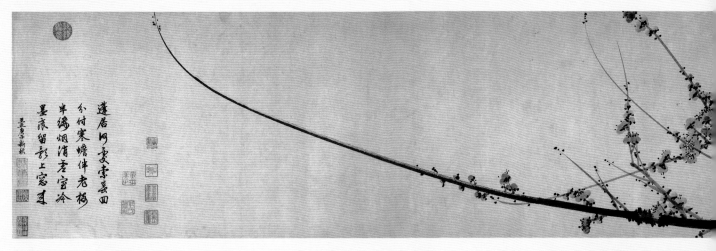

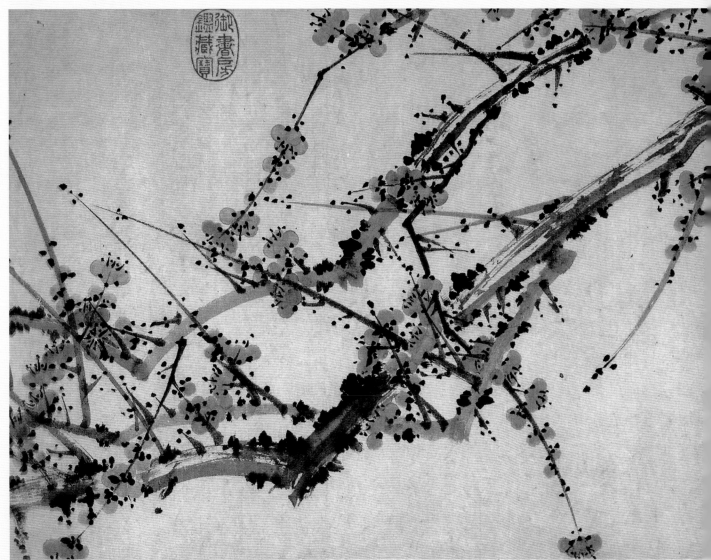

【作者简介】

　　邹复雷，生卒年不详，道士，别署洞玄丹房主，斋名"蓬荜居"。工诗、擅画，尤精写梅，风枝雪蕊，得华光老人（仲仁）不传之妙，为时人所重，画名颇高。

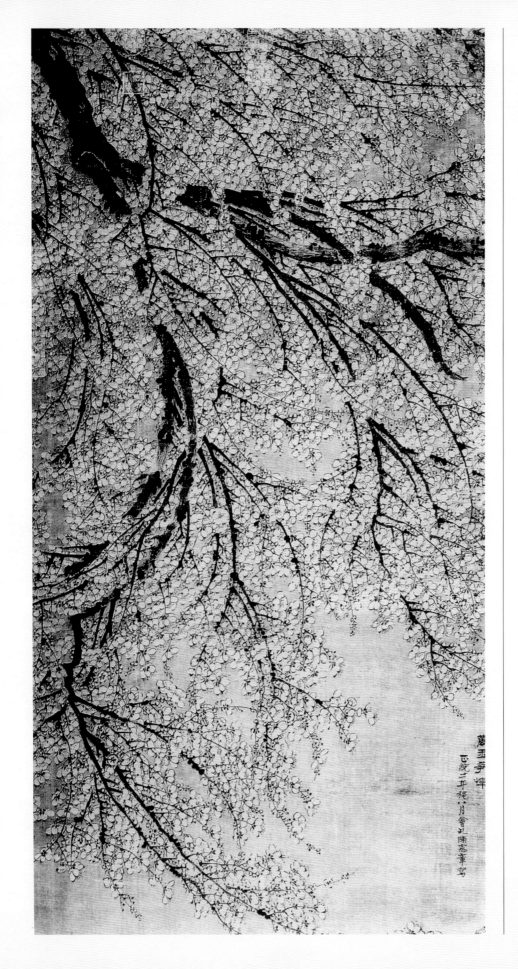

【作者简介】

　　陈录，生卒年不详，明代画家，字宪章，号静斋、如隐居士，会稽（今浙江绍兴）人。能诗、善画，墨梅及松竹兰蕙等笔意儒雅，画梅与王谦齐名。所画雪梅，老干用枯笔焦墨，皴擦顿挫，结构奇绝，屡出飞白之笔，尽显篆籀草法之妙，苍老遒劲，充满生机；梅花淡墨圈点，疏密纵横，反侧正势，具呈大观。

【作品解读】

　　画面上繁花密蕊，璎珞纷呈，千条万玉，扑面而来，气势恢宏。梅干自左出，倒垂而下，分为二枝，一枝弯曲直下，一枝平伸出画面，细枝侧条全取披垂之势，与总的动势保持一致。
　　构图上将主干分散从而强调繁花密蕊本身的美感，有一种喜气洋洋的氛围，体现了画家躬逢"盛世"，而"借花献佛"，以写"梅花得意羡群芳"的心情。

梅花图　陈录
立轴　绢本　墨笔
纵 116.5 厘米　横 61.7 厘米
台北故宫博物院藏

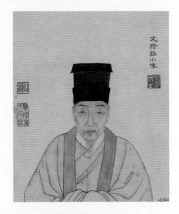

【作者简介】

文徵明 (1470～1559)，明代书画家。初名壁，一作璧，号衡山居士，长洲（今江苏苏州）人。少时学文于吴宽，学书法于李应祯，学画于沈周。与祝允明、唐寅、徐祯卿相结交，人称"吴中四才子"。擅画山水，远师郭熙、李唐，近学吴镇，生平雅慕赵孟頫。多写江南湖山庭园和文人生活。亦善花卉、兰竹、人物，亦工书能诗。传世作品有《兰竹图》《秋花图》《霜柯竹石图》《花鸟图》等。

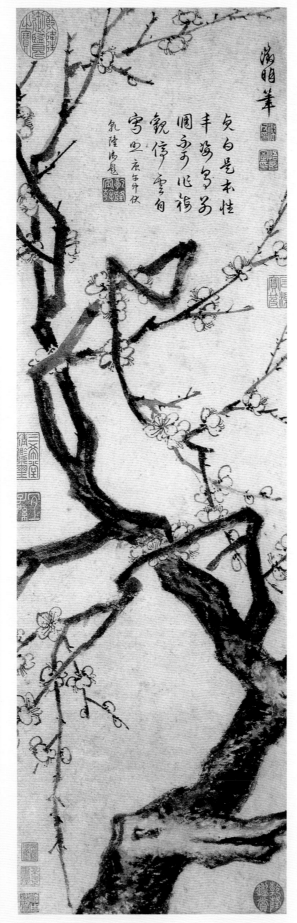

冰姿倩影图　文徵明
立轴　纸本　墨笔
纵 76.9 厘米　横 24.5 厘米
南京博物院藏

【作品解读】

一株老梅盘折虬曲，苍劲清凛，枝头疏梅点点，似有暗香扑鼻之感。

古来画梅者众多，各有特色。文徵明的这幅墨梅古朴质拙，却韵高神清。枝干以墨笔直写，浓墨点染。梅花圈笔成瓣，墨点花心。以朗朗清气，衬出梅的铮铮傲骨。

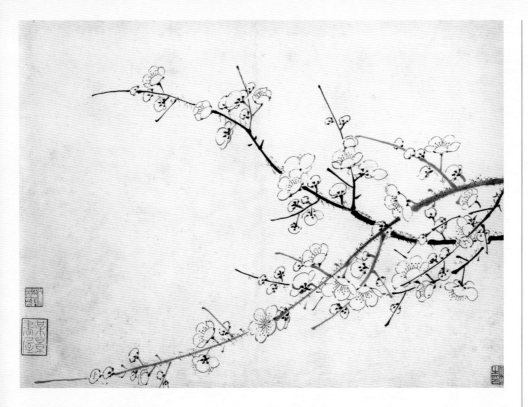

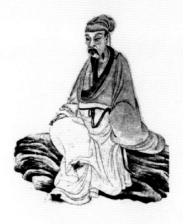

【作者简介】

　　金俊明（1602～1675），
原名衮，字孝章（一作九章）
号耿庵，又号不寐道人，吴
县（今江苏苏州）人。少随
父官宁夏，往来燕赵间，以
任侠自喜。诸边帅争欲延致
幕府，不就。归里后，折节
读书，靡不研究，著名复社
中。明亡，杜门拥书自给，
不复出。

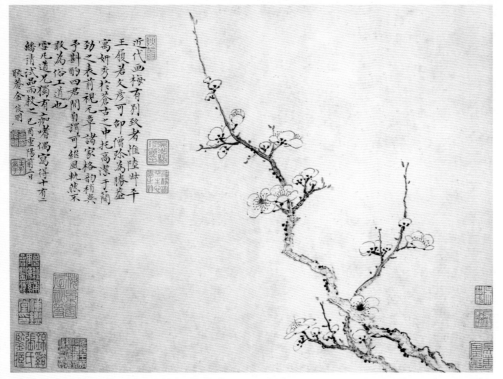

梅花图（之一、之二）　金俊明
册页　纸本　墨笔
纵 23.4 厘米　横 32 厘米
上海博物馆藏

【作品解读】

　　全册共十二开，题名为"暗香疏影"，此为其中之两开。画中梅姿各异，有出墙倒垂，有疏影横斜，有老椿弯立，有嫩枝挺拔，有与墨竹相依，有以松针为伴，有双钩皴擦，有一笔为之，极刻画之能事。花朵皆用白描，线条劲利熟练，再以浓墨数点作花蒂。

　　上图为两枝梅枝斜伸，各取上下二势，花开错落，各有呼应。用笔粗细随类，墨色浓淡相宜，相互辉映，清新静逸。下图从右下角屈伸两枝，一高一低，交叉左右，相互呼应，得简逸冷峻之韵。此画为金俊明晚年之作。

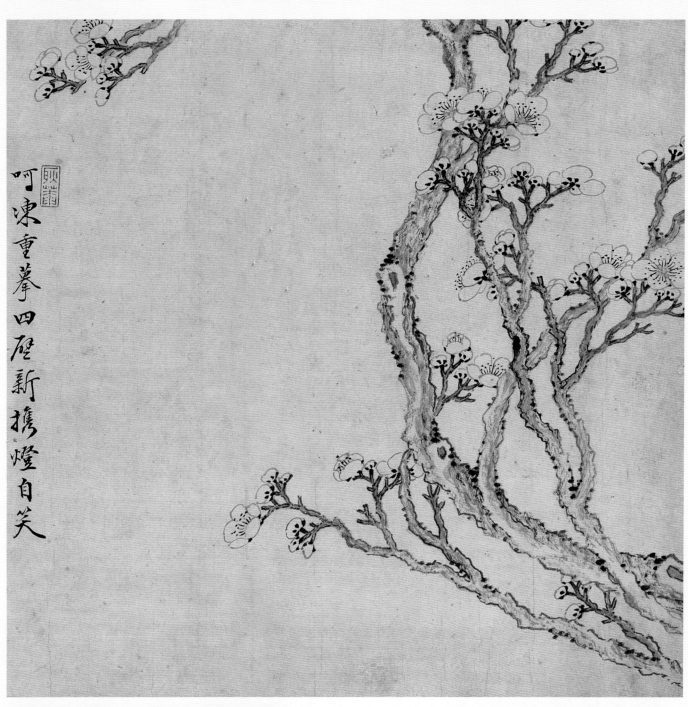

呵凍重摹四歷新擔燈自笑

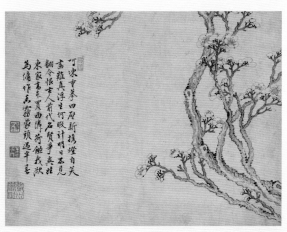

墨梅图　金俊明
纸本　墨笔
纵 26 厘米　横 34 厘米

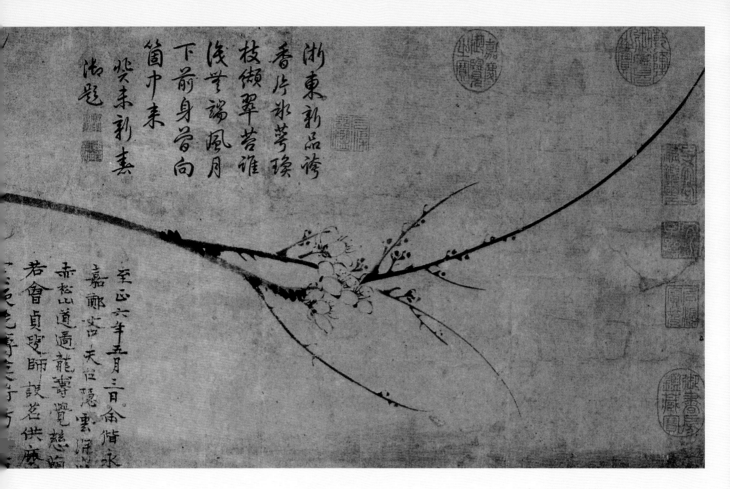

【作品解读】

　　梅枝横斜而出，枝条简疏。枝节交叉处梅花竞相吐蕊开放，表现了野梅的清绝韵致。主干以淡墨挥洒，浓墨点苔，苍古老拙。分枝以中锋勾撇，挺拔坚韧。梅花以圈花法绘出，颇得扬无咎笔意。

墨梅图　王冕
卷　纸本　墨笔
纵 30.8 厘米　横 92.2 厘米
上海博物馆藏

【作者简介】

见 197 页。

【札记】

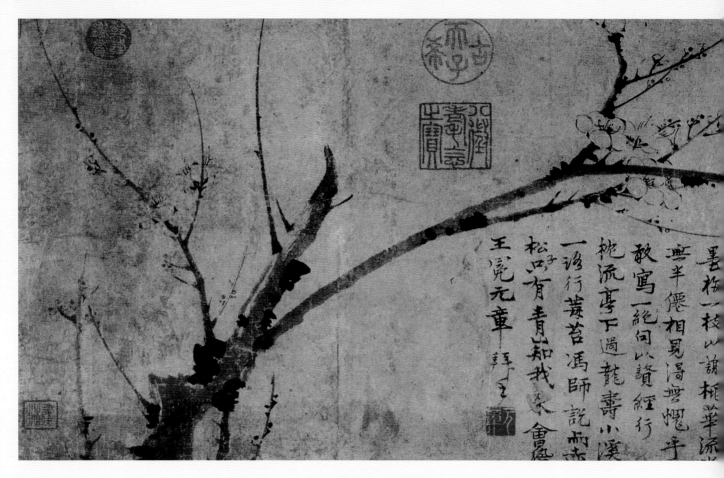

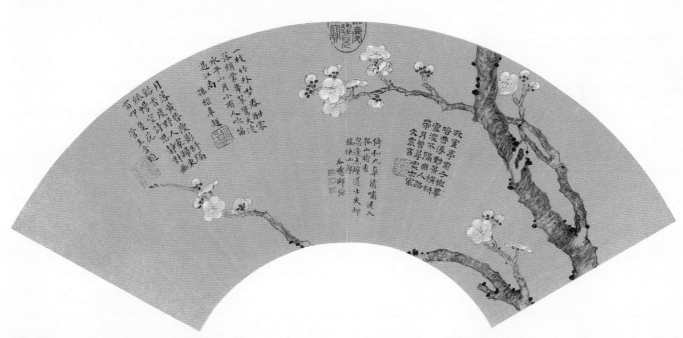

梅花图　邵弥
纸本　设色
纵 35 厘米　横 63 厘米

【作者简介】

　　邵弥（约 1592 ~ 1642），明末清初画家。字僧弥，号瓜畴，长洲（今江苏苏州）人。精擅书画，尤擅山水，远学荆、吴，近取法元人，略参马远、夏圭笔意。笔墨简括，取法萧疏。间作翎毛，具生趣。亦能诗。

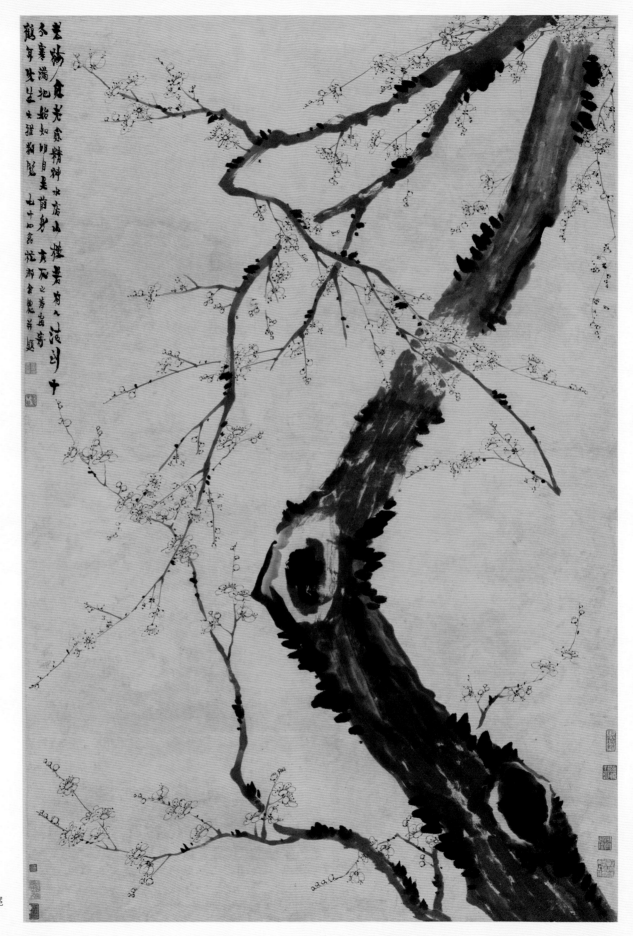

墨梅图　王冕
纸本　墨笔

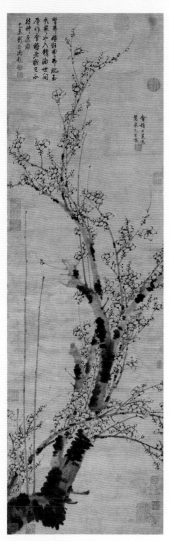

墨梅图　王冕
纸本　墨笔
纵 107 厘米　横 33 厘米

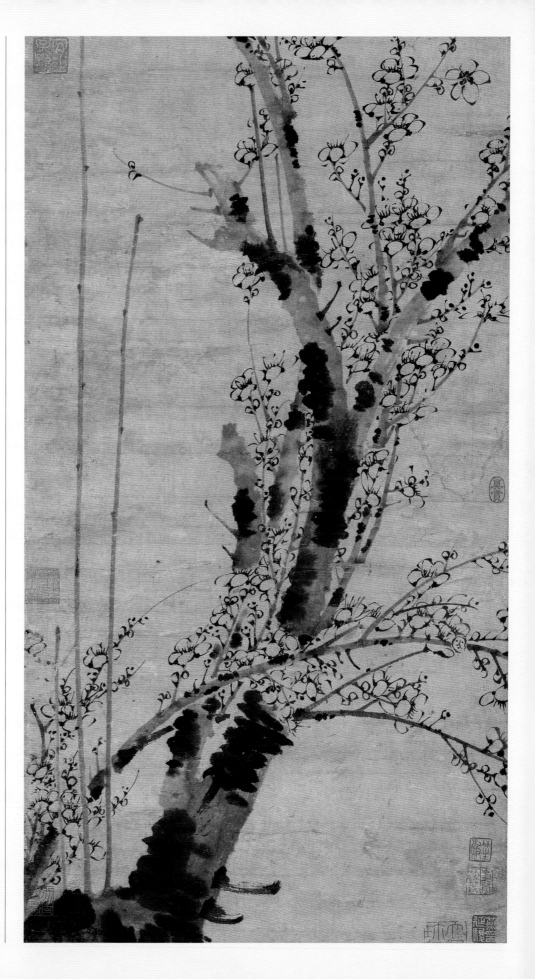

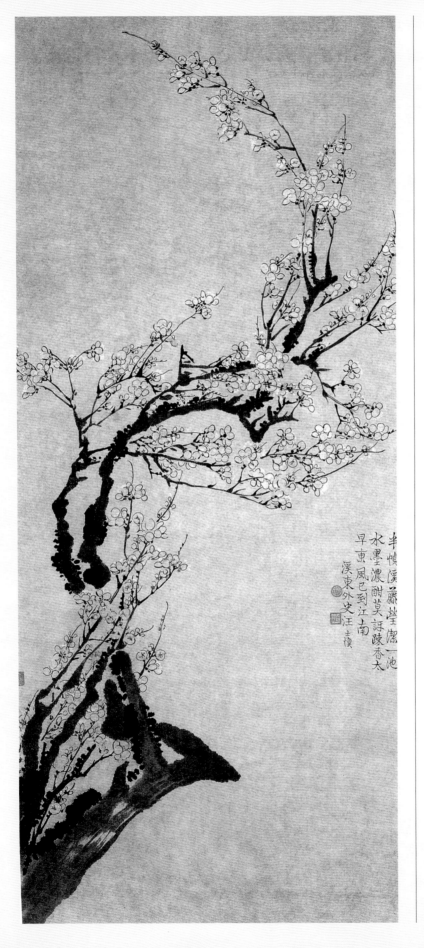

半幅溪藤坐惨一池
水墨濃酣莫詩疎香太
早東風巳到江南
溪東外史汪士慎

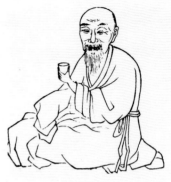

【作者简介】

　　汪士慎(1686～1759)，清代画家，书法家。与罗聘、李方膺、李鱓、金农、黄慎、高翔和郑燮并称"扬州八怪"。字近人，号巢林、溪东外史等，安徽休宁人，寓居扬州。工分隶，善画梅，神腴气清，墨淡趣足。暮年一目失明，仍能为人作书画，自刻一印云"尚留一目看梅花"，后双目俱瞽，但仍挥写，署款"心观"二字。有《巢林集》。

【作品解读】

　　此画清淡秀雅，瘦劲姿媚，使我们看到了作者画梅的独特风格。金农曾评曰："巢林画繁枝，千花万蕊，管领冷香，俨然灞桥风雪中。"但我们看到作者遗存的梅花作品中，枝、花并不太繁，而是以疏朗清瘦见长，给人一种疏影潇洒、冷香四溢的感觉，这幅《梅花图》便可作为佐证。

梅花图　汪士慎
立轴　纸本　墨笔
纵 113.3 厘米　横 50.2 厘米
上海博物馆藏

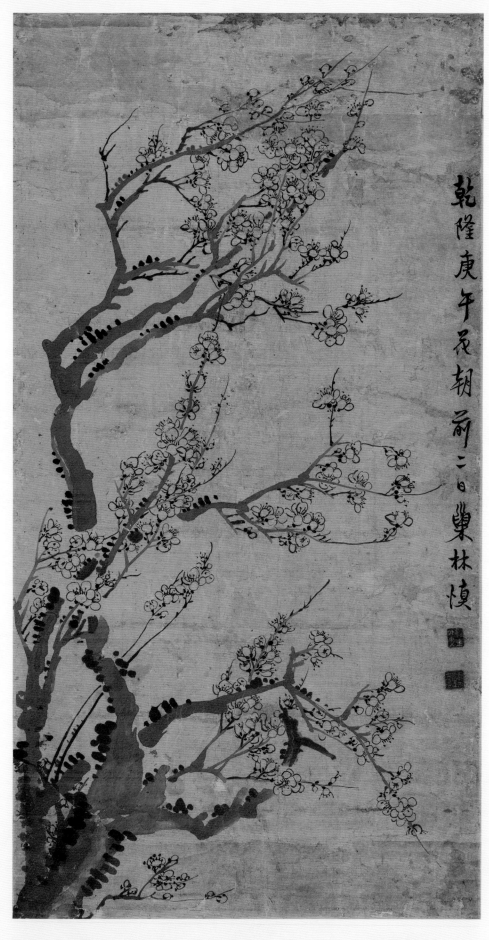

乾隆庚午花朝前二日巢林慎

梅花图　汪士慎
纸本　墨笔
纵89.6厘米　横47.3厘米

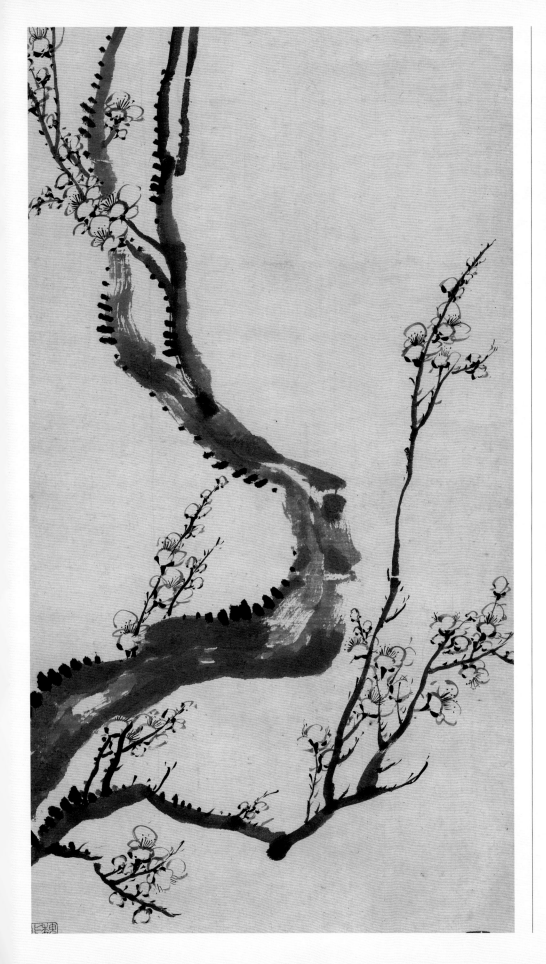

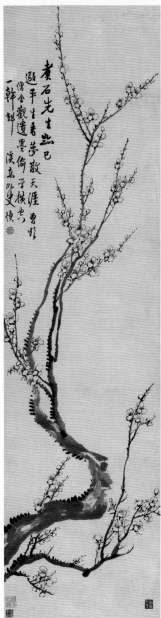

梅花图　汪士慎
纸本　墨笔

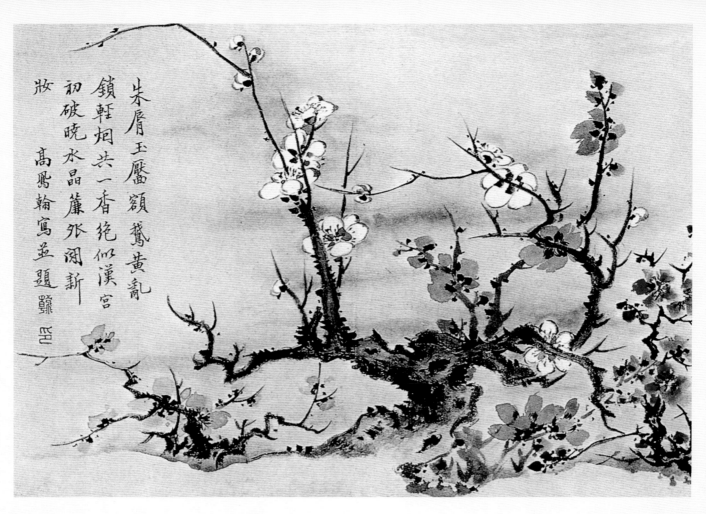

朱唇玉靥额鹅黄乱
锁轻烟共一香绝似汉宫
初破晓水晶帘外阅新
妆 高凤翰写并题戲图 囝

梅花图　高凤翰
册页　纸本
(美)私人藏

【作品解读】

　　以涩笔渴墨，写铁干铜枝，以没骨法与勾瓣法分写赤、黄、白三色梅，在淡墨的烘托下，三色梅花分外妩媚。

【札记】

_____

_____

_____

_____

_____

_____

_____

_____

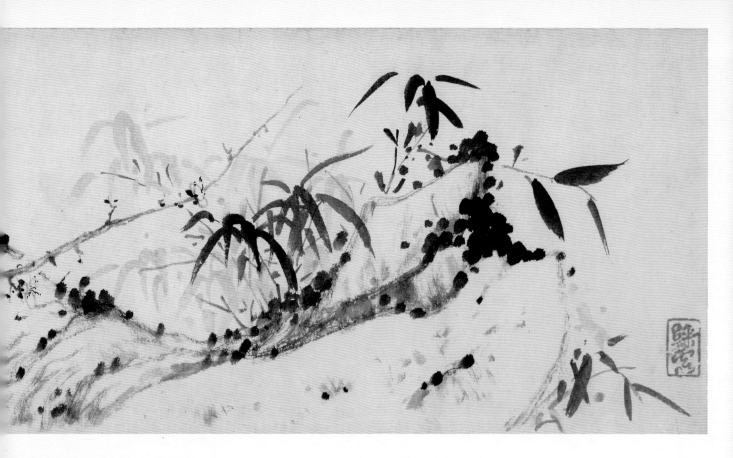

梅花牡丹图卷（局部）　高凤翰
纸本　墨笔
纵 20 厘米　横 317 厘米
（美）克利夫兰艺术博物馆藏

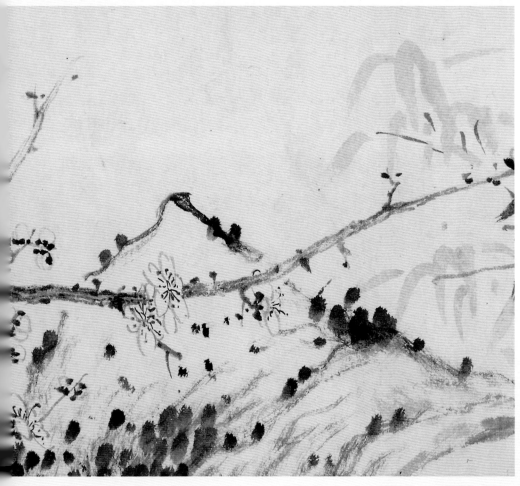

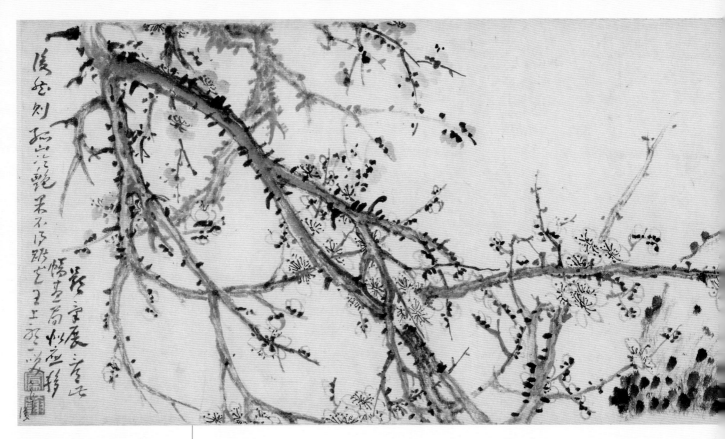

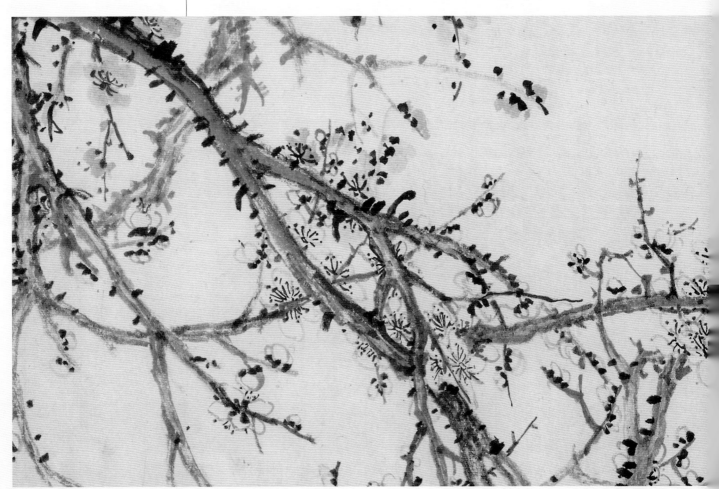

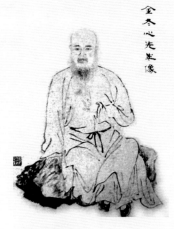

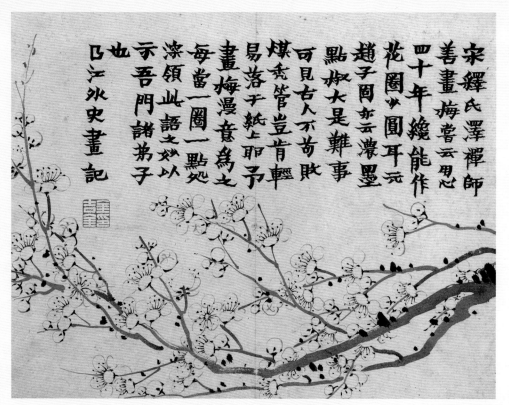

宋繹氏澤禪師
善畫梅嘗云思
四十年縷能作
花圈必圓耳元
趙子固亦云濃墨
點椒大是難事
可見古人不苟敗
煤禿管豈肯輕
易落于紙上耶予
畫梅漫意為之
每當一圈一點
濠頤山語之妙以
示吾門諸弟子
也乃汾水史畫記

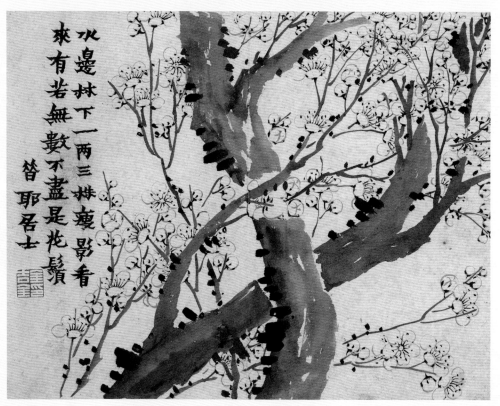

水邊林下一兩三株瘦影看
來有若無數不盡是龙鬚
昔耶居士

梅花图（之一，之二）　金农
册页　纸本
纵 25.4 厘米　横 29.8 厘米
大都会艺术博物馆藏

【作者简介】

　　金农（1687～1763），清代书画家，"扬州八怪"之首。字寿门、司农、吉金，号冬心先生、稽留山民、曲江外史、昔耶居士、寿道士等，钱塘（今浙江杭州）人，布衣终身。

　　好游历，卒无所遇而归。晚寓扬州，卖书画自给。嗜奇好学，工于诗文书法，诗文古奥奇特，并精于鉴别。书法创扁笔书体，兼有楷、隶体势，时称"漆书"。五十三岁后才工画。其画造型奇古，善用淡墨干笔作花卉小品，尤工画梅。

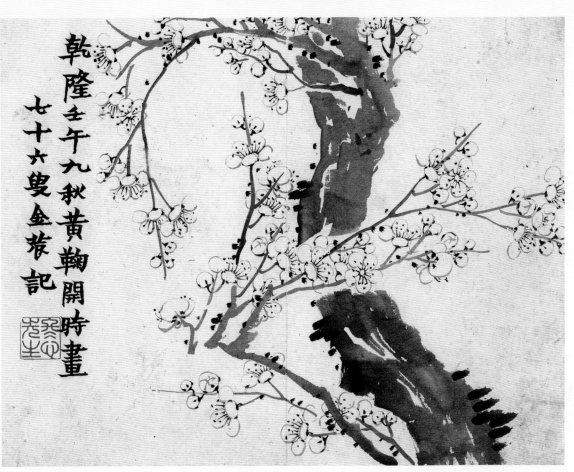

乾隆壬午九秋黄鞠開時畫
七十六叟金農記

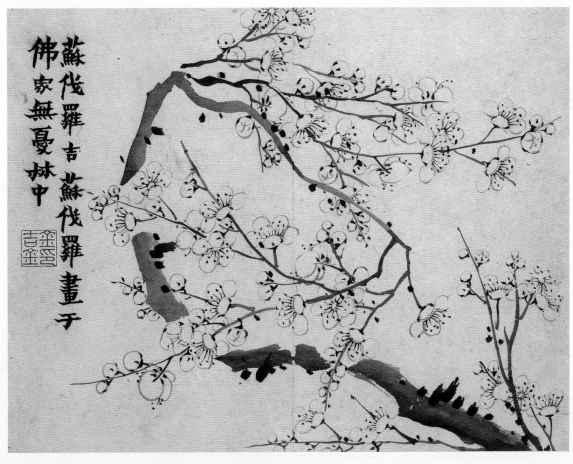

蘇伐羅吉蘇伐羅畫于
佛家無憂林中

梅花图（之三，之四） 金
册页　纸本
纵25.4厘米　横29.8厘米
大都会艺术博物馆藏

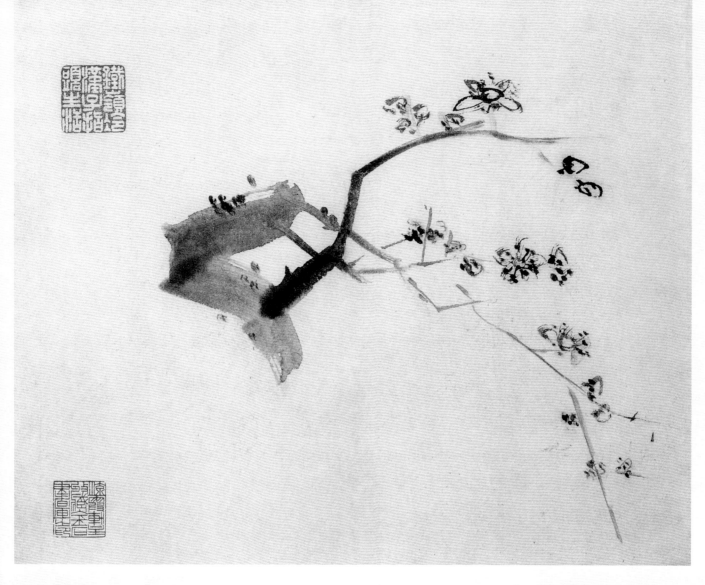

杂画图（之梅花） 高其佩
册页 纸本 墨笔
纵 26.2 厘米 横 32.5 厘米
上海博物馆藏

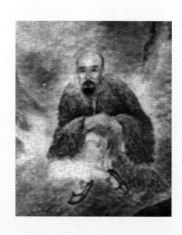

【作品解读】

　　作者擅画松石兰竹，晚年专工画梅。他的梅花以瘦硬见称，老干新枝，苍劲矫健。此图中以浓淡之墨挥写梅树枝干，蟠塞夭矫，纵逸豪宕。淡墨白描勾花，浓墨点蕊，寒葩冻萼，有浑含墨色之韵。构图疏秀奇绝，画之右下方做长题，为作者探寻古梅之所感。

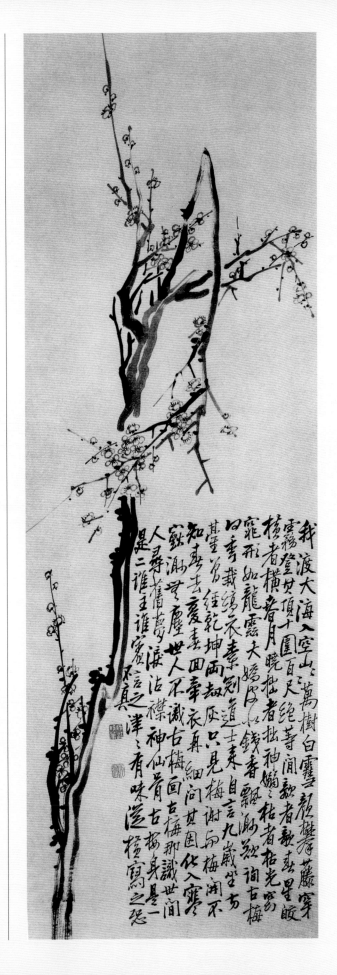

梅花图　李方膺
立轴　纸本　墨笔
纵 145.2 厘米　横 50.6 厘米
上海博物馆藏

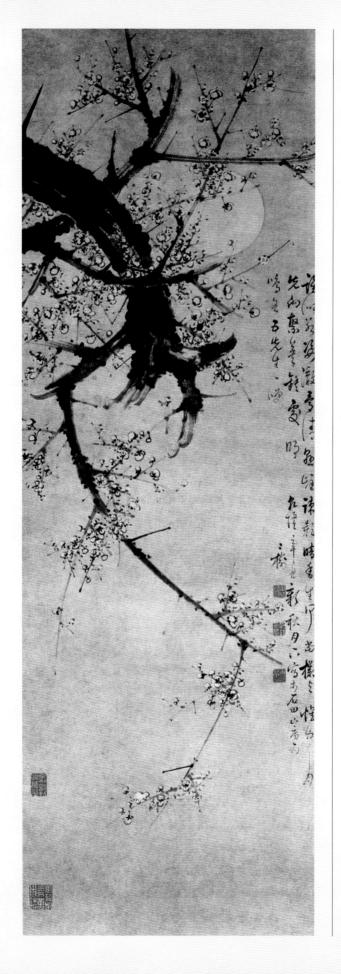

【作者简介】

　　童钰 (1721 ～ 1782)，字璞岩，又字二如，号二树，又号札岩、借庵子。会稽（今浙江绍兴）人。布衣、擅山水，以草隶法写兰、竹、木、石。尤擅写梅，宗扬无咎法。工诗，亦以咏梅为胜，兼工草隶，精篆刻。传世作品有《月下墨梅图》。

【作品解读】

　　此图裁取梅树一角，老干苍劲，新枝挺发，繁花密萼，正反转侧，一片生机。枝干苍老古朴，花蕊挺劲清秀，运笔密而不乱，繁而不杂，墨气雄厚，一轮圆月，影照梅花，分外清逸。

月下墨梅图　童钰
立轴　纸本　墨笔
纵 164.8 厘米　横 56.4 厘米
扬州市博物馆藏

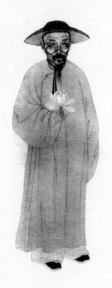

【作者简介】

　　罗聘 (1733～1799)，清代画家。字遯夫，号两峰、花之寺僧、衣云和尚，安徽歙县人。侨居江苏扬州。金农弟子。擅画人物、佛像、花果、梅竹、山水，笔情古逸，思致渊雅，自成风格。为"扬州八怪"之一。传世作品有《群仙拱祝图》《冬心午睡图》《葫芦图》《剑阁图》等。

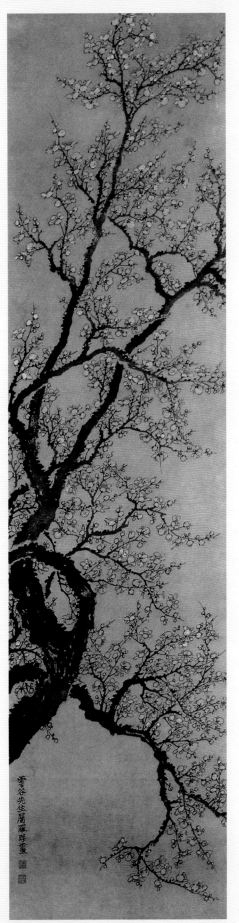

【作品解读】

　　此画以淡墨写老梅枝干，稍加渲染，以浓墨点出横苔。梅枝姿态取向不同，上下呼应。繁花缀枝，以淡墨圆笔勾出，空灵剔透。梅枝纵横交错，画面却繁而不乱，生动自然。体现了"罗家梅派"的风格特点。

梅花图　罗聘
立轴　纸本　墨笔
纵 131.8 厘米　横 34 厘米
北京故宫博物院藏

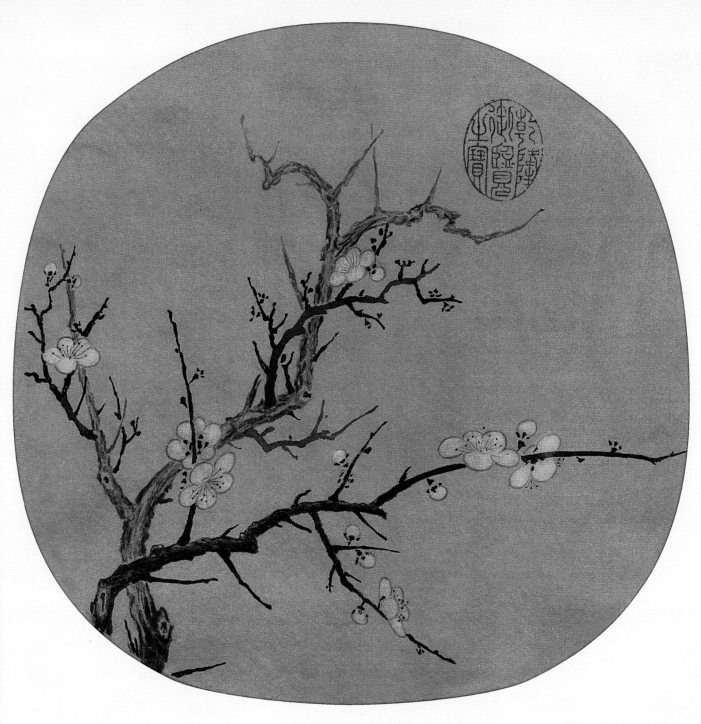

墨梅图　扬无咎
绢本　设色
纵 23 厘米　横 24 厘米
天津博物馆藏

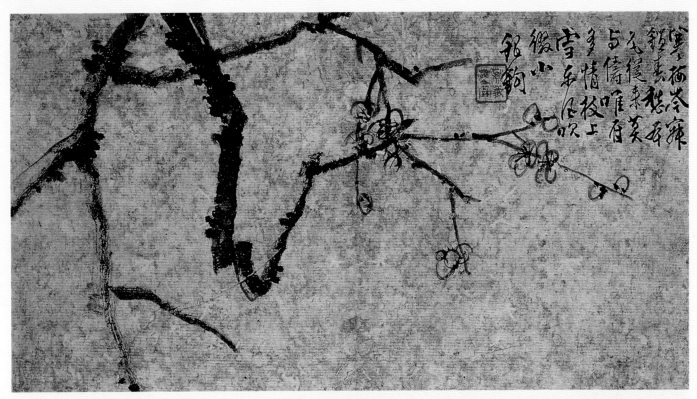

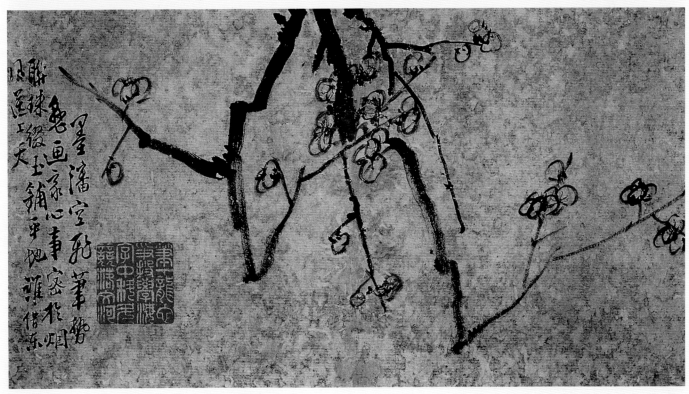

墨梅图（之一、之二） 李方膺
册页 纸本 墨笔
纵 23 厘米 横 42.4 厘米
安徽省博物馆藏

【作品解读】

　　此墨梅图册共十一页，皆是以大写意之法所作。册中各梅，干取奇姿、花取疏朗，狂放纵逸之风尽露。多以粗笔写梅干，转折曲直，有书法之风。写花随意粗放，笔简神足。

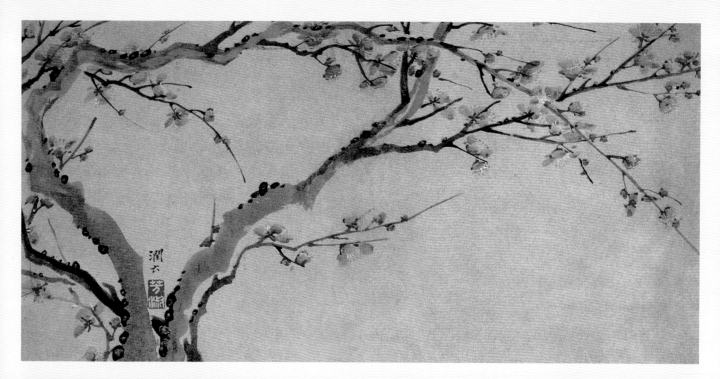

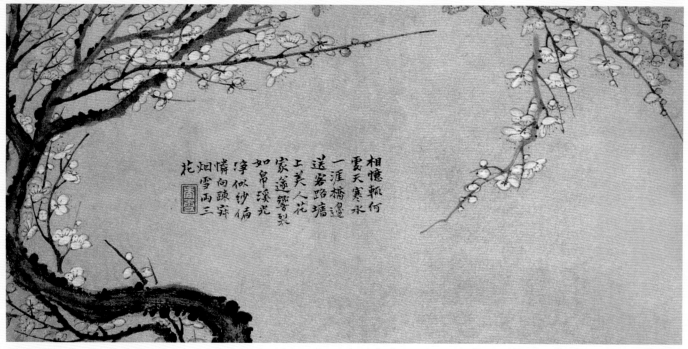

相憶輒何
雲天寒水
一涯橋邊
送客路塘
上美人花
家逸馨烈
如帛溪光
净似纱偏
憐向疎斜
畑雪兩三
花

【作者简介】

罗芳淑，生卒年未详。字香雪，一字润六，江苏扬州人，一作安徽歙县人，侨居扬州。扬州画派著名画家罗聘之女，擅写梅，时人称为"罗家梅派"。传世作品有《梅花图》等。

【作品解读】

此图册共六开，或以浓淡墨作梅树枝干，用白描淡墨画花，浓墨点蕊，疏朗秀挺；或用胭脂作没骨梅，加以白须黄蕊，冷艳奇丽；或用粗笔画枝干，白描勾勒花朵，填以白彩、红蕊，雅致秀丽。

梅花图（之一、之二） 罗芳淑
册页 墨笔
纵 26.8 厘米
上海博物馆藏

　　万上遴(1739～1813)，
清代画家。字殿卿，号辋冈，
江西分宜人，拔贡生。曾任
清宫画院待诏，专事书画。
上遴年少失父，家境清寒，
从小聪颖好学，酷爱王维诗
画，终日练习作画，画一幅
画，就写一首诗。"诗、画、
行、草"均"细筋入骨"。

【作品解读】

　　这幅梅图非常独特，不
同于别的画梅大家之风格。
画中梅树老干曲折，贯穿画
幅，墨笔写之，留白处多以
淡墨晕染；小枝以浓墨写
出，纵横交错，欹仰奇绝。
梅花则以碎笔或点或勾，飞
扬纵横，虽无具体形状，却
显露出万玉琼花密生枝梢的
意境。整幅作品一气呵成，
畅快淋漓。

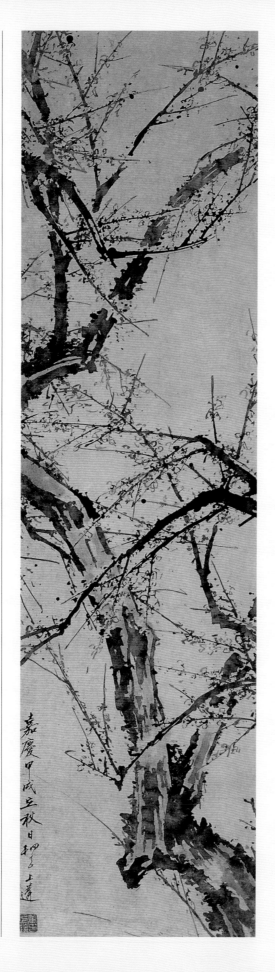

梅花图　万上遴
立轴　纸本　墨笔
纵 133 厘米　横 37.5 厘米
安徽省博物馆藏

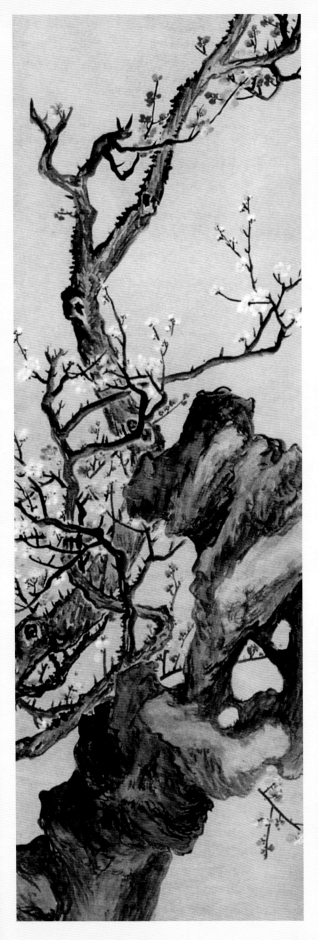
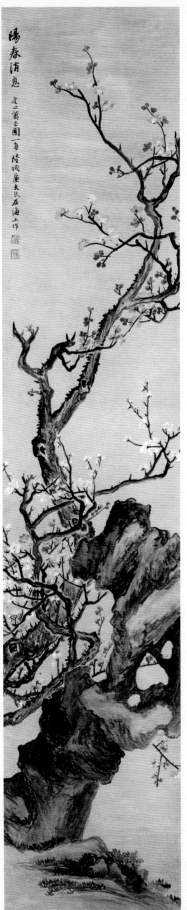

【作者简介】

　　陆恢（1851～1920），清代画家。原名友奎，字廉夫，号狷庵、破佛盦主人，江苏吴江人，寄寓江苏吴县。花卉自幼学刘德六，有出兰之誉。花卉清逸可喜，得恽寿平遗韵。又精鉴别，曾先后为庞莱臣"虚斋"及盛宣怀鉴定古书画。传世作品有《花卉图》《雪霁飞泉图》《雨歇云归图》等。

【作品解读】

　　此花卉图共十六屏。以水墨、敷彩描绘具有吉祥意味的花果树木。以怪石、红、白二梅写春天降临，梅花皆用色点出，怪石皴擦、渲染，又带没骨风格。

花卉图（之阳春消息）　陆恢
屏　金笺　纸本
纵 205.5 厘米
南京博物院藏

此图中红梅纵逸繁复、横竖交杂，由右侧山石后伸出。左边一株枯树，尚无生机，被红梅包裹映衬，竟也似有了几分春色。梅枝以渴笔写出，红梅由朱彩点染，堆霞叠彩。画面看似庞杂，细细品味，却极具章法。更显出了梅花独俏寒冬的风姿。作家笔墨苍劲，画笔之中，有书法酣畅淋漓的意味。

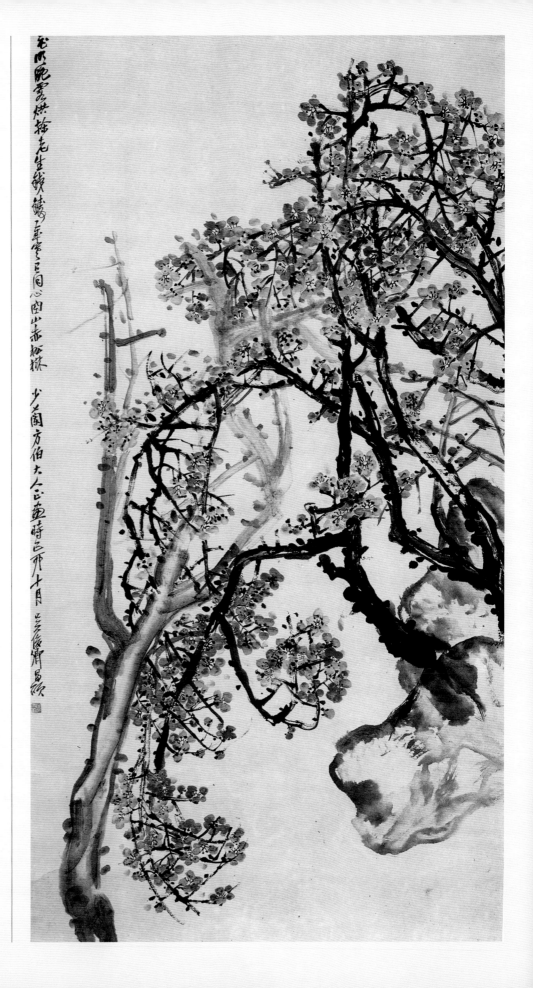

红梅图　吴昌硕
立轴　绢本　水墨　设色
纵 172.6 厘米　横 95.2 厘米
南京博物院藏

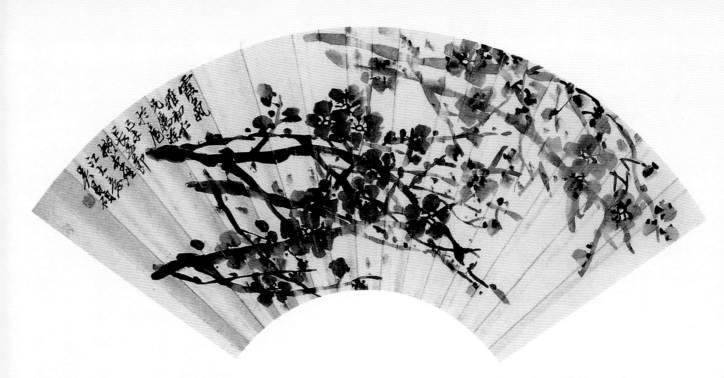

【作品解读】

本扇面构图很见章法,匠心独运。前后梅枝皆自左向右横出,如折枝横置,富有奇趣。线条变化随意天然。其枝条以墨掺色,与花朵以色掺墨达到调和,使梅花繁茂艳丽而又沉着淳厚。画家用墨用色皆为其暮年自家法式。

红梅图　吴昌硕
扇面　纸本　水墨　设色
纵 19.3 厘米　横 54.2 厘米
(日) 私人藏

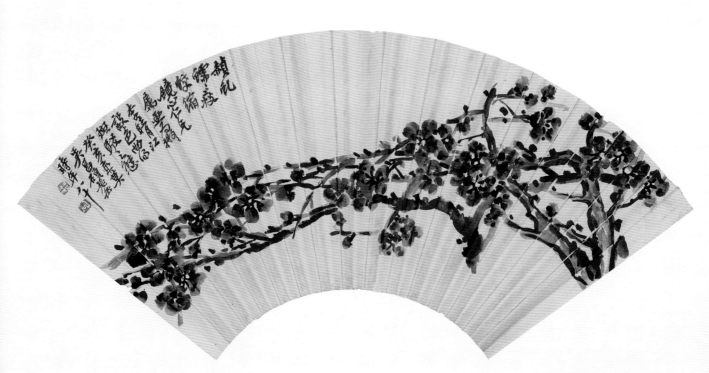

红梅图　吴昌硕
扇面　纸本　水墨　设色
纵 24 厘米　横 50 厘米

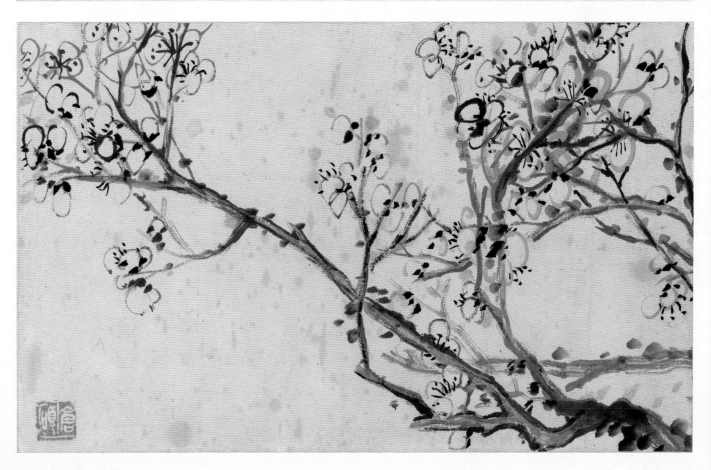

梅花是先父文云公绘画题材中最多品种之一曾自谓
吾铁道人梅知己卓见其对梅花感情之深故吾画梅
运用笔墨进展中和最富有心得如笔墨断有欧发展
色明达先生出示长辈墨巳深涉化境萧瀟
清逸浑厚老苍而昭迎霞其起物自有之风格是
少而是余合六十五岁左右佳作精品
乙亥七夕芝畬吴长邺拜读敬识

墨梅图　吴昌硕
纸本　水墨
纵 28 厘米　横 68 厘米

267

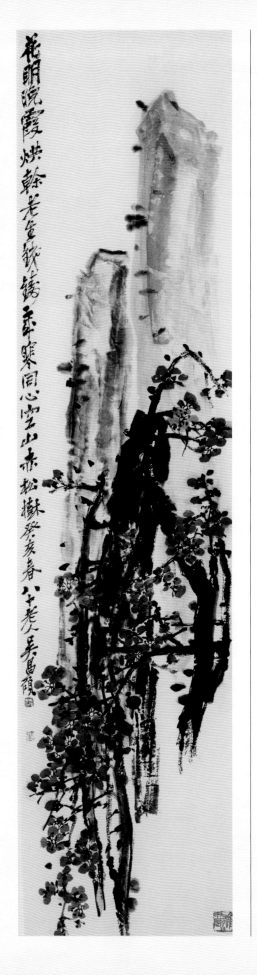

【作品解读】

　　此图以赭石、水墨写山石竦立陡峭，气势巍峨。浓墨写梅干，渴笔写枝，虬曲盘折，动势飞扬。胭脂点写梅瓣，疏密变化，富有韵律。山石之硬朗更映衬出梅花之清艳。整个画面色酣墨饱，奇韵脱俗。

红梅图　吴昌硕
立轴　纸本　水墨　设色
纵 137 厘米　横 34 厘米
北京故宫博物院藏

张彦，生卒年不详，字
伯美，号无证道人，上海嘉
定人，一作江苏苏州人。工
山水，与董其昌同时。传世
作品有《雪景梅花图》等。

【作品解读】

图中绘雪中水仙数丛，
花茂叶盛，奇石错落，幽篁
葱郁，一树梅花挺拔而出，
繁枝满幅，曲折盘错，花英
缤纷，树后山茶盛开，底用
淡墨烘染留白，衬托出瑞雪
丰兆之景。水仙、丛竹、山
茶、梅萼均用双钩，顿挫有
力，树石皴擦以焦墨淡晕，
苍劲峭利，浓淡粗细，虚实
疏密，耐人寻味。此图幅度
特大，气魄雄伟。

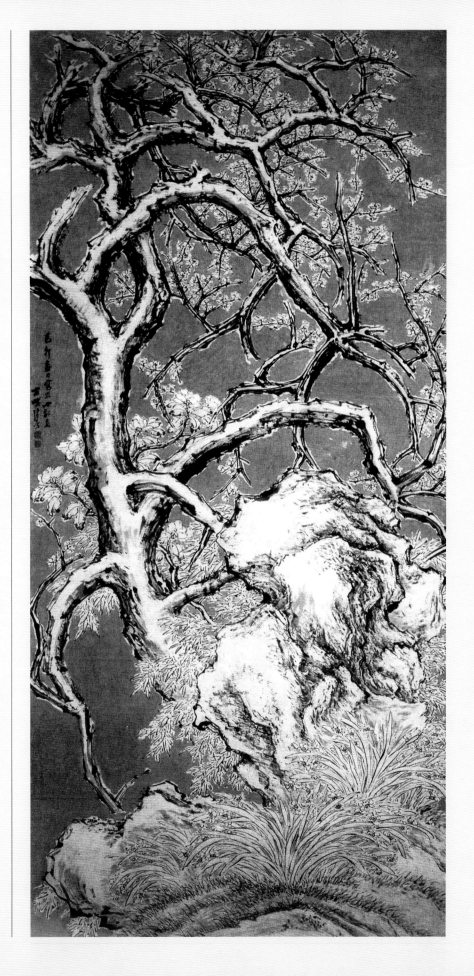

雪景梅花图　张彦
立轴　纸本　设色
纵 203.3 厘米　横 103.2 厘米
苏州博物馆藏

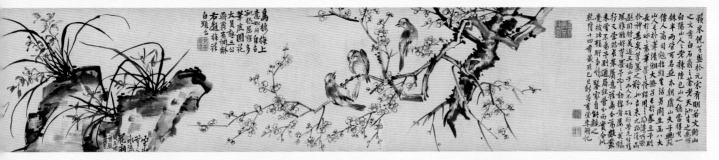

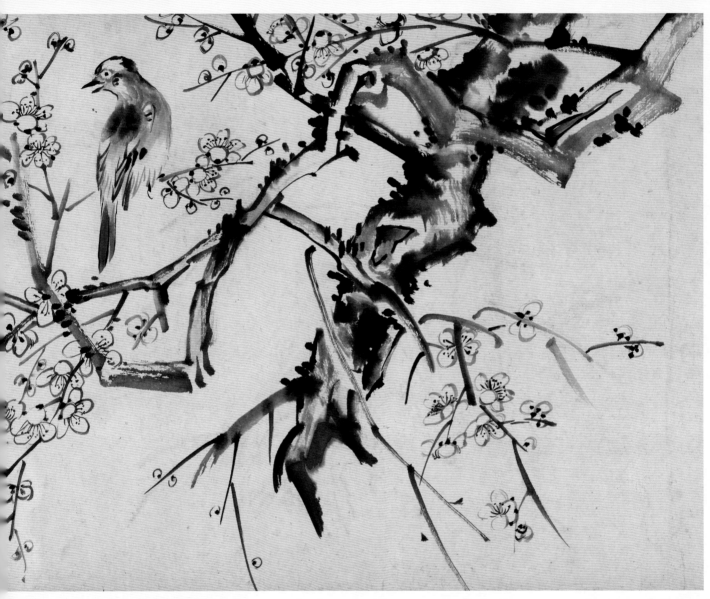

冷艳幽香图　李鱓
纸本　水墨　设色
纵 34.3 厘米　横 361 厘米

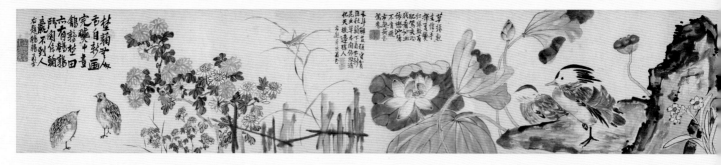

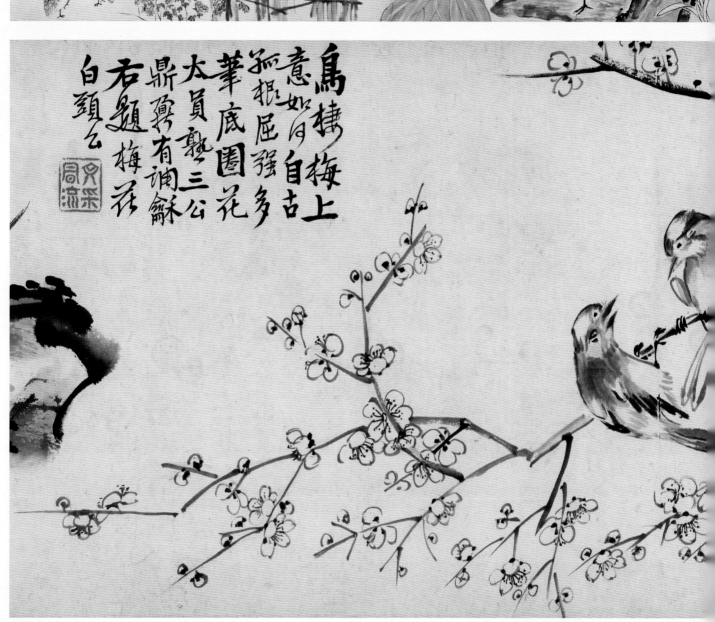

鳥棲梅上
意如何自古
孤根屈強多
華底圉花
太員聚三公
鼎羹有調藟
右題梅花
白頭公

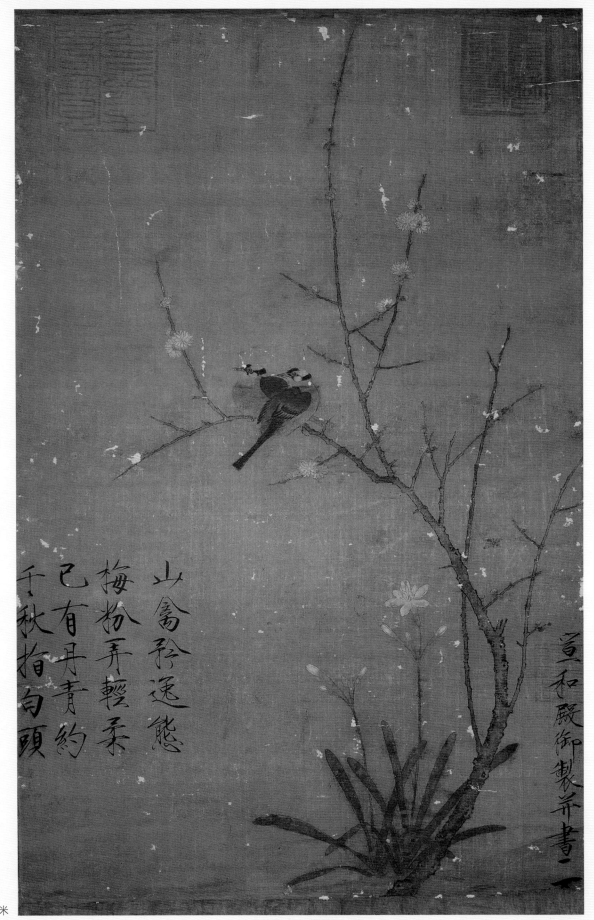

山禽矜逸態
梅粉弄輕柔
已有丹青約
千秋指白頭

宣和殿御製并書

昔梅山禽图　赵佶
绢本
纵83.3厘米　横53.3厘米

菊谱

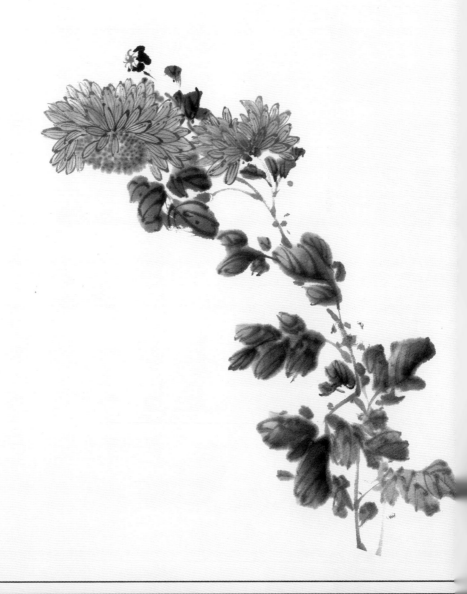

青在堂畫菊淺說

畫法源流

菊之設色多端賦形不一非鈎勒渲染交善不能寫
肖也考宣和畫譜宋之黃筌趙昌徐熙滕昌祐丘慶
餘黃居寶諸名手皆有寒菊圖迄南宋元明始有文
人逸士慕其幽芳寄與筆墨不因脂粉愈見清高故
趙彝齋李昭柯丹丘王若木盛雪篷朱樗仙俱善寫
墨菊更覺傲霜凌秋之氣含之胸中出之腕下不在
色相求之矣予為芥子園所編定四譜湘畹幽芳繼

【原文】

　　青在堂画菊浅说：画法源流

　　菊之设色多端，赋形不一，非勾勒渲染交善，不能写肖也。考《宣和画谱》，宋之黄筌、赵昌、徐熙、滕昌祐、邱庆馀、黄居宝诸名手，皆有《寒菊图》。迄南宋、元、明，始有文人逸士，慕其幽芳，寄兴笔墨，不因脂粉，愈见清高。故赵彝斋、李昭、柯丹丘、王若木、盛雪篷、朱樗仙，俱善写墨菊。更觉傲霜凌秋之气，含之胸中，出之腕下，不在色相求之矣。予为芥子园所编定四谱，湘畹幽芳，继以淇园清节，则《楚骚》《卫风》，并称君子；南枝寒蕊，伴以东篱晚香，则孤山、栗里，同爱高人，真花木中之超群绝俗者。为类已备四时之气，作谱当凌众卉之先，不亦宜乎！

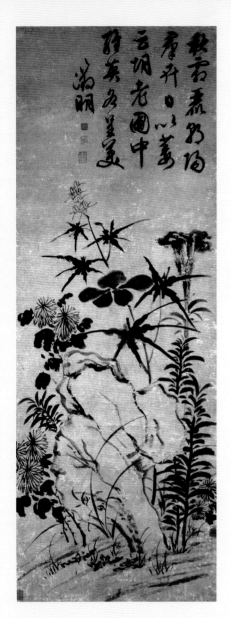

秋花图 文徵明
立轴 纸本 墨笔
纵 135.7 厘米 横 50 厘米
北京故宫博物院藏

【作品解读】

此图画湖石及菊、兰、鸡冠、秋葵等花卉，笔法简逸，韵味丛生。山石和菊花以墨笔勾画，用笔迅疾。兰草野花只用墨彩，以没骨之法写出。全画简笔不简韵，清新可人，意味悠长。

【今文意译】

画法源流

菊花的着色多样，因形态各异而赋彩不同。如不能达到勾勒、渲染都有深厚的造诣，是不能画得像的。从《宣和画谱》考证：宋代的黄筌、赵昌、徐熙、滕昌祐、邱庆馀、黄居宝各为名手，都画有《寒菊图》。到了南宋、元、明，才有文人逸士慕它的幽芳，寄兴于笔墨，不凭施脂粉，愈见清高。所以，赵孟坚、李昭、柯九思、王渊、盛安、朱铨都善于画墨菊。使人更觉他们有一股傲霜的坚贞和比秋高时还要英飒的爽气，含于胸中，出于腕下，而并不在色彩上相求。我为芥子园所编定的四部画谱：有被称作"湘畹幽芳"的兰；继以被称作"淇园清节"的竹；而《楚辞》《离骚》《卫风》将它们并称君子；作为以不畏霜雪取胜的"南枝寒蕊"的梅；再伴以被誉为"东篱晚香"的菊。而孤山、栗里的梅和菊，同爱高士。它们真正是花木中的超群绝俗者，在花的种类里，它已备四季的气韵。作谱，当然应该把它们放在各种花卉之先，这不是很合适的吗？

以淇园清节则楚骚衞風並稱君子南枝寒蕊伴以東籬晚香則孤山栗里同愛高人眞花木中之超羣絶俗者爲類已備四時之氣作譜當凌衆卉之先不亦宜乎。

菊之為花也其性傲其色佳其香晚畫之者當胸具全體方能寫其幽致全體之致花須低昂而不繁葉須掩映而不亂枝須穿挿而不雜根須交加而不比此其大略也若進而求之即一枝一葉一花一蕊亦須各得其致菊雖草本有傲霜之姿而與松並稱則枝宜孤勁異於春花之和柔葉宜肥潤異于姣卉之枯槁花與蕊宜含放相兼枝頭得偃仰之理以全放枝重宜偃花蕊枝輕宜仰仰者不可過直偃者不可過垂此言全體之法至其花葶枝葉根株另具畫法于後

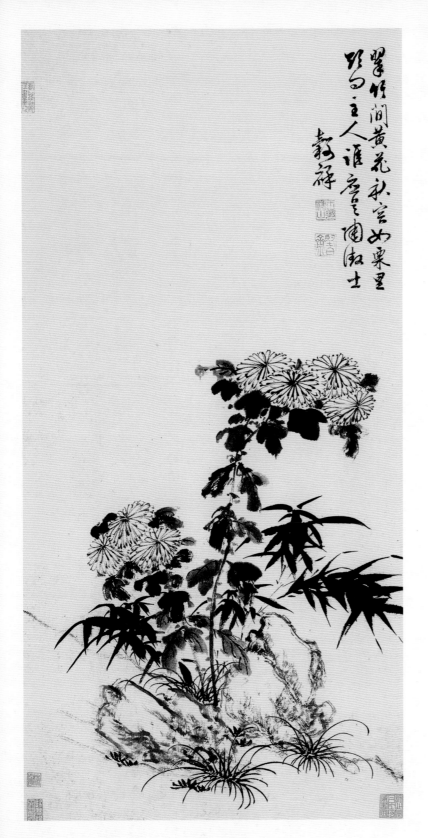

翠竹黄花图　王穀祥
立轴　纸本　水墨
纵 68.1 厘米　横 34.1 厘米
上海博物馆藏

【原文】

画菊全法

菊之为花也，其性傲，其色佳，其香晚。画之者，当胸具全体，方能写其幽致。全体之致，花须低昂而不繁，叶须掩映而不乱，枝须穿插而不杂，根须交加而不比，此其大略也。若进而求之，即一枝一叶一花一蕊，亦须各得其致。菊虽草本，有傲霜之姿，而与松并称，则枝宜孤劲，异于春花之和柔；叶宜肥润，异于残卉之枯槁。花与蕊，宜含放相兼。枝头偃仰之理，以全放枝重宜偃，花蕊枝轻宜仰。仰者不可过直，偃者不可过垂。此言全体之法，至其花萼枝叶根株，另具画法于后。

【今文意译】

画菊全法

菊作为一种超群绝俗的花，它性傲，它色佳，它香晚。画菊的人，应当胸里有它全体的、具有艺术魅力的形象，才能画出它的幽致。全体的韵致是，花应该低昂而且不繁，叶应该有偃有仰而且不乱，枝应该互相穿插而且不杂，根应该交加而且不紧靠。这是菊的大略画法。如果进一步探求，就是一枝、一叶、一花、一蕊，也应各得其致。菊虽然是草本植物，却有傲霜之姿，从而与松有并重的称誉。倒是枝宜画得孤劲，与春花的和柔不同。叶宜画得肥润，不同于残花那样枯槁。花与蕊适合于画得含苞与开放相兼。枝头偃仰的规律是：根据花全放时枝重的情况，宜偃；花含蕊时枝轻，宜仰。仰的不可过直，偃的不可过于低垂。这是讲画全体的方法。至于它的花、萼、枝、叶、根、株，另写画法于后。

【作品解读】

此图以墨彩写竹、菊二君。勾花点叶以成菊、浓墨撇写以成竹。师法文徵明，笔墨潇洒，如大匠运斤，随手成形，风姿绰约。画面清韵悠长，意境高远。

【作者简介】

王穀祥 (1501 ~ 1568)，字禄之，号酉室，江苏苏州人。嘉靖八年进士，官吏部员外郎。擅绘事，精研花卉，长于写生，渲染重法度，枝叶俱有生色。其人品画格为士人所重，中年后绝少落笔，流传颇多赝作。传世作品有《水仙图》《翠竹黄花图》《花卉图》《桂石图》。

畫花法

花頭不同，以瓣有尖圓長短稀密濶窄巨細之異。更有兩叉三岐鋸齒鈌瓣、刺瓣、捲瓣、折瓣、變幻不一。大

凡長瓣稀瓣花平如鏡者，則有心。其心或堆金粟或簇蜂窠若細瓣短瓣四面高圓攢起如球者，則無心。

雖花瓣各殊，眾瓣皆由蒂出。稀者須排列，根下與蒂相連多者須瓣根皆由蒂發。其形自圓整，可觀此其

色不過黃紫紅白淡綠諸種。中濃外淡，加以深淺間雜，則設色無窮。若用粉染瓣筋仍宜粉鈎，在學者自

能意會得之矣。

画花法

花头不同，以瓣有尖团、长短、稀密、阔窄、巨细之异，更有两义、三歧、锯齿、缺瓣、刺瓣、卷瓣、折瓣，变幻不一。大凡长瓣、稀瓣、花平如镜者，则有心，其心或堆金粟，或簇蜂窠；若细瓣、短瓣、四面高圆、攒起如球者，则无心。虽花瓣各殊，众瓣皆由蒂出。稀者须排列，根下与蒂相连；多者须辨根皆由蒂发，其形自圆整可观也。其色不过黄、紫、红、白、淡绿诸种，中浓外淡，加以深浅间杂，则设色无穷，若用粉染，瓣筋仍宜粉勾，在学者自能意会得之矣。

【今文意译】

画花法

菊的花头其所以不同，是因为它的花瓣有尖团、长短、稀密、阔窄、巨细的区别，更有两义、三歧、锯齿、缺瓣、刺瓣、卷瓣、折瓣，变化不一。一般长瓣、稀瓣，花平如镜的，就有心，它的心或如堆金粟，或者簇聚似蜂窠。如果是细瓣、短瓣，四面高圆，聚集而起像球状的，便没心。虽然花瓣各不相同，但众瓣都由花蒂而出；瓣稀的，应该排列在根下，与蒂相连；密瓣的，应该是瓣根全由蒂发；它的形状自然圆整好看。它的颜色不过黄、紫、红、白、淡绿几种，中间浓外边淡，加上深浅互相间杂，就在着色时有了无穷的变化。如果用粉染，瓣的筋仍适合用粉勾。习画的人在学习的过程中，自能意会、掌握。

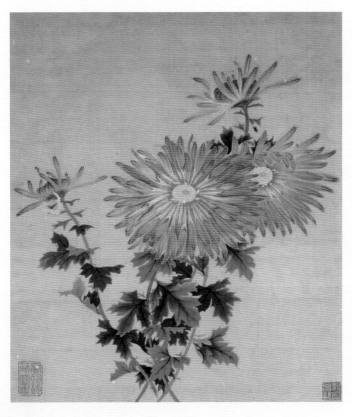

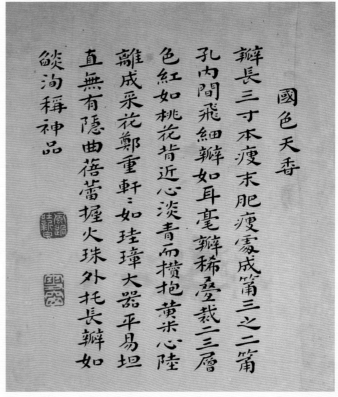

菊谱（部分）　王延格

册页　绢本

纵 40.5 厘米　横 32.5 厘米

【作品解读】

清乾隆时期画菊大家王延格的《菊谱》册页，绢本，四函十三册，图文对开，各纵40.5厘米，横32.5厘米，共计二百六十六开。其中画一百二十一开，书法一百四十五开。

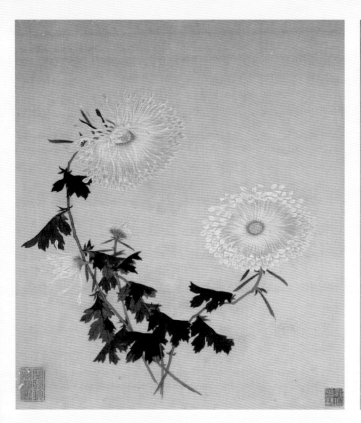

七寶盤
瓣皆成管纖長紊鬯至末乃開廣而
露孔露孔畧微翹上如盤色土黃潤
以紅白比羊腦其本著微綠周抱心
心砌碎金粟薄黃沉光浮景五色交
躲朗而潔縟而不縹恍惚張翠蕤霞
金幢接夸光于琉璃屏上

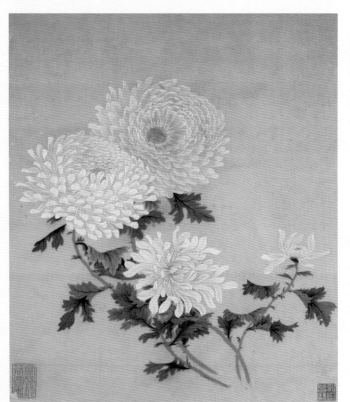

雪蓮臺
心大如粟茸二簇碎黃蕊外布群瓣
層疊周環瓣本一二分頗細雙捲成
筒末則平舒廣潤有尖差類蓮衣
挾長而小蓓蕾初坼勾欒內裏外綻
三七瓣伸縮如蘭色純白晶三皦二
不當冰瑩之荷使植番水海中當
見光明慈香幢成華藏古界花絕
大衺輪且七寸

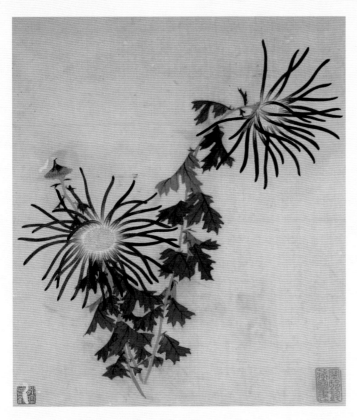

黄蕊圓簇大逾五銖錢蕊周布
單瓣頗長洞中如管二末露微
孔管色淡紫孔色又濃扵管近
蒂則飛淡白花徑五六寸姜蘂
紛披如紫縷如罦胡纓渾而中
虛散而整羅二而疏致趣夷簡
間色匪下已

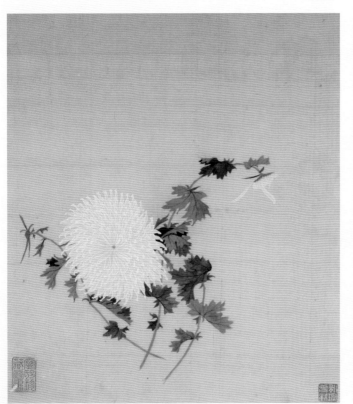

粉鶴翎
瓣細長三寸許近本作管裁十之
一簇中內抱略不見管瓣末翹上
如鷹爪色精潔白膏紅裡浸溇淡
入媚而不豔整而不窕有夕宿帝
郊誰須雲際之致花滿坼始露
黄米心大比豆　湛富謹書

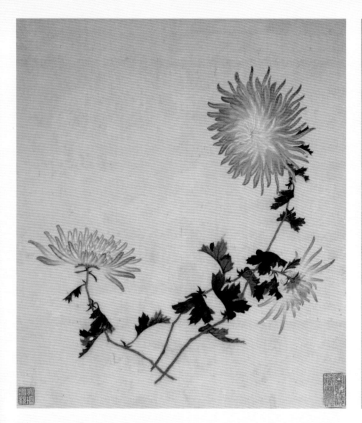

珊瑚枝

清艷如出水之蓮瓣
寬而紅有粉色一痕趄
柊瓣根至末而微纖
超類呈奇較大紅一種
邈然遠矣

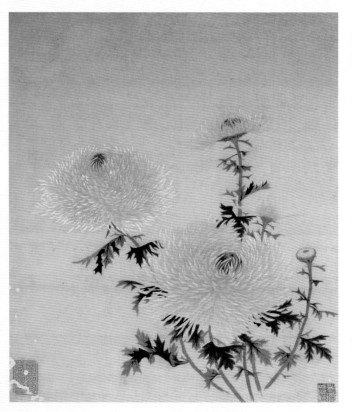

金膏水碧
瓣尖細金英句屈逃次以理瓣
皆細篇了不可見花寂大贏七
才色正黃心沉碧如朩水珠圓
渾飽湛朩松子眼水碧西王母
享穆天子黃金之膏疑二寶和
合鑄成此品

湛富謹書

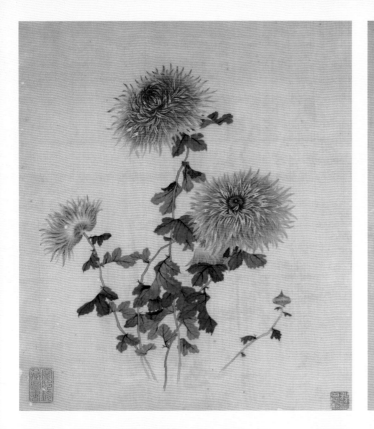

天孫錦

心抱圓球疊瓣抱心瓣尖
顆蒙密萼承柎接色紅如
朱槿而倚簇胜密點以黃
斑蔓歸紫霓裳蒙金縷衣
斕斑相絢底瓣純紅近本
多白花涇四寸餘

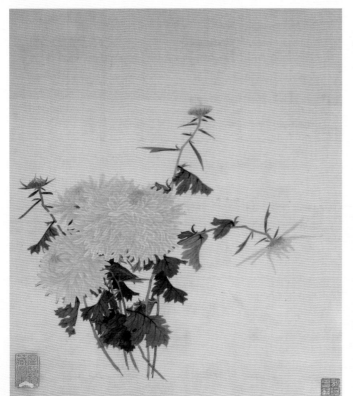

金剪絨

瓣厚密倩圓而微有了
交互茶籛縿絲加組鏤
玉加駔此花似之近心
欝金黃色外瓣正黃心
密含不見

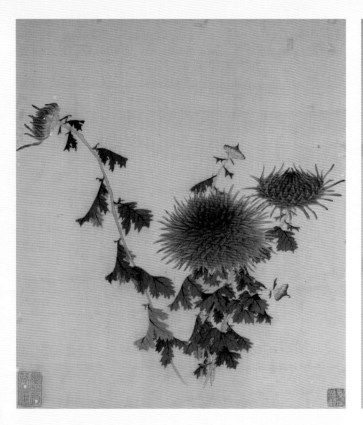

紫羅襦

雰如玫瑰紫背濃而淺絶艶異
持心殊密不露蕊瓣廣潤大于
苞雰家後底瓣鈍本銳末修頴
如錐而稍三上卷以紅蝕藍以瘦
協豐色與態交相絢也蓓蕾未
坼者尤紫密底瓣張弛乎外周
爛如火鳳洵稱異品

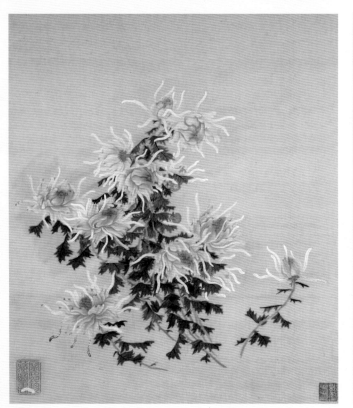

粉蝴蝶

花如薔薇羡瘦絶不類菊覆有小長瓣
層累與大瓣錯而屈曲作勢大瓣色如桃
花小瓣如雪絳紗蒙白羅嫣冶欲絶
心作小黄蕊比金粟蘊香於中襲眾妙
標特異翮如番如不可端倪矣葉細碎尖而
長淺碧香持清甘與花爭勝

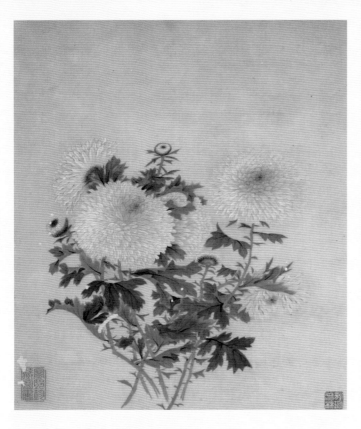

楊妃晚裝

瓣類薄綃曲而要心促邊緩大
於木芙蓉色亦如之尚膚未
理側印紅絲當風愁摧當雨
愁墮天如裊如輕嬌婀娜擬諸
玉環固其匹也葉淡碧便始入
媚点與花稱

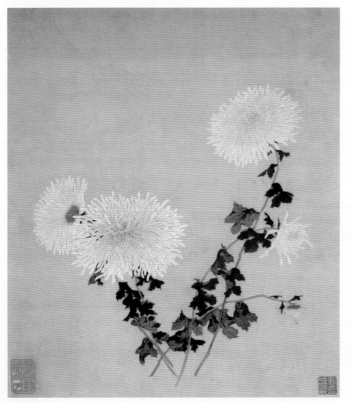

銀燃線

瓣細瘦而長比胡繩纏三或析
或伸色正白霄裡微孕紅影
潔而妍静而睇紛純而緣繞
窈然自擢而託於綿藐者然
花廷四寸餘不露蕊

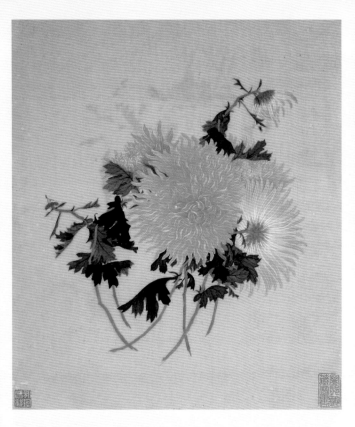

杏黃毬

黃為花之本色若鈴若羅
若燕栗若鵝翎獸杏黃溪
而近赤為寔貴是花邊起粉
輪大幾盈尺結撰精巧雲詭
波譎如虯身鳳凰擬之神
品信非靈譽

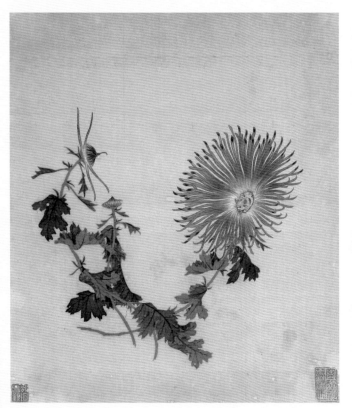

紫霞觴

笭管作青紫色纖長而勁
長三寸強末微有孔翹如
蟹爪中苞綠心有細瓣擁
之狀同杯杓可當瓊島神
仙之延年飲也與前譜鬪
紅逞艷者均有儛格

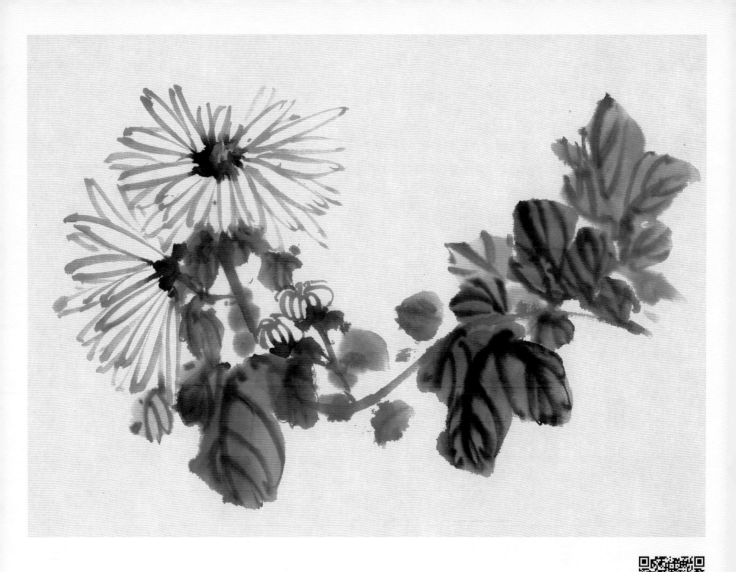

【札记】

畫蕾蒂法

畫花須知畫蕾。花蕾或半放初放。將放未放。致各不

同。半放側形見蒂嫩蕊攢心。須具全花未舒之勢。初

放則翠苞始破。小瓣乍舒。如雀舌吐香握拳伸指。將

放則蓴尚含香辮先露色。未放則蕊珠團碧。朵星綴。

枝當各得其致為妙。畫蕾須知生蒂。花頭雖別其蒂

皆同。得叠翠多層。與眾卉異渾圓未放。雖係各色之

花宜苞蕾盡綠。若將放方可少露本色也。夫菊之逞

姿發艷。在于花而花之蓄氣含香又往乎蕾蕾之生

枝吐辮更在乎蒂此理不可不知。故畫花法更加以

蕾蒂也。

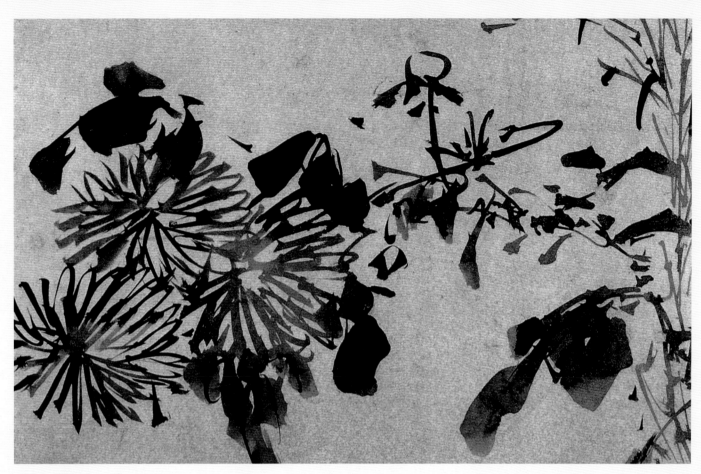

山水花卉图（之秋菊，局部） 李流芳
册页　纸本　墨笔
纵 24.6 厘米　横 25.6 厘米
上海博物馆藏

【原文】

　　画蕾蒂法

　　画花须知画蕾，花蕾或半放、初放、将放、未放，致各不同。半放侧形见蒂，嫩蕊攒心，须具全花未舒之势；初放则翠苞始破，小瓣乍舒，如雀舌吐香，握拳伸指；将放则萼尚含香，瓣先露色；未放则蕊珠团碧，众星缀枝，当各得其致为妙。画蕾须知生蒂，花头虽别，其蒂皆同。得叠翠多层，与众卉异，浑圆未放，虽系各色之花，宜苞蕾尽绿，若将放方可少露本色也。夫菊之逞姿发艳在于花，而花之蓄气含香又在乎蕾，蕾之生枝吐瓣更在乎蒂。此理不可不知，故画花法更加以蕾蒂也。

【札记】

_____

_____

_____

_____

_____

画叶法

菊叶亦有尖圆、长短、阔窄、肥瘦之不同，然五歧而四缺最难描写。恐叶叶相同，似乎印板。须用反、正、卷、折法，叶面为正，背为反。正面之下，见反叶为折；反面之上，露正叶为卷。画叶得此四法，加以掩映勾筋，自不雷同而多致。更须知花头下所衬之叶，宜肥大而色深润，以力尽具于此。枝上新叶，宜柔嫩带轻清之色；根下坠叶，宜苍老带枯焦之色。正叶色宜深，反叶色宜淡。则菊叶之全法具矣。

畫葉法

菊葉亦有尖圓長短濶窄肥瘦之不同。然五歧而四缺最難描寫恐葉葉相同似乎印板須用反正捲折法。葉面爲正背爲反正面之下見反葉爲折反面之上露正葉爲捲畫葉得此四法加以掩映鈎筋自不雷同而多致更須知花頭下所襯之葉宜肥大而色深潤以力盡具于此枝上新葉宜柔嫩帶輕清之色根下墜葉宜蒼老帶枯焦之色正葉色宜深反葉色宜淡則菊葉之全法具矣

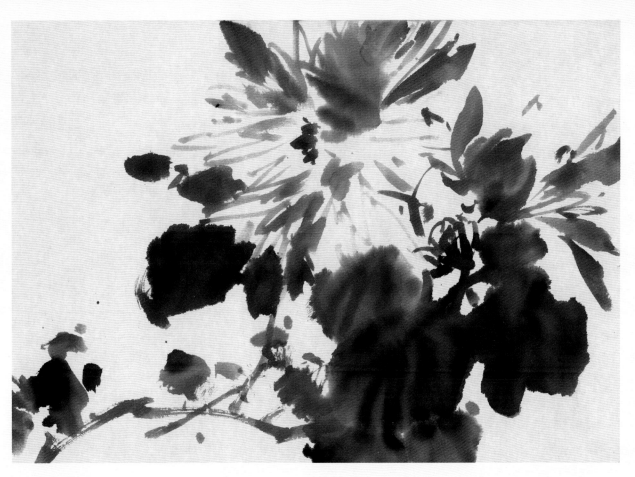

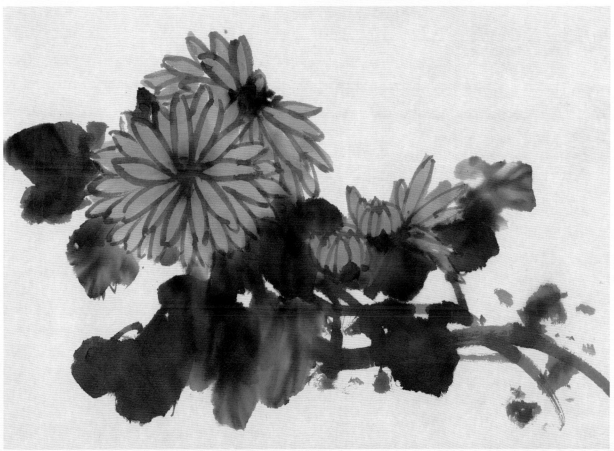

畫根枝法

花須掩葉葉宜掩枝菊之根枝先于未畫花葉時朽
定俟花葉完後始爲畫出根枝已具再添花葉方是
花葉四面根枝中藏也若不先爲朽定則生葉生枝
全無定向若不畫成添補則偏花偏葉俱在前邊本
枝宜勁傍枝宜嫩根下宜老更要柔不似藤勁不類
刺偃而不垂有迎風向日之姿仰而不直有帶露避
霜之勢花蕾枝葉根株交善則得全菊之致矣縱茲
小技豈易言哉

【原文】
　　画根枝法
　　花须掩叶，叶宜掩
枝。菊之根枝，先于未画
花叶时朽定，俟花叶完
后，始为画出。根枝已
具，再添花叶。方是花叶
四面，根枝中藏也。若不
先为朽定，则生叶生枝全
无定向。若不画成添补，
则偏花偏叶俱在前边。本
枝宜劲，傍枝宜嫩，根下
宜老，更要柔不似藤，劲
不类刺。偃而不垂，有迎
风向日之姿。仰而不直，
有带露避霜之势。花蕾枝
叶根株交善，则得全菊之
致矣。纵兹小技，岂易言
哉！

【导读】

　　此节内容以穿插、揖让、虚实、藏露等基本常识为主。小见根茎花叶的布局，大则一株一丛的生机和天趣。联系起来就是如何经营通篇的铺垫，要对章法有所了解，应用心读此节。但步骤上是否先画出根枝，当根据画者的水平和思路具体实施。虽然说中国书画是模块化的典范，但其最难的就是将局部和整体对接和协调，如能融会贯通就能千变万化，各种风格派别亦由此而生。风格派别繁多，可谓"一花一世界"，可以看作中国画"用"的外在表现，中国传统文化就是中国画演进的根本也就是"体"，是各种风格派别存在的土壤。中国绘画受传统文化滋养，形成的种类法式繁多，但其原理是一致的，只是各画种和派别的侧重点不同，随时代发展而不断产生变化。

菊竹图（局部）　徐渭
立轴　纸本　墨笔
纵 90.4 厘米　横 44.4 厘米
辽宁省博物馆藏

【原文】

画菊诀
时在深秋，菊称傲霜。
欲写其致，笔势昂藏。
中央正色，所贵者黄。
春花柔艳，何敢比方。
图成纸上，如对晚香。

画花诀
画菊之法，瓣有尖团。
花分正侧，位具后先。
侧者半体，正则形圆。
将开吐蕊，未放星攒。
加以蒂萼，乃生枝焉。

画枝诀
既画花朵，下必添枝。
枝须断缺，补叶方宜。
或偃或直，或高或低。
直勿过仰，偃勿太垂。
偃仰得势，花叶生姿。

畫菊訣

時在深秋菊稱傲霜欲寫其致筆勢昂藏中央正色

所貴者黃春花柔艷何敢比方圖成紙上如對晚香

畫花訣

畫菊之法辦有尖團花分正側位具後先側者半體

正則形圓將開吐蕊未放星攢加以蒂萼乃生枝焉

畫枝訣

既畫花朵下必添枝枝須斷缺補葉方宜或偃或直

或高或低直勿過仰偃勿太垂偃仰得勢花葉生姿

294

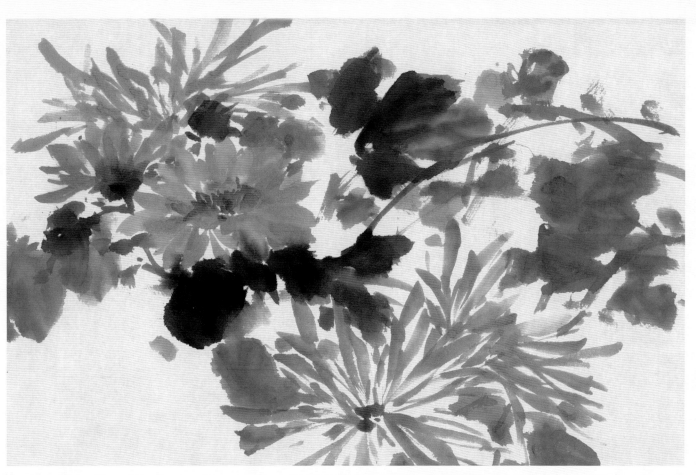

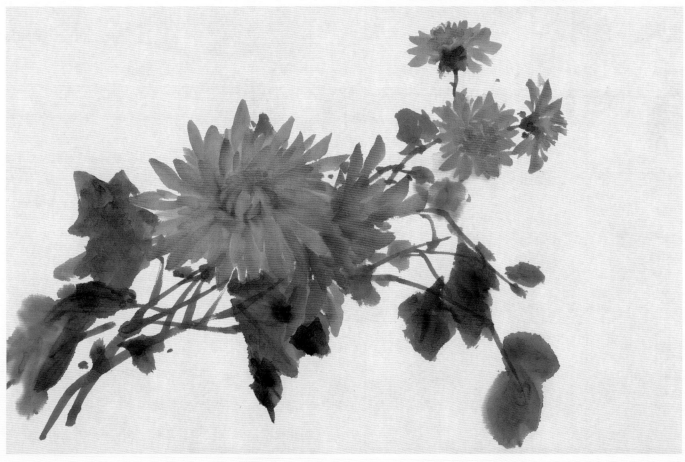

画叶诀

画叶之法，必由枝生。
五歧四缺，反正分明。
叶承花下，花乃有情。
稀处补枝，密处缀英。
花叶交善，方合乎根。

画根诀

画根之法，上应枝梢。
势须苍老，意在孤高。
直不似艾，乱不似蒿。
根下添草，掩映清标。
再加泉石，取致更饶。

画菊诸忌诀

笔宜清高，最怕粗恶。
叶少花多，枝强干弱。
花不应枝，瓣不由蒂。
笔笨色枯，浑无生趣。
知斯数者，尤所深忌。

画葉訣

畫葉之法必由枝生五歧四缺反正分明葉承花下

花乃有情稀處補枝密處綴英花葉交善方合乎根

畫根訣

畫根之法上應枝梢勢須蒼老意在孤高直不似艾

亂不似蒿根下添草掩映清標再加泉石取致更饒

畫菊諸忌訣

筆宜清高最怕粗惡葉少花多枝強幹弱花不應枝

瓣不由蒂筆笨色枯渾無生趣知斯數者尤所深忌

296

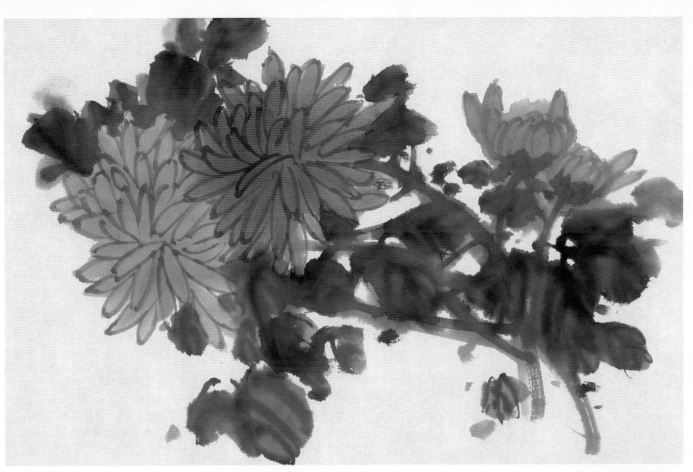

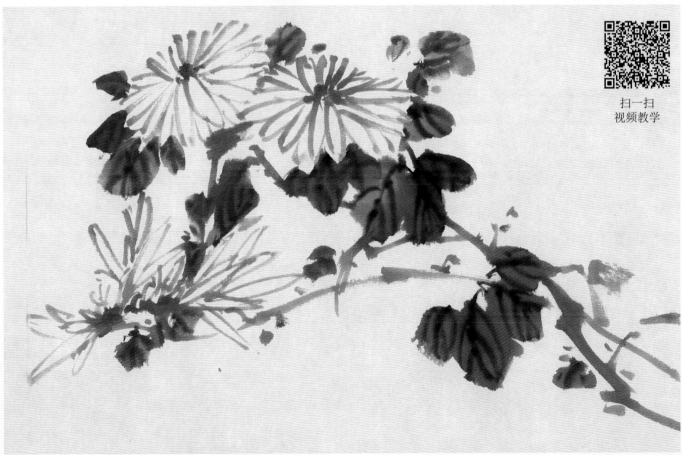

扫一扫
视频教学

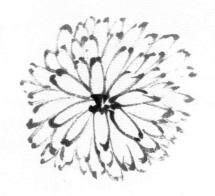

二花偃仰

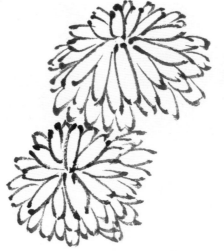

二花掩映

侧面

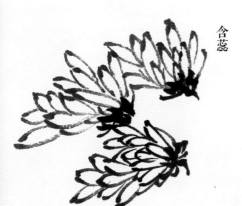

含蕊

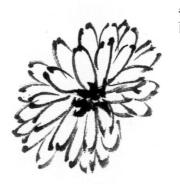

背面

【画菊起手平顶长瓣花五则】

【导读】

菊是多年生草本植物，我国南北方都有分布，它别称叫金英、金华、黄华、延年花等，很多画家都创作有《延年图》赠予亲友贺寿。菊茎多直立，叶互生，花头、花冠变化极多，形色各异，分单瓣、平瓣、丝瓣、匙瓣等。瓣形虽多，均以花蕊为轴心，瓣尖向周围呈放射状生出，由于这个特征我们画菊瓣需以花蕊为根基，才不至于瓣生散漫不合物理。尽放之菊奔放豪迈、高洁骨傲；半放之花娇羞可人，欲说还休，各具姿容。菊为秋霜前后绽放，所以又叫"九月菊"，人们也把农历九月称为"菊月"。文人、士大夫喜其傲雪凌霜，常用来自比高洁。

扫一扫
视频教学

298

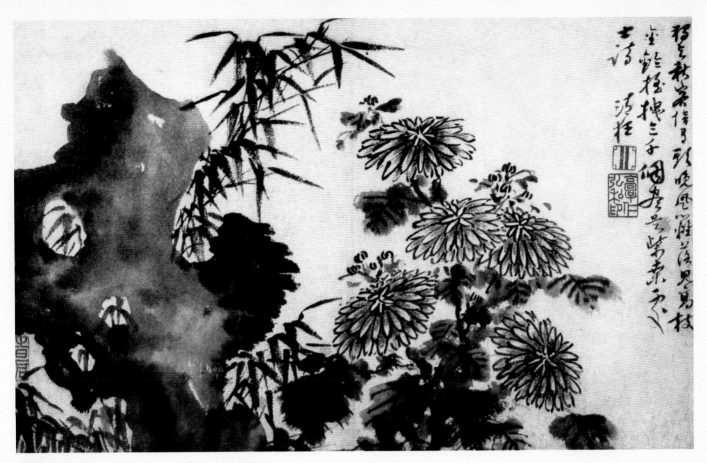

杂画图（之一） 郭诩
册页 纸本 设色 墨笔
纵 28.5 厘米 横 46.4 厘米
上海博物馆藏

【作者简介】

　　郭诩（1456～约1529），明代画家。字仁弘，号清狂道士，泰和（今属江西）人。擅画写意人物，笔势飞动，形象清古，有时信手拈来，辄有奇趣；兼工点簇花卉、草虫，亦写山水。同时期画家沈周、吴伟、杜堇等，都推重其艺术造诣。传世作品有《杂画》《东山游屐图》等。

【作品解读】

　　此为《竹石秋菊图》。作者在花鸟的表现技法上更具创造性，纯用色彩绘写，色泽鲜洁而运笔简练。在笔法上，勾曳点垛染，灵活飞动，毫不板滞，生物的形态栩栩如生。

【导读】

　　菊花以坚强不屈、凌霜傲放而著称，是原产我国的名花品种之一，中国人赏菊、咏菊、食菊、植菊，菊被赋予长寿、吉祥的含义，也是历代中国画中常见的题材，如《岁寒三友》《持螯赏菊》等等。中国栽培的菊花有上万个品种之多。

【札记】

_____

_____

_____

_____

_____

【高顶攒瓣花六则】

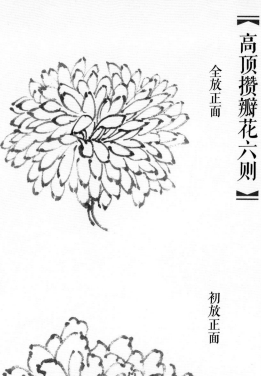

全放侧面

全放正面

初放侧面

初放正面

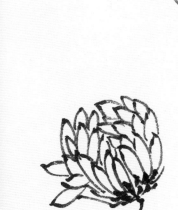

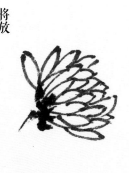

将放

含蕊

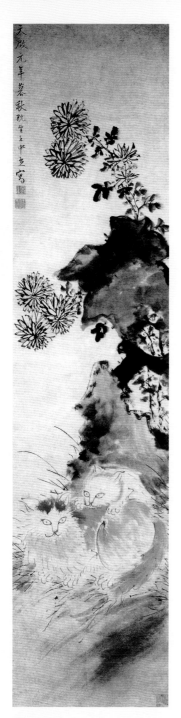

双猫菊石图　王中立
立轴　纸本　设色
纵 133 厘米　横 32.5 厘米
上海博物馆藏

【作者简介】

　　王中立，生卒年不详，
明代画家。字振之，吴县（今
江苏苏州）人。擅花鸟，笔
力老劲。

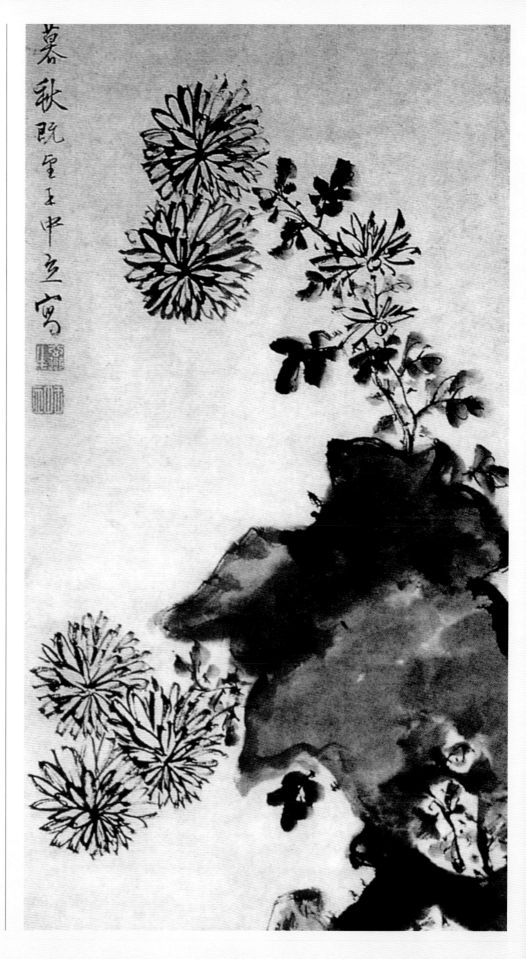

全放下偃

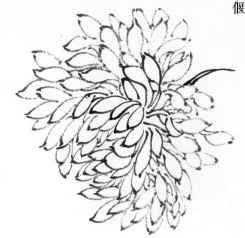

全放上仰

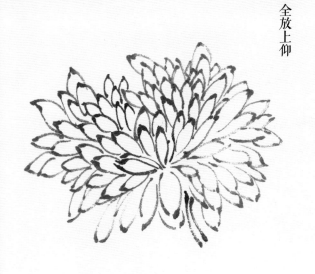

初放

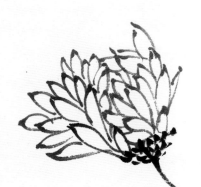

全放侧面

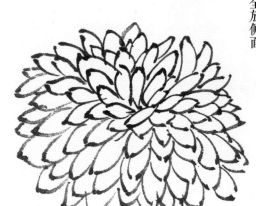

将放

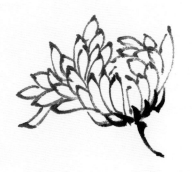

【导读】

　　一般说来，花瓣无论尖圆长短、曲直宽窄，画时总是一层层由内而外，由小瓣全瓣到外沿，依次将所有菊瓣画出，辅之向背、阴阳等变化。每个品种的主要区别都在花冠花型，因此通常小品式的作品绘制不宜品种较多，或大朵团花突出，或以一枝为主，以单瓣稚菊杂辅或以浓色、素色互为衬映，用色不宜太杂，花形不宜太多，否则都容易冲淡主次，造成画面混乱，初学者要悉心体会，多画些小品类的创作，逐步提高自己的修养和创作能力，对尺幅较大作品的创作会有很大帮助。

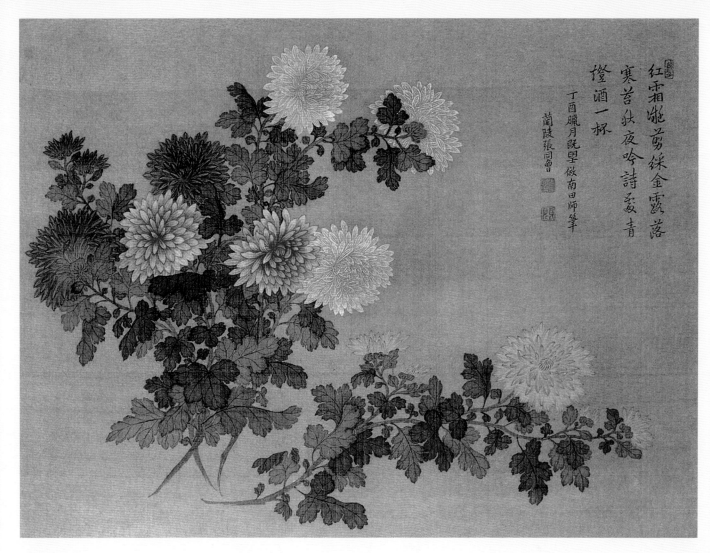

红霜凝剪缕金露落
寒苔狄夜吟诗爱青
橙酒一杯

丁酉朧月既望倣南田师笔

蘭陵張同曾

菊花图　张同曾
立轴　绢本　设色
纵40厘米　横55厘米
南京博物院藏

【作品解读】

　　此画绘粉、黄、白、紫四色折枝菊花。用笔工整，设色秀雅。自题仿恽寿平之法，仍有勾勒之笔，画面清隽娟丽。尤其白菊直接以绢为底，铅白勾画，显得晶莹剔透，别有神韵。

【札记】

全放侧面

全放正面

初放侧面

初放正面

将放

含蕊

【导读】

　　写意花卉主要用作者的心、眼，摄取物象的精神。东坡居士说"论画以形似，见与儿童邻"，很多不明就里、一知半解的人望文生义，觉得绘画应脱离形似，失败后又怨古人大言欺人。其实这里有个认识过程的问题。"形"是"皮"是"文饰"，精神才是"核心"是"质"。我们今天所描绘的"梅兰竹菊"已经是经过中国传统文化不断沉淀提炼后产生的，而不是一时兴起的臆造。中国画来自于传统文化，是先民对这块土地的认识，是心灵的延伸、体悟、想象。从传统哲学中寻找答案，从生活、自然中寻找灵感和源泉，不断砥砺磨炼，物我两忘，天人合一，做到"文质相合"，实现具象到抽象的积累，才能创造出佳作。

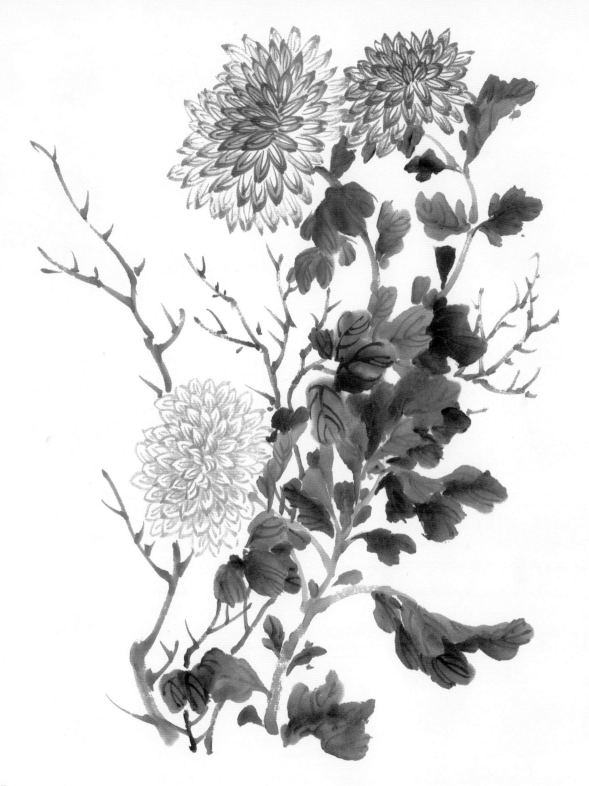

【导读】

　　中国画艺术自明、清以后越发成熟。发展成"诗书画印"四位一体的综合性艺术形式，了解它的发展历程就会发现，这是东方文明的成熟蜕变。当诗书画印熔铸为一炉时，互相增益生辉，形成特有的中国气象。中国画艺术在内省中完备，在与外来文明的碰撞中印证精进，形成自己的体系。我们这个时代对传统文化再认知，再思考，承前启后，中国画会有更大的发展和高峰出现。

全放侧面

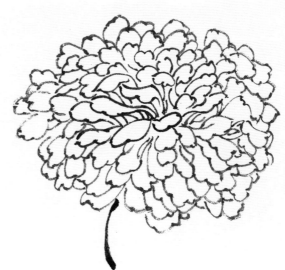

全放正面

初放侧面

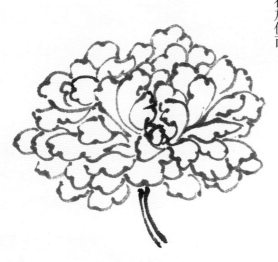

初放正面

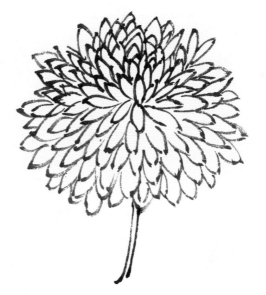

【导读】

　　菊瓣的刻画有先勾后染和先用颜色点写后用较浓的同类色勾画瓣筋的办法。

　　先勾后染花头，用淡墨色中锋勾出花瓣，勾线应有浓淡的整体变化，蘸相宜墨色，按花瓣位置一笔墨色用尽再接一笔，花瓣墨色浓淡既要统一又要有变化。勾画时注意花瓣的翻转、层次、聚散、交搭来增强、丰富表现力和笔墨情趣，使花头灵动的同时又无松散之态，花头要注意花瓣的走向和透视，使花冠整体呈"球形"，勾好花头依构思填色。

　　深色的菊花，可以先用墨点写花瓣，再用较浓的色墨勾画花瓣瓣筋，例如大红花头，毛笔先蘸淡色，再蘸浓色。笔尖色较浓，从画心向外层层点写花瓣，将干未干时用浓胭脂按先后顺序勾出瓣筋，利于瓣上的色彩相融，勾筋不能死板。

　　水分掌握要注意不可过湿，否则前后点出的花瓣与勾筋的色彩过度渗化，会造既失笔墨又不精神，这些都需要我们在练习中逐步掌握。一朵花一幅画最深处也就一个或几个点，主次之间互相拱卫，画面才有精神。热烈的地方，浓重的地方太多、太杂，画面显得浮躁烦乱。处处都说话，结果反而一片嘈杂，失了中心。反之画面没有浓淡，主次模糊，整个画面就了无生趣。中国画不是描摹植物、动物、自然的僵尸标本，而是在体悟所刻画对象的精神气质，因此意韵、生机、精神的画外延展性要通过作品引发观者的共鸣，才能完成互动。

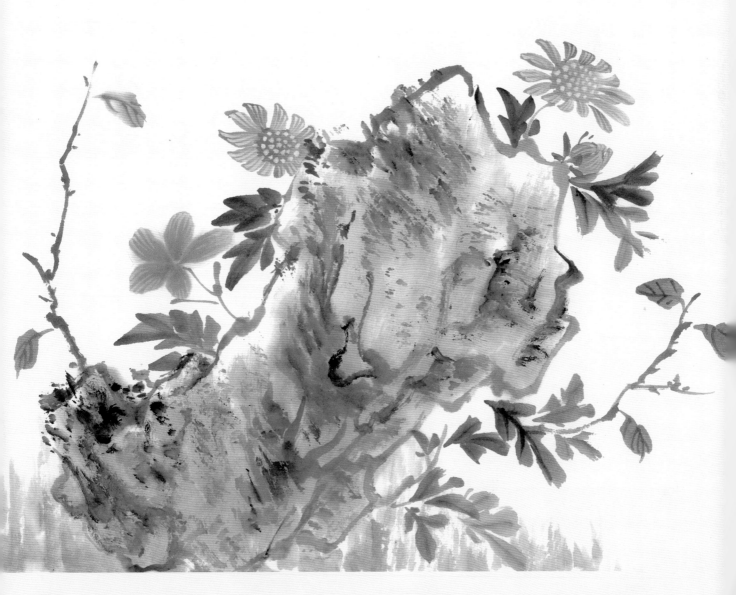

全放正面

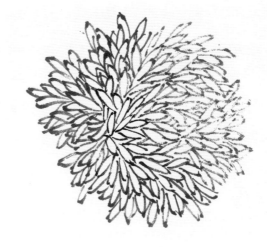

初放侧面

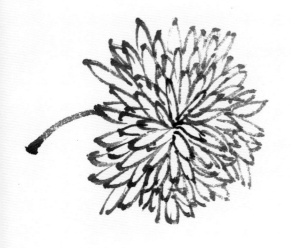

平顶正面

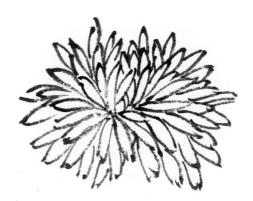

平顶正侧

细蕊

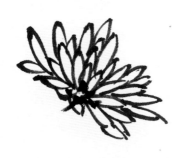

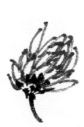

【导读】

　　此段文字由花蕾、花瓣、花蕊、花蒂逐次说明，语言简洁清晰。

　　花蒂变化最小，花瓣迎风取势，翻转曲折，变化最多。但生发于蒂，万变不离其宗。初开始，先出一、二瓣，依次推导出全花。花蕾似球形如"握拳伸指"状，都是前人观察揣摩后的心得。读者结合写生，相互参研，不难理解。

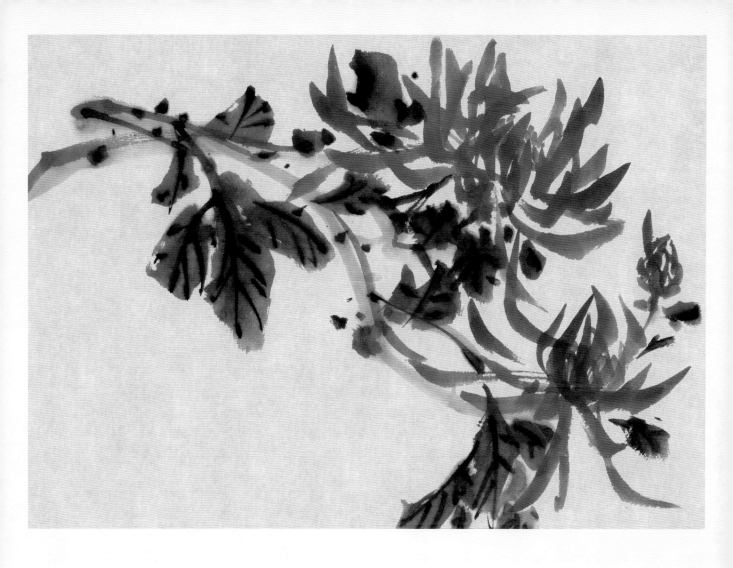

【札记】

点墨叶式十二则

【导读】

菊叶因品种、肥力等影响有肥瘦、长短等变化，常见的是"五歧四缺"，指叶片生长五个长出部分，相间的地方有四个凹缺的菊叶样貌。"五歧四缺，最难描写"，也是相对而言，菊叶大而柔软，临风舒卷，形态多端，再加上叶缘的深裂和锯齿状边缘，要求我们表现时把握整体，忽略不必要的细节，有所取舍。画叶片随风的翻折，要注意正反叶面的墨色浓淡，加以区分，避免雷同僵化，一般翻折处正面用色较浓。也可视具体情况灵活处理，有法是为无法而法，技法是为更好的表现物象而不应成为束缚手脚的枷锁。学习中对此可以逐步加深体会。

上仰正叶

下垂正叶

正面仰叶

正面折叶

背面卷叶

背面仰叶

背面折叶

正面卷叶

三叶交互

二叶俯仰

顶上五叶反正

根下四叶穿插

扫一扫
视频教学

勾叶用白描法偏于工。道理与前面讲的写意画法原理相通，只是形式上稍作区别，勾线时中锋用笔，间以侧、逆等用笔方法，线条运用应劲拔富于弹性，线条由叶柄到叶梢按自然生长规律表现，叶柄处粗些，叶梢渐细，线段随叶的转折、透视、弯曲起伏，长线强调节奏，笔与笔之间相连处可留极细小的断点，术语叫作"气眼"。

"气眼"不可过多，它一方面方便画者线条衔接勾描时的自然运用，另一方面也增加了长线段的节奏、韵律，丰富线条的表现力，好的线描本身就是创作，前人有许多佳作供大家参考，如陈洪绶、任伯年的白描作品。

【勾勒叶式十四则】

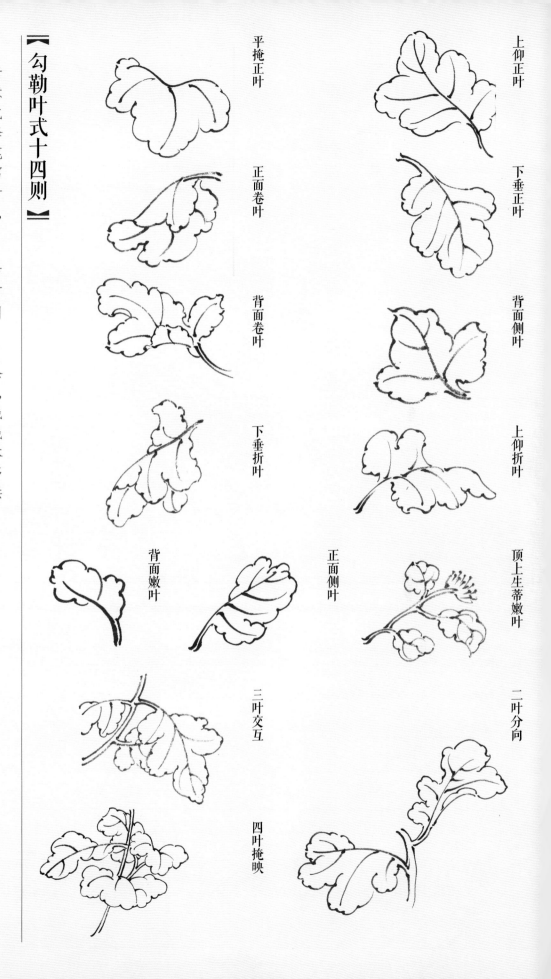

平掩正叶

上仰正叶

正面卷叶

下垂正叶

背面卷叶

背面侧叶

下垂折叶

上仰折叶

正面侧叶

顶上生蒂嫩叶

背面嫩叶

三叶交互

二叶分向

四叶掩映

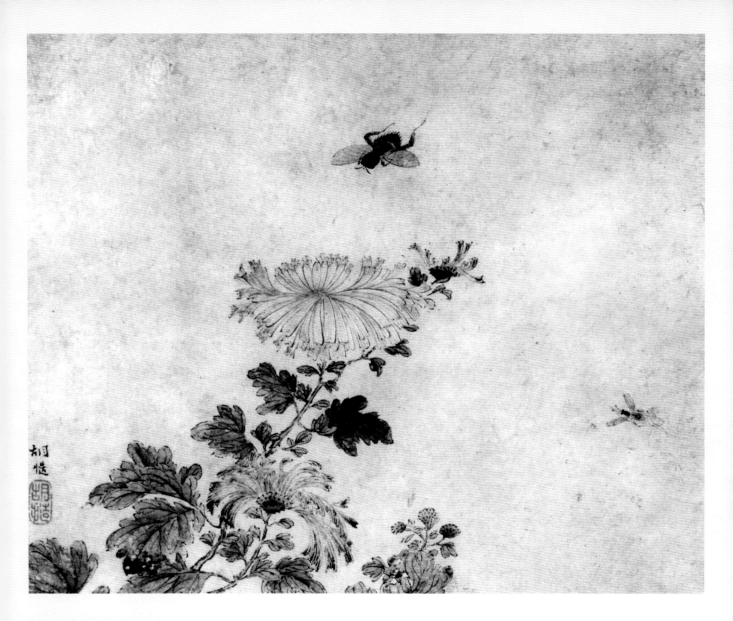

【作品解读】

　　此画页写秋菊及飞虫。画法工细，承宋代工笔花鸟画传统，却又灵动雅致。秋菊设色淡雅，勾勒之线略仿钉头鼠尾描。笔意流畅，工中带写，古朴清淡，造型舒展，整个画面气韵生动，有装饰意味。

【导读】

　　画整幅花卉，花蕾一般用色最浓，花瓣线条最柔软富于变化和节奏，花叶较之花头质感略厚实，用线就比花头要挺括，弹性更强，到枝梗部分，新枝又比前面更要强韧，老梗支撑全花愈发硬挺，这些在用线用色用笔上都在递进增强，都有所区别，就是为了使画面在统一中求变化，使作品局部精彩耐看，又能统一到整幅全局中，整体统摄各局部，才能达到引人入胜的艺术效果。

花鸟图　胡慥

册页　纸本　设色

尺寸不详

北京故宫博物院藏

【作者简介】

　　胡慥，生卒年不详，清初画家。字石公，秣陵（今江苏南京）人。擅画，所作山水苍莽浑厚；尤擅写菊，能尽百种，备见神妙。亦绘人物。为金陵八家之一。传世作品有《山居观梅图》《葛仙移居图》等。

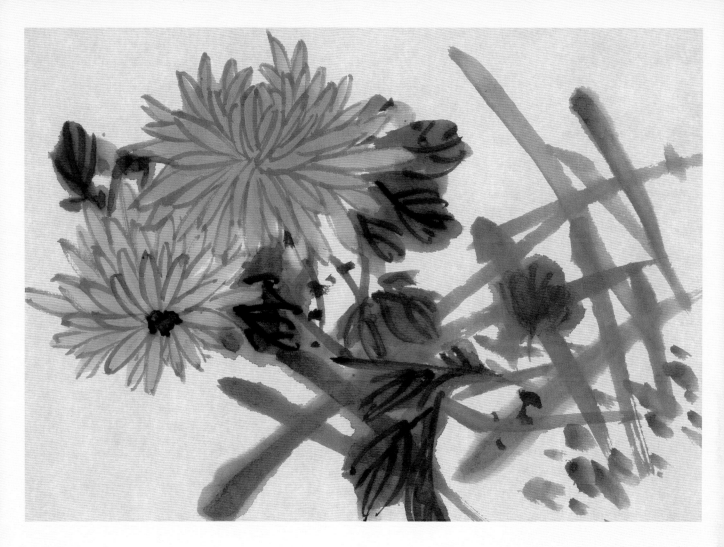

【导读】

　　东西方思想体系有相同,有区别,处理手法也有许多差异。中国画讲意韵,讲留白,讲物我两忘,讲散点透视,讲步移景换等等,建立在中国思想哲学基础上。因此,学好中国画笔墨是形式,对传统思想文化的认识是灵魂与核心,芥子园讲"不重于名冠一时,而重于神留千古",石涛讲"笔墨当随时代",都在说文脉思想传承与绘画表现形式的改变和时代演变更迭,与人的意识发展的变化关系。

　　中华文化最讲兼容并包,讲和谐共存,讲融会贯通。由于胸襟的广博,从古至今一直在接纳学习先进的外来文化,丰富自己的思想内核,这也是四大文明古国中只有我们能屹立至今的原因。学习中国画也是这样,"功夫在画外",指具体画面所载负的是无限的思想与内心,是精神的延展张力,而绝非就事论事的物象本身。初学者从梅兰竹菊等物象开始触摸文脉、文心,渐次发展到对诗、书、印、哲学等自觉的求索,找到自我的内心和宇宙苍生的各种辩证关系,才能最终实现内心的圆满。

【札记】

_____

_____

_____

_____

【导读】

"花头既定生枝布叶"，这句话说出了画菊的一般步骤，先定画头位置，然后画枝干菊叶。叶和枝可交替画出，亦可按照枝的路径，先画叶后生枝，总之怎么顺手就怎么来。方法就是给人用的，因人而活，但客观真规律不能违逆。

二枝全放

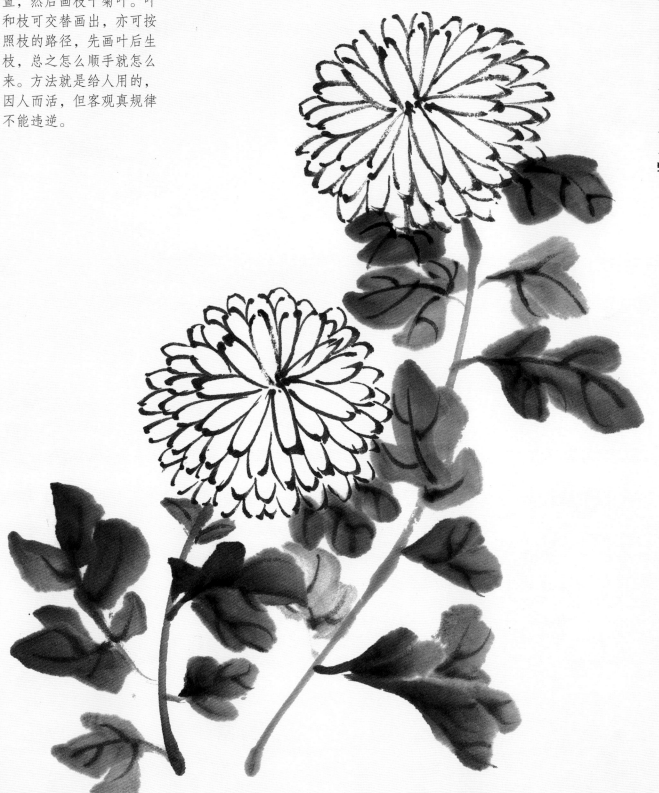

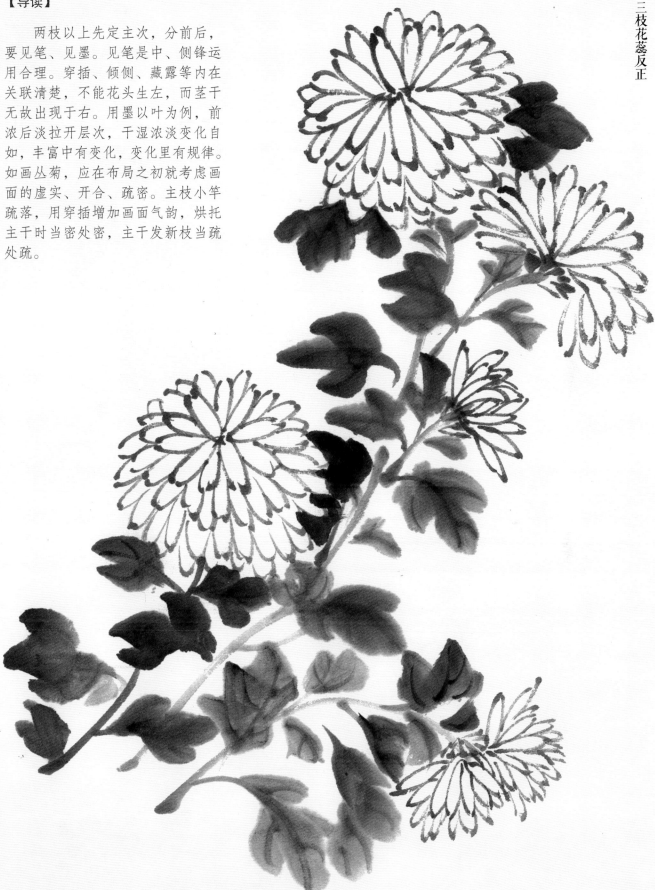

两枝以上先定主次，分前后，要见笔、见墨。见笔是中、侧锋运用合理。穿插、倾侧、藏露等内在关联清楚，不能花头生左，而茎干无故出现于右。用墨以叶为例，前浓后淡拉开层次，干湿浓淡变化自如，丰富中有变化，变化里有规律。如画丛菊，应在布局之初就考虑画面的虚实、开合、疏密。主枝小竿疏落，用穿插增加画面气韵，烘托主干时当密处密，主干发新枝当疏处疏。

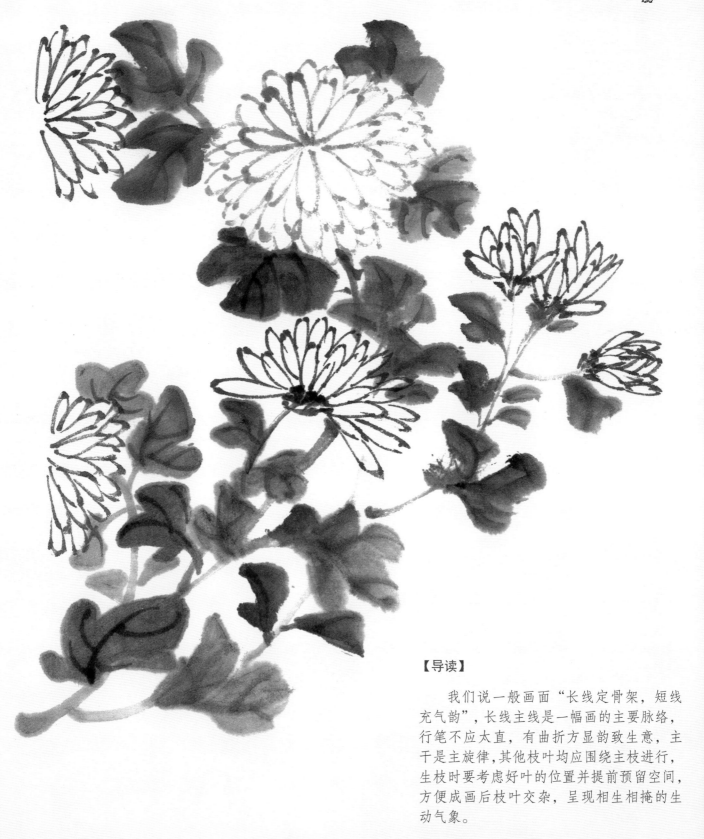

【导读】

　　我们说一般画面"长线定骨架，短线充气韵"，长线主线是一幅画的主要脉络，行笔不应太直，有曲折方显韵致生意，主干是主旋律，其他枝叶均应围绕主枝进行，生枝时要考虑好叶的位置并提前预留空间，方便成画后枝叶交杂，呈现相生相掩的生动气象。

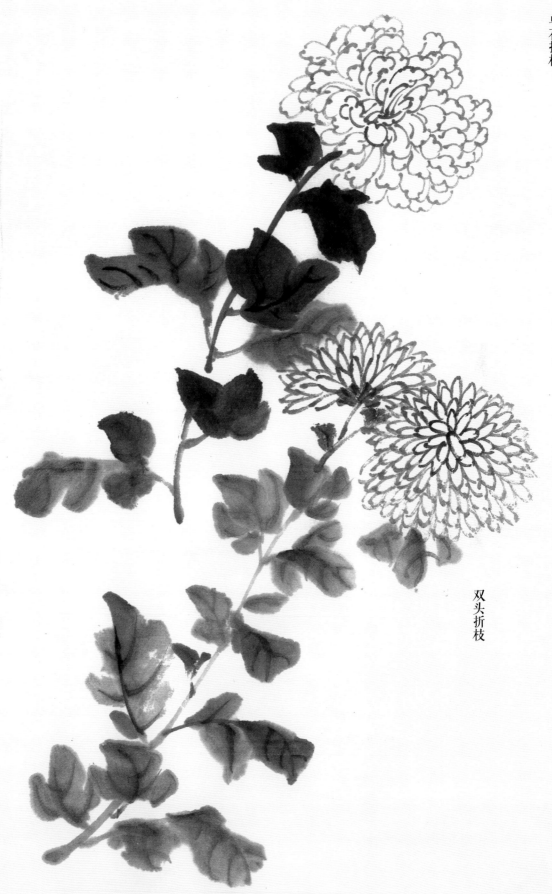

单花折枝

双头折枝

花头短枝

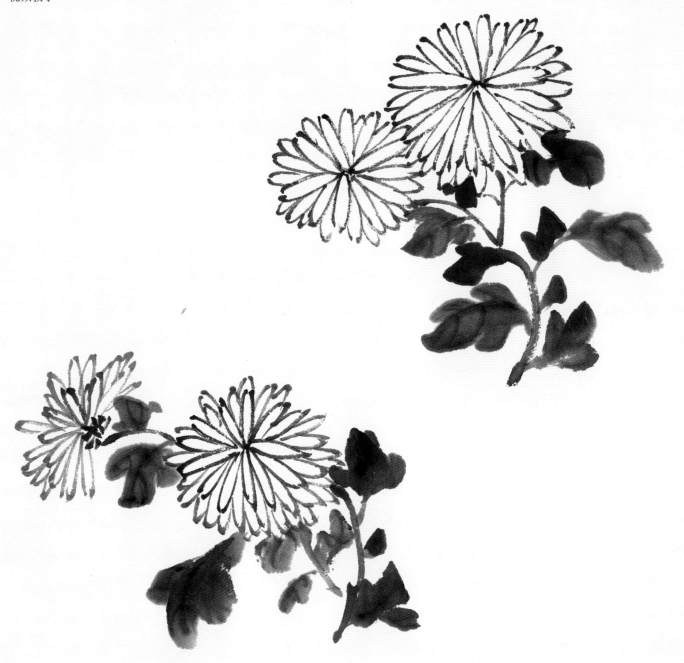

【导读】

　　主体画好后，安排配景、点景都应根据整体章法确定，主体宜明确，配景宜虚空，配景要符合物理，忌生搬硬套，艺术的浪漫要合理，配景不宜喧宾夺主，充分发挥它烘托主体，丰富画面，增加韵味的作用。在掌握规律之后灵活处理，才能做到"臆造无法""我之为我，自有我在"。这时就会理解"是有真宰，而敢草草"的辩证关系。

翠竹黄花图（局部） 王彀祥
立轴 纸本 水墨
纵 68.1 厘米 横 34.1 厘米
上海博物馆藏

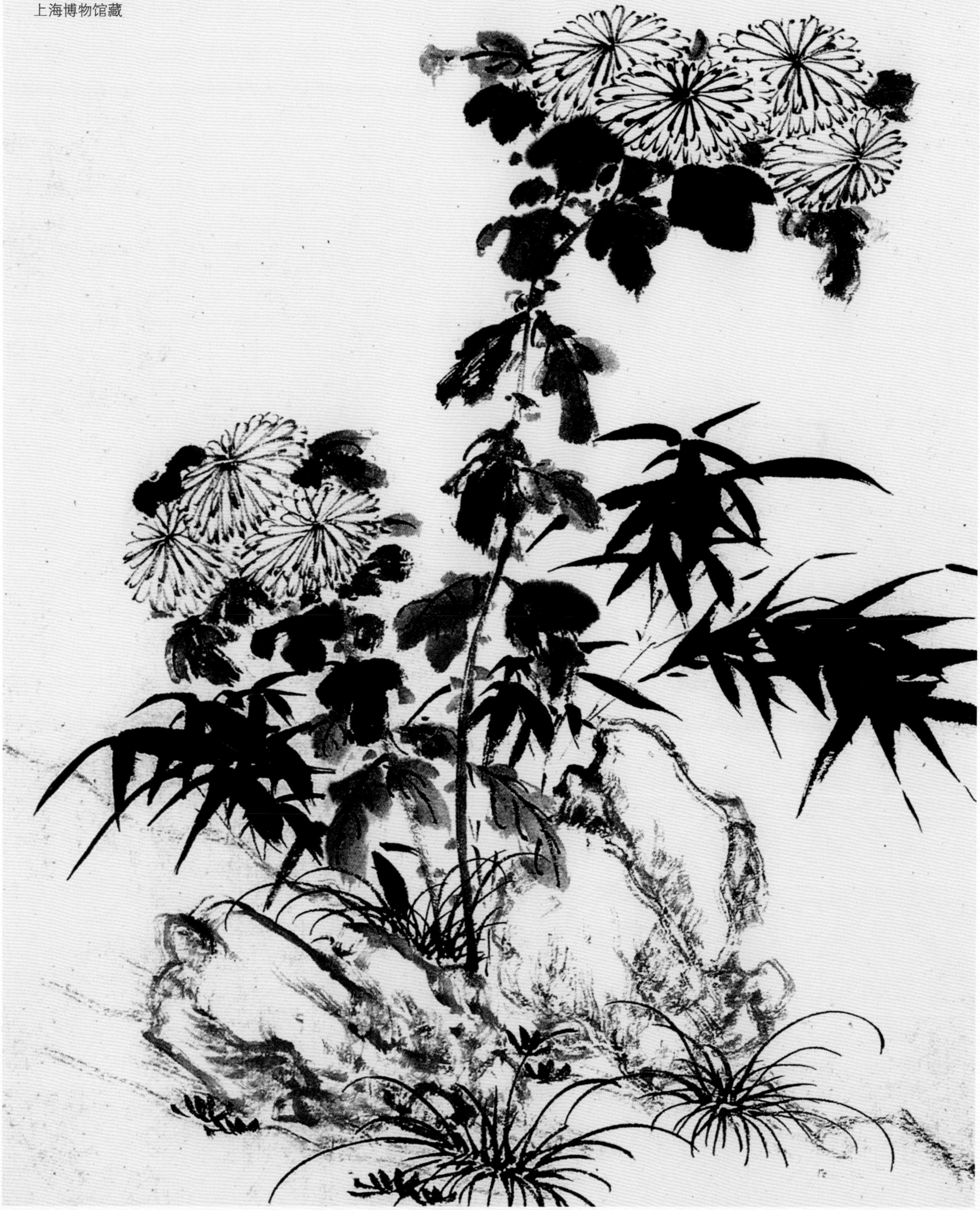

大朵单花

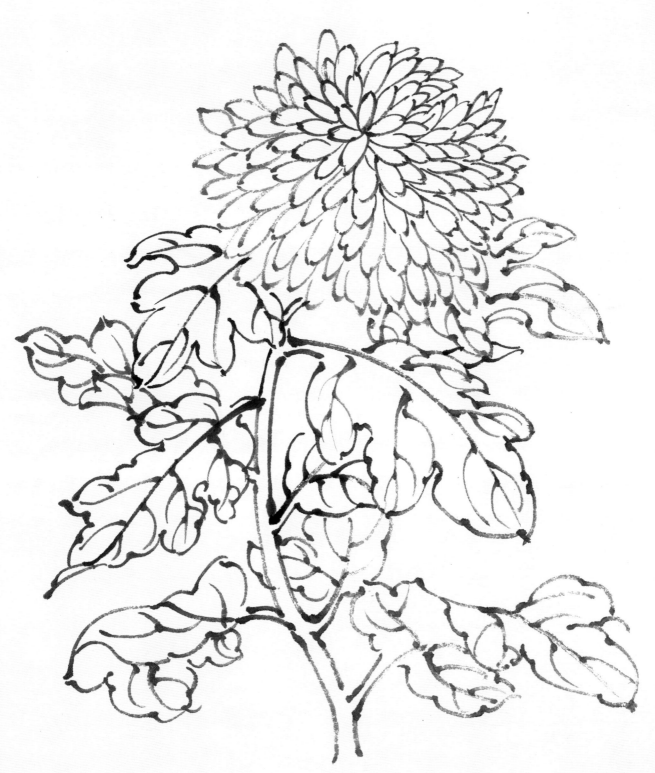

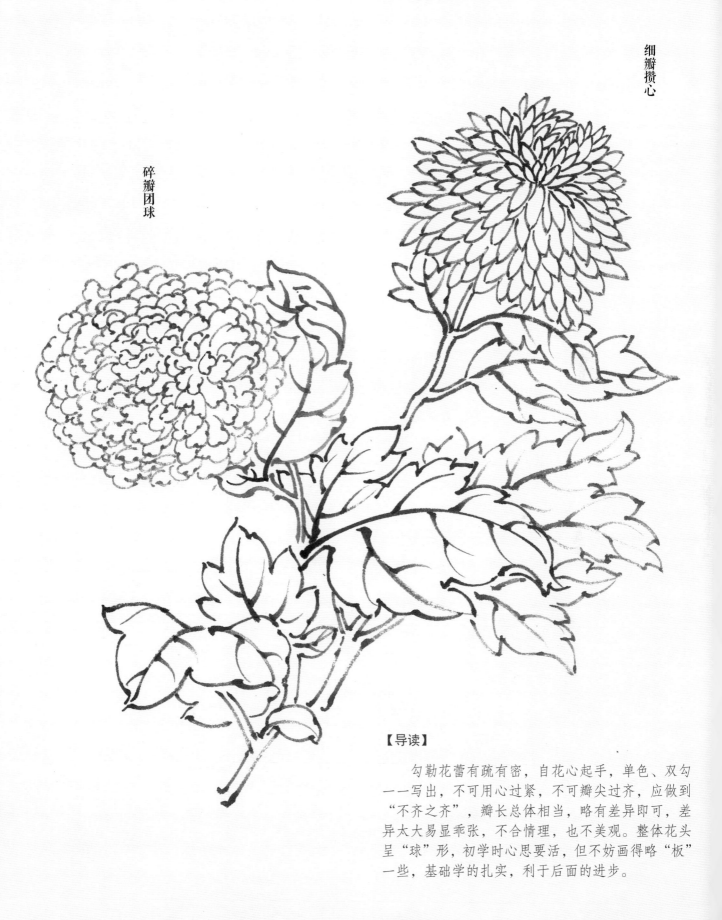

细瓣攒心

碎瓣团球

【导读】

　　勾勒花蕾有疏有密，自花心起手，单色、双勾一一写出，不可用心过紧，不可瓣尖过齐，应做到"不齐之齐"，瓣长总体相当，略有差异即可，差异太大易显乖张，不合情理，也不美观。整体花头呈"球"形，初学时心思要活，但不妨画得略"板"一些，基础学的扎实，利于后面的进步。

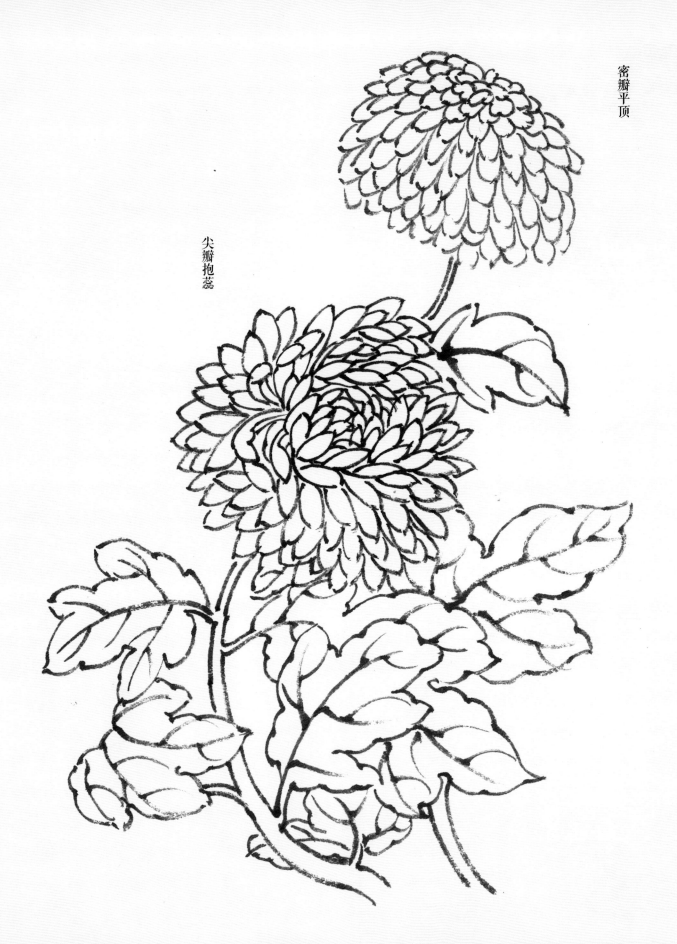

密瓣平顶

尖瓣抱蕊

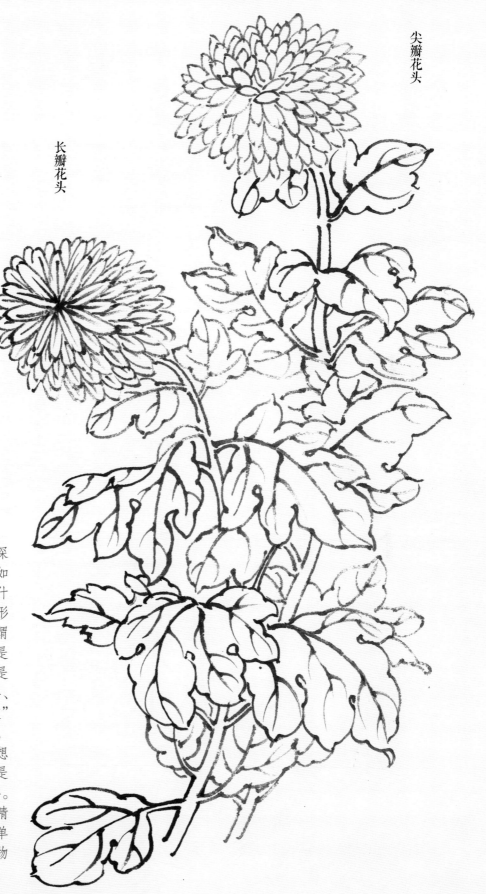

尖瓣花头

长瓣花头

【导读】

　　基础牢靠，理解才能深入，若一上手便用笔运墨如信马游缰，最终也不会有什么成就。《易经》中说"形而上者谓之道，形而下者谓之器"，形而上者是道，是精神，是思想，是艺术，是内涵。"器"是载体，是工具、技巧、手段和方法，表达"道"的真谛需要用工具、技巧。工具、技法愈精微，对思想表述愈贴切，即便如此还是与真正的"道"有巨大的差异。应尽量用恰当的手法反映精神世界，单纯重"道"和单纯重"器"，都会走向事物的极端，要么"无处下手"，要么"舍本逐末"。

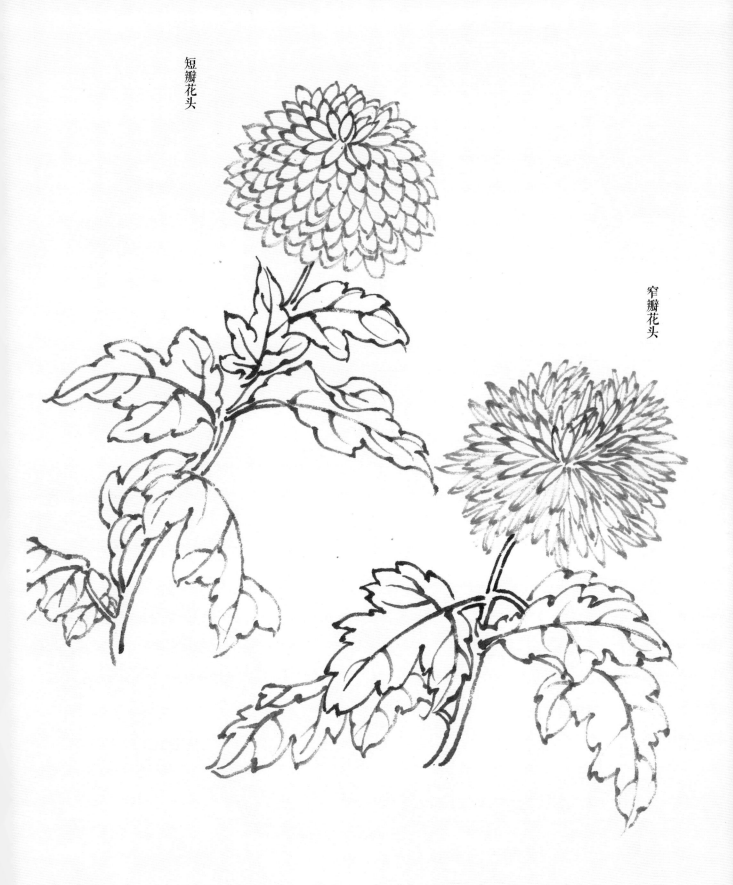

短瓣花头

窄瓣花头

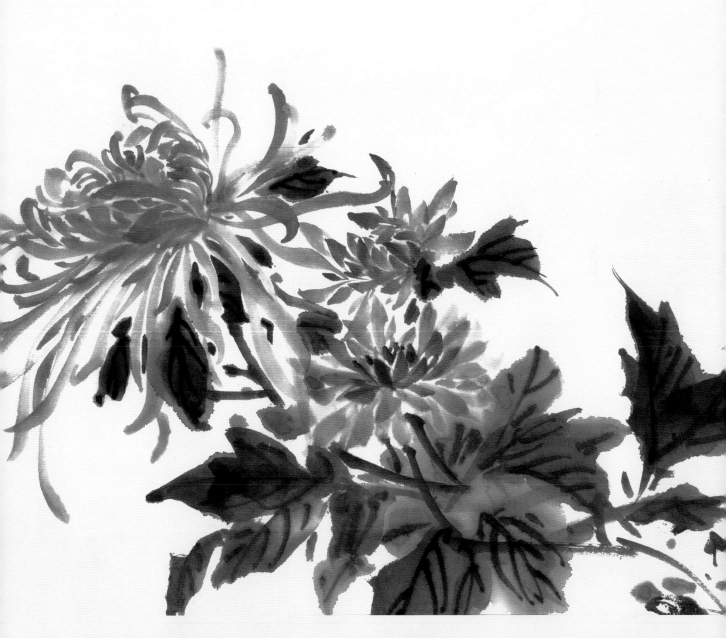

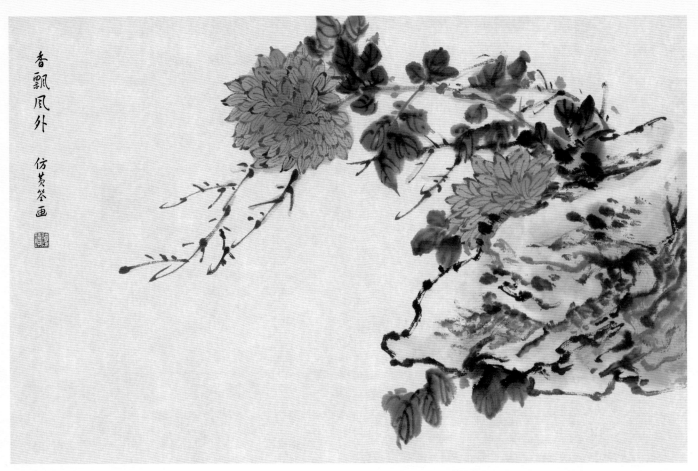

香飄風外

仿黄荃畫

鶴甓清玩

學易慶之畫

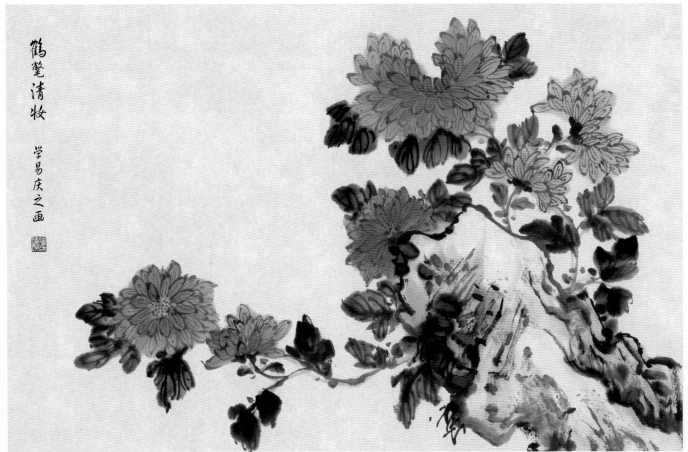

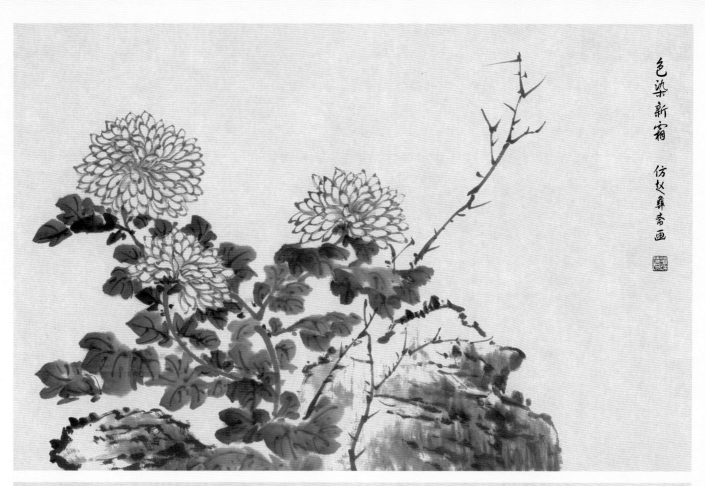

色染新霜　仿赵彝斋画

东篱佳色

摹黄居宝画

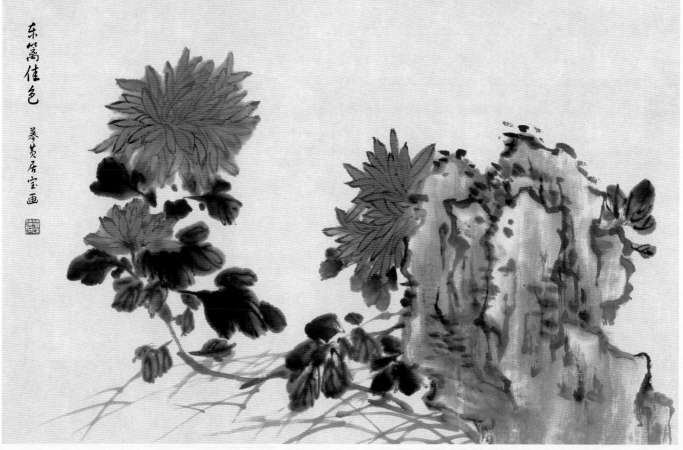

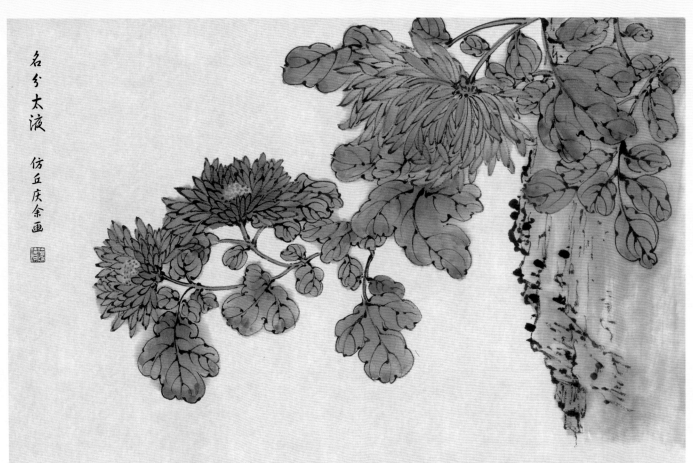

名分太液

仿丘庆余画

未必竹石

学崔子西画

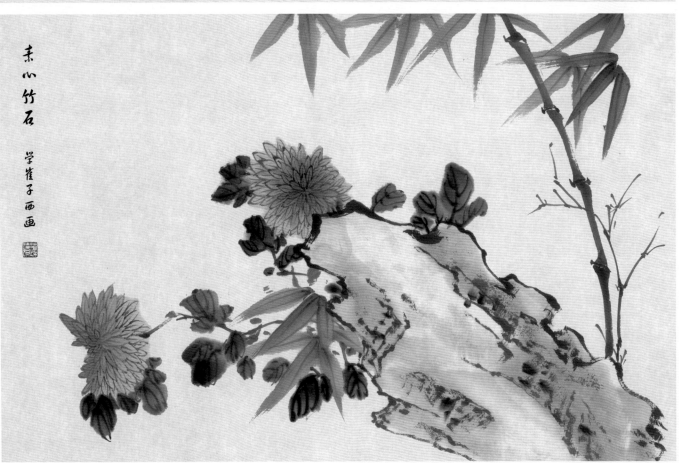

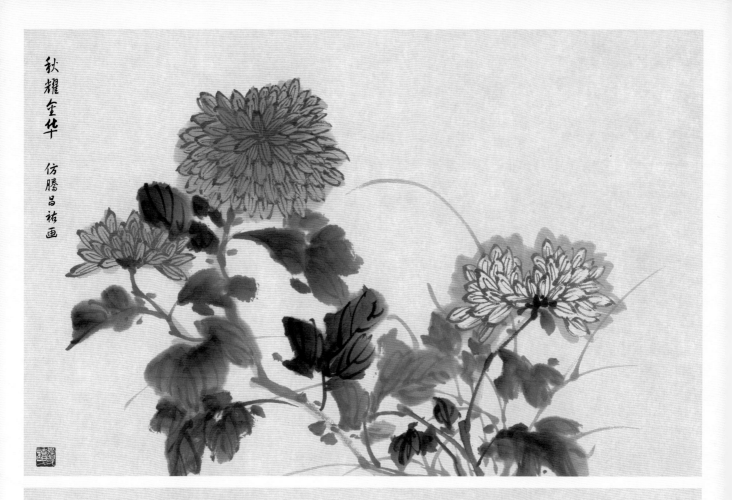

秋耀金华

仿滕昌祐画

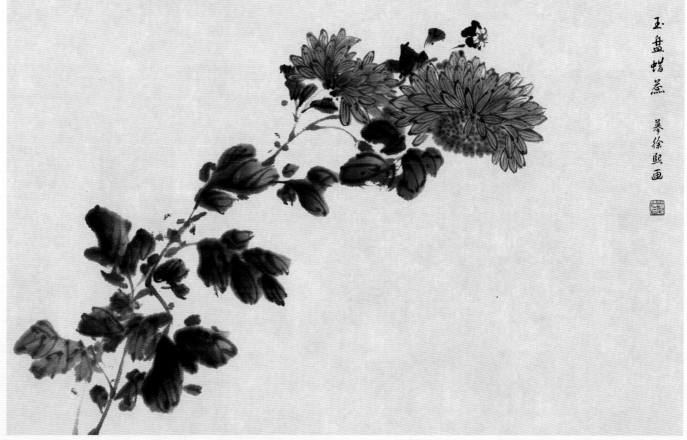

玉盘蜡蕊

蓁徐熙画

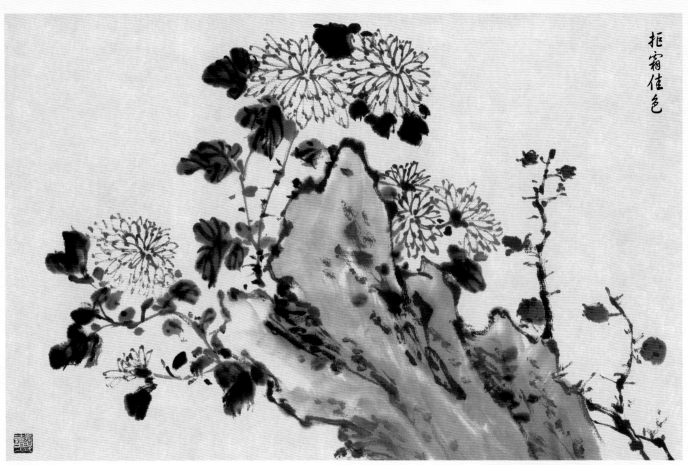

拒霜佳色

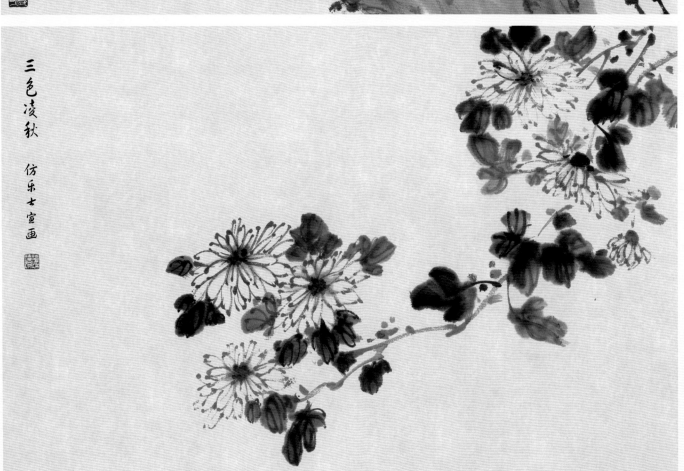

三色凌秋

仿乐士宣画

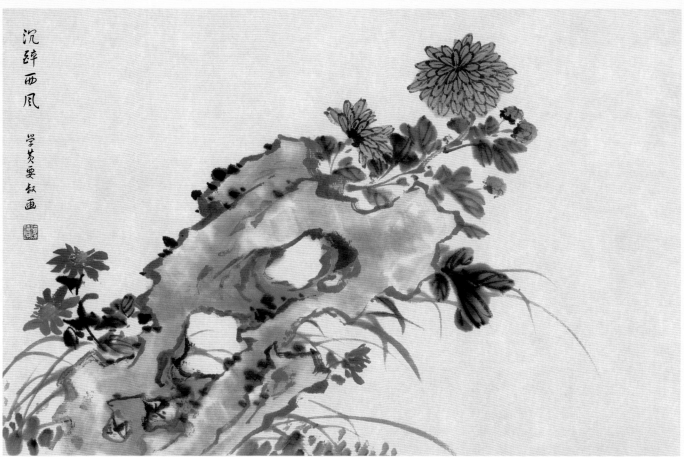

沉醉西風

学黄要叔画

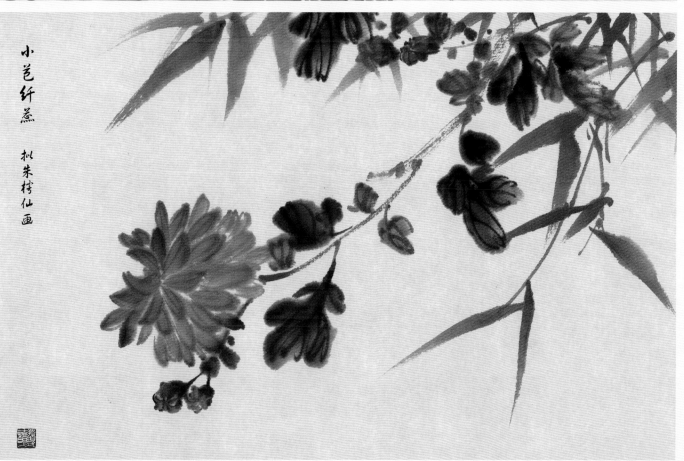

小苞纤蕊

拟朱榁仙画

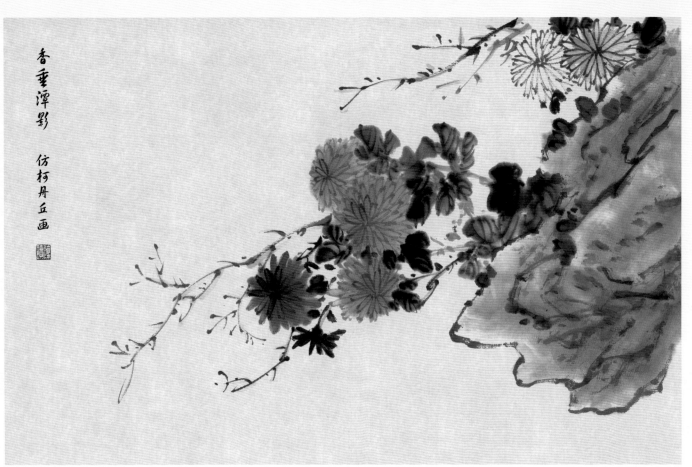

香重潭影

仿柯丹丘画

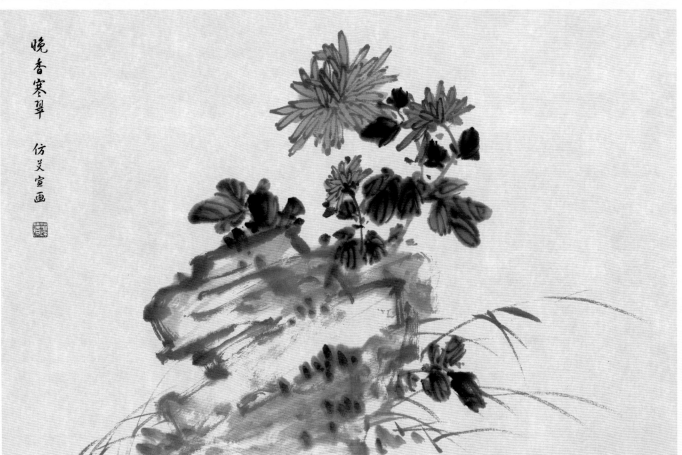

晚香寒翠

仿艾宣画

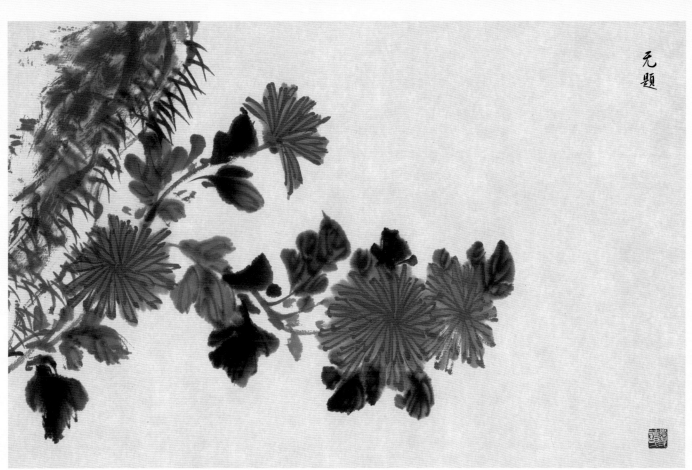

无题

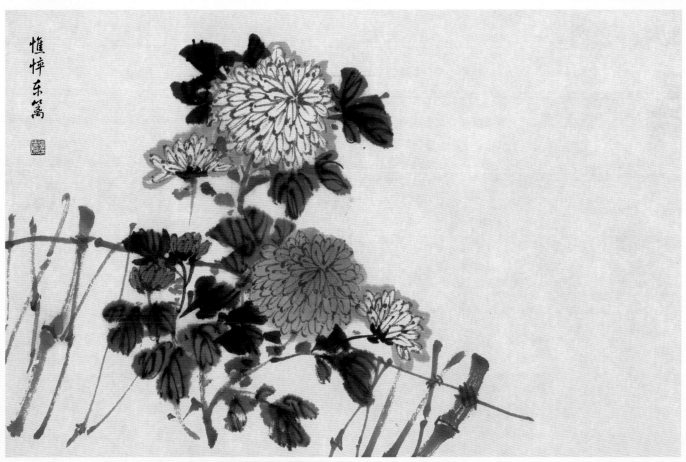

憔悴东篱

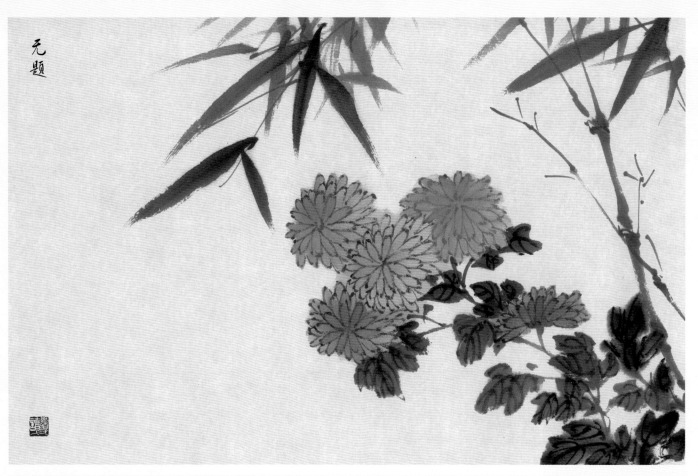

无题

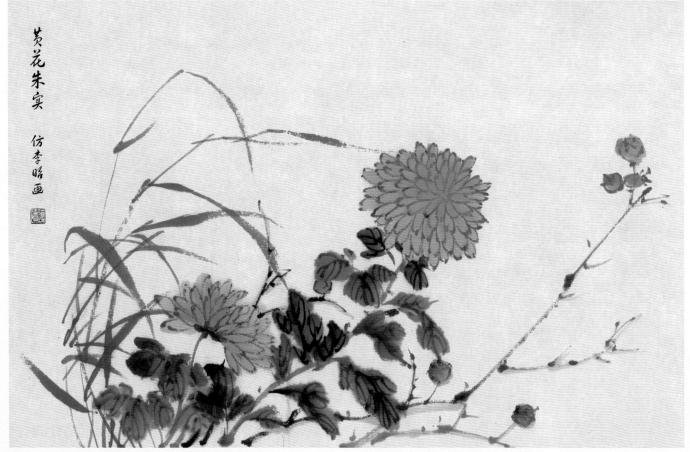

黄花朱实

仿李鱓画

无题

老圃秋实 学赵昌之画

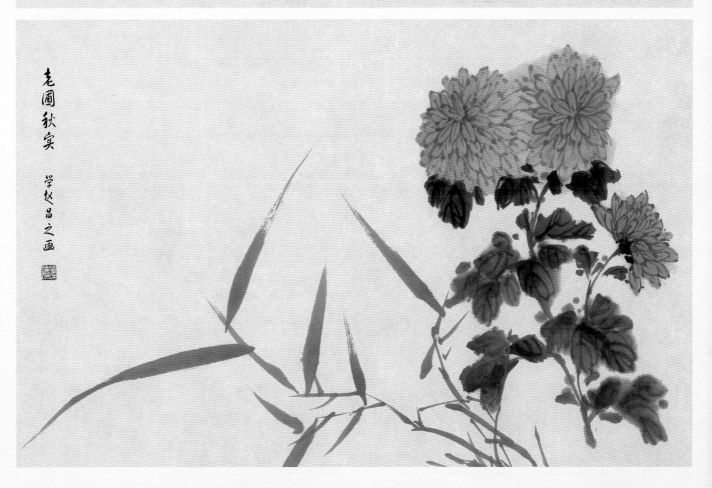

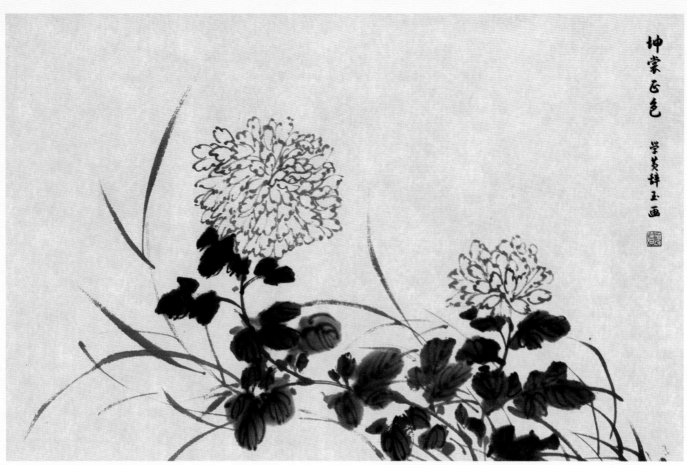

坤棠正色　学黄梓玉画

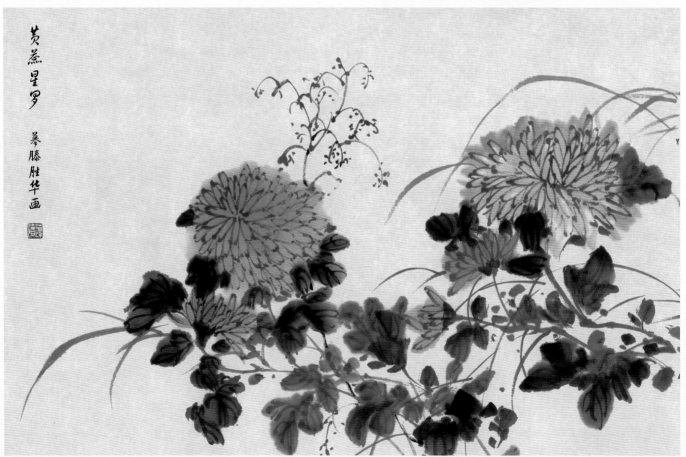

黄蕊星罗　蔡滕胜华画

仪鳳舞雪

无题

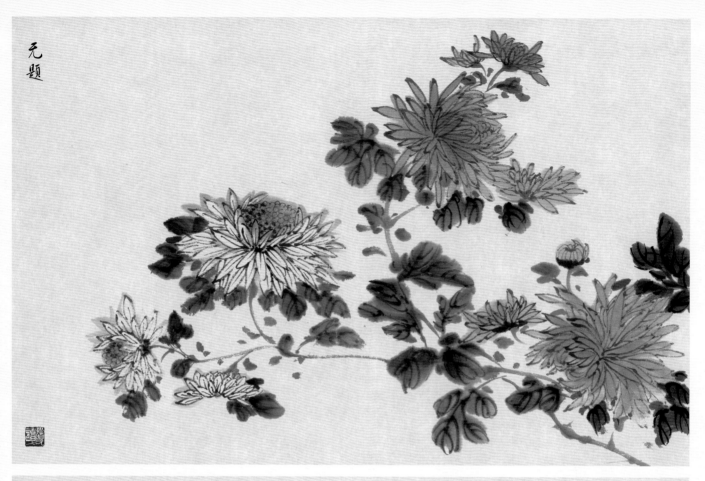

无题

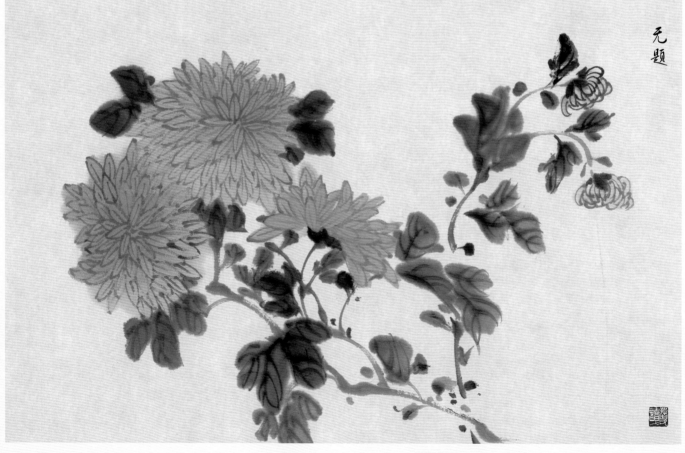

无题

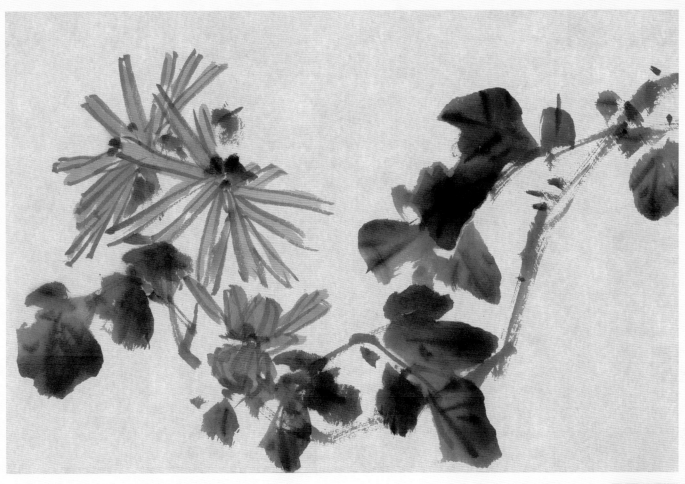

扫一扫
视频教学

【札记】

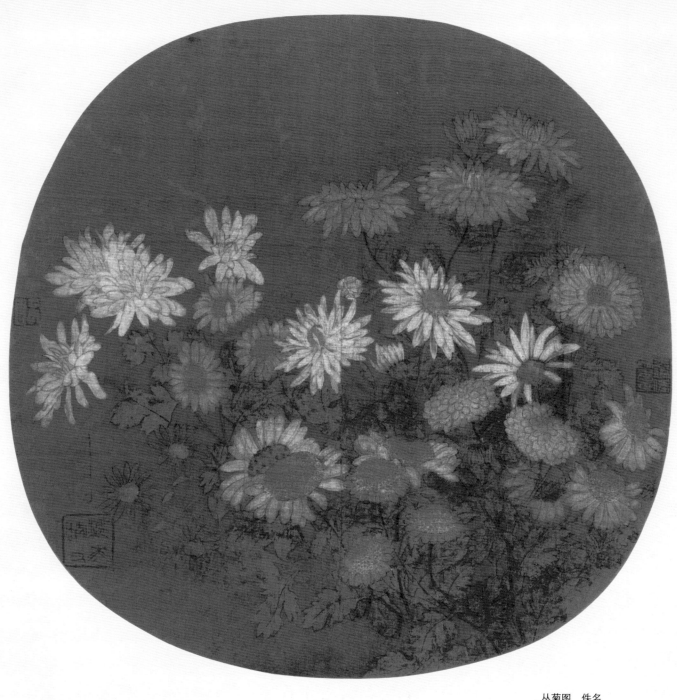

丛菊图　佚名
绢本　设色
纵 24 厘米　横 25.1 厘米
北京故宫博物院藏

【札记】

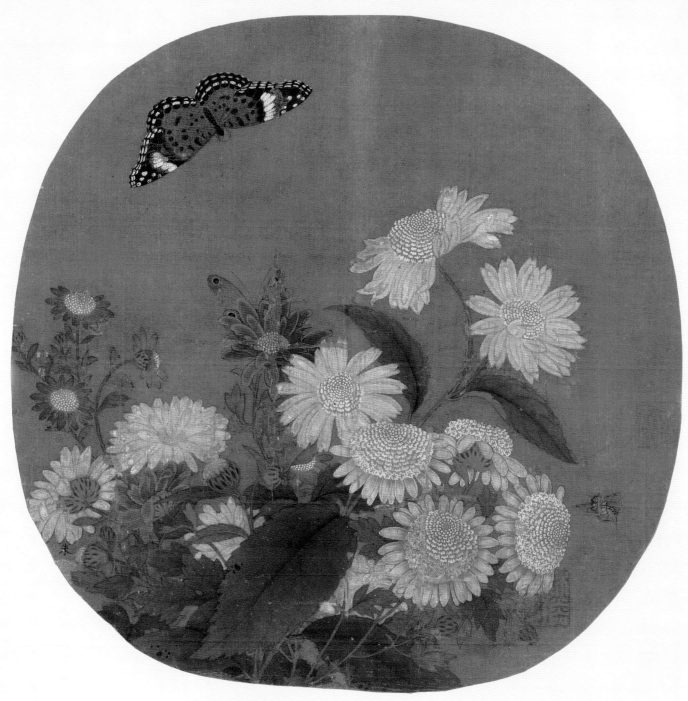

菊丛飞蝶图　朱绍宗
绢本　设色
纵 23.7 厘米　横 24.4 厘米

【作者简介】

　　朱绍宗，生卒年不详，宋代画家。工人物猫犬花禽，描染精邃远过流辈。隶籍画院。现存作品有《菊丛飞蝶图》。

【札记】

_____

_____

_____

_____

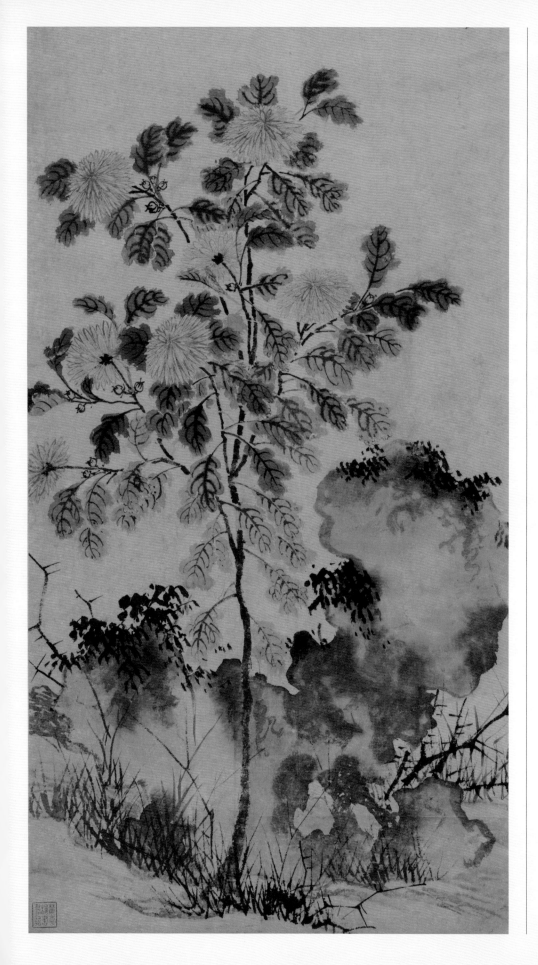

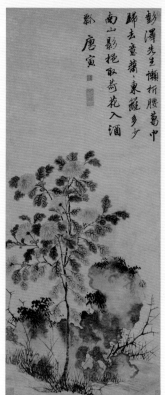

菊花图　唐寅
纸本　墨笔
纵 138 厘米　横 55.5 厘米

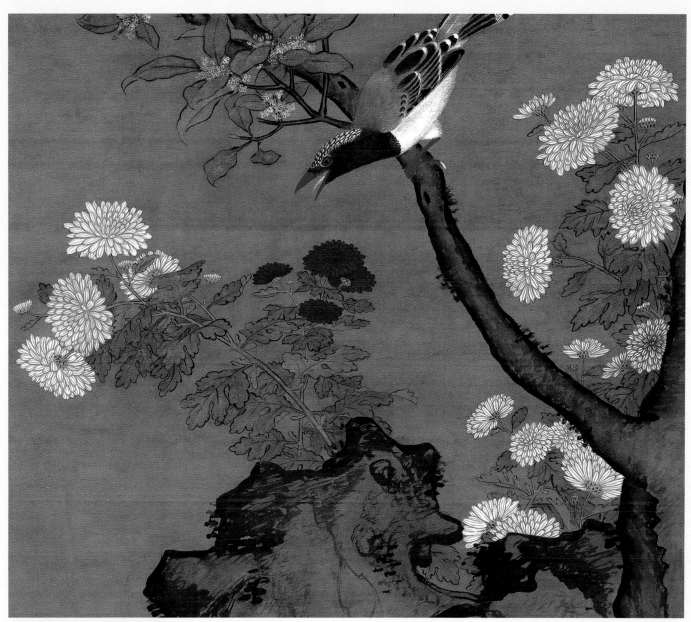

【作者简介】

　　吕纪(1477～？)，字廷振，号乐愚，浙江宁波人。弘治间(1488～1505)供事仁智殿，为宫廷作画。擅画临古花鸟，近学边景昭，远宗南宋院体风格，延续了黄筌工整细致的画风及勾勒笔法，并予以发扬，多以凤凰、仙鹤、孔雀、鸳鸯之类鸣禽为题材，杂以浓郁花树，画面灿丽。亦作粗笔水墨写意者，笔势劲健奔放，与林良相近，与边景昭同为明代院体花鸟画中临古派的代表。传世作品有《桂菊山禽图》《榴花双莺图》《雪景翎毛图》《浴兔图》等。

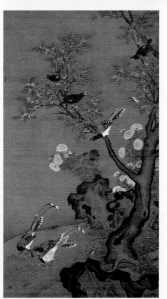

桂菊山禽图　吕纪
立轴　绢本　重设色
纵 192 厘米　横 107 厘米
北京故宫博物院藏

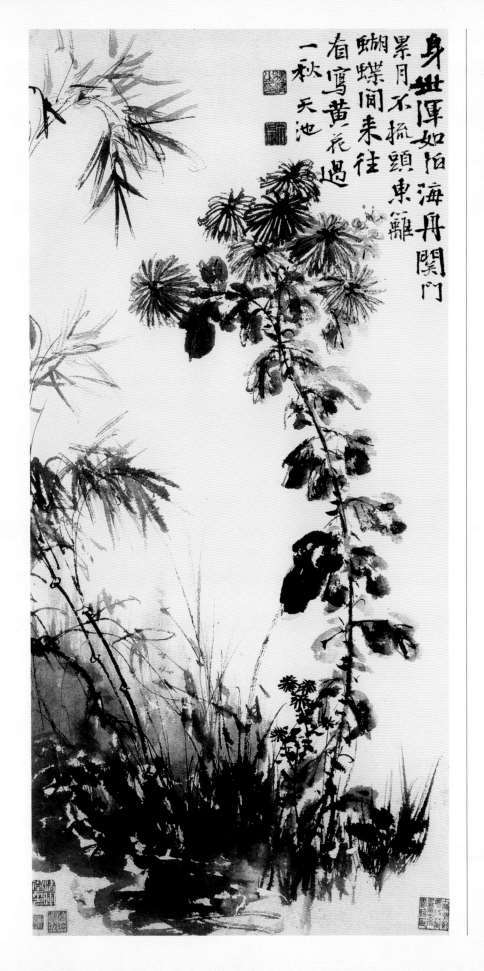

身世浑如陌海舟闘門
累月不揽頭東籬
蝴蝶间来往
着写黄花過
一秋天池

【作品解读】

　　图写菊花昂立，菊叶垂聚，花朵簇拥，生机勃勃。菊叶以大笔刷写，挥洒自如。旁依修竹，竹梢低垂，与菊花相呼应，饶有趣味。竹叶用笔潇洒。菊、竹下端衬以叶草，清姿逸态，淋漓尽致。笔墨干湿浓淡相宜相辅，一气呵成，韵味隽永。

菊竹图　徐渭
立轴　纸本　墨笔
纵 90.4 厘米　横 44.4 厘米
辽宁省博物馆藏

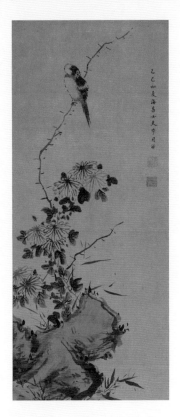

菊石鸣禽图　李因
立轴　绫本　墨笔
纵 129.4 厘米　横 47.8 厘米
旅顺博物馆藏

【作者简介】

　　李因（1616～1685），明末清初女画家。字今是，又字今生，号是庵，又号龛山逸史。钱塘（今杭州）人。流寓海宁，擅画山水、花鸟，亦擅芦雁，师法陈淳。精于写生，点染生动，大幅更佳。传世作品有《菊石鸣禽图》《芙蓉鸳鸯图》等。

【作品解读】

　　此画写山坡之上的奇石旁秋菊盛开，一枯枝高挑，其上小雀正回头顾盼，鸣叫声声。画中充分体现了水墨挥洒淋漓的特点。坡面及奇石以淡墨渲染，质感丰富。菊花写意生动，用笔酣畅。小鸟造型准确，兼工带写，笔法细致。

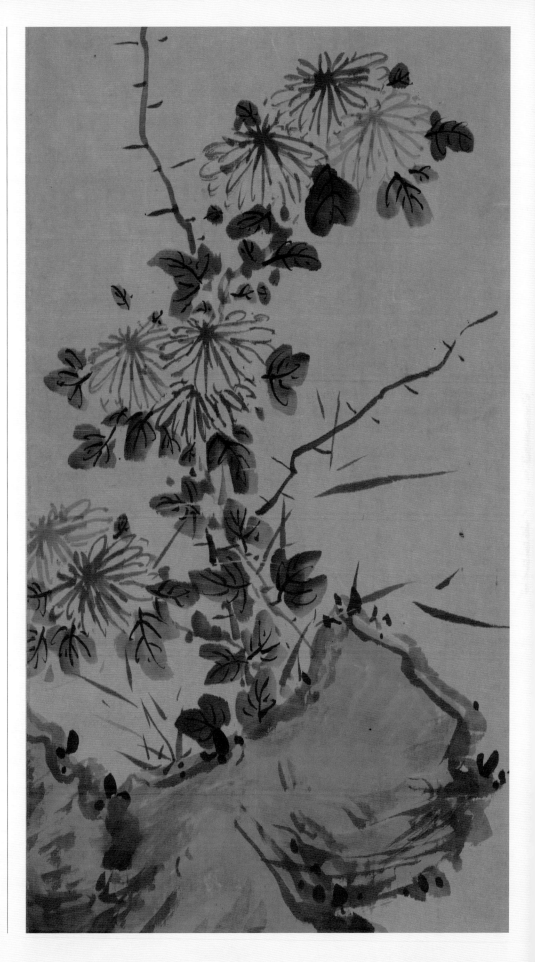

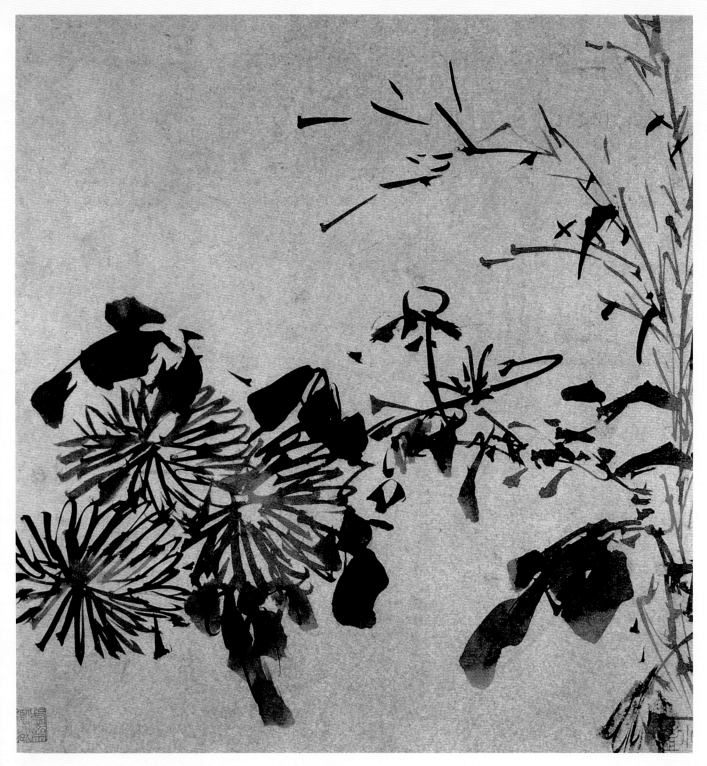

【作品解读】

　　此图册共十三开，以水墨写生山水花鸟，可以尽见李流芳俊逸豪纵、笔墨粗简的风格特点。有草书行笔的特点，用笔疾劲爽利，韵足意长，神似天成，为大写意花鸟画的佳作。

【作者简介】

　　李流芳（1575～1629），字长蘅，一字茂宰，号泡庵、檀园、慎娱居士，安徽歙县人，侨居上海嘉定。万历三十四年（1606）进士。嘉定才子，擅诗文，工书画篆刻。山水学吴镇、黄公望，笔墨粗简，风格俊爽。

山水花卉图（之秋菊）　李流芳
册页　纸本　墨笔
纵 24.6 厘米　横 25.6 厘米
上海博物馆藏

边寿民 (1684～1752)，清代画家。原名维祺，字寿民，以字行，更字颐公，号渐僧、苇间居士，山阳（今江苏淮安区）人。善画花鸟、蔬果和山水，尤以画芦雁驰名江淮，有"边芦雁"之称。其泼墨芦雁，苍浑生动，朴古奇逸，极尽姿态。泼墨中微带淡赭，大笔挥洒，浑厚中饶有风骨。又善以淡墨干皴擦小品，更为佳妙。他又工诗词、精书法。

【作品解读】

此是一帧情趣盎然的书画小品，笔意潇洒舒放，毫纵不羁，随意而行，却又恰成天然之趣。浓墨点叶，淡墨勾花，秀雅高洁，意韵高远。画面雅拙朴实，却自有一种脱俗越尘之感，让人爱不释手。自题"歪瓶雅称菊枝斜，花与真花颇不差。持去卖钱偿酒债，那知秋色落谁家。

歪瓶依菊图　边寿民
立轴　纸本　淡设色
纵 95.8 厘米　横 50.4 厘米
南京博物院藏

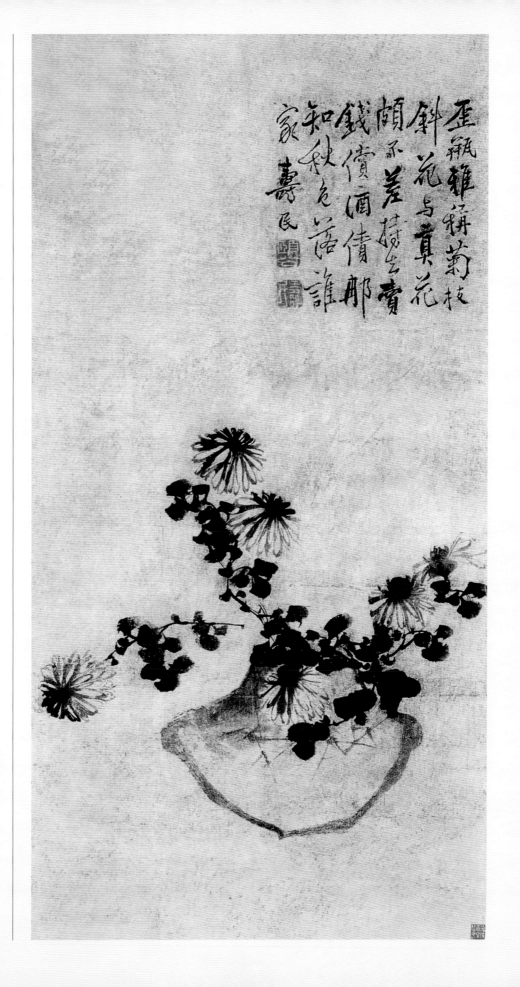

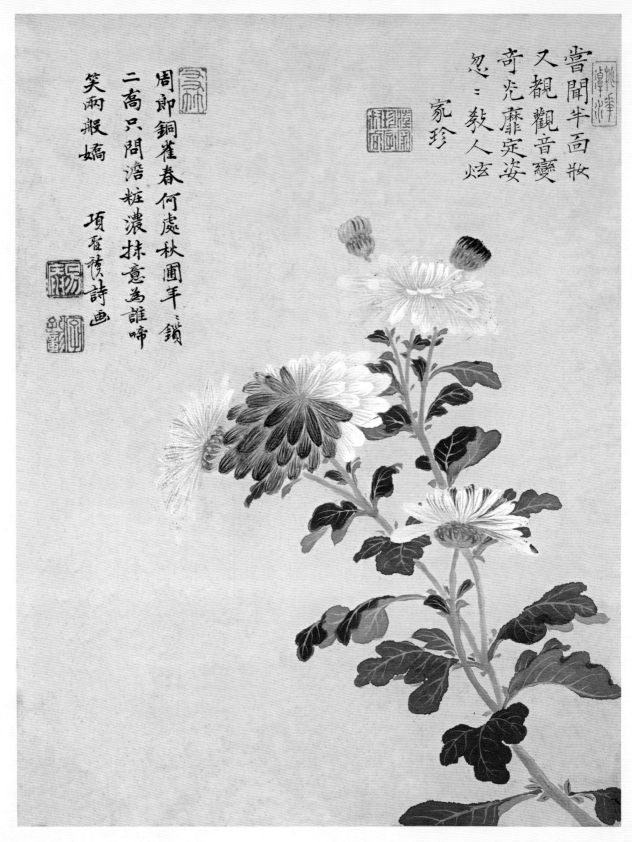

尝闻半面妆
又觐观音变
奇光靡定姿
忽三毂人炫
家珍

周郎铜雀春何处秋闺年年锁
二高只问涪粧浓抹意为谁啼
笑两煖娇

项晋禛诗画

花卉十开（之菊花） 项圣谟
纸本　设色
纵 31.2 厘米　横 23.7 厘米
辽宁省博物馆藏

【作者简介】

　　项圣谟（1597～1658），明末画家。字逸，后字孔彰，号易庵，别号甚多，浙江嘉兴人。祖父项元汴，为明末书画收藏家和画家。精书法，善赋诗。其书法端庄严谨，峻拔出脱。其诗多为题画诗，文辞警策凝重，格调悲壮慨然。

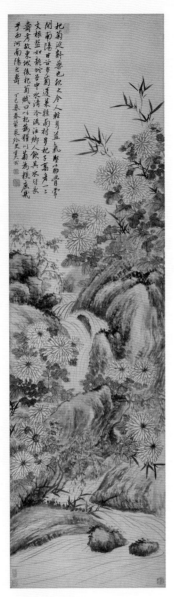

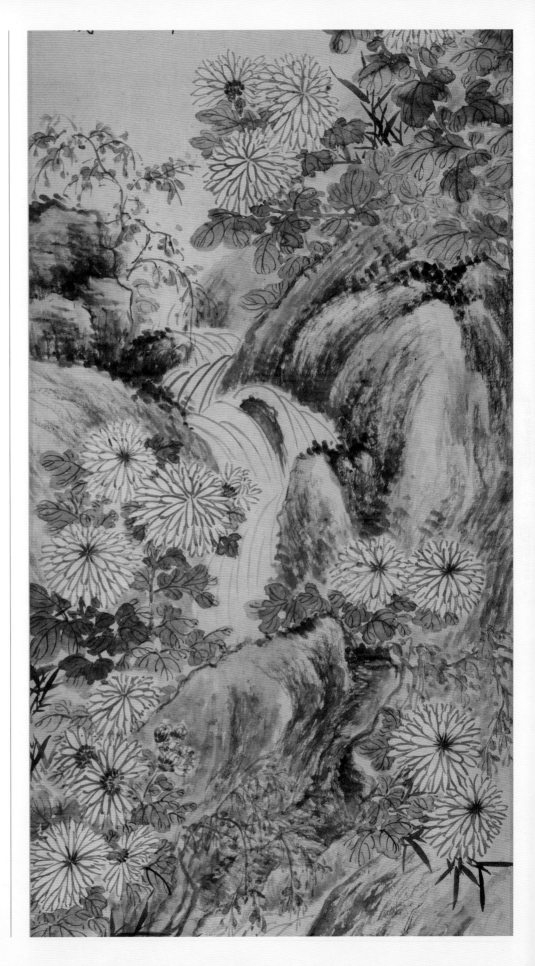

竹菊图 奚冈
立轴 纸本 设色
纵 136.4 厘米 横 37 厘米
辽宁省博物馆藏

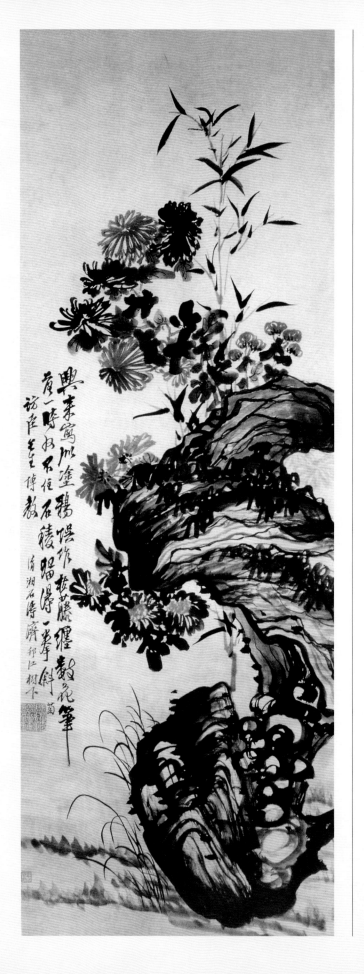

【作品解读】

　　此画写奇石、秀菊、细竹，手法奇绝。奇石以粗线折带笔法钩斫，少用皴点，却以变化的线条勾画纹理，形成独特的效果。菊、竹以浓淡墨色的变化，随意写出，酣畅流利，运笔灵活，极富纵横宕逸的意韵。

竹石菊图　石涛（原济）
立轴　纸本　墨笔
纵 114.3 厘米　横 46.8 厘米
北京故宫博物院藏

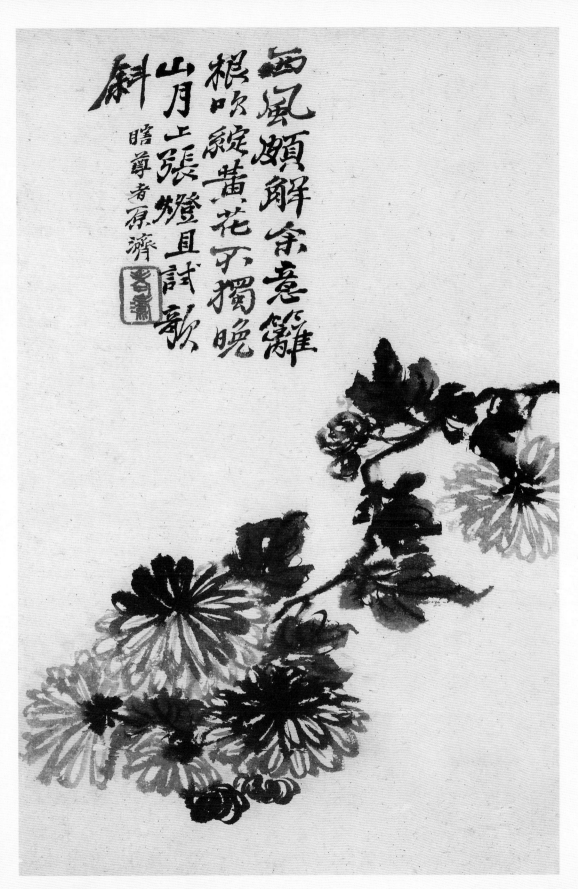

西风颇解余意籁
根吹绽黄花不独晚
山月上张灯且试歌
瞎尊者原济

清湘老人细笔花卉册（墨菊）　石涛（原济）
纸本　墨笔
纵 37.5 厘米　横 25 厘米

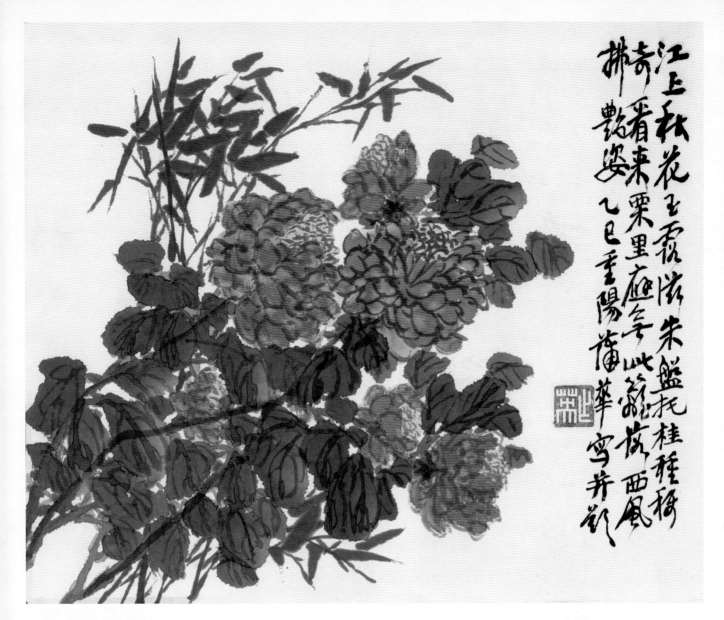

江上秋花玉露溕 朱盤托桂種稊稆
奇芬看來栗里庭空此後葳蕤西風
拂豔姿 乙巳重陽蒲華寫并記

【作者简介】

蒲华 (1832～1911)，清末画家。原名成，字作英，号种竹道人、胥山野史，浙江嘉兴人。工书画，善山水、花卉、墨竹。与虚谷、吴昌硕、任伯年合称"海派四杰"。传世作品有《竹菊石图》《倚篷人影出菰芦图》《荷花图》《桐荫高士图》。

竹菊花图　蒲华
纸本　设色
纵 27 厘米　横 34 厘米

【札记】

_____

_____

_____

_____

_____

_____

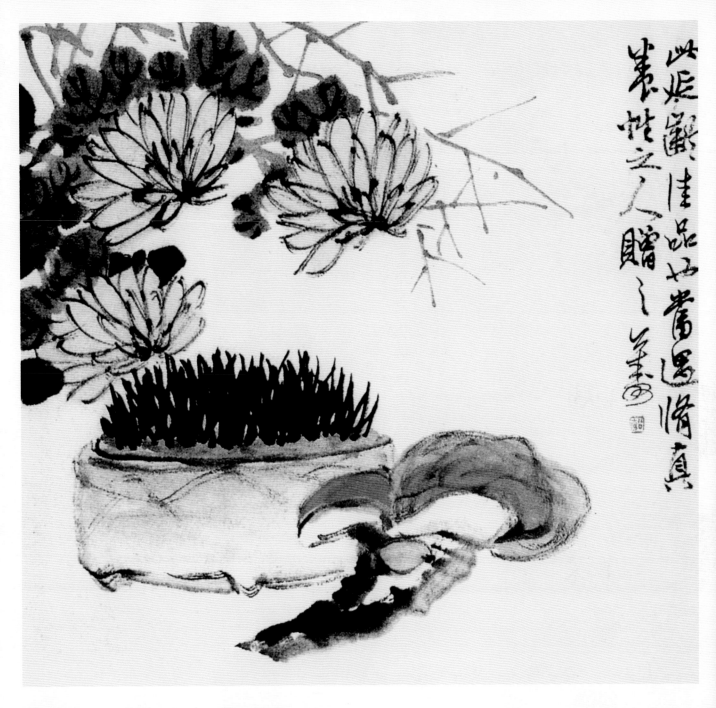

花果树石图（之一） 胡公寿
册页 绢本 淡设色 水墨
纵 33.2 厘米 横 34.9 厘米
（日）泉屋博古馆藏

【作品解读】

　　此册页共十二页，分别描绘苍松、秋菊、寒梅、玉兰、枇杷、荷莲、梧桐、竹石、寒林等。用笔疏放，墨色秀润，画风清新。画上自题，分别仿李成、郑燮、张问陶等诸家画法而成。各图上均有款记，或抒心得，或言画法画理。此作品为作者五十六岁时所作。

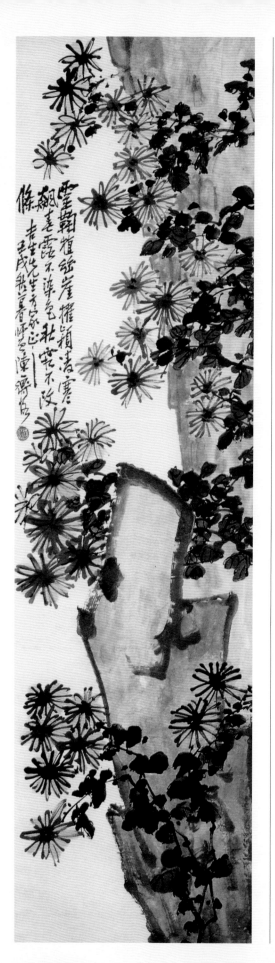

【作者简介】

　　见 72 页。

【作品解读】

　　此画写山崖石壁之上菊花绽吐芳华的景象。菊花从上至下，疏分密布，富有节奏感。山石以粗笔勾出，笔皴很少，菊花以墨笔勾画，多中锋直笔，笔不连而意连，气韵生动。

菊石图　陈师曾
立轴　纸本　设色
纵 145.2 厘米　横 41 厘米
辽宁省博物馆藏

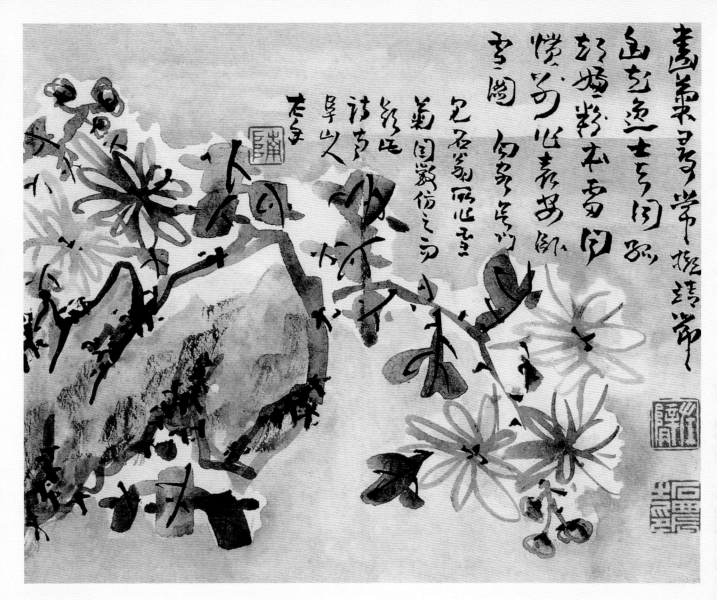

雪菊图　高凤翰
册页　纸本
纵 23.7 厘米
（日）私人藏

【作品解读】

此图以疏笔淡墨勾写菊花，下笔迅疾，以浓墨写意山石、叶脉，颇见精神。背景以淡墨刷染，花石周围留出空白，给人以白雪覆盖之感。画风率意粗放，行笔落墨中透出古拙的韵致。此图为作者右手患疾改用左手所作而成。

【札记】

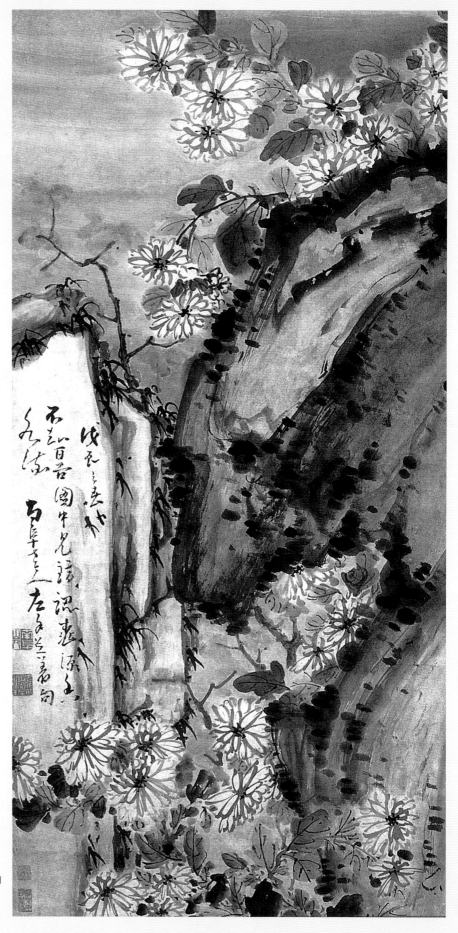

香留幽谷图轴　高凤翰
纸本　设色
南京博物院藏

此画中斜写黄白菊花于
矮篱前绽放争秋。笔墨出神
入化，侧峰逆运，淡彩焦墨，
笔笔皆到。黄菊枝叶以水墨
晕写，而白菊却以青叶相衬，
杆加赭色。两菊虽枝叶交杂，
却密而不乱，层次分明。干
笔疾劲，勾出矮篱，白花矮
丛使画面稳定平衡。背景虽
无他物，却充满空寥寂静之
意。整幅画冷峻峭秀、傲岸
清高，反映了画家本人的性
格。

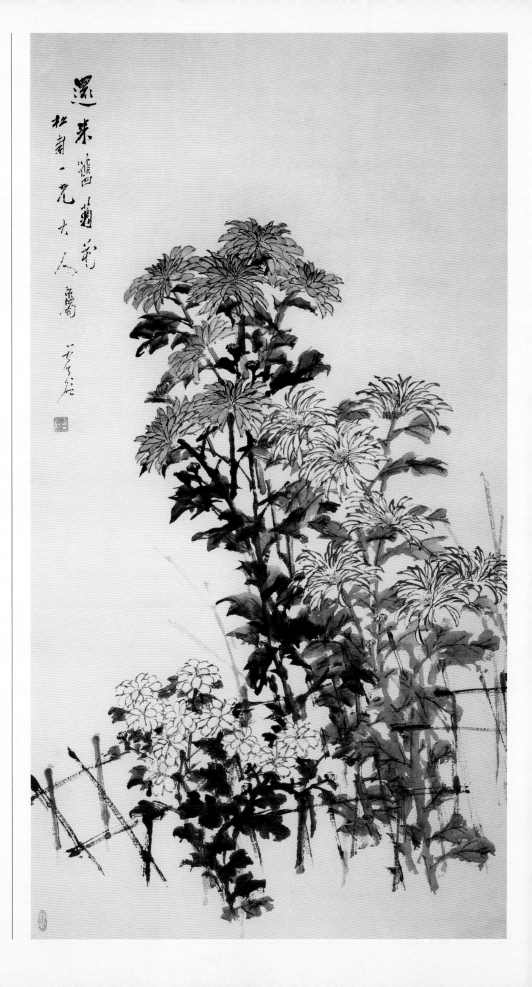

菊花图　虚谷
立轴　纸本　设色
纵 145.1 厘米　横 80.9 厘米
上海博物馆藏

357

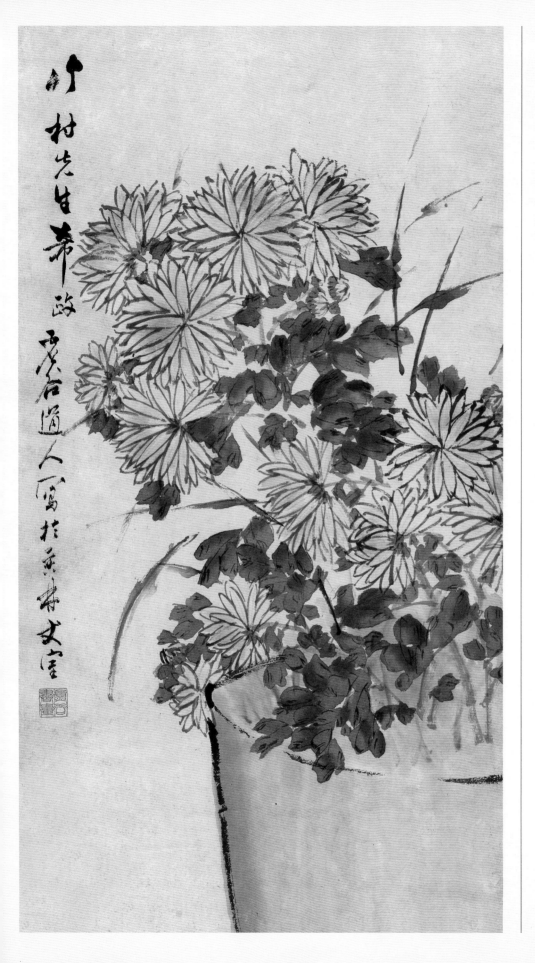

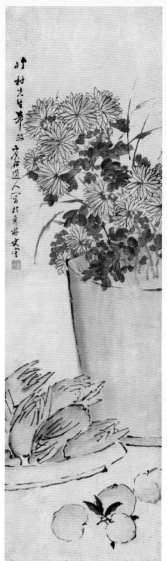

花果图　虚谷
纸本　设色
纵 138.4 厘米　横 40 厘米
旅顺博物馆藏

此画中以浓淡墨彩描绘
出石柱的挺拔、坚实；淡墨
勾写菊花，以石青略点叶面。
笔力疾劲，不拘成法。写出
菊花凌霜傲寒的高风亮节。
笔法纵逸，简洁传神。

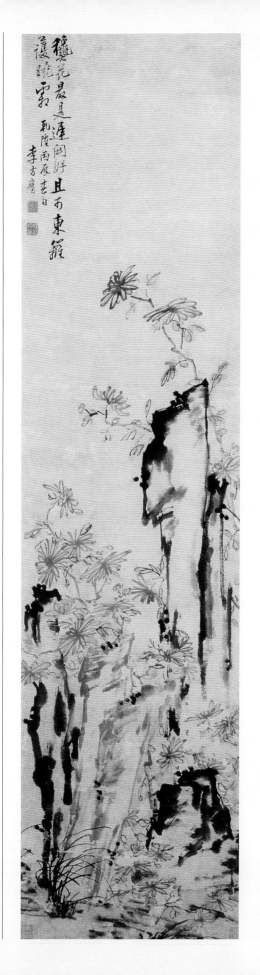

菊石图　李方膺
立轴　纸本　墨笔
纵 171.5 厘米　横 44 厘米
安徽省博物馆藏

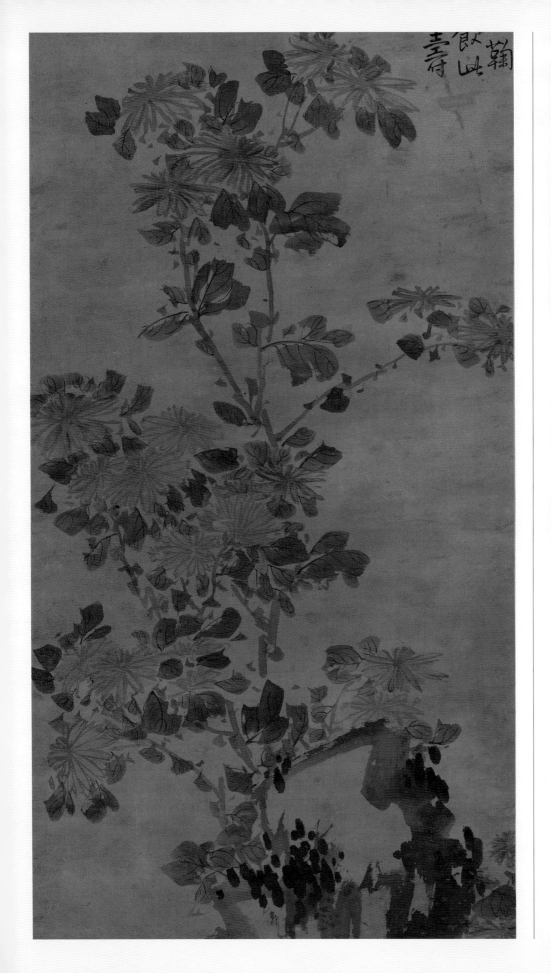

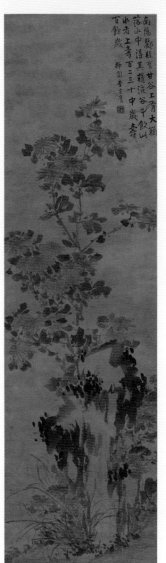

菊石图　李方膺
绢本　设色
纵 161 厘米　横 45.5 厘米
浙江省博物馆藏

作者以南阳甘谷菊花益
寿延年之传说入画。巍峨的
高山，峭壁陡立，一股飞泉，
直泻崖下，悬崖下长着两丛
茂菊，叶壮花艳，构图奇峻，
意境高旷清逸。笔墨放纵，
挥洒淋漓，神情潇洒，新意
独具。款题："南阳甘谷家
家菊，万古延年一种花。"
作者画作多为兰竹，写菊甚
少，此图殊为难得。

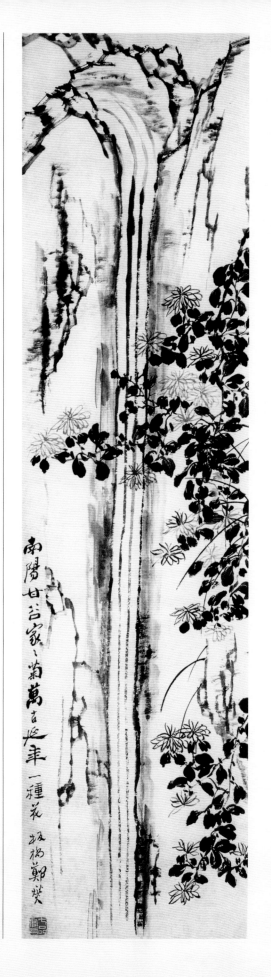

甘谷菊泉图　郑板桥（郑燮）
立轴　纸本　墨笔
纵 189.6 厘米　横 49.5 厘米
南京博物院藏

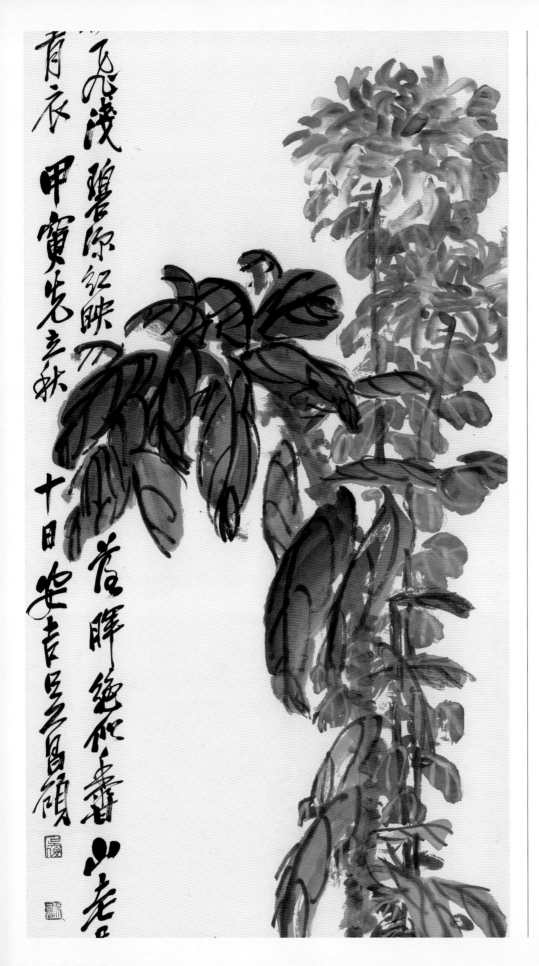

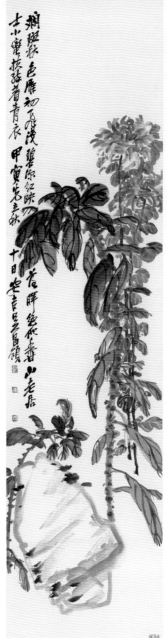

秋菊图　吴昌硕
纸本
纵 161 厘米　横 40 厘米

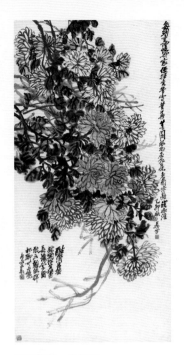

老菊疏篱　吴昌硕
纸本
纵 132 厘米　横 68 厘米

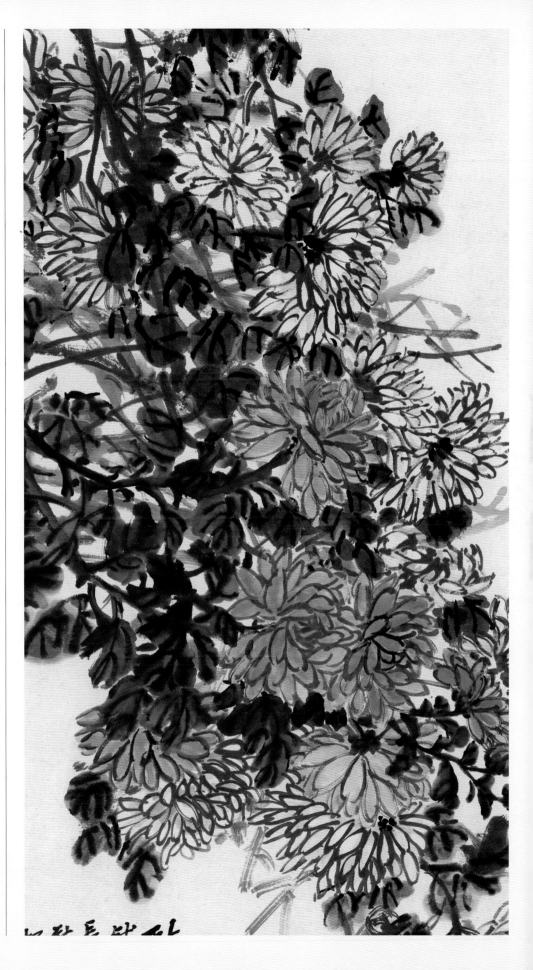

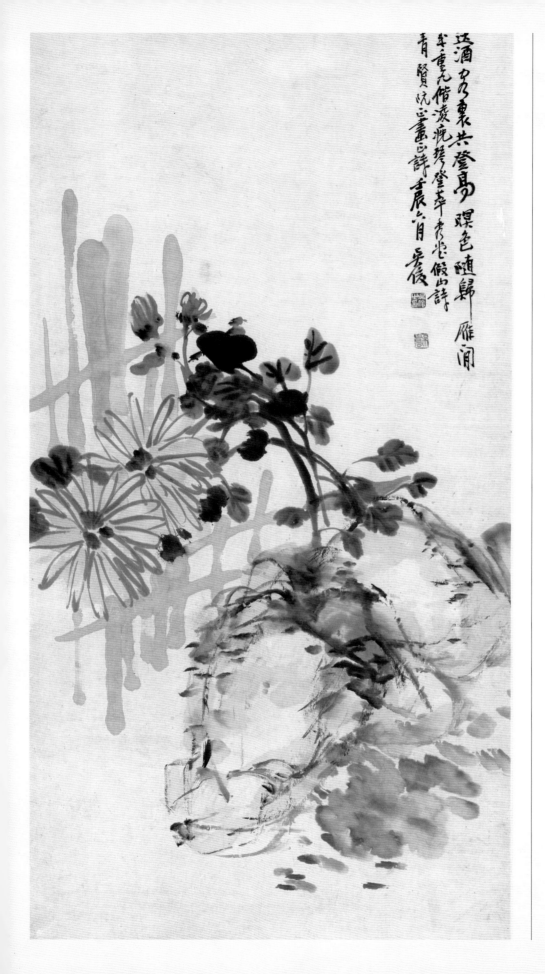

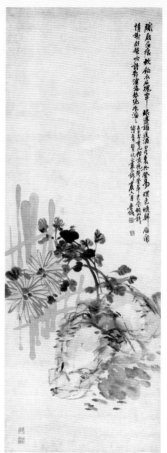

菊花图　吴昌硕
纸本
纵 131 厘米　横 47 厘米

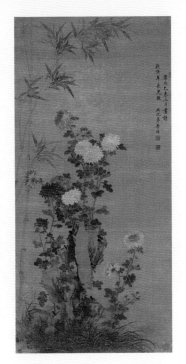

石畔秋英图 李鱓
绢本 设色
纵 118 厘米 横 56 厘米

【作者简介】

李鱓(shàn)(1686~1762),清代书画家。字宗扬,号复堂、别号懊道人,江苏兴化人。康熙五十年(1711),曾为宫廷作画,后任山东滕县知县,为政清简,以忤大吏罢归。在扬州卖画。为"扬州八怪"之一。擅画花卉虫鸟,初师蒋廷锡,画法工致;又师高其佩,进而趋向粗笔写意,并取法林良、徐渭、朱耷,落笔劲健,纵横驰骋,不拘绳墨而有气势,有时使用重色或彩墨结合,颇得天趣。因在扬州见石涛作品,遂用破笔泼墨作画,风格一变。传世作品有《五松图》《芭蕉萱石图》《墨荷图》等。

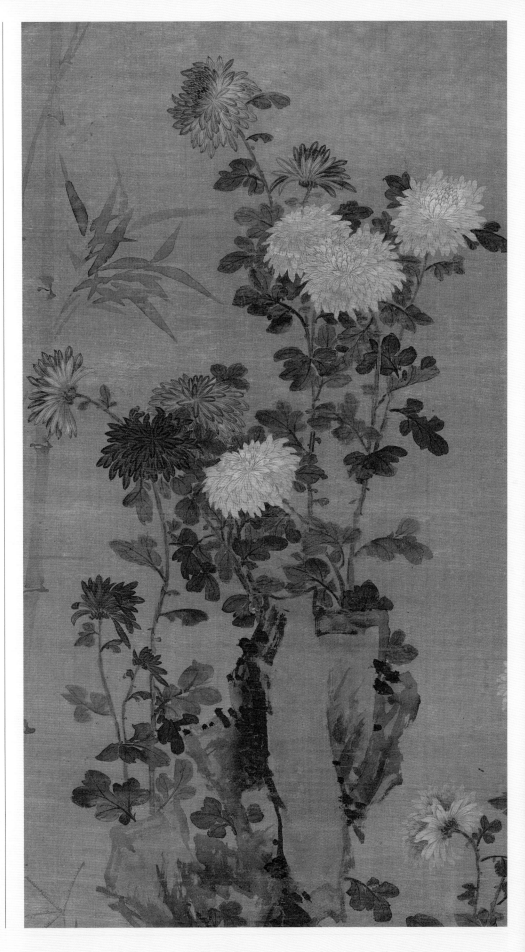

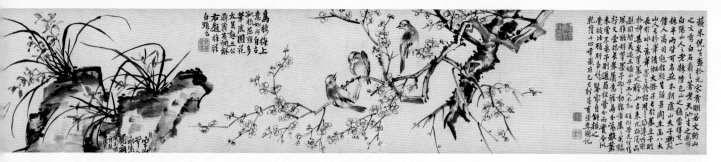

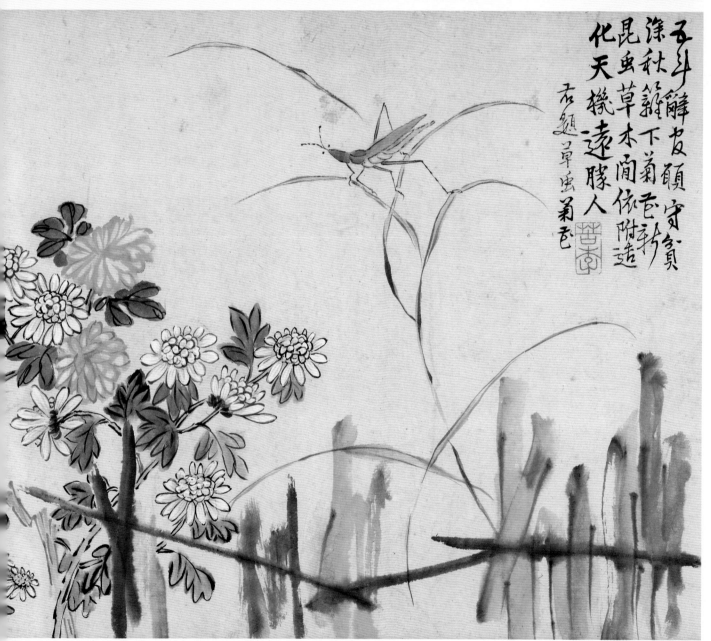

冷艳幽香图　李鱓
纸本　水墨　设色
纵 34.3 厘米　横 361 厘米

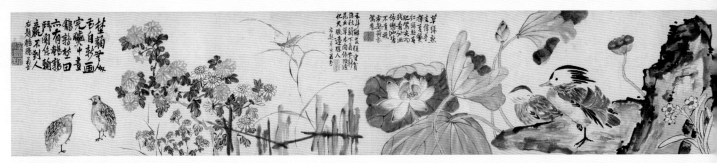

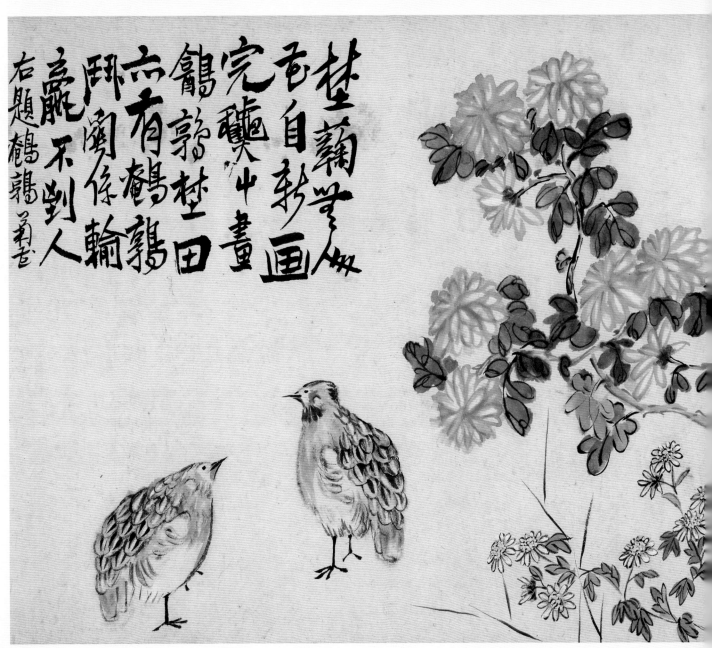

楚蘭芋人奴
亞自新画
完飃藥中畫
鶴蔬楚田
邱空有鶴
閟園係輪
蠢不到人
右題鶴鶉
亞菊叠

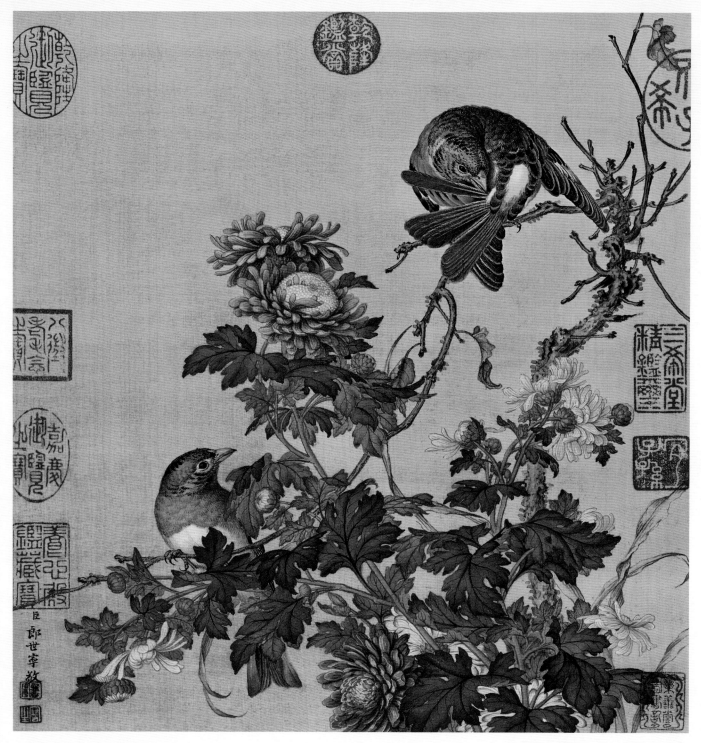

【作者简介】

　　郎世宁（GiuseppeCastiglione，1688～1766），意大利米兰人，天主教士。清康熙五十四年(1715)来中国传教，召入内廷为画院供奉，历任康熙、雍正、乾隆三朝宫廷画师，并参与增修圆明园建筑，官至三品。工画，以西法参入中国画中，重透视明暗，刻画细致，晕染匀称，写实形似，自成一家。所画人物、肖像、花鸟、走兽奕奕有神；尤善画马。他与其后的王致诚、艾启蒙、安德义合称"四洋画家"。这种糅合中西技法之新派画风，在画院颇为盛行，一时从学者甚众，当时的焦秉贞、冷枚、陈枚、唐岱、崔儀、徐扬等均受其影响。

仙萼长春图册（之菊花图）　郎世宁
绢本　设色
纵33.3厘米　横27.8厘米
台北故宫博物院藏